全球视野与物质文化史丛书 | 主 编 蒋竹山

BENJAMIN SCHMIDT

Inventing Exoticism

GEOGRAPHY, GLOBALISM, AND EUROPE'S EARLY MODERN WORLD

设计异国格调

地理、全球化与欧洲近代早期的世界

［美］本杰明·施密特 著
吴莉苇 译

中国工人出版社

图书在版编目（CIP）数据

设计异国格调：地理、全球化与欧洲近代早期的世界 /（美）本杰明·施密特著；吴莉苇译. —北京：中国工人出版社，2020.4
书名原文:
Inventing Exoticism: Geography, Globalism, and Europe's Early Modern World
ISBN 978-7-5008-7334-1

Ⅰ.①设… Ⅱ.①本… ②吴… Ⅲ.①文化地理学—欧洲 Ⅳ.①K95

中国版本图书馆CIP数据核字（2020）第035794号

著作权合同登记号：图字01-2017-5344

设计异国格调：地理、全球化与欧洲近代早期的世界

出 版 人	王娇萍
责任编辑	董 虹
责任印制	黄 丽
出版发行	中国工人出版社
地 址	北京市东城区鼓楼外大街45号 邮编：100120
网 址	http://www.wp-china.com
电 话	（010）62005043（总编室） （010）62005039（印制管理中心） （010）62004005（万川文化项目组）
发行热线	（010）62005996 82029051
经 销	各地书店
印 刷	北京盛通印刷股份有限公司
开 本	880毫米×1230毫米 1/32
印 张	13.75
彩插印张	0.5
字 数	350千字
版 次	2020年9月第1版 2021年9月第2次印刷
定 价	82.00元

本书如有破损、缺页、装订错误，请与本社印制管理中心联系更换

致谢

异域之旅差不多总是兴高采烈的旅程，这一趟也不例外。它把我带到各类珍稀书籍图书馆，带到博物馆画廊与仓库，带到地图及印本藏品的展示厅与后院，也带到许多难忘的工作坊和会议。整个旅行包含数不清的友好之举，所以我很感激文学界一学界的约定礼节，让我能感谢所有那些人，他们令该计划成为一场智识上和其他方面的奇妙经历。

该计划的思路包括研究成果及撰写成果丰富得令人难以置信的三个要点，出于便利而着落在进程的开始、中间和结尾。本书主要的主题和大纲是在普林斯顿高研所（Institute for Advanced Study in Princeton）近乎完美的一年间形成概念，研究所提供了理想的思考环境，还有一群非常出色的同事一起思考。感谢与我共度那一年的优秀学者群的知识友情和有力反馈（还有招待我们的那些教员），包括彼得·阿尔内德（Peter Arnade）、赫尔曼·班尼特（Herman Bennett）、马里奥·比亚焦利（Mario Biagioli）、乔纳森·伊斯雷尔（Johathan Israel）、理查德·卡根（Richard Kagan）、米歇尔·拉克纳尔（Michael Lackner）、马莎·纽曼（Martha Newman）和海因里希·冯·施塔登（Heinrich von Staden）。我也同样感激美国学术团体委员会（American Council of Learned Societies），它以弗雷德里克·布克哈特奖学金

(Frederick Burkhardt Fellowship)资助了这一年。这段时间关于文本、地图和图像——如我开始想到的，是二维资料——的先期工作令我理解到我需要更仔细地考虑三维物品、媒介和物质文化，而且我无比幸运地得以在伦敦的维多利亚和阿尔伯特博物馆从事这件事。该博物馆有着无与伦比的物品收藏及管理员，提供了我所能希望的最可行的对装饰艺术的沉浸。我对那一年间同事们的耐心与慷慨深表感激，在我力图学会如何通过物品思考期间，他们处理了无数问题并无数次动用管理者的纵容。他们是格伦·亚当森(Glenn Adamson)、玛尔塔·阿吉玛(Marta Ajmar)、克里斯·布雷沃德(Chris Breward)、理查德·切基茨(Richard Checketts)、克里斯蒂娜·古兹(Christine Guth)、安娜·杰克逊(Anna Jackson)、科尔丝汀·肯尼迪(Kirstin Kennedy)、伊桑·拉瑟(Ethan Lasser)、雷诺·莱福克斯(Reino Leifkes)、亚历克斯·马尔(Alex Marr)、莱斯利·米勒(Leslie Miller)、莉丝·米勒(Liz Miller)和琳达·桑迪诺(Linda Sandino)。我又要相应地感谢一个资助机构，这次是创造力惊人(且无比慷慨)的梅隆基金会(Mellon Foundation)，它的新方向奖学金(New Directions Fellowship)让我的工作在真正的新方向上启航。最后，我是在瓦森纳(Wassenaar)的尼德兰高研所(Netherlands Institute for Advanced Study)令人愉快的院墙之内完成这部书的，我在那里获得来自尼德兰皇家艺术与科学院(Royal Netherlands Academy of Arts and Sciences)的支持。尼德兰高研所被证明是个完成手稿的绝佳场所，我再度能够从一个热心支持人的学者群体中受益，包括盖尔特·奥斯丁迪(Gert Oostindie)、亚薇娃·本-乌尔(Aviva Ben-Ur)、卡雷尔·戴维(Karel Davids)、艾莉森·盖姆斯(Alison Games)、亨克·登海耶(Henk den Heijer)、吉姆·贾斯帕(Jim Jasper)、托德·琼斯(Tod Jones)、维姆·克鲁斯特(Wim Klooster)和卡蒂·罗特格尔(Kati Röttger)。

一路走来，我有幸从好几个资助机构获得支持。感谢不列颠学院（British Academy）、盖提研究所（Getty Research Institute）、亨廷顿图书馆（Huntington Library）和富布赖特计划（Fulbright Program）的支持。我也受惠于各个机构举办的充满激励的工作坊，我应邀在这些工作坊提交有关该计划的材料，有耶鲁大学（Yale，及拜内克珍稀书籍与手稿图书馆［Beinecke Rare Book and Manuscript Library］）、哈佛大学（Harvard，及福格艺术博物馆［Fogg Art Museum］）、哥伦比亚大学（Columbia，及其威尔海明娜皇后工作坊［Queen Wilheimina workshops］）、布朗大学（Brown，及约翰·卡特·布朗图书馆［John Carter Brown Library］）、南加州大学（USC，及其近代早期研究所［Early Modern Studies Institute］）与加州大学洛杉矶分校（UCLA，及克拉克图书馆［Clark Library］）。我也很高兴能感谢在各地会场所发表讲话的诸多听众，在安阿伯（Ann Arbor）、奥斯汀（Austin）、巴尔的摩（Baltimore）、波士顿（Boston）、布法罗（Buffalo）、克莱蒙特（Claremont）、哥伦布（Columbus）、丹佛（Denver）、达勒姆（Durham）、哈特福德（Hartford）、爱荷华市（Iowa City）、尔湾（Irvine）、洛杉矶（Los Angeles）、迈阿密（Miami）、密尔沃基（Milwaukee）、帕萨迪纳（Pasadena）、匹兹堡（Pittsburgh）、普林斯顿（Princeton）、河滨（Riverside）、圣巴巴拉（Santa Barbara）、斯坦福（Stanford）以及离家更近的西雅图（Seattle），那里举办了一场绝妙的会议"近代早期世界的空间与地点"（Space and Place in the Early Modern World），也引来精彩的演讲者分享他们的作品（特别要提到里卡多·帕德隆［Ricardo Padrón］、莱瑞·西尔瓦［Larry Silver］以及与我合作组织那场会议的路易莎·麦肯齐［Louisa Mackenzie］）。我从离家较远的阿姆斯特丹、安特卫普、巴塞尔（Basel）、剑桥、哥本哈根（Copenhagen）、杜伊斯堡（Duisburg）、埃尔朗根（Erlangen）、戈尔韦（Galway）、根特（Ghent）、格拉斯哥（Glasgow）、伊斯坦布尔、莱顿、伦敦、蒙特利尔（Montreal）、慕尼黑、巴黎、图尔库(Turku)、温哥华(Vancouver)、威尼斯和瓦森纳的各个研讨班得到了重要回馈。

对那些一路同行的人,那些怀着远超过同行善意的情怀分享他们自己的作品、对我的作品提供周密反馈、滋养该计划早期版本、回答层出不穷的询问、带我进入他们的档案室和收藏室、在他们的机构和家中招待我的人,我无比感激。非常感谢(抱歉要以点名册的形式罗列)维多利亚·艾弗里(Victoria Avery)、丹妮拉·布莱希玛尔(Daniela Bleichmar)、莱纳德·布鲁瑟(Leonard Blussé)、维特瑟·德波尔(Wietse de Boer)、卡莉莎·布莱梅-戴维(Charissa Bremer-David)、阿恩德·布伦戴克(Arndt Brendecke)、苏珊娜·布尔格哈茨(Susanna Burghartz)、约尔格·卡尼萨雷斯-艾斯古拉(Jorge Cañizares-Esguerra)、布莱恩·康西丁(Brian Considine)、哈尔·库克(Hal Cook)、露西亚·考斯蒂安(Lúcia Costigan)、鲁道夫·德克尔(Rudolf Dekker)、斯文·杜普雷(Sven Dupré)、朱丽叶·爱默森(Julie Emerson)、菲利普·费尔南德斯-阿姆斯托(Felipe Fernández-Armesto)、宝拉·芬德伦、詹姆斯·拉福勒(James La Fleur)、达格玛·福莱斯特(Dagmar Freist)、苏珊娜·弗里德里希(Susanne Friedrich)、玛丽·福勒(Mary Fuller)、威廉·戈茨曼(William Goetzmann)、乔斯·高曼斯(Jos Gommans)、米切尔·范格罗森(Michiel van Groesen)、埃文·海弗里(Evan Haefeli)、兰迪·海德(Randy Head)、保罗·豪夫泰泽尔(Paul Hoftijzer)、琳恩·亨特(Lynn Hunt)、玛格丽特·雅各布(Margaret Jacob)、亚当·琼斯(Adam Jones)、克莉丝蒂安·约尔格(Christiann Jörg)、本杰明·卡普兰(Benjamin Kaplan)、汤玛斯·达科斯塔·考夫曼(Thomas DaCosta Kaufmann)、瓦莱莉·基弗森(Valerie Kivelson)、凯瑟琳·拉比奥(Catherine Labio)、英格·黎曼斯(Inger Leemans)、苏珊·勒日内(Susan Legêne)、彼得·曼考尔(Peter Mancall)、丹尼尔·马尔格西

(Dániel Margócsy)、彼得・曼森(Peter Mason)、维南德・曼哈德(Wijnand Mijnhardt)、乔伊・米勒(Joe Miller)、费莉希蒂・努斯鲍姆(Felicity Nussbaum)、威廉・奥雷利(William O'Reilly)、安东尼・帕格登、马克・彼得森(Mark Peterson)、泰德・皮齐(Ted Pietsch)、阿曼达・皮普金(Amanda Pipkin)、朱迪丝・波尔曼(Judith Pollmann)、苏玛蒂・拉玛斯瓦米(Sumathi Ramaswamy)、马里卡・里德(Marica Reed)、彼得・赖尔(Peter Reil)、莉萨・罗伯茨(Lissa Roberts)、杰西卡・罗伊特曼(Jessica Roitman)、尼尔・萨非尔(Neil Safier)、阿里阿德涅・施密特(Ariadne Schmidt)、斯蒂芬妮・施拉德尔(Stephanie Schrader)、乔纳森・席恩(Jonathan Sheehan)、帕梅拉・史密斯(Pamela Smith)、尼科・施特尔(Nico Stehr)、菲利普・斯特恩(Philip Stern)、卡罗琳・斯托尔特(Carolien Stolte)、桑贾伊・苏拉马尼亚姆(Sanjay Subrahmanyam)、泰纳・苏利亚玛(Taina Syrjämaa)、冉・德福瑞斯、玛丽埃特・韦斯特曼(Mariët Westermann)、布朗温・威尔逊(Bronwen Wilson)、安妮・伍利特(Anne Woollett)和凯斯・赞德夫利特(Kees Zandvliet)。

频繁前往档案馆、图书馆和博物馆让我无法坚守在我工作的机构华盛顿大学(University of Washington),但倘若没有西雅图那些同事和友人的支持,该计划绝无可能实现。非常感谢近代早期研究组(Early Modern Research Group)的成员,包括马绍尔・布朗(Marshall Brown)、塞利姆・库鲁(Selim Kuru)、艾丝黛尔・里诺(Estelle Lino)、斯图亚特・林戈(Stuart Lingo)和杰夫・特尔诺夫斯基(Geoff Turnovsky)。很感激在本书撰成的这些年里担任系主任的R. 肯特・居伊(R. Kent Guy),他不仅以寻常的方式——离岗和休学术假——提供支持,还提供学术性支持;也很感激我任教系的成员(唉,有些人已经离开了),他们给予了从对长篇章节的丰富反馈,到晦涩脚注的确切引文,再到暖心友情和欢乐款待的种种东西。尤其感谢苏珊·格伦(Susan Glenn)、吉姆·格雷戈里(Jim Gregory)、理查德·约翰逊(Richard Johnson)、大卫·斯帕福德(David Spafford)、琳恩·汤玛斯(Lynn Thomas)和西蒙·维莱特(Simon Werrett),最后要感谢亲爱的斯蒂芬妮·凯姆普(Stephanie Camp)。也感谢一路相伴的我的研究生,那些我这么了解的人:布拉德·布雷(Brad Bouley)、吉内维芙·兰蒂斯·卡尔顿(Genevieve Landis Carlton)、肖恩·科克(Sean Cocco)、多米尼克·豪尔(Dominic Hall)和斯蒂夫·席林格(Steve Schillinger),还有非常优秀的研究助理艾玛·欣奇利夫(Emma Hinchliffe),她最近在图片事务上贡献了英雄壮举。我也从华盛顿大学获得及时资助,我希望答谢哈诺尔教员奖学金(Hanauer Faculty Fellowship)、哈诺尔自由基金会(Hanauer Discretionary Fund)、辛普森人文中心(The Simpson Center for the Humanities)、西欧研究中心(The Center for Western European Studies)、皇家研究基金会奖学金(The Royalty Research Fund Fellowship)及凯勒和盖勒特教员奖学金(The Keller and Gellert Faculty Fellowships)的支持。

宾夕法尼亚大学出版社的编辑杰里·辛格曼(Jerry Singerman)从一开始就支持该项计划,在整个过程里都给我提供了很大的帮助。我感激他敏捷并切中要害的反馈,以及他将手稿转化为这部成品书时的高效和专业。我也要谢谢乔伊丝·伊波利多(Joyce Ippolito),她锐利的眼光令此书得到相当大改进,还要谢谢诺琳·奥康纳-艾伯尔(Noreen O'Connor-Abel)。

最后还有"家人们",他们以远超过脚注、档案、友情和会议的各种方式滋养此书。我在普林斯顿开始这项计划,在那里得到姻亲查理·汤森德(Charles Townsend)和珍妮特·汤森德(Janet Townsend)的慷慨支持。他们(以及随后其他许多人)令那长达一年的停留成为纯粹的成功,我由衷感谢他们多年来的热情好客、慷慨大方。我也在尼德兰完成此书的重大延伸,在那里我很走运地进入一个第二代移民家庭，他们多年来给予我超乎想象的许许多多温暖、友谊和善意。非常感激汉克·范内洛普（Henk van Nierop）和蒂娜·范内洛普（Tine van Nierop）数不清的葡萄酒、可口的奥托兰吉（Ottolenghi）[①]晚餐以及涵盖各种话题的深夜促膝长谈，谈话（甚至）包括对异国格调的设计。不知怎的，他们令每次在阿姆斯特丹的停留都比上次更加舒适，这真是友情的功劳。最后，对那些多年来不管在家还是在国外的容忍这项计划的人、对那些经受着数不清的出差旅行和马拉松般持久的博物馆展期的人、对那些督促截稿日期和章节修订的人，我欠下的情谊远非微不足道的道谢所能偿清。我深深感谢女儿伊莎贝尔（Isabel），她不仅令这些差旅和展期变得有趣至极，她还教给我如何观看和思考视觉资源与物质品，这是多么令人喜爱的课程！而且她非常早熟的批评技能（哪怕它们时不时让我觉得自己笨拙）极大帮助了我本人以新鲜眼光看待这些材料的成就。还有我生活中永远的编辑兼伴侣露易丝·汤森德（Louise Townsend），她在许多方面都比她所意识到的更是个老练的专业人员，我对她做的一切都深深感激和大力赏识。她一次又一次智性的批评、有共情的阅读和耐心的解说都令此书比其他情况下可能会有的要更好，我完全被她迷住了。这一次，我承诺，你获得那趟异域之旅，去往……

---

① 奥托兰吉是位著名厨师兼烹饪书作者，但他的餐馆都在伦敦，不在阿姆斯特丹，这里说的应该是奥托兰吉风格的菜式。——译者注

目录

图版说明

我将呈现……一些新东西:没有怪兽从非洲荒野拖出来,只有一部知识性、趣味性兼备的,关于新鲜又年轻的植物群的历史,或曰描绘,该植物群可以在这个世界最遥远的角落见到,而迄今为止我们欧洲人还对其一无所知。

——格奥格乌斯·拉姆菲乌斯:《安汶植物志》

(Georgius Rumphius, *Herbarium Amboinense*, 1690)

必须要弄懂荷兰人的真实身份——世界搬运工、贸易中间人、欧洲的代理人和经纪人……他们反反复复地买了又卖,收进又派出;他们广袤的商业活动中最宏伟的部分包括:从世界各地获得供应,然后就能再供应给全世界。

——丹尼尔·笛福:《一项英国商业计划》

(Daniel Defoe, *A Plan of the English Commerce*, 1728)

北极格调不怎么样。

——谢阁兰:《论异国格调》

(Victor Segalen, *Essai sur l'exotisme*, 1904)

导论　论异国格调设计与欧洲构建

一　欧洲的异域世界

他们两个一组、列成纵队前来，拥绕着中间一个安置在基座上 1
的巨大球体，每一对都带着来自远方的财宝——两位肌肉发达的非洲人一前一后地带着象牙、龟壳以及一只爪足小箱；头戴羽饰的美洲二人组带着大卷大卷的烟草和一只装饰精美的宝贝匣子，殿后的两位亚洲代表带着一只笨重的瓷罐（有人设想里面装着乳香或没药）①。他们把自己的货物交给一位仪态优雅、发型夸张的盛饰女子，她位于舞台左侧，坐在一堆标志着她特殊地位的物品当中：书籍、地图、罗盘及其他既体现学识又体现度量技术的样品。她代表欧罗巴（Europa），这是对从前被基督徒王国的旗帜所拂耀之地的寓言式表达，而她现在又从异域世界获得了令人叹为观止的礼赠和礼貌的敬意。这一点最后又被这幅图的中心装置——一个清晰可辨的地球——从地理学角度更加言之凿凿地表示，地球上题写的书名——《世界宜人画廊》（*La galerie agreable du monde*）——宣告了这整套设计的宏大野心。[1]

---

① 没药，热带芳香液状树脂，可作香料、药材。——编者注

在这个全球画廊开张的1729年,一个专横的欧罗巴关于收获异
域世界之财宝的幻想已经堂皇地栖身在算是近代早期最了不起出
版物之一的封面上。事实上,《世界宜人画廊》堪称有史以来印制
的、无论近代早期与否的最佳书籍之一,它的问世标志着几十年来
异域地理学领域令人印象深刻的出版物和产品的高峰,有书籍、版
画和地图的出产,也有物件、自然标本和外国奇巧品的出产。哪怕
是在近代早期尼德兰(Netherlands)那种书籍充裕的环境下。这家画
廊的经理人亦即莱顿(Leiden)①杰出出版人彼得·凡德尔哈(Pieter
2 van der Aa)因其非凡的出版物而成为此中翘楚,他制作了那个时代
一些最典雅的图集,还有大量对欧洲已知世界的满是插图的描述性
作品。

名副其实的《世界宜人画廊》,自夸有4000幅"非常准确"也"美
丽非凡"的插图,印在2500多张对开页上,这是一项罕有与之匹敌
的印刷壮举。[2](此书内容有66卷,实体结构是分成30册或各卷单
独成册,不过具体排列可能会因购买者的偏好而各异。)开启这项丰
碑事业的封面图的设计来自洛迈恩·德霍格(Romeyn de Hooghe)工
作室。德霍格是一位著名的制图艺术家,也是一位多产的畅销版画
3 的制作人,作品超过5000种,包括数十个描绘异域世界的壮阔素材
图,其中许多都见于彼得·凡德尔哈的出版物。[3]

《世界宜人画廊》的扉画上有象征全球各大陆的寓言式人物,这
确实给出一道奇观——关于"宜人"世界的令人目眩神迷的剧目,而
它着意要被近代早期的欧洲人看到和抓牢。尽管有着典型的喧闹

① 莱顿,荷兰西部城市。——编者注

且略感缭乱的巴洛克①风格,但它传达给1730年左右欧洲受众的信息已然清晰明了。扉画上的人物形象上演了关于物品交易和全球秩序的一幕,这些人物代表了四个不同的大陆,大陆的数量是四个,这样的传统观念复苏于文艺复兴时期,并全程烙刻在继之而来的欧洲人对新大陆发现扩张时代。[4]

虽然在这些交换活动和从属关系中可能有着清楚的流向——来自异域世界的人物列队走向欧罗巴,但它没有表现为头脑简单的奉承。在全班异域人马接近这块端坐着的欧罗巴大陆时,他们的方式,与其说奴颜婢膝、谦恭顺从或曰"不悦",不如说大度地表示出了礼貌甚或仪式性。这些遥远王国的使者走近欧罗巴并呈现给她,异域赠礼的方式几乎有种芭蕾的优雅,这有种暧昧的仪式感,同时,这也有种暧昧的宗教意味:隐隐约约地,背景建筑表现出清真寺和塔的特征,以此暗示世界上信仰的多样性;似有若无地,携带礼物的各大陆上演世界性剧目的方式让人想起三位博士代表造访的神圣故事,他们类似地从遥远王国带着礼物而来(尽管来自前哥伦布时代

---

① 本书经常出现"巴洛克"这个术语,并用作形容词。用于描述艺术风格时,"巴洛克"一般指与文艺复兴风格对照的、追求"自由和厚涂"及形体不整齐的风格,罗马巴洛克是最具代表性的表现形式,它代表了文艺复兴最彻底的变形。巴洛克起始于文艺复兴,终止于18世纪下半叶出现的新的古典主义,持续近200年,期间经历了许多变革,很难将之视为一个整体,起点与终点有巨大差异。早期巴洛克风格凝重、拘谨、充满宗教性,具有宏大壮观和深沉的体量感。后期巴洛克日益轻巧、活泼,包含了对所有结构元素的调侃式消解,于是赢得一个新名称"罗可可"。

巴洛克艺术没有与之相辅相成的理论,导致这种新风格没有一个称谓。"巴洛克"一词源于法语,其语源尚未确定,一种说法认为来自逻辑学术语barocco(含"荒谬的、可笑的"之意),另一说法认为来源于baroque(奇形怪状或形状不规则的珍珠)。狄德罗在《百科全书》解释"巴洛克"时与现在的解释含义相近:"巴洛克,建筑中的一个形容词,作为名词,意为'稀奇古怪'。如果有人想要强词夺理时,他可能会夸张地表达……巴洛克这一概念指某事物经过过度的挤压。"如今,作为艺术史术语的"巴洛克"已经失去了"荒谬"的含义,但该词在使用时仍带有反感和变形的暗示。巴洛克艺术中包含着其他任何风格所不具备的自信感与绝对正确性。——译者注

的东方）。[5]不过，全球性遭遇的叙事现在转移了，一位纯粹世俗化的并从事地理探寻的欧罗巴——请注意她的装备是多么既鼓励学识又鼓励全球性交换——聚敛来自一个宜人世界的丰富异域物品。

历经17世纪最后30年和18世纪前30年后，关于世界及欧洲与该世界关系的新观念在异域地理学的资源中发展起来。这些由文本、可视物和物质品构成的一大堆新材料将世界明确表现为“宜人的”并因之有多种方式与之调适。不仅如此，它们还对着这个世界里的独特欧洲观众或消费者宣称——此人既没被认定为新教徒，也没被认定为天主教徒，同样不是特指西班牙人、不列颠人、法国人或荷兰人——他/她既专注又欢欣鼓舞地收集着这个动人的异域世界的乐趣。

这个情节在另一幅同时代的扉画中得到同样生动的视觉表达，这幅画是法国胡格诺派教徒、以阿姆斯特丹为基地的雕版师丹尼尔·马洛（Daniel Marot）为一卷坦言为读者提供异域世界“愉悦”的书（如此书标题所标注的）所制。欧罗巴一只手臂落在古代神话中泄露秘密的公牛身上，确确实实地从一只盘子上接收非欧洲世界的财富——由托盘的丝质帷幕所宣示的“令人愉悦的异域物品”，它们以珍珠、瓷器、象牙、漆器、鹦鹉和世界周遭其他自然出产物的形式
4 到来。[6]人们能认出背景中的一座塔和一座清真寺，这又是关于全球宗教（以及它们的庙宇的奇怪形状）的暗示，却没有对欧洲基督教的必然影射。而一如《世界宜人画廊》的扉画，欧罗巴被一众代表不同形式学识的随员围绕（上面有两幅为博物馆般圆形建筑增色
5 的艺术拼合画，同时第二位女性寓言人物代表着地理学），有的象征航海学（以波塞冬［Poseidon］的装束出现，位于欧罗巴的右侧；另一位蓄须人物——时间之父——手持船上的罗盘），有的表明标题

exoticae①的明显“愉悦”。欧罗巴不是由世界上任何唐突的霸权角色定义的，而是由她与地理学和异域事物之愉悦性的联系来界定的。[7]这两者还有内在关联：在两幅扉画中，欧洲都是通过异域世界获得其身份认同；在两幅画中，全球的异域事物和它们的愉悦都结合在一种新近构建的“欧洲”理念周围。这两幅孪生画像强调了非欧洲世界的宜人品质，把那里呈现为没有冲突和竞争且满是欲望和欢欣的场所。简而言之，它们突出了欧洲对异国格调的欣然接受。

本书描述这一点是如何发生的：关于异域世界的一种新观念和欧洲的一种新幻想是怎么来的，这两种想象的建构如何在加速欧洲人世界扩张的这一关键时刻既塑造对方又依赖对方。[8]在1700年前后几十年——大致从17世纪60年代中期到18世纪30年代早期，借助一系列在文字和图像上专注于非欧洲世界的范围广泛、媒介众多且商业上成功的产品，欧洲的工作室，尤其是尼德兰的工作室中发展出一种异国格调的新奇形式。彼得·凡德尔哈的扉画那令人眩晕的审美趣味对这类产品有着标志性意义。新的异国格调强调多样性、富足性以及宜人的离题式混搭，如清真寺与塔混搭，珍珠与瓷器混搭，这种混搭是对各种世界奇观的混搭与匹配，而非在它们之中做区分。它旨在让人“高兴”。关于欧洲之海外世界的这条新颖公式，一方面是一件引人入胜的产品——凡德尔哈那些插图惊妙的书籍是一种更大趋势的巅峰，另一方面，揆其本意，是关于世界在近代早期资料读者面前应呈现为何种模样的一种论点及其依据。它塑造了近1700年的欧洲世界，它也为欧洲在即将到来的霸权时代设立了舞台。

此外，异国格调的新模式还蕴含着一群新近造就和新近明确化

---

① exoticae的意思就是“愉悦”，是扉画标题和书籍标题的关键字，因为扉画中把标题写在前述覆盖托盘的丝帷上，因此作者这般措辞。——译者注

的欧洲受众,他们不仅仅把自身设想为异域事物的消费者,还设想自己是一个宜人异域世界之赏心乐事的参与者。这些消费者跨越了国境线和信仰分界线,这一点格外重要——异国格调的一种新形式的清晰发声也有助于催生"欧洲人"的一种新形式。[9]

二　荷兰:欧洲异域地理书的领军制造者

《威斯特伐利亚和约》于 1648 年缔结——这是一组条约,给遭受了一个多世纪大陆内部无情战争的欧洲大部带来一个持久的相对和谐时期——缔结后十年左右,形式范围广得令人惊讶的异域地
6 理学变得非常流行,并历经几十年,持续到 18 世纪。[10]

从 1660 年前后起,一大波描写的、图绘的或其他形式的专注非欧洲世界的资料涌入市场,跨越数种体裁、多种媒介和众多的物质载体式样。提供欧洲以外的各式历史和民族志的书籍,描绘世界上种种宗教、政体及文化习俗的印本文集,呈现个人旅行故事和地理叙述的插图卷册,图绘外国建筑、著名遗迹、城市景观和各式风光的设计富丽堂皇的版画,异域植物群、动物群及其他自然出产物的雕版图①、蚀刻图和素描图,城市、王国和大陆的绘饰地图以及世界上各港口、海洋、大洋的航海图,异域人物、风景和静物的镶板画,装饰着让人想到海外世界之纹样和人物的大量锡釉陶器与进口瓷器,编织挂毯、染色并有纹绘的纺织品及上了漆和有嵌饰的家具都巧妙地装饰着异国主题,热带的木材、罕见的宝石、同一品种的自然标本,

① 书中所说的雕版(雕刻)和蚀刻都是指铜版雕刻和铜版蚀刻,因此一般不会特地注明 copper(铜版),译文也遵从原文这种省略说法。偶尔出现木版雕刻会称为"木刻"。——译者注

以及富含异域世界气息的稀罕手工制品——它们据称是从那个世界得来的:所有这一切在17世纪最后几十年里都变得更容易接近和更普遍可得。这些物品的注意力既投向东方也投向西方——20世纪,新奇和惊讶恐怕更为本能和典型地与美洲的新世界联系在一起,而且它们从广泛的全球传统中吸收或力图模仿视觉主题。

异域地理学也享有广阔的诉求。书籍以多种语言和众多版本面世,既定位于精英读者也定位于大众读者,而舆图资源既以易得的单张印制形式,也以豪华的多卷本图集形式流通。异国格调的装饰可以出现在便宜的代尔夫特陶器(delftware)上——该种陶器恐怕是这个时期异国格调最普遍的媒介——也可以出现在昂贵的瓷器上;在廉价的彩绘扇子上露面不少于在瑰丽的挂毯上。

所有这些指示出范围异常广阔的消费——异域地理学流通欧洲大部并流向范围广大的消费者,然而在生产方面,则又显著相反——形式有书籍、地图、绘画和陶瓷作为欧洲异域地理学的领军制造者。尼德兰的作坊中产出数量大得不成比例的异域物品。与此同时,还有数量巨大的异域货品借由荷兰人的船只运到欧洲,包括瓷器、漆器、热带贝壳、稀有木材和其他外国标本。尼德兰成为这个时期异国格调的集散地。[11]

为何是尼德兰,又为何是此时?某种程度上可以指向荷兰共和国(Dutch Republic)杰出的支持性资源,例如,当它①进入印刷业时,尤其是进入制图和舆图产品时——该类别标志着荷兰工作室图像清晰之地理作品的特色,这个行业的搏动心脏阿姆斯特丹(Amsterdam)恰在1680—1725年年间到达产能最高点,那时一大批胡格诺 7
派的印刷工、雕版师和出版人巩固了这座城市早已生气勃勃的书籍贸易。[12]荷兰的作坊也很胜任处置与自然史相关的产品,这个时代

① “它”指异国格调或异域地理学。——译者注

不仅是收集异域贝壳和其他自然标本的黄金时代,也是出版描述这些收藏品的植物志、植物汇编及贝壳书的黄金时代,尼德兰还是外国植物群、动物群和稀有贝类活跃的贸易枢纽。[13]陶瓷至晚从17世纪中叶开始就从代尔夫特(Delft)以及其他荷兰城市的工厂流出——哈勒姆(Haarlem)、阿姆斯特丹和鹿特丹(Rotterdam)也生产锡釉陶器——而且广受欢迎的荷兰蓝白釉陶器很快就主导了欧洲市场(代尔夫特陶器模仿的真正明清瓷器是一种不折不扣的高端产品)。[14]绘画当然早就在荷兰共和国的开放市场中繁荣起来了,但值得一提的是名为"普朗克"(pronk,意为"繁奢")静物的特别体裁在17世纪后半叶才萌芽(巴西流行画家弗兰斯·波斯特[Frans Post]是少数几个致力于东西印度形象的艺术家之一)。[15]夸耀性地展现丰富的进口货品和异国风景,刻画范围广大的欧洲以外地区的场景。

更普遍地看,这些形式各异的产品不仅仅在尼德兰的市场上繁盛,也遍布欧洲大部。而这也促成该问题的细微调整:为什么荷兰制造的异域世界的呈现物能享有欧洲范围的显著成功?答案在于这些符合"荷兰性"的产品及其定位的欧洲视角以及由此导致的地理学的新形式。在这个时期,荷兰工作室设计出的异域地理学品牌最重要的转向是相对非荷兰性的:尼德兰的生产者们付出相当大的努力在他们的作品中抹除任何地方性的荷兰场景,并广泛采纳欧洲人对事物的观点。尽管许多这类物品都产自荷兰共和国,但它们未必来自荷兰作者、荷兰工匠甚或荷兰旅行家。坦率而言,凡德尔哈的几千幅图像是从20余种来源高度分散的资料中筛选出来的,同样,成品携带着他的"异域"地理学品牌戳记和外观(凡德尔哈只承认自己是印刷者)。而就算在更具叙述性的产品中,即要求著作者信用的或指向一段特别旅程的作品,比如约翰·尼霍夫(Johan Nieuhof)的畅销中国报告,或奥尔菲特·达贝尔(Olfert Dapper)无比成功

的非洲地理志，叙事所得以建构的资料来源也经常出自他处。[16]荷
兰出品的地理学并非不常建立在哈布斯堡王朝报告、耶稣会士书信
及其他远距离获取之资料的基础上，这些素材被尼德兰的出版人灵
活收集并聪明地重新包装。不过，出版人熟练地掩盖这一背景事 8
项，创造出一种体现通用倾向的叙述，更多聚焦于中国或非洲，而较
少聚焦于发生在那里的任何特定（和不变的殖民）事件。

而当在议的地理地形不可避免地指向地球上被荷兰人侵占的那些部分时，即当荷兰演员们无可置辩地占据了他们全球剧场的前景时，这一事实就被竭尽所能弄到模糊难辨。从阿尔诺都思·蒙塔努斯（Arnoldus Montanus）“令人满意地”（如果说速写图歪曲到令人恼火）设计的日本地理学（约 1670 年）中，人们几乎不能产生印象说，在殖民历史的这一刻，荷兰人已经排他性地赢得了欧洲对日贸易的入口，已经在这个世纪早些时候把他们的竞争对手（主要是天主教徒）踢出局外——这本书不吝笔墨地叙述了葡萄牙人、西班牙人和英国人早前在远方的冒险，以及德川幕府统治初期天主教徒受迫害和殉道的“悲惨”史诗。蒙塔努斯的地理学殊为用心地压制了荷兰人的成功故事并回避对欧洲人之海外介入的任何地方性——亦即荷兰性——的叙述。这导致加工出一种“宜人”得多也“欧洲”得多的异域东方。[17]

异域地理学的机遇（恰在蒙塔努斯出版该书前后获得爆炸性成功，他的书一如尼霍夫和达贝尔的，最早在 17 世纪 60 年代中期和后期于阿姆斯特丹出版）标志着欧洲关于这个世界的描绘和叙述的一次根本性启程。此前欧洲地理学的形式既有地方指向，也为其地方性而论战，地理学最典型的体裁是提供一个符合其制作人所代表的国家议程、殖民议程或帝国议程的视角。理查德·哈克卢伊特（Richard Hakluyt）的《英国地理》（*Principal navigations, voiages, traffiques and discoueries*, 1598）出了名的颂扬羽翼初丰的不列颠帝

国,安东尼奥·德·海莱拉·托德西拉斯(Antonio de Herrera y Tordesillas)的《通史》(*Historia general*, 1601—1615)毫不含糊地站在哈布斯堡胜利者的高处,提供了关于世界的历史兼地理,而安德烈·泰韦(André Thevet)的《法属安塔堤克的特色》(*Les singularitez de la France antarctique*, 1557)传达了法国在南美(“南极”)的一块少见的领地。[18]这是该领域的标准。就在异域地理学于17世纪较后发生新颖转向的前些年,彼得·海林(Peter Heylyn)仍会明确针对他《宇宙地理学》(*Cosmographie*, 1652)的“英国读者”发表一通讲话,提供一份关于此书爱国主义议程的声音洪亮的背书:

> 在我履行历史学家和地理学家的职责撰写本书的过程中,我没
> 忘记自己是个英国人,而更重要的,是个神职人员。作为一个英国
> 人,我时刻不忘纪念我的国家的所有高尚举动;在世界大多数地方
> 9 同时开发海洋和陆地,并且再现他们所活动的同样的剧场……在记
> 录我祖国土地的英雄壮举时,在给登记簿上填充关于英国人民永恒
> 的无畏英名和勇敢成就时,我在每个适当的时刻都心中怵惕。[19]

海林的地理学自然从未翻译给任何非英国读者,理查德·哈克卢伊特的书和萨缪尔·珀切斯(Samuel Purchas)的书也是如此——珀切斯与海林一样是个神职人员,冠名编著《哈克卢伊特遗著,或珀切斯朝圣者丛书》(*Hakluytus Posthumus, or Purchas his Pilgrimes*, 1625),[20]以及大多数其他在这个世纪或早于尼霍夫、达贝尔和蒙塔努斯的时期对地理学有所贡献的英国人,他们作品的英文版一例成功。将英国人正在上升的占有世界的情况推销给不列颠国境线之外的任何人没有任何意义,或者就此而言,将一个西班牙人、法国人

或德国人①的世界观推销给这些语言边界线以外的任何语言不一致的读者,也是无意义的。这就是地理学的体裁通常的运转方式:从一个清晰西方视角提供关于世界的一个有趣角度,通过生产社会学家布鲁诺·拉图尔(Bruno Latour)所称的"地方性"知识,恰恰强调了这类计划的地方性路径。相反,17世纪后半叶发展出的地理学的这种新形式——哪怕是在荷兰工作室的范围内精工巧做而成——生发出表面上更宽广的关于世界的视野,或者某种构成"普遍性"知识(用拉图尔的术语)的东西,"普遍性"承载对一种欧洲人视角的强调。[21]

新的异域地理学释放了一种观看、阅读、消费和理解非欧洲世界的新方法。它标志着从较早的描述模式——以国家的、信仰的、殖民的、帝国的强烈主张为特征——意义重大地转变为允许通指性的"欧洲人"消费者享受一个通指性"异域"世界的模式。由此才会产生异国格调的设计和欧洲的构建,也会产生这些发展带来的广泛回响。[22]

荷兰人在展现这个异域世界时的角色同荷兰人在这世界里的角色密切关联。随着17世纪后几十年环境发生演变,尼德兰海外地位的变化造成对世界的视角变化,或至少让尼德兰的出版人、雕版师以及其他人在将他们关于地球的形象重新概念化并设计关于非欧洲世界的新再现模式时更加游刃有余。

17世纪中叶以来,荷兰的殖民命运处于不稳定的流变状态,尤其是在西方,一系列危机敲击着共和国及其海外公司——荷兰西印度公司(WIC)与荷兰东印度公司(VOC),逼它们背水一战。大约从

① 文中出现的German、Germany,都按照习惯译为德国人、德国,但必须澄清的是,准确译法应当是日耳曼人、日耳曼,因为书中所涉及的时代并无一个笼统的或统一的"德国",日耳曼人地区划分为多个国家。——译者注

1650 年起，即《威斯特伐利亚和约》最终承认共和国的政治独立后不久，荷兰西印度公司与其并非徒有虚名的领土财产开始分崩离析。
10 此前，在 17 世纪 20 年代到 17 世纪 50 年代这段喘息期里，荷兰西印度公司已经建成一个令人敬佩的大西洋帝国：在北美的殖民地（新尼德兰）加上南美巴西突起来的那部分，还有在西非与加勒比海的各贸易据点。然而到 1654 年，该公司的巴西殖民地被伊比利亚人强行没收；到 1664 年，它与不列颠围绕新尼德兰开始了一系列最终造成失地后果的战争（新尼德兰很快被重新命名为新约克［New York］①）；而到 1674 年，荷兰西印度公司被迫宣告破产。“现在我们什么都丢了”，荷兰当时的首席理论经济学家彼得·德拉·考尔特（Pieter de la Court）无情而又明了地评论道。[23] 与此同时，在 17 世纪最后 30 年和 18 世纪前期，荷兰人在亚洲的相当多市场份额开始丧失给崛起中的（并奉行贸易保护论的）英帝国和法帝国。[24] 但此时还不到荷兰商人整体上在运输异域货品方面输掉赌注的时候，谈不上是这种情况。不过荷兰的海外公司和尼德兰的国家议会到这时已经差不多放弃借领土占领实行海外扩张的路径，他们转变成一种更单纯以贸易为基础的模式。这大概自始就是荷兰人商业策略的一个关键部分（与葡萄牙人的扩张相比），然而该趋势到 17 世纪最后时期才开始加速，并在 18 世纪继续加速。

与此同时，就在荷兰殖民者放弃早期可能滋养过他们的关于有领土帝国的观念之际，荷兰的地理学制造者们培育出一种新型并得到订正的海外世界意识。他们开始养成的不是一种狭隘的荷兰视角，而是一种宽广的欧洲视角，较少聚焦于这个或那个的帝国试验场地，而较多聚焦于一个看上去要取代国家计划或帝国计划的“异域”世界。在某种意义上，荷兰人把有领土的帝国换成地理学的帝

① 这是“纽约”地名的本义。——译者注

国，他们也开始交易关于这世界的形象。[25]

他们的见风使舵之举既迅速也引人入胜。当荷兰医生威廉·皮索（Willem Piso）1648 年出版《巴西自然史》（*Historia naturalis Brasiliae*）时，皮索在序言中溢美他的指挥官及其在荷属巴西的高尚服务。该书是关于巴西植物和动物的一份概论研究，得到了拿骚－齐根的约翰·毛里茨（Johan Maurits of Nassau – Siegen）的支持与赞助，后者是国家执政官、奥兰治亲王弗里德里克·亨利（Frederick Henry）的表兄弟，也是 17 世纪 40 年代初期荷属巴西黄金时代里该地的杰出总督。这本书是伴随荷兰人在南美探险而出版的几本书之一，对拿骚的英勇事迹和尼德兰在其殖民美洲的力量处于巅峰期的丰功伟绩有着过分的致敬，换而言之，它就是荷兰帝国地理学的上佳例子。然而就在几年后，继荷属巴西陷落且荷兰西印度公司策略调整之时，这本书出了一个新版本，爱国主义的序言被大手笔修订，对拿骚杰出性的赞歌消失不见，而皮索关于热带西印度的研究得到一篇热带东印度概论的扩充，由此稀释了原书热辣辣的地方性焦点。 11
《两个印度的自然学和医学》（*Indiae utriusque re naturali et medica*, 1658）将注意力铺展到尼德兰的帝国版图以外，囊括了一个更宽广的异域世界的图谱。一部曾经高调地以荷兰人为中心的作品现在提供了一个关于异域自然物的更为冷静的欧洲人视角。地方性特权让位于大陆性即欧洲性的好奇心。[26]

这些作品中对异域世界的呈现以此种方式渴求着“欧洲”地理学的品牌。这一转换有时不止要求基本的书目著录技巧——比如煽动人心的爱国主义序言，在其他情况下还需要更注重修辞的灵敏技巧。塔拉勒·阿萨德（Talal Asad）曾经评论说：“欧洲不仅仅向海外扩张，它还通过扩张造就了自己。”[27]这一变形过程也发生在地理学资源上，海外欧洲人在这里慷慨激昂地联合起来了。考虑下特尔纳特（Ternate）海滩发生的一次不同凡响的全球性遭遇，这是马鲁古海(Maluku Sea)上一个小岛，战略性地居于西班牙(向北，位于菲律宾)与荷兰共和国(向南，位于爪哇)的帝国十字路口。17世纪的特尔纳特把近代早期欧洲最热切的两个对手带到一起，它恐怕承受着那个时代最激烈的冲突，一场天主教的西班牙君主同加尔文派的尼德兰省份间面对面的战争。耗神竭力的八十年战争(随着它开始为人所知)也扩及海外，(用词讲究地说是)显著地扩及美洲。荷兰辩护者们在17世纪前半段里没干别的，就是在痴迷于塑造西班牙人在美洲的“暴君”形象，这个比喻被他们不知疲倦地专心使用，抓住一切时机以抹黑哈布斯堡的帝国计划并进行挑战，该比喻出现在17世纪初期大量的地理学作品中。

然而到了1660年，这对从前的冤家共享一个热带岛屿了——如不惜工本加插图的那本《东印度航行》(*Oost - Indische voyagie*)的叙述所声称的，而这鼓励一位叫乌特尔·舒腾(Wouter Schouten)的人对西属特尔纳特的卡拉马塔堡(Fort Calamatta)的行政长官进行了一次社交拜访。[28]两人在那里进行了一场亲切友好的谈话，竟然特别谈论欧洲人的友好关系和海外欧洲人在归化当地人民方面有通力合作的需要。这位“善良”的西班牙人——此种措辞在前几十年的荷兰文学中简直没法想象——被给予他所应得的，且远不止诚挚的敬意。舒腾当然回忆起过去的敌意，但他最终与这位天主教徒同行达成共识，从前的仇雠应当在他们对一个“基督徒世界”的共同追求当中联手。

然而在这一刻，文本唐突地从欧洲历史转向异域地理学，当然是带有一个目的的。在简短回顾了香料群岛的状态后，叙事诉之特尔纳特的热带风光与奇观：火山和覆盖岛上青翠山坡的茂密丛林；堂皇的王家宫殿及其丰富的内容物；养着色彩美得难以置信的鹦鹉和长尾小鹦鹉的本地王公的动物园，跻身东印度最佳动物园之列。
12 行文至此开始坦率地走向要点。这些异域物种和“色彩美丽且羽毛的吸引力也不逊色的乐园鸟（这些可以不停飞翔的半神话中的鸟儿）”吸引了来自孟加拉（Bengal）、波斯（Persia）、苏拉特（Surat）及更远地方的商人，如果正确地干燥处理和保存，可以“也在整个东印度和欧洲”贸易，它们在那里会获取高价。两位前竞争对手在这问题上达成协议，于是商业利润的许诺胜过了宗教分歧和帝国分歧的敌意。[29]

在舒腾的文本中，一如其他大量有着类似叙述定位的始于异域世界的文本（也类似地出产于尼德兰的工作室），关于温和国际主义的此类篇章缓和了认信分歧、国家分歧甚至帝国分歧的尖锐锋刃。关于异域事物的商贸将会获胜，随着欧洲的竞争者们展开合作（甚且可能以谋略战胜他们的亚洲同道，如舒腾指涉印度和波斯的贸易商时所暗示的），这一点得到影射。他们当然没成功，但文本自身及其修辞的华美则借助一种促进帝国友谊的（或通过整体忽视帝国间竞争）视角而获得成功，并迅速凭借自身实力将成功拓展到全球。 13

三　欧洲地理学的转向

舒腾式的资料和它们所表达的新式地理学力求突出全球差异，但采用的方式暗示出对近代早期欧洲人描述并想象世界的依据的显著偏离。地理学的旧模式寻求策略性地缩小贯穿广袤海洋的各种差异，缩小持扩张性思维的欧洲人同那些他们渴望加以殖民的遥远地方和加以统治的遥远人民间的文化鸿沟与观念鸿沟。这是1492年后欧洲的惯用手法，继对西方的最初劫掠和在东方的扩张而时兴，这两件事在克里斯托弗·哥伦布（Christopher Columbus）与瓦斯科·达·迦马（Vasco da Gama）之后的一个半世纪里为西班牙和葡萄牙倾情投入，英法两国较少介入。地理学力求消弭“不可通约性”这个迫人的挑战，而且它的文本坚守安东尼·帕格登（Anthony Pagden）所说的“附加原则”——欧洲人在这些早期年代里发展出的修辞策略，在殖民者和被殖民者之间伪造联结点，以此让帝国主义进展的道路平顺。[30]较早的资料立刻制造出又解决掉由新世界的遭遇所挑拨出的“奇迹”，如斯蒂芬·格林布拉特（Stephen Greenblatt）所描述的，这是一本对持帝国思维的欧洲人海外发迹的能力先挑战后又重新肯定的登记簿。16世纪的地理学修辞（即异国格调之前的话语）让欧洲人得以将自身和新世界“奇观”间的鸿沟最小化，由此制造出的外欧洲空间更加服从该空间的拥有者。[31]

这一方法鼓励那些描述该世界的人渲染出了对欧洲人而言熟悉度只多不少的海外地方和人民，这些欧洲人包括航行到那里的人、资助航行者的大都市权势者以及追随他们的读者和观者。哥伦布首次抵达加勒比海时，他把自己目睹的不熟悉风光同“3月的巴伦西亚（Valencia）”做比较，而奥里诺科河（Orinoco）附近的大陆后来在他眼里会像“4月的巴伦西亚”——季节稍事调整，但旧大陆的标准完全不变。他断言，新世界如“科尔多瓦（Córdoba）的农场”一般微光闪烁，而山脉“非常接近卡斯蒂利亚（Castile）的”。[32]同样，埃尔南·科尔特斯（Hernán Cortés）在特诺奇提特兰（Tenochtitlan）小贩摊位五花八门的场景中感知到了“格拉纳达（Granada）的丝绸市场”，而且这座墨西哥城市更常让他想起“塞维利亚（Seville）或科尔多瓦”。[33]在所有这些例子中，当面对异国遭遇时，人们往往调用来自祖国的检验标准。这肯定不是出于偶然，它们也让人深深想到卡斯
14 蒂利亚最近的开发场所，这是他们在刚刚结束的半岛征服战（号称反对摩尔人[Moors]的“光复”）中所扩张出的祖国。基于大同小异

的精神,雕版画“弗吉尼亚的首席梅内①”——不列颠殖民者在北美遭遇的操阿尔冈昆语(Algonquian)的猎人及战士——被与早期的英文印刷看图报告并置,这些图是关于“古代居住在大不列颠一部分的皮克特人(Picts)”的。这种跨文化的缀合因为便利地暗示出一种跨大西洋的亲属关系而成为随后各报告中的标准描述手法。[34]

它也暗示出这种较早的地理学模式的另一个特征——对时间和历史的意识。因为,在这些资料中,不只是新世界的地形地貌具有模仿旧世界场域的策略,地理学还用关于空间进展的术语来固定这些关系。哥伦布与科尔特斯关于新世界区域的最初叙述报告很快在旧世界的地图中被以“新西班牙”和“新格拉纳达”之名编定成典,正如其他欧洲人很快会给他们各自帝国的抱负所指向的空间起基督徒名字,比如新英格兰、新法兰西、新尼德兰、新瑞典,总之,是旧世界全球想象的新前哨。较早的地理描述习惯和命名习惯就这样为帝国叙事薄施粉黛,暗中作为“进步”叙事呈现(如批评家阿尼娅·隆巴[Ania Loomba]所描述的)。[35]文艺复兴地理学就这样作为历史之眼而效力,正如16世纪的人文主义者兼舆图制作人亚伯拉罕·奥特利乌斯(Abraham Ortelius)优雅地披挂上的。[36]

1650年后的较新的地理学形式采取一种显著不同的行动方针。与其说它试着消融隔阂并抹除全球的区别,不如说它力图扩展和扩大这些将欧洲人同异域世界区别开的品质,它恰恰强调一个因陌生而诱人的地球的消遣性和吸引力。对异域场景的描述强调了区别明显且不寻常的素材,它们把欧洲人同那些晚近进入他们地理学(及殖民)轨道的人分隔开;强调了边远地方奇怪的栖息地和荒陬居民奇异的习俗;也强调了构成这个异域世界的奇妙自然以及间或难

---

① 原文在此用括号加了“sic”,意为“原文如此”,是说版画标题中的mene(梅内)意义不明,但原文如此,故译文只能音译。——译者注

以言表的品质。阿尔诺都思·蒙塔努斯称之为“墨西哥”——比生气勃勃的哈布斯堡式名称“新西班牙”优先使用——的地方在该作者杂乱无章的地理学卷帙中没有同旧卡斯蒂利亚的场所并置，而是与诸如异域日本的事物并置，这两者的风景都有壮观的火山山脉，都忍受着惊人的夷屋平地的地震，都生长着龙一般的巨型蜥蜴，等等。

蒙塔努斯在描绘欧洲人同他们所遭遇的广远地形间更密切的纽带时，把异域空间共有的非凡性连成一体，在这种情况下，就是日出之地和拜日之地（如他兴冲冲解说的，太阳在维奇洛波奇特利[Huitzilopochtli]神的外表下）。他在想象非欧洲的风景和文化时给出明确的关联性，而且他隐隐把这些设立为“欧洲”事物的对立面。[37]在这个例子和连篇累牍的类似例子中，异域地理学培植出一种特征鲜明的类比逻辑：各个非欧洲空间里有高度关联性在活跃着，它是异域相同性的标记，能暗示出热带墨西哥同江户日本之间的纽带。反过来说也有重大影响力：高度的欧洲相同性弥漫在那些共同对广阔异域世界有兴趣的人——异域地理学的壮大中的受众——当中，这能在特尔纳特岛从前的敌人中制造出极乐之宴。

地理学的这种转向有广阔意义。它指示出欧洲人看待世界的方式变化，也指示出欧洲人看待自己的方式变化。它还标志着近代早期地理学认识论根基的一个重大转变。如果说在塑造先前关于非欧洲地方的描述和看法——海外土地被殖民帝国打上卫星国的印记，异域人民被欧洲殖民者呈现为自己往日的变体，地理学则被定义为（欧洲的）“历史之眼”——方面扮演重要角色的是时间和历史，那么空间和（从欧洲算起的）距离就是这一晚后时刻里地理学组织原则的关键。现在，地理学横向地移过非欧洲的风景，而非垂直穿过欧洲历史兼全球历史。图像、叙述及物质艺术品杂糅着外国的人民、国度、奇异文化和标本，也与它们比肩，都聚集在一起变成一种集体性的、通指性的及意气相投的异域。如果说地理学是16世纪的历史之眼，那么到了17世纪后半叶，它就是民族志、文化人类学、比较宗教、自然史以及其他数不清的能纳入其高容量边界线内的主题的眼睛，或许可以说是伸长了的手臂或甩开大步的长腿。其结果是重构了地理学的主体与客体。早前的地理学模式采用一种更纯粹的编年史路径，它可以衰变为这个或那个欧洲国家海外扩张的进步叙事，而新的模式采用一种更随便更混乱的风格，陶醉在异域世界混乱的多样性和亮丽的富足中。此外，地理学较早的模式可能把它们的主体限定在辩护性的狭路上和明确的帝国术语中，定位于有着清楚界划和明确党派性的受众——那些西班牙人、葡萄牙人、不列颠人、法国人或荷兰人消费者，而新的形式避免这种地方性焦点。但不管怎样，哪怕它是从一种共同的欧洲人视角出发，它都正如盲目推崇的那样。它提供的东西可能会被解析为泛殖民主义视角或跨帝国主义（hyper - imperial）①视角，它为一位普遍意义上的欧洲消费者打造了一个宜人的异域世界。

这引出异域地理学又一个特质——它对全球性“差异”的明确表达。差异性作为一种启发策略，在富有影响力的殖民主义（及后殖民主义）研究中已长期发挥有益作用。欧洲与它在由来已久的所谓帝国时代里所专注的世界那些部分间的差异性，被弗雷德里克·库珀（Frederick Cooper）和安·斯托莱（Ann Stoler）在他们关于西方 16
帝国主义的权威研究中被界定为“差异的语法”“差异的再生产”及“文化差异的建构”，这种差异性的表达已成为关于欧洲如何对待和呈现它致力于控制和殖民的世界那些部分无数探询活动的试金石。

---

① Post - imperialism 有时用作 hyper - imperialism 的同义词，但含义还是有区别，hyper - imperialism（hyper - imperial）的正式写法是 ultra - imperialism，含义是在帝国主义之后（after）或之外（beyond）。——译者注

它位于爱德华·萨义德(Edward Said)那些关于文化和帝国的有重大影响之篇章的核心,而在此之前它已经支持着谢阁兰那早熟的《论异国格调》(*Essay on Exoticism*)——一部20世纪初期对"审美多样性"的探索之作,谢阁兰提出,"审美多样性"塑造并指引着西方与热带他者的联系。对库珀和斯托莱而言,"差异的再生产"支持着"对欧洲意识形态的普遍化要求","殖民经验塑造了应该是这个样的……'欧洲人'"并因此是"不同的",还有"殖民知识的生产"即形式五花八门的地理学"横贯各帝国中心"在全欧洲发生,这些都是不证自明的。差异性,也就是欧洲的特殊性,集中地界定了现代的帝国事业。[38]

这些评价对于库珀和斯托莱(当然还有萨义德)所感兴趣的、1750年之后的现代的例子固然肯定恰当,然而运用于较早的关于帝国和地理学的资料就有欠明智。首先,他们①想当然地认为早已存在一群完全形成并特征鲜明的"欧洲人",这些"欧洲人"能在第一时间被同异域世界区别开并被殖民经验所"塑造"。关于欧洲性(并因此是他异性)的先验公式是悍然假定出来的。此外,他们没把握住地理学在构造这种"欧洲人"时的作用,也没把握住地理学同时制造主体和客体的富有成效的进程。[39]他们的分析是基于假定一种交互感应的"欧洲意识形态"如何开始存在而展开的,而且此种分析跳过了帝国"差异"的必要反题——异域的相同性。

在17世纪最后几十年到18世纪头几十年一直在生产的这种异域地理学形式,既奋力制造差异性也制造相同性。这个时期晚于地方焦点更清晰的文艺复兴地理学——它在殖民竞争的初期年代流行,但又早于假定的现代殖民主义性质的"欧洲"意识形态——后哥伦布、前萨义德时代的地理学。欧洲与世界的差异无疑得到传达,

---

① 指研究者。——译者注

但同时得到传达的且可能也同等关键的是一种全球相同性的意识：
关于一种被彼此承认的欧洲人对世界的视角，它巧妙地遏制了（或
曰仔细地伪装了）帝国间的竞争；关于一种被行之有效地同质化的、
无忧无虑地杂糅一体的异域世界，它渲染了全球的吸引力，无论东
西，都有着不相上下且令人愉快的异域感。创造这份熟练调和的鸡
尾酒需要有灵巧的中间人，而这里就体现出异域地理学及其制作者
的一项决定性成就。因为，从种类繁多的资料中采用和设计异域地
理学最终形式的是荷兰的工作室。他们既生产了世界的“画廊”，也
生产了来观看它的来访者。他们流传出了范围广阔的素材，因此后
来那么多对世界的再现都得以从中建成，这是欧洲的帝国势力得以
构造的“殖民知识”基础。始于萨义德的现代批评都错失了这个生 17
产时刻，他在《东方主义》（*Orientalism*）中对荷兰只字未提。[40]

现代主义者的这项疏忽恐怕折射出近代早期的成功，很大程度上是异域地理学的荷兰制作人的成功，他们娴熟地隐藏了自己在塑造这个世界时的作用。他们展现出一个全球奇观、一个异域画廊，然而是以既微妙又狡诈的方式来展现。头脑冷静的英国贸易商丹尼尔·笛福以他这个时代的商人思维模式靠近了乍现的全球化，他能很好地理解荷兰人在这项世界贸易事业中的角色——“世界搬运工、贸易中间人、欧洲的代理人和经纪人”，他怀着几乎不加克制的嫉妒之情吟诵着；但他没有注意到他们在制造欧洲的世界时的角色。他们“从世界各地获得供应，然后就能再供应全世界”。[41]然而他们的作坊也供应关于世界的形象、形式和理念，这些理应是尼德兰的文化仓库中流出的数不清的版本和译本、图画和实物当中最易于被笛福和他的同时代人辨认的。

与此同时，政治导向的、类似地与全球事务调谐的孟德斯鸠男爵（Baron de Montesquieu）在把视线投向当时的地缘政治事件时，也几乎没领会到荷兰人的在场。郁斯贝克（Usbek）对伊本（Ibben）剖

析欧洲帝国主义野心的结构时评论说:“欧洲最强大的国家是德国皇帝以及法国国王、西班牙国王和英国国王们的国家。”他甚至都谢绝让人想起,荷兰人在证明自己多么成功地对建构“欧洲的”知识和势力这一事业上加以伪装。孟德斯鸠在《波斯人信札》(*Lettres persanes*)中塑造的流光溢彩的异域世界最早就是从阿姆斯特丹的印刷店流传出来的,这个异域世界不仅证明了启蒙时代出版业的政治活动,也证明了荷兰工作室在印制、呈现、生产和营销各种异域世界方面的流行角色。[42]

四　异域地理学与它的规则

异域地理学在1700年前后几十年激增,跨越数种体裁和媒介,并为全欧洲数量增长的读者与消费者提供了一种关于他们扩张着的世界的新鲜眼光。异域地理学主要在荷兰共和国的工作室制造出来,它的各种资料共享某些特征和表现模式。反过来,这些又折射出特定的敏感性与策略性特点。首先,从意识形态观点看,在涉及非欧洲世界的事务时,异域地理学影响一种看似中立或至少非关政治的路径的形成,也已经预警了此种中立性有着明确的欧洲投射。各种资料提供了一种致力于尽可能消除欧洲人殖民竞争的全球视角,并抹去了欧洲的文化差异性。它们为一种注定要故意显现
18 为无国籍的、无宗派的也超越认信的世界观坚持;它们的外观和指涉框架毫不掩饰地指向泛欧洲性。异域地理学在世界上传播“欧洲”理念方面确实多有作为。它的资源在用二进制术语——帝制欧洲与广阔的异域世界——渲染全球方面造成双重效果,在其进程中一边锻造着欧洲消费者,一边锻造着供消费的异域主体。与那么多早期地理学模式所共有的地方性方式不同,1700年左右的资料流露

着一种通指性的欧洲人对世界的概念，并促成一种“普遍性”的地理学形式。

这引出异域地理学的第二个特质：它散漫的风格、类比的构思、杂糅的形式，还有把欧洲以外的世界表现为一个异国的人民、地方与事物交织而成的广阔大杂烩的总体策略。这具有稀释任何单一视角、权威声音或国家叙事的效果。文本报告、地图描绘、视觉再现、装饰物品，它们全都倾向于合并世界各部分，抟合一个多样但令人高兴的、跑题但宜人舒心的全球化产品。异域地理学以这种方式折射出一种基本的商业规则：它诉求广阔，它也销路大开。它是件吸引人的产品。它还是件畅销产品。异域地理学热切地自我营销，通过强调好奇之物和猥亵之物——对异国身体和非欧洲世界的肉体特质及性习俗有数量不同凡响的关注，也以一种对刺激且原汁原味细节的拉伯雷式（Rabelaisian）①的本能而这样做。在其出版形式中——首先是书籍，但也有印制的地图集、雕版画集和蚀刻版画集，异域地理学被用图画、副文本、目录清单及其他装置点缀着，意为鼓励读者机敏地“略读”并杂乱地“品味”这个世界的异域供品（正如不止一位编者向其读者建议的那样）。[43]这既折射出包装，也折射出品牌化。异域地理学把这世界表现为一件宜人产品，即世界作为商品的一个形象，也是为一群饥渴的欧洲受众组装起来的供消费的全球化的一种买得起的形式。各资料以视觉华美、设计迷人的卷帙的模样为这种版式做营销和建品牌，这是荷兰如此熟练又一致地制作的版式。在咖啡时代的破晓时分，异域地理学充当咖啡桌摆设书籍的引座员。

所有这些也暗示出一种审美规则。异域地理学就算横跨多种体裁和媒介，也共享着一种独特外观和风格。地理学资源把全球各

① 以法国讽刺作家拉伯雷得名，含义是粗俗幽默。——译者注

个部分混在一起，并且用令人眩晕的成分和迂回曲折的叙事快活地再生产它们，制成一种关于各式各样且范围广阔的异域事物的单一框架或文本。异域地理学自夸容量大且内容丰富；正如一位编者在一部异域杂纂汇编的序言中所定位的，多样性是地理学生命的情趣所在。[44]而异域地理学逗留在多样、不寻常及奇怪的事物上，所有这些都是异域风格的商标。阿尔诺都思·蒙塔努斯沉醉于在他在关于日本和美洲的卷册中加以记录的异域世界的“奇怪”习俗中：异国
19 自然界的“奇怪”属性，异国宗教的“奇谈怪论”，异国统治者的“奇特娱乐”，还有更一般意义上的，这个世界“奇异的新奇之物”与“（奇怪的）多样性”。[45]对亚当·奥利里乌斯（Adam Olearius）来说，让他的叙述（他写的是莫斯科公国）能卖出去的是“人性本质奇怪的流通”以及同样有规则性的“消遣”和“娱乐”。对夏尔·德·罗切福（Charles de Rochefort）而言，“令人高兴的各种事物”确保了他所描述的加勒比海有价值和有诉求点——加勒比海的多样性一如其愉快性。[46]罗切福作品模式中的资料让这部娱乐杂烩因借助图像而更加切实有形，且这种异域风格也因其对视觉性的强调而能够定义。印本书籍的广告重心既在其数量的充裕，也在其图画质量的优异，而且来自这个时期的荷兰制造的卷帙事实上也有着格外优良的插图。此外，许多这些异域形象都反复出现在不同媒介上，从一本书的扉画，变成一张复杂的地图，又变成镶板画的设计图案，再变成代尔夫特陶器上的装饰，还会出现在大量其他物质艺术品上——漆器、玻璃器、挂毯、墙壁嵌板、雕花木头、镶嵌贝壳以及其他艺术品。异域地理学以这种方式生发出非欧洲世界某种最有力也最具标志性的形象，即异国情调的招式和套路（正如出版商工作室的行话说的那样），而它们将经久不息，直到18世纪及以后。

本书追溯这些异域形象中的一些，也同时追溯文本形式的异域

描述，并探究它们在近代早期欧洲生产和消费的多重进程。书中思考异域主题的制作与部署，也思考它们在1700年前后这个时期大范围扩散的原因与后果。完成此目标要兼顾多种体裁和涵纳文本、图像及物质品的媒介，且本书在一些体现地理学再现的特殊例子上会多加讨论，如关于异国的人民与政体、异国的习惯与风俗、异域的植物与动物以及异域的身体。本书还进一步探索载录历时而变的异域主题与含义的目录，以及如何逐渐演化出一种给人欢乐的、诱人又“宜人”的世界的观念，这种观念被18世纪欧洲人普遍又热切地信奉着。总之，本书力求理解什么算是“异域的”以及“为何”，为欧洲投身并塑造更广阔世界的历史，也为欧洲对自己在1670—1730年左右这个全球史关键时刻里的世界地位的理解提供一份充实的解说篇章。

后文的篇章多少按编年排列，最早的材料属于17世纪中叶到末叶，末章暨尾声探究波及18世纪中期的议题和资料。各章投入使用的证据各不相同，或文本，或图画，或物品，尽管对它们的运用有相当程度的重叠。第一章“印制世界”集中讨论地理文本和地理书籍以及它们之间的一些重要区别。此章考虑地理学印刷史的两个本质问题：地理学在其供出版的文本形式中被如何生产，以及更具体 20
的，为什么内容格外丰富而又极度流行的异域地理学卷帙于这个时期这么普遍地从荷兰工作室中产出？本章对生产过程之复杂性的审视暗示出，对我们关于供选资料的推断——一贯以来都推论，这些资料是指向这个重大的帝国时代里“欧洲的”殖民扩张及知识动力/权力动力的支持论据——需要划分得更精细。学者们在声明殖民“文本”和自身的意识形态兴趣方面未免太仓促了，而对容纳它们的那些书只浮皮潦草地翻翻。这些书籍的制造（以及最终产生的印制出的文本化的地理学）引起生产中数不清的扭曲和转向，也引起同样多的著作权转移，而这瓦解了对地理学文献和殖民行动间关系的推断。本章通过对异域地理学的文本研究与书目诊断式研究揭示出这些扭曲和转向,揭示这些年里如此快速地、主要在荷兰作坊里制造出来的书籍的形式与品牌,正是它们为欧洲消费者展现出关于世界最有影响力也最经久的描述。

异域地理学浓厚的视觉特质——它坚持用图像术语展现世界——构成第二章"看见世界"的主题。第一章关切文本和阅读,第二章则聚焦图画和外观。本章证明,异域地理学如何创设一副高度图像化和醒目视觉化的样子,这是它的品牌身份。就此而言,它是《国家地理》(*National Geographic*)的直系祖先(首部带四色插图的印本书籍其实是近代早期荷兰制造的一册地理书)。[47]约1670—1730年年间荷兰人出产的作品带有更多的图示内容——雕刻图、蚀刻图、地图、示意图,而且他们许诺要以前所未有的力度图绘世界,可以说,荷兰人把"图示"(graphic)塞回到"地理"(geographic)中。这可不是暗示一种阿尔珀斯式①的描绘艺术,不是一种力求逼真的练习,不是忠实地记录、复制和再现世界以让所有人都看到的渴望(哪怕一本书接着一本书都不断许诺要发布"真实":第一章证明了,这些很难说是"真实的"报告或个人报告,而虑及它们的原始著作权,也根本不是"荷兰人的")。[48]它更应说是一种包装艺术——这些素材的制作者们所采用的一种策略,他们敏锐地领会到,出版世界的视觉版本多么有利可图,这一版本就是设计来引诱和吸引最大范围的潜在阅读公众,或更好听点,观赏公众。与其说异域地理学出版实实在在目见耳闻的报告,不如说制造着假装看见。假装看见和假装真实在对异域自然物的报告中将发挥有益作用,而本章也揭示出近代早期科学史中一个核心问题:图画与真实宣言有何关系?此问

---

① 指美国美术史家斯维特拉娜·阿尔珀斯(Svetlana Alpers),她认为地图和绘画是相通的,画家只不过是所用的着色工具与地图制作不同。——译者注

题拷问着目击和绘图——都是既有现场的又有工作室完成的——如何在地理学资料中起作用，且相应地如何开启了启蒙时代对看见与相信的辩论。

第三章“异域身体”从文字和图画走向感官体验和人类身体。 21
本章分析地理学的独特方法——体现在设计和展现异域素材的模式与方式中——如何导向针对非欧洲人的几个关键公式，严格来讲就是对非欧洲人身体的公式。在 17 世纪末期和 18 世纪前期的地理学资源中，异域身体的明显特征——这见诸文本、图画以及物质艺术——是有感官诱惑力、能耐受疼痛且种族模糊。异域身体以这种方式为帝国控制铺平道路。性特征与暴力特征在异域地理学中位居中心，如一些看似吊诡的对非欧洲人身体的呈现所表达的：对异域的性“反常”既嫌恶又着迷；关于异域身体的疼痛和愉悦的主题彼此交织；把异域身体作为耸人听闻的奇观来展示的普遍倾向。这些主题和迷恋之情为殖民主义研究的一个核心关注点——关于非欧洲人的肉体和“种族”的概念如何在近代早期资料中得到清晰表达——提供了洞见。为了探查对异域身体的修辞性处理和比喻性滥用，本章也提出一个论据，即关于肉体疼痛和身体折磨主题在欧洲资料中的演化。文中勾勒近代早期折磨目录清单中一个细微但有意味的转移，即从宗教性的表现（大量见于 1648 年之前的例子，这个时期描绘认信冲突时，欧洲人的身体是疼痛和苦难的关键场所）转移到对非欧洲人身体的表现，非欧洲人的身体成为上演公开展示的暴力和“残暴的”凌虐——这些注定在异域世界盛行——时日益普遍的场所。

愉悦继疼痛而来，因此第四章“异国愉悦”回归对一个宜人世界的幻想，即将异域世界认同为渴望之思和愉悦之思。本章更直接地转向物质艺术，它们在这些年里一直不懈地借取异域主题，并把异国技术（漆器和瓷器是最明显的例子）和异国材质（木材、贝壳、宝石、象牙、丝绸）融合进自己的产品。[49]本章也回归到异域套路的话题（第一章开了头）：主题与图示法轻而易举也卓有成效地在不同体裁和媒介中游转，典型地从二维的图示艺术（书籍插图、雕刻版画、地图涡卷饰）转变成三维的装饰艺术（瓷器、纺织品、家具）。确实，这个时期所生产的异国形象有一种能轻易提供给物质艺术的独特风格和形式。更一般意义上，异域地理学被认为是“装饰性的”，而且就像号称装饰艺术的那种东西，它被理解为能传递供消遣的娱乐。这些倾向指出异域地理学如何最终对它所假定的目标发挥反面作用。到 18 世纪初，对荷兰制造地理学——特别指向印本书籍——持学术性批评的人抱怨说，这个领域已经具有讽刺意味地变
22 成一个暧昧不清的学科，一种没有精确性的科学，一种有欺骗性的再现模式，能有效地扰乱和混杂全球，而非报告地球的差别。异域地理学不是用来描绘非欧洲世界各部分，却更多地渲染它们在整体上对欧洲消费者而言的“宜人性”。[50]

本书以向前凝视 18 世纪中间几十年作为终篇，那个时期广泛存在对此前年代里繁荣的这种异域地理学形式的强烈反对，不过也能
23 看到 20 世纪所锻造的异域形态中有许多仍持续存留。一方面，在对世界进行地理描述时，有对“秩序和方法”和更为“启蒙”的方法的召唤。改革的要求来自“有学识的人”——他们的共性是从伦敦和巴黎这种大都会的视角写作，他们谴责较早的地理学资料离题万里、华而不实。另一方面，对异国格调的审美在其他领域和其他资料主体中仍在继续，比如在风靡一时的设计书《仕女娱乐》（*The ladies amusement*）中，它在这种地方保持着对全球事物的“装饰性”方式。聚焦于“秩序”和“方法”的那一套素材被福柯式批评家和后殖民批评家所采用，而有着明显的性别化构想的那套素材就被现代学者大大地忽视了。尾声“从纷繁芜杂到有序有方”证明了，前一个时期设计的异国格调形式几乎激起了后来那些“启蒙”批评家的更大反响。

异域地理学创造了一个混乱到令人快活的世界，而它最终要求纳入秩序。将 18 世纪晚后这些资料和辩论置于语境之下，便透露出较早那个“异国格调”时代在政治、文化、商业和审美方面的微妙反响。它照亮的这段历史不仅被针对欧洲扩张和欧洲帝国的现代批评家所忽视（或误解），还是一段其广泛意义横贯众多研究领域和学术辩论领域的历史。

最后一个提示：本书所为是对欧洲异国格调起源的探询，探询它们在 17 世纪后半叶的发展，界定和分析一种将在整个 18 世纪产生重大影响的对世界的表现形式与态度。不过，本书并未系统研究这个时期所出产的浩瀚无边的全体印本地理书、汗牛充栋的外欧洲地图和地球仪、车载斗量的嵌合着异域主题的物品以及诸如此类的物品。吸收了异域主题的绘画（书中只取用了一个明显例子）在该时期大量见于数种体裁中。有着异域物品的静物画、置于异域场地的风景画、集中表现异域自然物的贝壳和花卉画、对收藏家的橱柜和其他异域物品集合体的描绘，如许产品在这些年里都被开发出来，且主要在尼德兰的工作室。[51]

被笛福巧妙地授予“世界搬运工……和欧洲的经纪人”称号的荷兰人在 18 世纪初以这么多方式制定和塑造、发明和推进欧洲对于异域世界的普遍意识。他们提供了关于世界的形象，于是欧洲的其余人能着手开始并自行补充（微调一下笛福的概括）。而且欧洲的其余人确实适当地同化并吸收了这个“诗意空间”（借用萨义德的术语），这将指引欧洲最终成为其所是。本书提供了关于这个诗意空间的历史，研究它的形成与它的各种表达形式，并提出，与这个世界较早的联系如何形塑了关于全球空间的理念，这些理念恰好徘徊在笛福与他的欧洲扩张眼光之外。

24 说起俄国人和中国人，他建议我阅读贝尔的游记。我问他是否该读杜赫德的中国报告。“为什么要阅读呢（他说），一个人阅读这样一本书时，其实是指咨询这本书。”

——詹姆斯·鲍斯维尔：《萨缪尔·约翰逊生平》

（James Boswell, *The Life of Samuel Johnson*, 1768）

第一章 “印制世界”：打造书籍与异域范式

一 “范莫伊尔斯”牌的世界

1664年5月19日，欧洲的异域世界发生了戏剧性地扩张。这 25
一天并没有哪次特别的远征探险航行从某个欧洲港口扬帆（尽管肯定有几次航行会在这时间发起）；这一天也没有哪艘特别富有的船从印度归来，在阿姆斯特丹、伦敦、塞维利亚或拉罗谢尔（La Rochelle）卸货（同样，不会没有类似的场景发生）。这一天是荷兰议会授予阿姆斯特丹出版人雅各布·范莫伊尔斯（Jacob van Meurs，约1618—1680）一项为期15年独家特许权的日子，用于出版一部以约翰·尼霍夫（1618—1672）的日志和现场写生为基础的关于中国的大开本书籍，尼霍夫在差不多十年前从事了一项赴帝国都城北京的半官方出使任务。此次出版事件以及它那几个广为流传的印制版本的影响（以及这些在地理、制图、视觉艺术及更多方面取材宽广的书籍产生广泛影响现象的影响力），在一种重要的意义上来说，标志着欧洲人与非欧洲世界来往的一种新形式。

范莫伊尔斯不仅起航一艘船，还配备了远不止是商业利润的东西：他开创了描绘同异域世界进行交易的新形式。他偶然想到一个用于呈现世界的“印刷型”公式——大部头、豪华版并有视觉装饰的书籍，用诱人的人物、装饰性的地图和其他巧妙设计的副文本填满，内容涵盖广阔得令人咋舌的地球，以多种版本、语言和版式印刷，由此创造一种产品和生产模式，这种产品和生产模式在未来几年内将被证明有着显著成功和深远影响。[1]

27 范莫伊尔斯的中国之路以优良的、懂行的、有开创性的内容铺就。若不借后世的领悟来回望这个转折时刻，则很难察觉即将到来的地理学产品的大量涌入。在未来 15 年里（即议会特许权期限内），范莫伊尔斯将出版或监制超过一打带有他的商标的大开本地理学出版物，而这些出版物将以几十种版本面世，领头的就是他制作的尼霍夫畅销中国书的几种（至少八种）变体。[2]

然而在 1664 年这个官营商业的重大时刻，雅各布 · 范莫伊尔斯很难说是个杰出出版商，约翰 · 尼霍夫也算不上很出名的旅行家。后者只在 1658 年夏季访问阿姆斯特丹几周，他自远东航行返回之时就要开始另一段去东印度群岛的旅程。（尼霍夫也在巴西效力，最终殒命在海外马达加斯加［Madagascar］，据推测他被本岛人谋杀，使他当时寻找饮用水的任务一并终结，这是一出在很多方面都预示着一个世纪后库克船长［Captain Cook］之死的殖民戏码）。[3]不过他在动身去亚洲之前把日记留给了他的兄弟亨德里克（Hendrik），一位阿姆斯特丹肖像画家兼砖块经销商。[4]约翰声称，有兴趣的各路人马“每天”都在恳求想要得到他的材料，这话恐怕是种套话（他的评论几乎一字不差地呼应着冉 · 胡伊根 · 范林肖腾［Jan Huygen van Linschoten］在他著名的《旅行指南》［*Itinerario*］的序言中写的话），但这指明他日志的基本商业价值。[5]不管怎么说，亨德里克紧握这部日志好几年，直到 1663 年或 1664 年才与范莫伊尔斯达成协议，好像是因为钱，但没有这桩交易的任何记载，而范莫伊尔斯一直在积极寻求将他的业务扩展到旅行文学。

事实证明，对这桩出版事业而言，该日志本身并不像其展示方法那般重要，或者说，更重要的是对它的转化方法。而正是在呈现之中，人们能辨认出范莫伊尔斯的调解以及这些手法是多么有革新性。雅各布·范莫伊尔斯制作的尼霍夫日志仅仅在名义上是一部真实的“日志”，它在严格意义上就是提供了一个名称，并且给一套迥然不同的叙事冠以一致的作者身份。而且尽管此书言之凿凿地宣传出使中国的荷兰人使团，并提供了书本冠名作者兼可靠叙事者约翰·尼霍夫的很多现场报告，但它实际上由几篇文本组成，许多都来自更早的耶稣会士材料（这是一种讽刺，因为荷兰使团及其在华商业—外交倡议的最终失败可能是耶稣会士策划的，他们对新教徒竞争对手深怀敌意）。这些并非出自尼霍夫的资料被乔装打扮后插入叙事，此技巧老是被范莫伊尔斯在他的书里反复运用。著作权被授予单个人物，因此创造出此书内容真实可信的权威感——这是个著作权滩头堡，可以说是让一个可靠的人物承担起此书的作者职能，而同时有其他人创作的文本被采用、被增补、被美化、被操作，于 28
是成品表现为某种类似“描述”大杂烩（有时对此种地理学体裁如此称呼）的东西，而非一部个人旅行见闻。[6] 此外，比文本更重要的是副文本，首先是大量雕刻精良的插图，它们同它们意图描绘的行文之间有时只是稍微沾边的联系。在这些内容上，范莫伊尔斯倚靠一群听命于他的娴熟工匠（范莫伊尔斯本人是一位科班出身的雕版师），还有他雇佣的一大批“文抄公”（afschrijvers）——这个荷兰词可以译为“抄写员”（copyist），但它能更准确地指代为出版人写作匿名副本的人，甚至可以指捉刀人，即把自己各种各样的手稿融入书籍的人。

这种活力充沛的、互动式的、高度介入性的书籍制作流程很难说是新产物。自活字印刷发明以来，出版商就在书籍著作权上扮演着活跃角色（这是与现代的书籍包装人比较而言的）。17 世纪 60 年代的新动向是，该操作手法在地理学领域的完美性和范莫伊尔斯因它而享有的显著成功。范莫伊尔斯卖给公众的不仅仅是这一部和其他一些对世界的描述之作（它们在接下来几十年完全主宰市场），他还卖给他们一种出版风格和一种异域地理学的形式。范莫伊尔斯的书易于识别也被热切地期待。它们有着通过华丽视觉包装呈现的可辨认的外表，突出了消费者在看着地理学时的角色，此种地理学有令人目眩神迷的扉页版画，表现地球上的人和物产；有整页的雕版插图，标题页上为之做各式广告；有作为商标的城市景观图；有民族志肖像画，等等。范莫伊尔斯的产品也强调文本内容，尤其是叙述的“真实”、冠名作者的现场呈现以及由此延伸出来的叙述的“信用”。这些技巧在尼霍夫引领风尚的中国书卷中创设，又在继之而来的关于日本、印度、波斯、非洲、美洲和更多异域场所的出版物中得到修补和完善，将范莫伊尔斯牌地理学投放市场。它们设立令消费者易于辨识并欣然接受的一种地理产品类型。

范莫伊尔斯在巴黎的同行兼（竞争不那么激烈的）对手麦基洗德·特夫诺（Melchisédech Thévenot）出版了一系列旅行报告，力图模仿荷兰出版业的手法，挑出这时期荷兰地理学的特质，并尤其表达了他对尼霍夫书的仰慕，特夫诺本人就急切地等待着此书的出版（然后迅速盗版，尽管版式不够成功）。他和其他人都期待这种新的、“来自（荷兰）商人之一的叙述，他们的报告在过去总是被证明是真实的；它们描述事物的本来面目”，他赞许地宣告。荷兰的地理书卷是寻求异域世界原始资料的标准设置。[7]

31 本章揭示如何及为何如此。范莫伊尔斯和大量其他人，大多是以荷兰为基地的追随他脚步的书籍制作人致力于创造一种描述世界的新模式，而且在这进程中锻造出地理学的一种新体裁。他们建立了印本描绘的一种版式，或曰一种风格，操演出意义格外深远的吸引力。这种吸引力的基础在很大程度上由他们书籍独特的外观、排版结构及高“信用”构成。“信用”这个术语既适用于标题页上的名字——适用于作者，更适用于出版商，也同样适用于内里呈现的材料。此外，通过设计这种被广泛印制、发行、翻译、模仿和盗版的书籍,也通过精工制作这种被普遍仿制的地理学形式,荷兰出版人建立了重现和接触非欧洲的地方、人民及手工制品的新方法。他们发展出再造世界的新方式。他们的革新大大影响了这个时期(大体在17世纪最后三分之一和18世纪头三分之一)异域知识被传达、设计和呈现的方式。他们不止引起一般的转变,他们的努力还开启了欧洲人对他们那扩张中的地球的消费模式的整体转变。[8]范莫伊尔斯的出版实践一如所有出版活动,都遵循一种特定的商业逻辑,而且许多这类“荷兰”资源根本不是荷兰的:西班牙人、葡萄牙人及意大利人关于印度的素材被娴熟地转变以供应法国、英国和德国市场。不过总体而言,成品是从荷兰这个异国格调的集散地发布出来的。荷兰且首先是阿姆斯特丹的出版商、插图制作人、舆图制作人和书籍制作人以这种方式设计了异国格调的一种新鲜形式。他们创造出有深刻影响的、持续多年的关于世界的形式。

二 书籍制作的新秩序

在走向1700年的十年里,描述非欧洲世界的欧洲书籍的生产昂首阔步地进入起飞状态。当然,地理学领域自15世纪后期欧洲人开始海外扩张后就有着长足进展。然而属于异域地理学这个较晚的时刻见证着书籍制作的整个新秩序,既有数量上的,也有质量上的。从17世纪后30年到18世纪前30年,内容广泛、印制精良的地理学卷帙的大规模生产欣欣向荣,尤其在荷兰,荷兰发行世界上所能获得的最吸引人也最令人满意的报告,这些报告关于全球自然、全球宗教、全球文化、全球历史,等等。异域地理学这个领地固然有一些需要识别的小气候,但某些一般模式——生产的狂热吸引力、编书的高端人物以及有益身心健康的出版主题——恐怕是易于界定的。 33

雅各布·范莫伊尔斯在发起此种叙述性印刷品的这一机遇方面扮演着中枢角色,而且他自17世纪60年代中期到17世纪80年代初期的出产着实惊人(他死于1679年末或1680年初,留下几项项目由他的遗孀和某个时期的合伙人作为遗作出版)。范莫伊尔斯及其多产的工作室制作关于美洲、非洲(北非和撒哈拉沙漠以南各一册)、印度、中国(两册著作权不同的出版物)和日本的了不起的对开本插图卷册,全都在尼霍夫那本石破天惊的中国书籍问世后的生产力活跃的七年间完成。随后还有关于黎凡特、地中海诸岛、近东和波斯的附加卷册(也印成对开本),以及涵盖东西印度群岛、东南亚和中亚的三册旅行文学(与描述性地理学相对立的体裁),尽管其中一些是由范莫伊尔斯的遗孀出版或与临时合伙人出版。在阿姆斯特丹充满竞争的印刷业界,范莫伊尔斯有时会与这些临时合伙人合作。

如果说范莫伊尔斯在17世纪60年代释放了这股地理学洪潮,那么占据这道书目风景另一端的翘楚人物就是彼得·凡德尔哈。凡德尔哈(1659—1733)在近代早期印刷史上占有一个令人艳羡的位置。他是17世纪90年代到18世纪30年代初期莱顿书籍制作的领军人物,恐怕还是当时最有抱负的欧洲出版人。他控制的是一种与范莫伊尔斯稍有不同的地理学形式,即发行大部头的系列编纂品,这些书籍经常由已先期出版过的文本组成,不惜工本地以地图、城市景观图、异域自然物图像、人种志场景图以及诸如此类的雕版图润色。事实上,到了凡德尔哈职业生涯末期时,他辉煌工作战绩中的视觉成分推动着文本成分,这个方式在几乎全是图片的66卷《世界宜人画廊》(约1729年)中达到顶峰,此书是部惊人的制图产品,自夸有4000幅插图。凡德尔哈出版了其他若干多卷本(及多语种)地理学编纂品,它们是国际市场上的热门:一套名为《最值得记忆的海洋和陆地旅行收藏》(*Collection of the Most Memorable Sea and*

Land Travels)的庞然大物,共有130分册或28卷一套;一套尺寸较小的旅行“指南”(作为旅行见闻录的对立体裁)系列,以朗朗上口的品牌名称《乐趣集》(*Les Delices*)出售;一些“豪华”图集,包括印在超大对开页上的华丽的《世界新剧场,或皇家地理学》(*Nouveau theatre du monde, ou La geographie royale*);定位于低端市场的小尺寸《宽慰图集》(*Atlas soulagé*)。凡德尔哈也合作出版了一部美不胜收的《群芳谱》(*Florilegium*),此书描绘全球的植物,其中有250种植物享有全页雕版插图;他还合作出版了一部关于海洋动物的《宝藏》(*Thesaurus*),书中刻画东印度群岛海域的无脊椎动物和软体动物。[9]

异域地理学的两位丰碑式人物的职业生涯毋庸置疑地立于该 35
地理学时刻的两端,其他一些该领域的杰出出版商、雕版师和售书商活跃其中。其中一些事实上是范莫伊尔斯和凡德尔哈的团队成员,在从事成本颇高的印刷项目时,这并非不寻常的做法。另一些仅仅出现在“17世纪末、18世纪初重要出版商”的评价中,他们认可地理学业务中有显而易见的商机。约翰尼斯·让松尼乌斯·范维斯贝尔格(Johannes Janssonius van Waesberge)是两个插图书籍制作家族的后代暨阿塔纳修斯·基尔谢(Athanasius Kircher)的《中国图志》(*China illustrata*)的印制者,他与阿姆斯特丹的约翰尼斯·范索梅伦(Johannes van Someren)都在17世纪70年代和80年代与范莫伊尔斯既竞争又合作。[10]

范索梅伦参与了范莫伊尔斯两部备受瞩目的旅行报告的出版团队,其中一部的作者是乌特尔·舒腾,另一部的作者是冉·让茨·斯特卢伊斯(Jan Jansz Struys),两部书都有多语本和多个版本。[11]范索梅伦也制作了他自己的重要旅行报告,而且他是龙石庄园的亨德里克·阿德里安·范里德(Hendrik Adriaan van Reede tot

Drakenstein)①不朽的《印度马拉巴尔植物志》(*Hortus Indicus Malabaricus*)——一部研究东南亚自然物的12卷作品——的合伙出版人。让松尼乌斯·范维斯贝尔格与范索梅伦把他们的资源联合起来印制菲利普·巴尔岱乌斯(Philip Baldaeus)关于马拉巴尔(Malabar)和科罗曼德(Coromandel)的畅销叙录,此书像他们此期大多数其他印刷努力一样,模仿范莫伊尔斯标志性的地理学视觉路径,在某种程度上甚至挑战了这位师傅对市场的支配力。[12]

弗朗索瓦·哈尔玛(François Halma)的专长是知识类出版物,曾作为"学院出版商"在大学城乌德勒支(Utrecht)度过25年,贡献了几部非凡的地理学出版物,包括尼古拉斯·维特森(Nicolaes Witsen)两卷本的"鞑靼"叙录与格奥格·拉姆菲乌斯(Georg Rumphius)②关于安汶的震烁古今的自然史。[13]

还有冉·克莱茨·藤霍恩(Jan Claesz ten Hoorn),他专注于"通俗"旅行纪事(始于17世纪初期的一项荷兰传统)和海外"手册"(关于印度可获得的药用植物、自然产品或商业物资等的巨细靡遗的清单目录),也在17世纪80年代和90年代阿姆斯特丹硝烟四起的书籍售卖世界里赢得一席之地。[14]

如果给这份名录加上尼德兰最知名的舆图素材出版商——若安·布劳(Joan Blaeu)、让松尼乌斯(Janssonius)、维舍尔(Visscher)、德维特(de Wit)、丹克柯尔茨(Danckerts)、范廓伦(van Keulen)等人的工作室——再加上这些年在出版物的语境下活跃着的尼德兰的一大群制图艺术家——诸如洛迈恩·德霍格、冉·卢伊肯(Jan Luyken)及伯纳德·皮卡特(Bernard Picart),那么人们就能敏锐地意

① 时任荷属马拉巴尔总督的范里德是此书主编,供稿人由一个近百人的团队组成。——译者注

② 即上一章出现过的格奥格乌斯·拉姆菲乌斯,上一章的名字是拉丁化拼写。——译者注

识到荷兰人在这些年的地理印刷领域取得的卓著成功。

正如所有这一切所能暗示的,地理印刷业的尺度也宽到令人称
奇。这是说按属类划分的次级领域的范围,地理学涵盖的区间,甚
至市场能触及的幅度。从最后一点说起,就算范莫伊尔斯和他的模
仿者们完善了主要是为迎合富裕消费者诉求的厚重、带插图且对开
页的“描述”的艺术,也还有其他出版商把自己的产品定位于更普通 36
的买家。前者大量的卷册是为了突出它们那些全页或经常是双页
的雕版图,那些折叠式插页地图、图表和解说性航海图,以及那些用
内容表、章节概括、页边注和索引等方式传达的五花八门的文字概
述。在地理学问题上应当强调的是,“精英”和“大众”这种断然区分
不是特别有用。即使有一些产品能卖出天价并因此为王侯阶层和
最精英的商人所专有(凡德尔哈的《世界宜人画廊》售价为高昂的
416 荷兰盾,大约值一位工匠师傅一年的平均薪水,与订购约翰·布 39
劳《大图集》[*Atlas major*]精装版的价格持平),[15]但低端市场的出
版物也能吸引属于特权收藏家阶层的买家,他们对不那么贵的探险
日志产品的兴趣并不比对高端地理书的兴趣差多少。更重要的是,
不贵的产品就像值钱的产品一样,都以丰富的插图(哪怕有时是木
刻图)和讲求策略的副文本为特征,同样地意图通过书本吸引消费
者和招徕读者。有些作品同时以高端版本和低端版本面世,同样的
文本实际上包装在互相抵触的开本中(比如对开本对四开本)。而
且一本书的独立组件——尤其适用于雕版地图和城市景观图——
可以被出版人单独营销和出售,而这位出版人经常在销售独立印制
的单页和完整版书籍方面都有良好业绩(且他可以兼任雕版师,范
莫伊尔斯就是个完美例子,一些舆图贸易的出版商也是科班出身的
雕版师)。

至于地理学范围和属类范围,荷兰资料实际上已经覆盖了所有
已知世界,不过这当然是基于欧洲人立场的已知世界,他们以分类

的视角和各种各样的形式接近这世界。以述地理学范围指以异域世界为内容的几类书籍生产,而属类范围指与荷兰印刷业的动态密切关联的各种体裁。这一时期,荷兰制造的旅行日志大量出产,一如对地球的“描述”,“描述”这个关键词此期日益频繁地被调用,它的用法就意味着一种非个人化表达的地理学形式(如旅行日志那般)。[16]凭借1660年代以来阿姆斯特丹著名的“宏伟”图集的制作而达到顶峰的舆图印刷业,也凭借航海图集、巨幅世界地图、单页地区图(因此更多人买得起)和地球仪(用印有图案的三角形布制作)这些形式而繁荣,同样还在凡德尔哈所完善和促进的地理学混合形式中兴旺。凡德尔哈在城市景观图、异域风光图和外国“风俗”小插图中点缀着地图,穿插在全书粗疏且敷衍的文本中。

凡德尔哈也涉足荷兰地理印刷业的另一项特产——“奇巧”文本与形象的选集,这种选集的典型特征是从杂七杂八的出版物中回收资源,或可能由号称“veelschrijver”(多面写手)的人来重构(这个词可以不严格地译为“多产作家”,但它的含义更接近“黑客”,或是某个把雇佣小文人的属性同特罗洛普[Trollope]①的能量结合为一体的人)。这些文集呈现的是看上去胡乱安排的奇观的概览,内容庞杂、枝节丛生,在结构形式上近似于一种叫“奇巧阁”的印本形式。它们的标题是此类空间比喻的通用格式:“奇巧大宝阁”“奇观满溢的世界”,或者更平淡的(也是商业意图更坦白的)标题“奇观货
40 栈”。[17]地理学的这个机遇也带来异域自然史领域的一波出版狂潮。1695—1705年前后出版了关于南美昆虫、南印度植物和印度洋甲壳纲动物的数量惊人的卷册,使得此类产品在世纪之交达到高位水平线,因此,这时期被定义为近代早期自然史上“精彩的十年”,并且阿姆斯特丹的工匠、雕版师和出版商在这项惊人的出版成就中发挥了

① 指19世纪英国小说家安东尼·特罗洛普(Anthony Trollope)。——译者注

核心作用。[18]最后，这些年里还出产了一些以主题为导向的、倡言异 41
域“风俗”的书：关于世界的宗教、世界的社会习俗、世界的着装（“个人习惯”）、世界的政体，等等。[19]

凭借出版商拓展自己业务范围，批量生产书籍和印刷品的多种版本与译本，同时推行力图使流通范围和受众面都能最大化的策略，使得地理学领域出版物的广度和深度得到进一步扩充。在荷兰，印刷品的首次发行量相当高，地理学领域的书籍亦不例外 。虽然不是所有出版人都留下了关于他们产量的证据，而且部分出版人非常注重对于某些有地位象征的豪华版产品打限量发行的广告（如按路易斯·里纳尔德［Louis Renard］所声称的，他关于热带鱼的天价书只有 100 册可以购买，而其中五册已去了皇家获献者、英国乔治一世国王手中；凡德尔哈同样将整套《世界宜人画廊》的受众限定为 100 位富有的买主），但现存数据能表明大体上的印数。[20]一般而言，地理学业务的出版人为每个标题制作750—2000册副本，成本低的产品印数较高，而最豪华的版本印数较少。[21]

非常醒目的是，一些插图密集、售价也高出平均价格（既反映出纸张的高成本，也反映出雕版师的劳动）的对开本卷册，证明印刷量远远超过 1000 册。作为《黎凡特纪行》（*Voyage to the Levant*）的冠名作者、插图作者和主持出版人，柯奈利斯·德布卢伊津（Cornelis de Bruijn）刊登了一则预订名录广告，这则广告显示此书印数至少为 1350 册。这个印数是最小估值，因为公开市场也会出售此书的印制副本（即售给非预订者）。[22]因彼得·凡德尔哈去世而于 1735 年举行的一场公开拍卖会披露出的，不仅是这个世纪早些时候所印成的一批健全的书籍库存——出版商的遗孀拥有几百册大约 30 年前出版的旅行图书的副本，表明这些书籍仍在不断发售。它还说明直到最近（或还不止）仍供销售之书籍的印数。凡德尔哈手上还有大约 1200 册尚未打广告的关于热带植物作品的副本，而他的店铺里有近

1000 册几种最近出版书籍的副本。总体而言,凡德尔哈的数据表明,印数在 1000 册到约 1500 册之间。[23]关于 1678 年范莫伊尔斯家嫁妆争议的记录——争议因早几年雅各布的独生女儿结婚而起,披露出范莫伊尔斯的印刷店里存有差不多 500 册关于印度、中国和非洲的书籍的副本(还有几百册其他书),它们在 1670 年前后出版。这一数字大概只能体现原始产量的一部分,如果副本不变多的话,总量可能是副本的两倍之多。[24]

一旦出版人开始印一本书,他们就在接下来几年里制作更多版本和译本。授予书籍销售者特许权的典型做法是指定一种出版路
42 线,并相应地指明一种市场扩张方案。比如荷兰议会 1664 年份授予雅各布·范莫伊尔斯特许权。地理业务的印刷者激烈地争抢市场份额,并誓死捍卫这或多或少的预期部分。其他体裁的出版商当然也这么做,而且很难声称修订版本和外语译本是印刷的新发展,这些实践对地理学领域而言不算特别(宗教书籍便可以一版再版),对尼德兰的书籍贸易同样不算特别。[25]不过,这一时期地理学领域堪称革新且特别令人难忘的包括:作为荷兰制造地理学标志的卷册几乎不变的再版,这些大部头卷册插图密集、制作困难,以及单个出版商或合伙出版商对他们产品的控制。这个现象的罕见性,以及这些书籍首版的非比寻常的难度,都让人十分惊讶。[26]

由范莫伊尔斯出版、不出远门的二人组奥尔菲特·达贝尔(1636—1689)和阿尔诺都思·蒙塔努斯(1625—1683)冠名的一系列异域地理学作品就相当典型。达贝尔和蒙塔努斯冠名的共十部书籍(关于美洲的、非洲的、"叙利亚的"[中东]、黎凡特的[包括欧洲东南]、波斯的、印度的、中国的、日本的,等等)——具体卷册数取决于方式,[27]以厚重的对开页面世(经常接近 1000 页),全都包含大量最高级的制图作品(不约而同地附加一幅专家水准的雕版扉画),也全都带有大量的副文本。简而言之,全都成本高昂,尤其贵在印

制它们的纸张,在这样一个纸张价格过高的时期(17 世纪 60 年代至 17 世纪 80 年代),这会抬高书籍价格。[28] 然而除了其中一部,其余全都有多个版本,甚至有一部有九版(另几部有六版左右),而且几乎所有这些不同版本都是在范莫伊尔斯雄心勃勃的阿姆斯特丹工作室的赞助下(而非在他的对手手中)问世。同样,除了其中一册,其他全都有多语译本——按常规译为法文、德文、英文,也曾译为希腊文,值得一提的是,翻译过程几乎总是在范莫伊尔斯本人而非外国出版商的控制下,而其他领域中,由外国出版商控制译本是近代早期版本记录的通例。(范莫伊尔斯通常将这项工作委托给荷兰的学者和译者,至于英文本,则将图版或预备印刷的插图寄给英国皇家地理学家约翰·奥吉尔比[John Ogilby]的伦敦办公室,由后者组织翻译。)[29] 随后几年,总是出现其他出版商(间或是从前的合作者)的修订版,有些文本最终被盗版。不过范莫伊尔斯对其产品施行的控制范围超乎寻常,正如他的产品所触及的范围,其广度肯定能证明他有着可观的资源投资。范莫伊尔斯这全套作品实际上被一部奇特的出版物《达贝乌斯的异域奇珍》(*Dapperus exoticus curiosus*)所“消化”(书的标题合并了两位作者达贝尔和蒙塔努斯),如题 43
所示,此书为范莫伊尔斯牌地理学“需大力阅读”的全集提供一种读者摘要。[30] 被假定为不知所措的消费者可以在这里获得达贝尔加蒙塔努斯全部产品的缩略式兼笔记式概要,这个概要不仅对原书进行了总结,还标注了引用的原文页码,堪称范莫伊尔斯地理学帝国的持有者的便利手册。

与范莫伊尔斯的产品同样惊人的是,这并非孤立现象。这些年尼德兰还辐射出其他一些大规模地理学印刷项目,大部头书籍被制成多种版本且广泛流通,制作人有让松尼乌斯·范维斯贝尔格和范索梅伦,吉利斯·乔斯滕·塞格曼(Gillis Joosten Saeghman)和弗朗索瓦·哈尔玛(前者针对低端市场工作,后者针对高端市场),凡德尔哈（以莱顿为基地）及其他荷兰图集制作人（大多在阿姆斯特丹），让－弗雷德里克·伯纳德（Jean－Frédéric Bernard）和伯纳德·皮卡特（两人组成批量生产全球宗教相关书籍的团队），还有其他在1700年前后几十年活跃的出版商和雕版师。[31]

印刷技术出现了大量革新，确实，其中部分革新是由地理学领域发达的生产力与荷兰书商间强烈的野心和激烈的竞争带来的，并由范莫伊尔斯和他的同行们在这些年里发展起来。例如，这个世纪早期，征募书籍预订金的行为已经存在，并且英国征募预订金的行为不比荷兰逊色（荷兰出版商在这个方面借鉴了他们的伦敦同行）。然而这种有些实验性质的书籍交易策略——为出版商在大规模出版活动中投资大量需要的资源时提供止损作用——是在荷兰地理学的语境下得以大大完善的。[32]柯奈利斯·德布卢伊津在他的两部奢华插图旅行书中都使用了预订金策略，一如弗朗索瓦·瓦伦汀（François Valentyn）为他不朽的五卷本东印度叙录所为。德布卢伊津为其《小亚细亚》（*Klein Asia*）和《莫斯科公国》（*Muscovy*）的潜在预订客户发布的招股说明书就特定版本的费用和付款选项提供了清晰细节，这两本书涵盖的内容都远超过标题所意指的范围（《莫斯科公国》以其对波斯波利斯[Persepolis]的雕版图而出名），而且两书都跻身当时插图最丰富的书籍行列。[33]招股说明书在众多意图之外尤其还影射出德布卢伊津所渴望到达的市场。该书提供大开本或超大开本的预订，即常规的对开页或印在人们所知的“更大纸张”上，并且可以分期付款。由于超大纸张的版本费用要提高25%—30%。因此，尺寸有着明确影响。插图也很关键，《莫斯科公国》有着更充裕的雕版图，自夸大约是《小亚细亚》图片数量的1.5倍（约300张对200张），因此费用接近后者的两倍。[34]预订者名录披露出一个清晰的国际市场，纵使荷兰文版本也不例外（这些书也有法文版和英文版）。它也披露出一个嵌套其中的二手书籍市场：预订七册或更

多册《小亚细亚》的79份订单意味十足地暗示出,有些预订者购买 44
副本时意在通过再度销售它们而获利(而且这些大宗订单的绝大多数并非来自同道书商)。[35]

德布卢伊津的另一项革新是印制了两套彩色的《小亚细亚》,一套为荷兰文,另一套为法文,这个举措可谓纯然原创,且非常拿捏
眼球。这不仅是印刷史上一项非常独出心裁且可能算是史无前例 45
的发展,也是一场制造出令人咋舌效果的巨额资源投入活动,它表明荷兰制造的地理学在书籍史上的关键地位。四色印刷技术几年前曾被一位来自奈梅亨(Nijmegen)的工匠约翰尼斯·泰勒(Johannes Teyler)小小改进过。此举使得用单一印记机械化地复制一张彩页变得可行(而非如早前那样为每种颜色制作多种印记),而且泰勒曾用这种方法制作了几幅杂参式版画。德布卢伊津在黎凡特旅行时有机会与泰勒相遇,而且无疑德布卢伊津能够学会泰勒的技术并将之运用到印制一整部书的流程中,为书籍带来出色的效果。《小亚细亚》的两套彩色版本在藏书家、美术爱好者,尤其是地理学热爱者当中引起轰动。它们自身就是一股吸引力,给德布卢伊津在阿姆斯特丹的工作室带来访客。德国旅行家扎卡赖亚斯·康拉德·冯·乌芬巴赫(Zacharias Conrad von Uffenbach)于1711年3月拜访,并表达了对这些“奇妙”卷册的仰慕之情,他在自己的日志中赞扬了它们。冯·乌芬巴赫评论道,其他人可能印了些初级的彩色作品或单页彩色版画,另一些人制作过手绘地理书,然而没有人曾出版过像德布卢伊津的书那么令人叹为观止的彩色书卷。他兴致勃勃地说,德布卢伊津的地理书中雕刻得令人称奇且上色栩栩如生的形象“无与伦比”。德布卢伊津的书中对异域世界的人民和地方的刻画有着“真实的”细节,且比乌芬巴赫在别处看过的任何描绘都引人注意。[36]

在1700年左右的荷兰印刷业语境下给一本书贴上“无与伦比”

的标签，这确实是高度的赞扬。因为德布卢伊津异域地理学的出版是当近代早期印刷史上一个最非凡的时刻，这时作为整体的荷兰、尤其是阿姆斯特丹在书籍贸易中享受着无可匹敌亦不可企及的霸主地位。[37]历经17世纪，荷兰共和国把自己转变为欧洲书籍贸易的集散地，且到这个世纪的最后阶段，环境使得荷兰在那些构成异域地理学品质标志的大规模印刷计划的出产方面变得更具主导性。有几个因素支持着荷兰印刷业的兴起和统治。最重要的是，经济条件极大地支撑着这个行业，哪怕在这个世纪后来的特定时段，资格证明成为必要，因为彼时共和国的经济健康削弱了。可以肯定，借资本之力，荷兰的印刷业于该世纪伊始获得宝贵的提升——印刷业是资本密集型行业的范例，随着躲避西班牙军队的弗莱芒（Flemish）战争难民的迁移，资本从南部尼德兰转移到北部。纸张经常是一位出版商最大的开支，它从法国大量地流入尼德兰，以致还有足够的
46 余量支持阿姆斯特丹繁荣的纸张出口贸易。该世纪后期，法国的供应枯竭了，而“荷兰人”的打浆方法和纸张生产——一项利用了风力碾磨机的革新流程——在风势迅猛的赞河（Zaan）地区发展起来，并制造出欧洲地区最精良的白纸。直到18世纪，阿姆斯特丹铸字工人制作的字模不仅支持荷兰蓬勃的工作室，也对伦敦的工作室提供支持。还有其他几类对印刷业务而言至关重要的技师和艺术家在荷兰随处可见（而且在很多时候下会“出口”），包括排字工人、工匠、雕版师、彩绘师、舆图制作人等，他们让荷兰印刷在整个世纪里都成为高效运转的机器。[38]

许多这些因素都能影响印刷品的供应，不过也还有其他动力在激励需求。文化和政治条件同样眷顾尼德兰的书籍业务，尽管在大多数时候，这些都是为了维持尼德兰早期近代经济强势地位的环境因素。识字率在联省共和国特殊的城市背景下高得非比寻常——尤其适用于荷兰省，这意味着各读物有现成的国内市场。这个时

期，荷兰有半数成年男性和三分之一成年女性能阅读，而且17世纪红火的荷兰经济意味着该阅读群体实际上有可支配收入来购书。印刷行会的影响力（或不如说缺失印刷行会的影响力）也使书商们有相对更大的适应性。阿姆斯特丹的行会在1662年才组建，直到此时出版商才能加入最初服务于画家的圣卢卡斯（St. Lucas）行会，这意味着该行业规矩松散。政治干预和宗教干预亦然，这方面的干预相对有限，而这指向了更一般意义上令尼德兰在黄金时代的发展卓尔不群的更大社会因素。这些因素包括：松散且去中心化的政治结构，它带来更多的地方自治和较少的审查介入机制；相对的宗教宽容，它允许实际上有着各色出身的（包括生于外国的）技艺娴熟的艺术家都参与到印刷业中，同时还确保了一个多语言和非正统的阅读群体，他们能支持许多种印刷产品；以阿姆斯特丹为中心的出色国内发行系统，它把出版物运到其他荷兰城市与荷兰乡村；阿姆斯特丹作为全球仓库（及易于接近的欧洲商业中心）的极重要角色，这意味着来自全大陆与全世界的商人和旅行家、产品和理念都能进入荷兰共和国并以各种方式促进书籍业务。

尼德兰商业的国际性质和阿姆斯特丹身为贸易集散地的向心性在17世纪后半叶都变得格外重要，那时其国内经济经历了几段困
难时期。印刷异国格调不是在尼德兰的某个商业巅峰期产生的，而 47
发生在危机四伏的17世纪60年代和70年代，与两场英荷战争、一场法国侵略和1672年的灾祸并行，因此该现象似乎格外让人惊叹。不过，随着国内图书市场开始衰退，国际市场得以扩张，这状况在17世纪后30年代变得尤为显著。截至17世纪60年代且尤其是从80年代中期起，当《南特法令》（Edict of Nantes）的废除让一大波胡格诺派难民逃离法国涌进尼德兰时，荷兰出版商增加了法文书籍的出版，该趋势部分地替换了荷兰早期发行拉丁文书籍的模式，并稳妥地延续到18世纪。荷兰的书商在几十年间用印刷材料充实了英国

市场,这些材料既有荷兰制造的,也有从其他大陆进口的。[39] 此外,随着经济气候变得不那么景气,出版商感到需要革新,以便创造更有利可图的产品。正是在此种背景下,出版商在出版物上试行新奇的形式和策略:插图丰富的外国土地报告,根据预订而销售的大规模系列出版物,将文本快速译为其他欧洲语言,关于异域自然史、全球宗教等精美的卷册。这就是说,他们在试行这些于 17 世纪 60 年代中期开始从荷兰印刷所流出的地理学形式。在 17 世纪最后 30 年和 18 世纪头几十年,尼德兰不仅成为众所周知的“世界商店”,也成为世界形象提供者的领军人物。简而言之,荷兰人印制了世界。

三　“制造”异域地理学:荷兰出版商

多年以来,尼德兰印制的广受追捧的异域地理学卷册都是由熟练预备好的几种成分抟合而成。如果使用更精妙的隐喻来讲,不妨说它们是由有事业心的男性书商(偶尔还有女性书商)生产出来的,他们把这些卷册的成分灵巧地组装成有着明显吸引力的整体。[40] 近代早期的书籍一般是被生产出的而非写成的,也就是被制造的而非创作出版的,且这一生产流程发生在组织有序的工作室里,并由工匠式企业家,即出版商兼书商所指导(在尼德兰,出版商和书商这两种职务通常结合在一个人身上,或者像后来年份里的,结合在一个公司内部)。罗杰·夏蒂埃(Roger Chartier)曾写过传统文学研究路径施加于近代早期书籍的“文本暴政”和“命人深入阅读的帝国气”。[41] 他在这两个例子中考虑的都是,批评者用什么方式赋予文本以优于书籍的特权,且在此过程中,对于文本的形式(甚或体裁)充
48 其量属于走马观花。夏蒂埃这种有着印刷问题敏感度的准形式主义路径肯定适用于旅行文学这种近代早期相对新颖的体裁,它甚至

还能适用于17世纪后半叶发展起来(根基当然在16世纪)的经特殊“建构过的”地理学形式。夏蒂埃在分析文学的社会功能及文化功能时,专门提到了编者实践和出版策略的重要性。(这两方面不等同,哪怕均由一个人从事,前者引起夏蒂埃关注的程度高过他有时所承认的,而后者几乎没被他关注。)两者对于理解被轻描淡写地称为“文学”的东西至关重要。夏蒂埃引用新西兰历史学家唐纳德·麦肯齐(Donald McKenzie)的论述而推定“形式影响意义”,他通过引入麦肯齐以“文本社会学”术语命名的(也大力为之张目的)有开创性的文学子领域而提出这个本质观点。[42]强调书籍制作人的角色让1700年前后所生产的印本地理学的形式更有意义,它倾向于以远超其他书籍形式的程度(几乎是规定性地)让一系列令人难忘的副文本、视觉装置、印刷者附加物和诸如此类的东西成为必要组成。它们是写作力度小于被加工力度的书籍。

研究书本的历史学家的创新性作品还提供了一个终极洞见。夏蒂埃借用米歇尔·德·塞杜(Michel de Certeau)的“窃取”(poaching)概念,改造为“挪用”(appropriating)。[43]二者分析人工文学作品的策略都鼓励承认读者在消费书籍的过程中有更大作用;同样,与文学批评家们本来允许的稳定性相比,近代早期文学在他们那里都表现为不怎么稳定的东西,批评家们倾向于牺牲书籍而盲目迷恋“文本”,并因此低估在作者控制力之外的“读者方”建构意义的过程。夏蒂埃和塞杜的诠释学,为书籍的消费投出一线启明之光;他们离开了批评家对文本的狭隘焦点及其对假定的作者的运用,而迈向对书籍和动手把玩它们的读者更大范围的关注。不过他们可能会无心地把另一个“窃取”流程留在阴影中,此举发生在书籍的生产中,即在以书籍的最终印本形式呈现出的素材方面,书籍制作人收集、挪用、操控这些素材,并为其设定类型及扮演的角色。书籍制作的这番操练一般被划归到“编辑”标题下,而且一本书的“编者”有时会因为他或她的文字劳作而赢得感谢，不过经常是不会的，或者赢得的是虚情假意的感谢。重新构建文本（与图像）以创造书籍，这个动态的过程也经常未加审视。一个“原始本”的后出变体，即被挪用的文本经常不加区分，编者与出版人（即书籍制作人）对于细想之下应属于作者职责的东西基本上不予识别。我们往往牺牲名义作者而忽视编者作用，并且倾向于小看“编辑实践”而偏爱写作的魔力与浪漫。[44]

49 用“编者”“出版人”“出版商”和“书商”来描述印本地理学的设计师与工程师都有些不准确和不充分，恐怕最好就简单地叫他们书籍制作人或出版商。这些人是异域地理学方面的企业家，多才多艺又有创造力，精明又有抱负。在尼德兰近代早期的书籍世界里，出版商与书商的职责通常由一个人一肩独挑，某人工作室印出的卷册可以在此人毗邻的店铺里买到。出版商/书商可能也常扮演雕版师的角色。

雅各布·范莫伊尔斯就是训练有素的雕版师，并首先成为（1649）注册的雕版师，他一直保持这个专业身份，至少到他获得尼霍夫书的特许权时，此时（1664）他加入行会，成为书籍与艺术的商人。平心而论，他触角广泛的技艺及多种专业身份很难归类。在尼霍夫中国书籍首个荷兰文版本（1665）的标题页上，范莫伊尔斯把自己塑造为一位“书商兼雕版师”，而在法文版上（也是1665），他只提到自己的角色是“书商”，然后在德文版上（1666）他的角色回归到“书籍与艺术交易商”。他的遗孀在行会中保留的会员身份仅是“书商”。[45]

约翰尼斯·让松尼乌斯·范维斯贝尔格通过婚姻进入根基牢固（也生意亨通）的图集制作商让松尼乌斯家族，所赢得的是作为书商和出版商的臂章。他几乎不为雕版这项手工技术而操心，但他确实买卖其他人制作的图版。他也开创了合作出版这项业务的先河——为联合投资的大规模印刷计划设立的团体路径,由数名书商和投资人的联盟体负责,这后来被称为“公司”。[46]

接下来是彼得·凡德尔哈的例子,他受训成为印刷工,领取书商执照,且可以视为他所处那个时代最令人难忘的书籍制作人。他在出版方面的革新道路表明了书籍设计师以及书籍促销人的重要作用。他的《世界宜人画廊》在设计书籍版式方面提供了一个新鲜举措,除了开本的巨大,奇妙的图画式样也是花样翻新,许多形象被巧妙地雕刻在立体感逼真的“画框”内。而他的连载式出版透露出营销和广告方面的熟练技巧(以及对金融风险的嗜好)。他所有的出版物实际上也都有着编者拣选、干预、插入和扩充的痕迹,这些在图形素材(尤其是舆图)上的运用不逊于在文本素材上。凡德尔哈仰仗其数不清的幌子,才气逼人地站稳了大出版商的位置。

编辑人(editor-figure)忙于几种角色并履行许多任务,但他或她也承担组织职能,恐怕类似于操作主管(如某人在序言中所称的“les directeurs de l'ouvrage”[工程主管]),是一项高度复杂的商业事业中的监督人。[47]这项工作始于编辑文本,我们倾向于把文本编辑设想为原创作者,但实际上其承担的东西多得多。在荷兰无情的出版世界中,手稿招致残酷的竞争,而旅行日志实际上能引发为竞争下一 50
部潜在畅销书而进行的17世纪竞价战。有几篇作者前言影射了这个白热化的环境,为近代早期书籍交易艺术投下引人好奇的几瞥——“交易商”没完没了的拜访,为出版人制作合用的文本和绘图的压力,限期到来的焦虑,等等。尼霍夫写到这一背景:“白天我有无数来自各个‘兴趣方’的拜访,他们希望看看我从中国带回的手稿与素描。”这呼应着伟大荷兰旅行作家冉·胡伊根·范林肖腾的类似评论。[48]对于新近进口的旅行叙事产生的“斗争”,导致出版商要确保官方特许权,即如范莫伊尔斯从荷兰议会那里快速获得的关于尼霍夫自中国带来的“宝贵财富”的授权。[49]有些情况下,日志以一

种秘密方式获得，有竞争关系的出版商指控彼此赤裸裸偷窃，在许多例子里，他们只是复制或盗版，因此，这又体现出授予特许权的
51 价值。

在几乎所有例子中，材料的出版方式都会被改动，不管这会导致对一篇原始文本做实质性修订，还是把一篇文本同其他几篇嫁接为一（一种能创造出整体上有差异的叙事的融合法），或是能有效地针对各类地方受众重塑文本的修改（这适用于让原始荷兰文文本被制作得契合非荷兰读者或反过来）。在尼霍夫的例子中，现存手稿不止一个，这证实了编者们（范莫伊尔斯及其他人）对“作者”的笔记本和写生簿从事的艰苦熔冶工作。[50] 大体上，所有的“海难报告”（这个体裁在17世纪后半叶格外流行）都包括合写，以让它体现宽厚度。威廉·邦特库（Willem Bontekoe）显著畅销的作品——描述他在印度洋的风暴历险并且已经出到75版——很可能是出版商雇用的一位“文抄公”的手笔。挂到亨德里克·哈梅尔（Hendrick Hamel）名下的灾难故事也是这种情况，此书包含对朝鲜和日本的松散叙述，这也类似地能解释冉·让茨·斯特卢伊斯概述亚洲广大区域的传奇式流浪冒险的漫谈旅行见闻。[51] 夏尔·德·罗切福关于加勒比海的有影响力的“自然及道德史”（《安的列斯的自然及道德历史》[*Histoire naturelle et morale des iles Antilles de l'Amerique*]）的荷兰文版本是个略有不同的例子，它适合一种稍微更有学识的体裁，实质上被鹿特丹的诗人兼画家海曼·杜拉尔特（Heiman Dullaert）重写了，但他只被列为此书的译者。而不出门的奥尔菲特·达贝尔内容广泛的全部作品实际上都是衍生品和改编品，是基于想象的（可能也有合作的）剪刀加糨糊式工作的产物，操刀人则是范莫伊尔斯最出色的撰稿人（即达贝尔）。

借取文本、改编文本、织入文本，甚至（如我们会说的那般）剽窃文本，无论在荷兰还是别处，这些技巧在17世纪印刷业的背景下全

非例外之举，而且编者介入这项稀松平常之举于此也不成问题。更关键的是，这些实践在异域地理学领域有多普通，且这流程和可能产生的后果多么天生违背直觉。由一位编者——出版商的文本代铸不仅常见（罕见的倒是旅行日志在出版之路上未经某种操弄），还被行之有效地程序化，在印本地理学的业务中，“文抄公”或“多面写手”操作文本时，以及一群雕版师和工匠处理图形素材时会有规律地采用某种形式，这是经过选择的。此举在表达特殊性的旅行文学体裁时更加突出。

关于东印度航行的报告，在广告中被说成是私人日志或关于特定探险的日记，但到读者那儿时往往已然经过了陆生出版商眼光的折射，他已经实质性地改写了这篇散文。约翰·尼霍夫游程的手稿最初是在事发地代表荷兰东印度公司编纂而成，但后来以某种形式移交给约翰的兄弟，该手稿有完备的记录文件，同样记录完备的还有被狡猾地插入其中以制成范莫伊尔斯出版的成品的耶稣会士著述的文本。[52]

关于文本上修修补补的例子俯拾皆是。亨德里克·哈梅尔关 52
于朝鲜济州岛（位于半岛东南）海岸附近一起沉船的报告，在阿姆斯特丹以印本形式面世的时间（1668）比哈梅尔本人返回欧洲的时间还要早两年。其后数年间问世的此书的几个版本合为一篇囚禁生活叙事，集中于哈梅尔的经历（反过来以他那受荷兰东印度公司委托而写的日志为基础），并带一些散文片段的杂纂，将它们编辑为一体是为了另一个目的——描述朝鲜这个与世隔绝的高丽（“隐士”）王国；关于日本的材料也增补进来。此书最受欢迎的版本，从阿姆斯特丹的旅行文集出版商吉利斯·塞格曼那里流出，以三个独立印本问世，而这又成为许多更新版本的基础，有法文的，也有英文的。塞格曼为该作品制作的变体包括一些从他的库存（继承自另一位书商乔斯特·哈特格尔斯［Joost Hartgers］的库存）中挑选出的并不恰

当的插图,而这些插图在读者面前毫无顾忌地布置了一家异域鳄鱼和大象的动物园。鳄鱼确实生活在朝鲜半岛,但大象对朝鲜而言就
53 纯属异域来客,而且当然也没在哈梅尔的报告中提到的是,塞格曼用一节增补文本声明了此项疏忽。此书的该版本显而易见没在标题页展示作者的名字。它更应算是吉利斯·塞格曼的作品而非亨德里克·哈梅尔的。[53]

在标题页上明显忽略一位作者的名字,这只怕算不得疏忽,乍一看上去仿佛事实便是如此。再重复一遍,在印本中模糊作者的身份在这一时期并非不寻常的举动,尽管这在较不正式也较多弹性的体裁中(如地理学)比在其他情况下更为常见。[54]进一步讲,此种行为所必定引出的问题不是省略,而是模糊处理甚或合并。作者们虽说被嵌在叙事的其他地方,在开场白设置中被替换,或干脆在标题页上被跳过(哪怕在文本其他地方会提及),但并不必然被完全破坏至斯,这件事要听印刷——出版人的。舆图素材(略有不同的例子)典型地要写印刷——出版人的名字,哪怕画草图、制图和雕版完全由其他专家所为,这个事实有时会在单页地图靠下的角落里(与更靠中心的图廊花边形成对立)被细致地说明。出版人由此声明了著作权和对材料负责,这是舆图印刷领域一项根深蒂固的传统,布劳、让松尼乌斯及凡德尔哈全都借此赢得名望。不过,在印制的地理学文本问题上,表面上的"作者"的角色不那么明显,而这恐怕就允许作者与编者的合并,及相应而来的著作人角色的消化。

这种搅浑水举动见于范莫伊尔斯的一些出版物,长久以来它们的著作权归属都暧昧不清。1671 年首版并有很多后续版本的著名《美洲》(*America*)一书主要由阿尔诺都思·蒙塔努斯编纂而成,但它经常被挂在英国出版商约翰·奥吉尔比的名下,奥吉尔比把自己的名字写在英文版的标题页上,也留下对他本人著作权的推定(这是个莫大的讽刺,因为奥吉尔比在此书的设计和制作中严重依赖范

莫伊尔斯）。[55]范莫伊尔斯制作的一部日本叙录也主要由蒙塔努斯执笔的，它的法文版被如法炮制，标题页上略去作者名字，允许读者把这册书与唯一可见的名字——雅各布·范莫伊尔斯——联系起来。达贝尔中国地理书的题献词中有似为笔误的一处提到了范莫伊尔斯出版的其他书籍，包括一些根本无法与达贝尔联系起来的书。换而言之，出版人把自己悄悄塞进作者的位置，在这个例子中，他几乎不能与作者区分开。总而言之，这两个角色被彻底合并了。[56]

操作（如果不算十足的操控）文字复制件的同样流程也以诸多方式适用于印本地理学的视觉素材。关键人物还是编者——出版 54
商——书商，他获得草图或委托绘制草图来给出版物制插图，然后引导这些东西进入产品，有时甚至亲自操刀雕版（比如范莫伊尔斯的例子，他很可能为自己的书制作了很多版画）。近代早期的版画形象就如印制文本一般，很少是单一“作者”——当然不是指被假定的文本作者——的作品，更别提是单一“艺术家”的作品。从它们的原始概念到它们的最终出版态，要走过漫长崎岖的道路，因为出版商的图像库存会照例回收、改编并以多种形式重新发行。[57]这并非说那些图像的质量不佳，近代早期荷兰地理学的一个重大卖点恰恰就是那些优秀的也总是制作清晰的蚀刻版画和雕版画。[58]不过，制作精良的插图是价值不菲的商品，因此值得重新印制。不易获得的城市景观图、地球“奇观”的场景画、外国人民的小插图、异域自然物的图影，所有这些能令书籍好卖，而且所有这些在印刷世界都有很好的销路。于是，哈梅尔朝鲜“日志”的塞格曼版本有着招摇的异域植物插图，他从一位截然不同的出版商乔斯特·哈特格尔斯那里继承了这些图，后者活跃于17世纪前半叶。彼得·凡德尔哈对他所持有的几乎每帧图版都调整过至少两次，这几乎是项政策。凡德尔哈在获得洛迈恩·德霍格为西蒙·德弗瑞斯（Simon de Vries）的《奇巧评论》(*Curieuse aenmerckingen*)——1682年在乌特勒支印制的异域“奇巧”的整合之作——制作的上乘蚀刻版画后，在一部长方形图画书里单独出版了这些图，简单题名为《东西印度及其他地方》(*LesIndes Orientales et Occidentales et autres lieux*，约1700)。[59]这部作品显然获得了商业成功，于是这些图版随即有了更多展示，包括最终出现在《世界宜人画廊》中。

图画也以各种印刷形式流通，这不仅证明了这些图像的多面性，还证明图像制作人即出版商的多才多艺。亨德里克·东科尔(Hendrick Doncker)将菲利普·巴尔岱乌斯关于马拉巴尔宗教的书(1672)的扉画转变成一幅南亚航海图的图廓花边(约1680)，这是过分但不例外的一个图像借用(或者用柯律格[Craig Clunas]的批评性术语来说，“图像巡回”)例子。[60]

图画在印本中能存在很久，这很普遍，因为它们能从一种资源迅速转入另一种资源。众多知名印本和物质品被重复复制，其中最长寿异域形象是阿尔布雷希特·丢勒(Albrecht Dürer)绘的铠甲犀牛(1515)，它起伏多变的历史超过两个世纪，包括在范莫伊尔斯一份出版物中亮相。[61](直到18世纪才被荷兰人设计的“克拉拉”[Clara]雕版图所取代，克拉拉是一只近乎传奇的印度犀牛，18世纪40年代随莱顿的一位船长旅行到欧洲)。[62]这些精心制作的活动日程也指引着这个时期地理学插图的生活。旅行经历最复杂的异域
55 事物是耶稣会士阿德里亚诺·德拉斯·科尔特斯(Adriano de las Cortes，1578—1629)的含插图手稿，手稿是作者于17世纪初期逗留中国期间编纂而成。它们在差不多半个世纪后落入范莫伊尔斯之手，于是这位荷兰出版人把该位西班牙传教士的速写融入达贝尔关于中国的地理书，这是种讽刺，因为达贝尔的文本叙述的是一支荷兰使团赴帝国朝廷的使命主要因耶稣会士的干涉而失败的故事。

来自范莫伊尔斯这部出版物的图画主题在其后几年以装饰艺

术的形式面世(此中有着18世纪中国风的基本来源),而且许多图版被改编后用于其他出版物,包括恰好在半个世纪后出版的一卷关于全球宗教的奢华出版物《各宗教的仪式与习俗》(*Ceremonieset coutumes religieuses*),由让－弗雷德里克·伯纳德和伯纳德·皮卡特组成的胡格诺派出版商——雕版师团队制作。皮卡特有震撼力的图形作品成为18世纪初期对宗教习俗最具影响力的刻画,这是一套胡格诺派教徒生产的图像,(部分地)源自耶稣会士制作的写生图,由范莫伊尔斯调停、编组、加工和扩散。[63]

四　荷兰地理书的魅力

荷兰制造之地理学中好到难以置信的图片、对叙事的构造、对文本的加工以及其他各种灵活的机制是否有助于它拓宽吸引力?这些书籍的架构式样无疑明显有助于它们的受欢迎程度,书籍形式通过其诱导和塑造阅读与消费的方式而影响了功能。通过结构和叙事内容,异域地理学的书卷的目的在于怂恿消费者;它们交易的是一种经反复打磨的排版“外观”,而这可能是它们最突出的品质。书籍是一锅烩,其典型特征是开本宽阔、体积巨大、文本凌乱、视觉效果丰盛。不过它们带来几种引领排版及视觉之茂盛感的装置。荷兰的地理学卷册为这个文本、图表、海图、地图、图画及更多东西的杂合体发布充沛的副文本,还经常在标题页上广而告之。它们意在帮助消费者掌握这个巧妙建构起来的世界的印刷形式。首先,地理学卷册通常很大——对开页是默认尺寸(不过,最初以对开页出版的书籍常常随后就发行较小页面的版本),它们还在标题页上直接声明自己阔大的周长与体积,夸耀说哺乳宙斯的丰饶羊角来了。为了让篇幅更易管理,许多卷册都制成便于导览的双栏版式,这算

56 是项红利，可以用双份的页边注来指引有可能过度兴奋的读者通读文本。不仅如此，一本书的外观可能会保留，并移植到其他以类似方式制作的书籍上。纵使地理学卷册没有明确成系列（如凡德尔哈许多产品），出版商也可以暗中这么做，因为他们在按照固定的书目节奏制作书籍，还要令排版比例相匹配。

这或许能被当作出版业的“图集”路径：令产品标准化，然后以一套的形式呈现，多卷本图集就是这样从印制单页地图的传统中发展而来。约翰尼斯·范索梅伦生产了一系列实际上几乎一样的出版物，把海难叙事同民族志描写结合起来，后者模仿偶尔合作的范莫伊尔斯的行文与图画风格。1670年代有三本书接连出版，其中两本一是对马拉巴尔与科罗曼德的海岸的专论，一是对孟买的专论，第三本更宽泛地覆盖亚洲。它们有相仿的尺寸和布局，而它们的图形内容更是大范围彼此雷同，如雕版扉画，全页插图，到处都有的城市和港口景观图，等等。[64]范莫伊尔斯的地理学外观也有着一致性，以至于它们经常打包销售，而最显著的见于它们的英文版本，挂着约翰·奥吉尔比的名字集体亮相。奥吉尔比先预售部分蒙塔努斯和达贝尔的书，然后以通指性标题出版，如《非洲》（1670）、《美洲》（1617）和《亚洲》（1673）。[65]他又以同样宽泛的标题印行其他书，如《日本图集》（1670）和《中国图集》（1671），之后他把所有这些作为他的“大图集”系列来促销。[66]这些书卷所传达的偏狭“地方化”叙事——比如关于荷兰人主导的赴北京朝廷和日本江户朝廷的使团——因它们有意宽泛化的“普世性”标题而被精明地掩饰了，此类标题宣传的是通指性的（即非荷兰的）地理学。它们单纯地且非专断性地提供关于这世界的最新且最好的描述。[67]

副文本是荷兰地理学吸引力的重要组成。副文本可以是这期间印制的任何书籍吸引力的重要组成，但对地理学尤甚，而且对1700年前后尼德兰制作的该体裁大而松散的变体来说更是基础性的。[68]异域地理学的各部卷册都有这么多内容——它们把迥然不同的叙事、回收利用的遥远图像、所导入的不熟悉场所都杂糅一体，以至于它们最需要某种形式的特别辅助。与此相应，它们那经仔细安排的架构形式就是为了文本和图形能拥有能轻松进入和调整的空间。卷册的组装方式是为了给读者（说消费者更合适）当引座员，让他们通读书本的复杂结构，并提供品味那栖息其中的“小份小份的”异域事物（让人想起一个不同的隐喻，在导论一条注释中用过）的有吸引力的方式。[69]序言是必需的——如某人所言“没有序言的书就像没有灵魂的身体”，[70]它们的作用是引起对书籍储量充足的各页的丰富特色的注意力。不过序言也在要求书籍史学家所说的“广泛”（而非“深度”）阅读：简单地涉猎此书，匆匆地采撷各段选篇，而非对一本书生来错综复杂的全部内容加以更全面的吸收。出于帮助读者，序言仅内容目录就相当广泛，它们的任务是建议读者需要注意什么，并强调特定的篇章亮点。各章本身也常常有详赡的梗概。不仅如此，它们还被精致地细分成更小的、一口可吞的份额，这仍是为了鼓励更轻易地消化文本。大量的页边注让浏览者能把目光落在这个或那个要点上，当然这些要点是由出版商决定的，而对占据书籍结尾几十页的索引的自由运用给了读者更多指导。副文本具有的效果就是把荷兰地理学的文本丛林重新配置，将其转变成易于导航的王国。 59

所有这些设置都帮助塑造异域地理学的文学路径，但命令“读者”实际上如何看待这些卷册的任务是属于相当重要的视觉装置的。而且“看起来如何”才是对一部荷兰地理学作品的恰当回应，也肯定是其吸引力的中心部分。另一位对荷兰地理学格外上心的1700年前后的印刷世界的观察员写道：“刻（雕版），是这类操演的灵魂”，[71]操演要随着雕版扉画即刻开始，这对于荷兰制造的产品可谓强制性义务，一如序言的作用。[72]扉画确立了一本书的审美风格，它提供了一扇窗，窥探书籍制作人对材料的倾向以及他或她在图画呈现上的策略。它也邀请观看者进入。扉页有着精美的雕版画（或蚀刻画）且经常由一位知名艺术家题签，它完全不是书籍插图的标准行为，它的典型特征是刻画一位与地域联系起来的寓言式人物，或者是对历史（缪斯之一的克利俄［Clio］）或地理的较为通用性的呈现。这位中心人物照例被一堆让人眼花缭乱的手工制品、商业产品、民族志“范式”和异域植物及动物所环绕，这些全都旨在传达该地域的富庶。换而言之，扉画以视觉方式复制，而文本串烧居住在这些视觉方式中。这也暗示出一本书有充足的雕版画，这些雕版画一般覆盖整幅对开页，扩展到两个页面也不稀奇，而且有时还会更有野心地拉伸到多个折叠起来的对开页（各页为此被特地用胶水黏在一起），如德布卢伊津的书。这些是该品牌的操演中具有明星级吸引力的东西，因此它们倾向于在标题页为自己打广告，广告词一成不变地让人注意图片的数量与质量——疯狂运用，并由作者直接制图（这两者都暗示对基于亲眼所见的写生行为），或简单地说“专业”制作。荷兰地理学以其优异的插图著称，英国出版人奥山姆
60 （Awnsham）和约翰·彻奇尔（John Churchill）评论了该特征，他们把几部荷兰报告吸收进他们的《航海及旅行汇编》（*A Collection of voyages and travels*；1704—1732），他们还惊叹荷兰制造的产品“如此直白地（表现）那里（在东印度群岛）一切可以观察到的或者奇怪的东西，在刻图的帮助下，我们似乎能与那些区域的人谈话，看到他们所有的城镇和生物，并能完全熟悉他们的习惯、风俗和迷信”。[73]这些刻图能够以专业手法着色，这同样是荷兰书籍制作行业的一项服务，或者它们能被由地图、城市景观图、图绘自然物等添加物和诸如此类所组成的附加雕版图所扩充，出版商有规律地把这些图插入他们的成品。[74]

成品最后获得一种独特的外观，而这外观恐怕比任何东西都更

有助于突出这类书。尼德兰制作的或得自尼德兰的异域地理学卷册有一种特征鲜明的模样，这种可用于识别身份的品牌般的特性，能让人立即指出它们的排版源头和制作方法。与此同时，此特性表明了另一种形式的价值，它标志出这些书卷是拥有此类特定体裁特点的，也拥有关键的“信用”措施，这令它们值得持有。[75]总之，荷兰产品获得一种被清晰界定也被广泛敬仰的品牌身份。这种身份既来自夏蒂埃的“编辑实践”，也同等地来自别的东西，而与书籍制作
人投入的相关度肯定大于与著作权习惯、文本内容甚或异国什物久 62
经考验的卖点——“新奇”和原创——的相关度。荷兰地理学书籍的建构使荷兰地理学书籍能卖出。这个推论也是恰当的，因为同样的叙事、甚至同样的文本被不同的工作室处理时常常看起来不一样，而且深知这个基本要点的荷兰书籍制作人把书籍设计得契合诉求。他们的品牌就是要打败的品牌。尼霍夫的中国叙事其实有几部区别明显的手稿资料在流通，其中一个落在擅长旅行文学的巴黎出版人麦基洗德·特夫诺手中。急于实现盈利的特夫诺立刻推出该书一个不同的版本，旨在同范莫伊尔斯的竞争。它失败了。它只有原始荷兰版本长度的六分之一（特夫诺添加的补充文本很少），排版细节的水平更加不能企及（副文本贫乏且制作不专业），而且更要命的是，可视化程序的逊色不是一星半点（雕版师把插图弄得一塌糊涂，很多幅图画和民族志小插图在同一帧图版上挤做一团）。这效果同范莫伊尔斯本人 1665 年制作的法文译本没法比，在大多收藏家的书架上，特夫诺的书很可能要为此书腾地方。[76]荷兰出版商从范莫伊尔斯那里受到启发，在制作地理书时牢牢依附这条制胜的商业法则。他们清晰地凸显他们作坊的作为和他们产品的“印刷者”模式。荷兰书籍制作人以此种方式把异域地理学商业化。

为何是荷兰的书籍制作人，又为何是异域地理学？比起第一个问题，第二个能很快打发掉。制作该品类书籍的高昂成本——印在

大纸张上、以大量插图装饰、将各不相同的文本糅为一体——激发了一种市场导向的合乎情理的出版策略。它们是用户友善型产品,处理的是消费者迫切需要得到的东西。当然,近代早期的许多书籍都是高成本产品,而且荷兰这个印刷集散地出产的很多体裁都到了大批欧洲受众手中。从一个更广泛的事体框架看,荷兰地理学书籍在广泛的吸引力和商业成功方面并非独一无二。然而地理学卷册的生产常常比其他书籍成本更高,单凭尺寸就能看出,而这也要求必须走一条更具市场前瞻性的路径。大量的启动资本意味着,豪华的地理学书籍一定得卖出去,为此也采用预售的方式。

更一般地讲,地理学领域,无论印制的还是其他形式的,在尼德兰都比在别处更具商业导向。在某种程度上,是社会原因而非单纯的经济原因导致非得这么做,而这指向了荷兰特色的出版因素。尼德兰的地理学出版没有被王室(即相对边缘化的奥兰治家族)和博学的研究院(它们照例由一位王侯或出身高贵之人赞助成立)控制,
63 甚至也没被海外贸易公司控制,而在西班牙、葡萄牙、英国、法国和意大利,以上所有情况都不同程度地存在。[77]出版活动也不曾特别被赞助人精心策划,纵然有一些赞助人与作者合作的显著例子(许多都涉及阿姆斯特丹摄政尼古拉斯·维特森,他热心支持达贝尔的研究、德布卢伊津的旅居以及拉姆菲乌斯和凯姆普菲尔[Kaempfer]
64 的自然史写作)。[78]与其他任何地方相比,荷兰的地理学更大程度上坚持一条单纯的企业化道路。出版商和地图制作人定位于开放的市场,因此无须恪守王室或赞助人的要求。彼得·凡德尔哈是此种操作手法的范例,他勤勉地建立了自己的地理学品牌,并且从他的事业中获利丰厚。不仅如此,他的书籍还通过市场和它们的品牌身份而直接收获“信用”,此事实会瓦解关于近代早期科学的历史编纂学设想以及它倚重博学且贵族身份的赞助人批准(与市场因素对立)的假定。[79]在所有情况下,荷兰异域地理学对健全的排版、印刷

及企业家根基的依靠都远过于欧洲其他地方。

出于这些原因和其他原因,荷兰地理学的竞争力傲视天下。它采取了革新路径,它有独特外观,它还培养了广大的欧洲受众。然而有点矛盾的是,该品牌的地理学之所以畅销,既在于它是荷兰的,又在于它不是荷兰的——因为它有着可以轻易同荷兰书籍制作联系起来的有辨识度的形式,也因为任何地方性荷兰焦点或任何荷兰殖民议程的遗痕都从内容中被模糊或抹除。这使关于荷兰东印度公司赴中国与日本的使团的故事能作为通用性“图集”而流传,使荷兰东印度公司与荷兰西印度公司职员的个人日志能被重新包装为关于含糊不清的异域场所的匿名“描述”。它也导致文本和题图的译本以显然意在送达非荷兰受众的各种形式持续出版,这几乎一成不变地在荷兰工作室的赞助下进行。这些是“欧洲人的”书籍,它们并非全无议程(对地理学体裁而言,没有议程几乎是行不通的),但它们的角度和视角是通指性的“欧洲人”的,它们的范围和意识形态是泛殖民的和跨帝国主义的。荷兰地理学定位宽泛,因此它的影响也广阔。

这些卷册的意义重大。纵使不能说是开创性的,它对近代早期的地理学领域而言也是具有令人震撼的革新性。稍微回顾一下17世纪较早时期、甚至16世纪一些更富野心的计划,就能看出其描述异国土地时全然不同的、具有明显地方性和爱国主义的文本(及视觉)路径。理查德·哈克卢伊特16世纪80年代和90年代令人满意有加地编辑了著名的“现代英吉利国家散文体史诗”,这是给伊丽莎白时代的英国人带去大发现时代有帝国意识探索的文本汇编。[80]哈克卢伊特用以编辑的素材既有英国的也有非英国的,但他的《英国地理》(1598—1600)(*Prinupal nevigations*[1598—1600])本身从未被翻译过,它始终是一部排他性的不列颠史诗。[81]安德烈·泰韦差不多与哈克卢伊特同时代,也是后者的法国同侪,他在16世纪后半叶

长期担任法国皇家宇宙志学者,编辑了一部关于法国在西方的殖民
65 事业的庞杂报告,其标题就泄露了书的高卢视角:《法属安塔提克特的特色》(*Les singularitez de la France antarctique, autrement nommee Amerique*;1557)。[82]西班牙人的书若说留下什么的话,就是比较少的惺惺作态,也就是说在卡斯蒂利亚扩张初期关于异国土地的一些历史书和描述中较少体现公正性,而对西班牙美洲殖民地有更直白的帝国式报告。关于美洲自然界的最早重要报告即贡萨罗·费尔南德斯·德·奥维耶多(Gonzalo Fernandez de Oviedo)的《印度群岛自然史》(*De la natural historia de las Indias*;1526),它被作为(如一位批评家近期所描述的)"帝国宣传册"而构思,这个要点被明白地嵌入扉画,且扉画式样是一套哈布斯堡家族的盔甲。[83]其他一些西班牙史书以类似风格在封面印上帝国的赞许标记,比如弗朗西斯科·洛佩兹·德·戈玛拉(Francisco López de Gómara)有力的《印第安通史》(*Historia general de las Indias*;1552),此书以"西班牙胜利女英雄"而知名,丝毫不觉局促不安。[84]这些书可能被翻译为多种形式,但它们主要以西班牙语版本活跃,且因有地域限定的认同西班牙的消费者而活跃。它们和16世纪和17世纪初期市面上的其他大多书籍的数量都完全不能企及17世纪后半叶荷兰制造之产品的数量。[85]

横向望一眼多少与范莫伊尔斯和凡德尔哈同时代的其他地理学印制计划,会再度展示出荷兰牌印本地理学的鲜明形象。尼霍夫中国书的范莫伊尔斯版本(阿姆斯特丹)同特夫诺版本(巴黎)间的差别早已评论过。伦敦奥吉尔比的出版物之所以能媲美荷兰的,只因它们多少是在范莫伊尔斯本人的赞助下生产的,他直接给他这位装备不甚齐全(且排版也不怎么熟练)的英国同行运去了图版,甚至有时还有雕版页面。德布卢伊津关于黎凡特的书经历了一个类似的翻译与转化流程,当他完成荷兰文本版和法文版本时(在代尔夫

特印刷），这位艺术家就把图版运到一位伦敦出版商处，于是造成德布卢伊津英文版本出版物拥有近乎一模一样的外观。作为对照，当一本书诞生于另一个市场时，它会因为被荷兰书籍制作人挪用而立刻有了品质，荷兰书籍制作人经常会增补、润色并生产出马上就能成为市面上最抢手版本的东西。夏尔·德·罗切福的加勒比海描述，雅各布·斯彭（Jacob Spon）和乔治·惠勒（George Wheler）的黎凡特探索（其荷兰文版本包含大师级人物冉·卢伊肯的雕版画），路易·亨内平（Louis Hennepin）东拼西凑的法国北美领土报告，甚至还有一些耶稣会士的远东叙事，都走过这样一条轨迹。卫匡国（Martino Martini）的中国地图最主要的流通形式是若安·布劳给予的，而阿塔纳修斯·基尔谢的《中国图志》借由在阿姆斯特丹印制的两个版本（都在 1667 年）名声大噪，第一个是让松尼乌斯· 68
范维斯贝尔格印制，第二个是范莫伊尔斯印制，后者在此事上扮演盗版一方。[86]

所有这些都指向一个简单事实，即当荷兰人在制图和印刷上的主宰力量运用于地理学时，既无法压制又无法逾越，而且荷兰制造的卷册流通的市场是当时竞争最激烈、外延最大的消费者驱动型市场。荷兰书籍制作人拥有的印刷资源在欧洲无可匹敌。荷兰的工作室富集造纸师、排字工、铜版雕刻师和地图制作人，又发展出附加技术——通过预订销售、国内翻译、系列化出版，使该行业可持续发展，并使整个欧洲如饥似渴地追求其出产的地理学产品。此外，荷兰书籍制作人在生产环节还有相对独立性，不必与有学问的研究院抗争，与王室纠葛有限，也不用担心赞助人的横加干涉，去中心化的国家议会实行虚弱的政府控制（因此审查最小化），等等。荷兰共和国的书籍制造家们比欧洲其他各处的都更能够按照市场情况进行经营。反过来，他们能制作出有吸引力的书籍。

五　地理书中的“粉饰”与“真实”

制作这种性质的书籍肯定会改变看待异域世界的方式。体量大、内容庞杂且视觉效果丰富的地理学汇编，用几种式样印刷并译为多种语言，如荷兰地理学书籍塑造了欧洲消费者看待世界的方式。它也改变了地理学在近代早期欧洲发挥功能的方式，以及关于世界的知识在全球史的关键节点上被加工的方式。此外，荷兰牌地理学特殊的风格和新奇性以及它广大的市场边界会无法克制地对参与这世界的实践产生影响。形式影响功能，功能拨弄态度，而有人推测，态度会激发行动。这不是说17世纪后期荷兰人的编辑行为自身就给欧洲人的扩张及其在殖民世界的政策投下一抹阴郁，因为，无论大都市的谋士们还是帝国的代理商都不需要更多激励。不管是文本被抟合、整理并从原始语境中剥离，还是雕版师们灵巧地重新设计现场绘制的原始草图时任由想象力驰骋，这些都并非格外令人吃惊或前无古人之举，它们在近代早期印刷业中比比皆是。应该说，该时刻的重要性在于这些实践用于生产地理学后所产生的效果，以及这些被精心建构的书籍对其目标受众们所可能产生的效
69 果。荷兰制造的地理学在海外扩张史上的特殊时刻大获成功，这提出了关于意图或构思的基本问题，而答案似乎很简单，即意识形态。

无论如何，问题都很基本。这些作品出于什么目的而编辑，为哪类读者而准备，为什么目标而生产？1700年前后荷兰出版商所追求的书籍制作策略——关于加工文本、巧妙处理图片以及地理学各卷帙中所镶嵌的号称会有的话语——迫使我们重新思考他们成品的预设意识形态。此外，他们把评估异域地理学资源如何服务于制作人议程的努力变复杂了。当一篇文本为了被润色成一本书而经

历过免不了的变形之后,谁可以最终对这篇文本声称拥有著作权和权威性?当承载着地理学文本的那些书经过比较混乱而较不直接且(比批评家们一般所承认的)更体现“出版商色彩”的流程被制造出来,殖民意识形态或帝国主义意识形态该如何从这类文本中提炼出来呢?与其关注作者的意识形态,不如把更多重心放在出版商的要求上,这些也与帝国和扩张有关。荷兰书籍制作人在17世纪后半叶采用的相对具有革新性的路径所标志的转变,不仅关乎印制异域地理学,也关乎与异域世界接洽。他们的生产方式要求我们在以下方面重新评估地理学作品:关于该叙事的著作者角色、它对真实的宣言和对“利害”的表达、与目击报告相称的价值、授予荷兰牌印本地理学的终极“信用”。总之,他们的方法鼓励我们反思异域地理学同殖民行为间的关系,亦即知识与权力的关系。

这样的调查将从不可或缺的著作权问题入手。荷兰制造的产品中最令人吃惊的转变是,这些卷册的冠名作者被置换及相应产生的此类地理学体裁中“著作权”的再分配。文艺复兴时期,地理学和旅行文学尤其要以第一人称叙述为基础,由作者(或公认的作者)提供一份关于海外所经历或目睹之事件的个人报告。个体旅行家声称真实的遭遇和第一手观察证实了报告,1492年以后的作者们尤其不遗余力地为这一点打广告。[87]作者(与他们的编者一道)例行要提请注意他们在创建这份报告时的非凡角色,讲到他们拜访新发现土地和记录异域奇观的努力。克里斯托弗·哥伦布1493年致西班牙两位君主的书信(此文件旨在供大众消费且迅速被引入印刷)的开场白着重强调他自己在这场史无前例的西印度群岛航行中艰苦卓绝的努力,而这也是亚美利哥·维斯普西(Amerigo Vespucci)在描绘现今被定义为“新世界”的土地的那些著名书信中所采行的策略。后者格外有启发,因为不管是在海外旅行当中还是在编纂个人经历 70
的报告时,维斯普西的文本都很突出作者的个人角色,然而它被证明是个可怕的讽刺，因为这些文本现在被认为是“欺诈性的”，大体上是由佛罗伦萨（Florence）一批足不出户的人文主义者编辑的，而非“作者”本人。[88]无论如何，到下一个或两个世纪，作者在验明异域地理学报告正身并检验撷自远方的“事实”的真实性方面有了至关重要且经久不息的功能，结果到1726年，这种习惯将被乔纳森·斯威夫特（Jonathan Swift）在《格列佛游记》（*Gulliver's Travels*）中挖苦。[89]不过17世纪后半叶的荷兰地理学以很多方式颠覆该惯例，因为作者的职能开始被编者——书籍制作人挪用，后者不停地自行僭取叙事权威性。

此项革新计策可通过几种方式施行。雅各布·范莫伊尔斯偶尔采用的方式——对他诸位作者的名字漫不经心、把达贝尔的书与蒙塔努斯的书合并（如在达贝尔中国书籍题献词的一条评论中所为）——暗示出地理书业务中的社会等级：出版商可以怠慢那些代表他们工作的作者。（范莫伊尔斯可以在《日本》的法文版标题页中彻底省略蒙塔努斯的名字。）它也指明在书籍生产模式中作者地位的微妙蜕变，至少在范莫伊尔斯和他家族其他书籍制作人的工作室里如此。范莫伊尔斯倾向于出版“描述”，作为“日志”的对立面，前者致力于提供对一个地区及其吸引力的整体描述，而后者基于单一日志（可与中世纪的旅行指南比较）提供特定的视角。[90]然而就算范莫伊尔斯牌的地理学对它是“描述”这一点广而告之，它仍然秘密地插入最初以日志形态编纂的手稿资料，这类资料可能出自某位荷兰东印度公司职员，但也并非不可能出自某位耶稣会士作者、某位西班牙代理或某位葡萄牙贸易商，只要他们留下的无主手稿以某种方式出售。因此，异域地理学卷册拒绝澄清或纯粹避免承认其文本的真实作者身份。

范莫伊尔斯产品的这种特有形式以及其他许多以类似路数生产的书籍也可以具有令作者职能削弱或模糊的效果。对异域场所东拉西扯的、散漫的、经常不明确的且一般非个人化的描述意味着，消费者获得的书是关于某地的而不是出自个人。它进一步证明了作者因顺从书籍制作人——出版人而被降格，后者在编辑文本方面插了一脚，甚或将起草这些卷册所需的原始材料提供给冠名作者。图片的大量运用也是服务于此目的，通过在书中稀释文本的地位，书籍制作人弱化了该文本的公认作者的角色。作者变得偏处一隅，成为印制产品的几位供稿人之一，还不得不把标题页的一部分声望让给制图艺术家、地图制作人等人士，同时，其中一些人如果名望足够高就将获得提名。[91]最后，将地理学“品牌化”的流程有着类似的 71
消弭著作权效果。荷兰书籍制作人可以算是出版了正宗的（亦即被归为此类的）旅行日志，但他们会用持之以恒且系列化的形式来印制它们，诚如凡德尔哈定期地也成功地制作的近代早期旅行文学中再版记录最高的系列化作品《精确汇编》（*Naaukeurige versameling*）。与作者的个人风格相对立，此书把这位书籍制作人的独特标记留在书的前面和中间。消费者订购的是凡德尔哈作品的最新部分——毕竟可靠地出现在标题页上的是凡德尔哈的名字，而非订购某位特定旅行家的具体叙述。因此，一卷书的“信用”更多来自出版商的名望，而非来自作者的名望。

这个时期，尼德兰生产的异域地理学品牌明显是非个人化的，也正是这种品质使得它能不费吹灰之力就跨过国境线甚至认信界限。作者与他或她的个人叙述几乎不会受到仔细查看或成为文本焦点。这些书并非中世纪传统下与宗教有关的“旅行指南”或16世纪大众化了的英雄发现之旅。事实上，读者从书中对奥尔菲特·达贝尔和阿尔诺都思·蒙塔努斯知之甚少。（我们对前者一无所知，对后者则透过蒙塔努斯与一位耶稣会士对手的论战往来而收集到一星半点认识，论战以荷兰文书写，是小范围流通的全无润色的小册子。）而若说我们的确对地理学文本的其他某些作者有着更多认识——比如乌特尔·舒腾或弗朗索瓦·瓦伦汀，前者写了非常流行的覆盖南亚和东南亚的“纪行”，后者编纂了一部关于东印度群岛的全方位厚重叙录——那么他们的生平事实相较他们书籍中那些凌乱的叙述仍然是次重要的。不仅如此，即使生平细节的确被安插在文本中，也深藏在叙事当中，而非在开篇强调，那么这些数据就只能含含糊糊地构建读者的观点。瓦伦汀关于东方的厚重五卷本的第四本中隐藏着一则对作者东印度之旅的简短复述及其与荷兰东印度公司雇佣关系的精炼评论，除此他就几乎不在场。[92] 舒腾的书表现为一份赴东印度群岛的个人日志，换而言之，是一份明显的主体叙述，作者的确把本人塞入某些场景，然而他对荷兰东印度公司的服务却几乎未曾触及。取而代之，他提供的是一个通指性欧洲人关于东方奇观的故事。在这两例中，身为荷兰殖民行动者的作者竟被全然从叙事中抹除，而此举使两部书获得大范围成功，舒腾之书尤著。[93]

如果说作者的角色在这些作品中被弱化，且在有些情况下被有
72 效抹去，那么书籍制作人的角色就是转到了对立面。由于缺乏杰出又强劲的作者亲自带领读者通读书卷，因此编辑就填补了该空缺并且占据了更高的位置。事实上，有论据证明在创作地理学作品方面，不出远门的书商比翻山渡海的旅行者更能胜任，正如一部荷兰设计的关于全球宗教的地理学兼民族志作品的序言所表明的。《世界所有人民的宗教仪式和习俗》(*Ceremonies et coutumes religieuses de tous les peuples du monde*，1733）一书的英文版译者兼编者写了一篇大容量卷首语，假设有一位全球旅行家访问世界上所有土地，然后记录他的见闻。但他提出：“可是迄今还没有过这样一个人，而且想遍各种可能性也绝不会有。”如此宏大的旅行外加志向远大的旅行写作，这“比骑士游侠好不到哪去”，是桩愚人的使命，也不切实际。较好的一个提议应当是让某人集睿智的旅行叙事读者与聪颖的编辑

校订者于一身,他能在一部书中把数篇散乱的报告整合一体,然后用专家水准的雕版图润色它们,“真实与益处……一并带来”,正如插图优异的书卷《仪式和习俗》所为。这篇序言接着称颂的不是英勇无畏的全球旅行家,而是消费印本地理学的“有着真实品位之人”,印本地理学倘“能有条不紊地被消化,并能基于对真实的严格考量而制订”,就是最有益的。编者就这样通过尊敬异域地理学那些大门不迈的读者、热切的收藏家、熟练的校对人和博学的消费者,而反转了通常给予目见耳闻的旅行者的特权,如卷首语所说,他们是“具有洞察力和辨别力的人们”,他们知道买什么牌子的书和信赖哪类书籍制作人。[94]

如这些评论所明确的,利害相关的不是其他而就是真实性。“真实性与益处”“对真实性的严格考量”“真实品位”——地理学卷帙在传达关于世界的“真实性”方面发挥重要作用,而这个时期尼德兰制作的非常流行的异域地理学卷帙在此进程中扮演一个更为核心的角色。当然,“真实性”在这时期是种不固定的通货(在其他时期肯定亦然)。此外,它是一种在开放市场上被疯狂交易的通货,通过确立其价值的诸多货物之一——地理学书籍进行交易。但地理学在17世纪后期是一种特别重要的货物,当时欧洲人关于真实性的观念日渐被嫁接到全球其余部分。而且随着异域地理学的形式演化,关于“真实性”的观念也发生了改变。

在尼霍夫的中国手稿流通的那些年里,即他返回欧洲后暂停旅行,而范莫伊尔斯还没有将他的报告转化成图书的那段时间,麦基洗德·特夫诺评论说,在这个充满强烈好奇心的时代,荷兰商人提供了关于异国土地的最好报告。他断定,他们的描述是“真实的”且“未加文饰的”,“他们只报告他们所见过的”。[95]这段话中对出自在场商人——旅行家的目击报告的渴望之情是不言而喻的,然而特夫诺的评论同几年之后范莫伊尔斯本人采用的路径构成鲜明反差,那 73

时范莫伊尔斯印行了尼霍夫的手稿并创立了将在未来几十年主宰市场的异域地理学品牌。又过了几年，范莫伊尔斯给一册地理书定位时（这次是蒙塔努斯关于日本的书，是编纂之作，不过有几份出处不详的报告作支撑），重点恰恰就在书的冠名作者同主题的空间距离问题，以及深居简出的作家们编纂时的地理学价值问题。[96]蒙塔努斯有着一位老练的"多面写手"所具备的熟练的风格和明显优势，范莫伊尔斯争辩说，"由他出手能呈现一种更为辉煌的历史真实，好过东印度群岛商人用鹅毛笔编辑出的。"[97]范莫伊尔斯颠倒了事物的顺序：一部由书斋作家写的文笔过硬的书（顺带说一下，蒙塔努斯的《日本》肯定不是文笔过硬的）好过出自一位东印度群岛贸易者的第一人称叙述。此外，出自一位"多面写手"的真实性（尤其是被一组令人难忘的图片和副文本包装起来时，正如范莫伊尔斯的所有产品都会有的）胜过一位满脑子产品和利润的商人的流水账。

范莫伊尔斯是要打算用他的评论提出一个更大的认识论观点，即"真实"的本质与目击报告价值的局限性，并借此挑战在知识产品方面那种文艺复兴式的、其实是培根式的范式转移。这种范式转移的核心是要求对往日（远至约翰·曼德维尔阁下［Sir John Mandeville］时期）那些被单纯视为"奇观"的东西赋予更有力的观察过程和确认过程。[98]或许是吧，但一位编者的开场幌子（范莫伊尔斯为蒙塔努斯和他名录中其他一些人写的混淆视听的说辞有着类似特点）很难被算作关于知识形成的辩论中重大的转变。不过它确实指出了地理学制作的一个显著转变，尤其是在范莫伊尔斯所推动的市场导向并注重用户体验的形式中。范莫伊尔斯对地理学的即兴发挥出现在一篇海阔天空的作为题献词的散文结尾处，文中评论了该领域的现状和出版人自己对它的贡献，既发表专业意见也发表商业意见。范莫伊尔斯以关于哥伦布时代以来已知世界的扩张的范例文本开篇（机敏地给蒙塔努斯为范莫伊尔斯制作的另一部书《美洲》打广告），接着，他引用最新发现的远东奇观（这有助于让人注意到尼霍夫的中国书），最后，他许诺一本关于遥远日本王国的非凡读物出版在即。范莫伊尔斯为强调作者远离事发地的视角和这种路径的好处而提出两点，他明确说出其中一点，另一点则含蓄指涉。首先，他先发制人地摒弃了授予第一手观察的历史悠久的信誉，这一点说得直白，虽然表达方式独特。其次，对于蒙塔努斯这个以荷兰为基地的作家能直接获取在尼德兰收集到的殖民档案这一相当重要的事实，他一笔带过，不予强调。当时的荷兰人是唯一拥有对日商业 74
通道的欧洲人，他们享有出岛的经营工厂和仓库，对此他确实只字未提。

如此显而易见的省略同范莫伊尔斯的地理学革新风格直接且战略性关联。这两点都与“利害”问题相关。在蒙塔努斯从遥远地方报告日本的案例中，范莫伊尔斯把作者的远距离观察说成一种美德。他的报告注定会因为其非个人化的观点而更加可取；报告的价值虽说不是全来自其书斋作者，但与此有关，因为作者不受限于海外商人的关注点和他们对利润和利益的追逐。这意味着客观中立。推而广之，同样的品质也将适用于从范莫伊尔斯的书斋作者那里产生的其他出版物，比如达贝尔执笔的书。不过，在一卷论日本的书中指出这一点有额外意味。因为作为对比，荷兰商人异乎寻常地出现在日本，这可能暗示他们有潜在的“利害”：他们的偏见、议程、商业和殖民特权。范莫伊尔斯煞费苦心地消除读者会有的所有认为蒙塔努斯提供的是荷兰人视角的忧虑，他甚至对远东的荷兰人都避免提及，遑论他们对日本贸易的独占性控制和他的地理学品牌类似的操作方式。虽说有冠名作者，他的各本书籍还是致力于假装出一种非个人化的风格，减少甚至掩饰荷兰人或荷兰殖民事业在所描述之地任何公开性的成功。无论文本起源何处，这些书籍都奋力保持公正叙述。出于种种原因，范莫伊尔斯的出版物在尼德兰境外大获成功。

六　新地理学

在一篇谈论旅行文学和民族志的文章中，社会学家贾斯丁·施塔格尔（Justin Stagl）和人类学家克里斯托弗·平尼（Christopher Pinney）界定了旅行家散文和民族志学者作品的重要区别。他们评论说："旅行报告多多少少是叙事性地（narratively）展开，而（现代）民族志专论多多少少是描述性地（descriptively）展开。"施塔格尔与平尼进而强调了特定文本转变，这种转变据称会随着时间流转而发生（他们对于这条分析思路也表达了一些保留意见），令较新的人类学散文形式同较旧的区别开，区别标准是它们如何定位作者对所述地方和人民的关注之情："民族志专论倾向于模糊旅行家这个具体的人，同样也模糊掉他异性经验所发生的确切时间和空间环境。因此
75 民族志知识提供的并非其'原生态'形式，而是一种禁得起人类学学科普遍性检验的半加工形式"。[99]施塔格尔和平尼的评论虽然针对的是现代民族志研究的降临，但也说出了在旅行文学一种相对新的体裁中出现的发展，以及在以印刷形式描述异域选区的其他早期尝试中出现的发展，它的别名就是地理学。旅行文学和地理学当然不能等同，然而它们在这个较早的前学科化时代通常犬牙交错，而且涉及生产模式和表现方式时，它们都要经受关键性的修改，而在贸然给它们归属任何可能的"现代"品质时，这些变化就经常变得迷离惝惶。

17 世纪后几十年与 18 世纪头些年发生的印本地理学的转型，部分是由于书籍制作人灵巧地挪用他们投于新用途的旅行素材（有图画也有文本）而发生的。他们的革新恰恰就涉及施塔格尔与平尼

所指出的个人叙事同非个人化描述之间的区别,后一种模式日渐被范莫伊尔斯及其同行运用于产品中。几乎毋庸强调,欧洲对世界的曝光在文艺复兴时期就随着越来越多的地理学信息可被获得而大量扩充。旅行日志这种产品从15世纪后期开始随着哥伦布和瓦斯科·达·伽马的航行而繁荣,而且“西印度群岛的事业”也引出了官方的旅行报告,这种文件是基于殖民计划的目的而被海外项目赞助人使用的。对旅行者的指示明显旨在引领海外描述,服务于西班牙和葡萄牙帝国规划的语境,(塞维利亚的)商业部(Casa de La Contratación)和(里斯本的)几内亚与印度部(Armazém da Guiné e Índia)收集并核对这类数据,此类旅行者指示同样也有荷兰东印度公司的版本。[100]简而言之,欧洲人的扩张引出了欧洲人对扩张的叙述。然而大量手稿素材不必然被转译为大量的印刷书籍,它也不必然最终形塑由这些资源引申出的书籍的类型。即使把获取材料的问题搁置不议(纵然多半枉费心机,但荷兰与英国的贸易公司都试图限制有价值的贸易机密流通,伊比利亚王室们也不遑多让),[101]——也还有材料如何处理、由谁处理、出于什么目的处理这类基本问题。

关于为谁的问题:这些材料为谁设计?这是在就这些书卷的目标消费者提问,也是在考虑他们的欧洲维度。若安－保·鲁比斯(Joan-Pau Rubiés)曾力主,在后宗教改革的欧洲,旅行者需要在宗教界线以外交流沟通的通用语言,他们需要发明描述的形式,使各种认信阵营的读者都能信赖。[102]这可能适用于手稿资料,它们的作者倾向于遵循特定的叙述惯例,经常在殖民问卷调查表上引经据典:陆地的位置、商业潜力、殖民的优势,等等。然而对于印刷的书籍, 76
必然是出版人产品的东西来说,情况肯定是相反的。在宗教改革这场至少持续整个17世纪中叶的“冷战”过程中,致力于有争议的海外领土的旅行报告确然是“热门”文件,它们具有煽动性,甚至分裂性。它们的典型做法是就那些被各角逐之国所垂涎的土地提供西班牙人的、英国人的或法国人的视角。换而言之,它们的定位是地方性的,而且不管诉诸目击报告还是诉诸对“事实”的坚持或对“真实”的证明,都不会改变这一点。

施塔格尔与平尼的观察就变得有用起来。在个人叙述的形式下,旅行报告忍不住要透露它们的“利害”,对一个或另一个帝国政权或商贸公司在海外效力的人有某种固有的偏袒性。而地理学作品作为一份通用性描述,倾向于用非个人化的语调和视角,能够摆脱作为旅行报告的原始语境。

尼德兰的书籍制作人获得的手稿可能最早是以叙事方式(采用施塔格尔和平尼的术语)编纂的,不过他们千方百计地抹掉这些素材中所有个人化和地方性的痕迹。由一位坐在书斋中旅行的人从事这些书的汇编工作只不过是在强化该进程,比如达贝尔对阿德里亚诺·德拉斯·科尔特斯关于中国的书的引导或被他用于《非洲》的诸多意大利和葡萄牙作者;又如蒙塔努斯将西班牙或英国的资料挪用到《美洲》,或他编入《日本》的全套多语言资料。[103]《日本》的例子格外有启发性。海涅尔·黑塞林克(Reinier Hesselink)曾评论过“这本书极其怪异的结构”,指出它是一种藐视任何编年逻辑或历史逻辑的随机叙事。这是因为三条各自独立的叙事主线纠缠在一起,它们的交织方式没有明显规则,还有一些不相关的零星地理学素材杂在其中,这些地理学素材虽然并非全部但大多都是关于远东的。[104]由此产生的地理学“叙事”便完全颠覆了通用形式,因此很难被归于同一个大标题下。与其说它是叙述性的,不如说它是描述性地展开,并且它提供了某种既不像日志也非民族志的东西,而遵循一种属于自己的风格——异域地理学。哪怕是由真实的荷兰旅行家撰写以及从现场报告中汲取内容的书(如尼霍夫的《中国》、巴尔岱乌斯的《马拉巴尔》、舒腾的《航行》、瓦伦汀的《东印度群岛》),也都被书籍制作人机灵又老练地改编了，并且也照例用其他手稿资料加以扩充，而其中有不少源自耶稣会士作家（例如极具讽刺性的巴尔岱乌斯关于印度宗教报告的例子）。叙述被重塑得如此彻底，以致成品鲜能透露出有情境的原始旅行报告的丝毫踪迹。[105]

在某种意义上，异域地理学大约只能由“它不是什么”来界定，不过这个特有的缺陷构成它的一套重要特质，最终助长了该品牌的成功。尼德兰生产的印本地理学卷帙即使在归因于现场报告人时，也倾向于对旅行家在其所描述之异域场所的出场轻描淡写。一有可能，个人性的、体现著作权的角色就被抹除，而且它肯定不会被弄 77
成叙述的焦点。采用此种描述模式的文本几乎不会追踪一个人的日常进展，与之相反，它们追随一条不平铺直叙的、不像日志的轨迹，突出非个人性。它们提供除了海外事件的目击视角以外的所有东西。作为相应结果，这些作品是非历史性的，因为在它们的焦点中，异国空间优先于个人经历。而这一点有深入意义，非个人化的风格意味着个人遭遇、人际约见和文化间的互动都相对缺席。以此种方式呈现的地理学作品避开了政治化和帝国化类别的路径，而此路径原本是近代早期书写欧洲以外世界时十分典型的特征。它们是非认信的，因为它们回避了天主教—新教论战；它们是不关心政治的，因为它们绕开了以往那些殖民对手们的历史；它们最终是态度不明朗的，表现得无帝国性，因为它们对促进关于这块那块海外领土的竞争宣言兴味索然。[106]所有这些东西的缺席使这些书卷具有最适合供人消遣的特质。从广义的欧洲人视角看，它们是温和中立派。这不是说这些作品缺少意识形态倾向，而是说它们用一种小心翼翼的“普遍”视角来接近它们的主题，剥除个人的、历史的、认信的和地方的细节，以契合它们那欧洲范围内受众的需求。它们既不坚持旅行家——作者的路线，也同样不坚持编者——书籍制作人的路线，而这强调了它们制作人的商业规则。荷兰制造的地理学是为出售而设计的。

他们认为,一系列的消极性能制造出一种积极性,关注一下反题也是值得的,即作者在书里出场并进行直白的争议性叙述,会带来打消读者靠近地理学世界的后果。比较与阿姆斯特丹地理学作品相竞争的作品,在这种情况下指的是安特卫普(Antwerp)制造的那些书籍。那里的书籍制作人在获取遥远的手稿方面很可能更胜一筹,随着耶稣会士旅行家这支稳健大军路过该城,此类手稿应该会涌入这个天主教大本营。

有若干可供选择的例子,不过具有最强烈对比效果的是柯奈利乌斯·哈萨尔特(Cornelius Hazart,1617—1690)的作品,他是位高产作家,并且自我标榜为荷兰地理学帝国的最大反对派。哈萨尔特是位弗莱芒人神父,写过约 90 部书和小册子,大多都谈论宗教问题,还编纂过一部教会的世界史,1670 年前后问世,此书的全球关注点使其可被视为此期荷兰出版物的一位竞争者。事实上,哈萨尔特毫不含糊地批评了荷兰制造的地理学作品,尤其针对它们对耶稣会士海外使命、特别是亚洲使命的(他想象中的)卑鄙处理。他挑了阿尔诺都思·蒙塔努斯的书(及本人)来辱骂,蒙塔努斯的《日本》于 1669
78 年首版后,两个人在一场令人不快的小册子交易中交战了。归根结底,他们的分歧有内容上的也有风格上的。

首先,哈萨尔特认为自己因编纂了《全世界的教会史》(*Kerckelycke historie van de gheheele wereldt*,1667)而算是一个远东专家,他反对蒙塔努斯对日本基督徒历史的叙述,或者不如说是他对此缺乏叙述,并且只轻飘飘地讲述了 17 世纪初期日本迫害天主教徒的故事。其次,他抱怨蒙塔努斯书散漫的风格和粗疏的安排,这造成叙述不能充分展开,该作者基本不聚焦于手上的主题,《日本》严格来说从头到尾就是一张地图。作为对照,哈萨尔特和他的出版人米歇尔·科诺巴尔特(Michiel Cnobbaert)采取一种更尖锐的论战立场。他们的全球宗教史是一部插图相当精美的卷帙,这一点类似阿姆斯特丹的出版物,它突出了“尤其是世界四面八方所实现的神圣信仰的扩张、殉道及其他鼓舞人心的罗马天主教徒事迹”。[107]他们的书是一部无可置辩的天主教徒叙事,充满作者对教会进步、耶稣会士成功及诸如此类事务的插叙。不过它也是一部从未取得蒙塔努斯地理书那种成功的、非常狭隘的地方性叙事,它只以荷兰文和德文印刷。与此同时,一贯充满进取精神的范莫伊尔斯注意到哈萨尔特的批评,便把《日本》中可能产生“冒犯”的部分剔除了。然后他立刻出版了蒙塔努斯书的德文和法文译本(换句话说就是为了供应天主教徒读者),并督导奥吉尔比出版英文本。[108]

哈萨尔特的地理学是耶稣会士地理学,那就是神圣地理学,因此是异域地理学的对立面。这些作品由耶稣会中那些通常在海外苦干的成员叙述,它们提供了耶稣会士记录下来的对事件的目击报告,也提供看待世界时一种概莫能外的经过规训的传教士视角。它们有偏袒。就此而言,哈萨尔特的这类地理学报告明显不同于该体裁的荷兰变体,后者拒绝做出会冒犯这群或那群读者的确切声明。这种差异不那么关乎尼德兰北部和南部的认信界限(重申一遍,范莫伊尔斯把他的书营销给法国、德国和英国的读者,其中许多很可能是天主教徒),而毋宁说是“利害”问题,哈萨尔特的书无可置疑地拥有“利害”这个特质。当然范莫伊尔斯的书也有,不过这恐怕折射出了范莫伊尔斯这个出版人的商业兴趣所在而非作者的宗教视角。荷兰制造的书籍通过“降级”作者及其关注点,从而抬升了出版人在生产知识时的地位,并因此强调了地理学业务的商业规则。

书籍制作的荷兰时代走向尾声之际,一部重要的中国研究问世,耶稣会士叙事与著作者“利害”杂糅于其中再度上演。此书即 79
杜赫德(Jean-Baptiste Du Halde)的《中华帝国全志》(*Description geographique*, *historique*, *chronologique*, *politique*, *et physique de l'empire*

de la Chine,1735),这是一件叫人怦然心动的产品,在很多方面都标志着法国制造的地理学的优势地位。[109]杜赫德的书可与荷兰地理学的早期样品相媲美,它以奢华的四卷本套装呈现,印制精美。且这位编者坐享精心编排一项浩大地理学事业的崇高位置。杜赫德(1674—1743)年轻时就加入耶稣会,很快就接手去负责编辑《耶稣会士书简集》(*Lettres édifiantes et curieuses*),这是定期出版的耶稣会传教士以自己海外逗留经历为基础的报告。杜赫德本人从未去过中国,但他的《中华帝国全志》以 17 位去过中国的会友的汇报为基
80 础。这些部分加总就是相当宏伟的一个整体:对中国、这块土地及其人民一览无余的概述;对中国帝制政权、宗教习俗和艺术传统的分析;还有一部欧洲人远东介入史。不同于荷兰地理学关于这个中央之国的内容(截至那时的支配性研究仍然是尼霍夫和达贝尔的),这本书主要强调了耶稣会士在中国传福音的努力和更一般意义上的天主教在远东的进展。此种视角自然限制了杜赫德对一众泛欧洲受众的感染力,然而他的书确实收获显著成功,法文第二版几乎立刻就问世了(肯定是在荷兰共和国印制),英文译本也一样。

英译本译者在前言里竭力用杜赫德的路径说事,既质疑此书的"准确性"问题也质疑它的总体"信用"问题。问题恰恰就在杜赫德的宗教导向和他的耶稣会士资源(该视角在副文本中明白告知并在文本中被不断提起),以及由此产生的有偏袒的观点。杜赫德在自己的序言中恐怕已预料到有这重阻碍,所以他赞扬耶稣会士的报告比其他人的优越,且特地评论了他的宗教同侪们的"公正无私"。伦敦的译者却宣称完全不是这么回事,他感到不得不对杜赫德作品中过分的宗教虔诚进行讨论,并就此问题警示英国读者。他断言:"如果我在哪里表现出反对传教士的宗教观念,那是因为我认为,在一个新教国家散布他们的毒药而不附带解毒剂是

不正直的。”[110]这就是两难之境：当地理学采用一种明确的视角，它就疏远了特定的读者；当地理学不能通过“公正无私”测试，它就无法穿越那些认信边界和国家边界。而当地理学被贴上“毒药”的标签，它就无法获得很多人的接纳。

在近代早期地理学书架上，无论从字面意义还是象征意义上说，杜赫德对中国的大手笔描述与范莫伊尔斯的出版物（包括那些由尼霍夫和达贝尔冠名的）都正好处在遥遥相对的两极。杜赫德的作品是当范莫伊尔斯在地理学领域引人注目地初次登台（即1665年尼霍夫显著畅销的中国书）后近75年才问世的，而它带来一种有霄壤之别的声音与风格。它作为一个具有可比性的例子，与荷兰工作室在此前几十年发展起来的异域地理学的特质形成鲜明对比。英国人对法国人世界观的抵触（这实质上是译者对杜赫德鸿篇巨制的反对），就其内在本质而言并非不同寻常。地理学的普遍路线就是制造一种地方性突出的知识模式并由此引起倾向性明显。对杜赫德的抵触所表明的最实质的东西就是对一切地理学霸权品牌的刻意阻挠，管它是法国品牌还是英国品牌，西班牙品牌还是荷兰品牌，天主教品牌还是新教品牌，等等。它干净利落地证明了地理学的两难处境——要以不表现利害来让人觉得有趣，要以不离间读者 81
们来赢得他或她的信任（和注意）。比杜赫德激怒英国译者更不寻常的是此现象的反面，即范莫伊尔斯在其广大欧洲受众当中赢得的成功且他的出版物不存在多少争议，至少在17世纪后期和18世纪前期不存在争议。这暗示出驱动荷兰地理学的是商业规则而非宗教或帝国的规则，而这反过来指向编者在制作异域地理学时的中枢角色。

“异域地理学”由什么构成？这问题大概可以重新组织得好一点，以突出这些产品被大批欧洲受众消费的情况，而不是突出主题问题，也突出出版时采用的独特形式，这形式对增强它们广泛吸引力的作用有目共睹。图片、副文本、由非个人作者编辑成的一页又一页散漫“描述”,且这些描述由各不相关的能与欧洲外部(派生出exotic 一词的希腊词语 exoticos 仅仅指“……之外”)联系起来的主题串联起来,异域地理学的印刷形式作为一种“产品模式”,其程度跟其他产品一样。它是一种风格而不是一段时期。它所带来的特定的呈现惯例、生产习性(以及持续成功的文本与形象的再生产)及通用性装置的这种风格意义重大——媒介在许多方面就是信息。[111] 媒介也带来接受的惯例,对欧洲宽广地带流通的异域地理学的“阅读”肯定不是通常意义下的“阅读”。更准确地讲,它是被看、被略读、被挑着读出各式各样的吸引人的小玩意。詹姆斯·鲍斯维尔问藏书家萨缪尔·约翰逊是否阅读当时如此流行的浩瀚地理学作品(事实上是杜赫德书卷的英文版促成鲍威尔的这一问题),约翰逊据称只能回答说:“为什么要阅读呢,阅读这样一本书其实是在查询这本书。”[112]

在约翰逊博士的那个时代,也就是在欣欣向荣的、帝国气象的、乔治时代的伦敦中,“这样一本书”是一件有名的商品。异域地理学的形式与风格,阔绰的面积和排版布局,都很显眼。它有着“讨人喜欢”的表现手法、迷人的特征,还有易读的内容。它是一个获胜的品牌。截至此时,该品牌已经吸引了海量受众并积累起可观的“信用”。荷兰制造及被荷兰人激发的地理学卷册倘若不能说被好好地阅读,那可以说大量地被查询,而且被非常广泛地查询。从生产流程、重印本和盗版、多语种译本以及关于约翰逊爱好的轶事般的证据中,可以判断被加以高明形式包装的异域地理学无所不在。它塑造了步入约翰逊时代及晚后时代的欧洲对于世界的设想。

让我们目光远大地观察， 82

一览从中国到秘鲁的人类。

——萨缪尔·约翰逊《人类欲望的虚幻》

（Samuel Johnson, *The Vanity of Human Wishes*）

现在我要打开这具躯体，可以说让你一览内部。

——柯奈利斯·德布卢伊津《莫斯科公国纪行，途经波斯与印度》

（Cornelis de Bruijin, *Reizen over Moskovie*, *door Persie en Indie*）

第二章 看见世界：直观呈现与异国想象

一 看见世界

83 即将进入18世纪时，欧洲人在观察世界方面拥有一种前所未有的能力。旅行习惯没怎么急剧改变，海外航行的依然是那些不幸的水手和士兵，他们大体上就是危险且通常致命的进行征服与海外贸易的配备人员。不过到这时期，以拟态的形式来观看这个世界——在广泛的致力于复制异域世界的装置中观看它——已经非常容易，尤其是用大量被生产出的且广泛流通的荷兰地理学的资源来观看。这些资源日益以视觉震撼人心、容易看到且显然是图形化的形式来传达世间万物。地图、图集和手工上色的地形风貌图，展示外国土地民族志和历史的图画书，插图丰富的旅行报告和自然史，风景画和静物画，关于异国人民、植物和动物的铜版画，嵌入异国主题作为装饰的各种各样物质性艺术品，所有这些都提供了世界的各种图像，而且这些图像再没有比1700年前后几十年更加唾手可得的时候了。的确，一卷卷的印本地理书籍（传统上是种文本体裁）已经变得重度依赖插图及强调它们所表现的世界一隅的形象。简而言之，地理学发生了一场“绘画转向”。[1]

为何是地理学，又为何是图画？简单的答案指向近代早期欧洲人观看世界时的基本愿望，尤其是观看那些在此前两个世纪里如奇观一般被“发现”的所谓新世界。“发现”这个词暗示着揭示或看见

的行为，即迄今未曾见过的东西变得可见和可观察的过程。而“异 84
域”格外诱惑观看者，总能招引打探的目光。[2]“观看”是发现近代早期世界和借由观察过程了解世界这两种活动的固有之意，后者是种高尚的追求，不仅仅伴随哥伦布而来，也是伽利略（Galilio Galilei）改进望远镜和列文虎克（Antonie van Leeuwenhoek）使用显微镜的结果。

让·德·特夫诺（Jean de Thévenot）在他关于17世纪50年代和60年代在亚洲大部分地区旅行的报告中写道：“所有好奇的人都对他们看到的稀罕物感到高兴；而且少有人会不愿意亲自成为这些事物的目击者和旁观者，除非他们另有关注。”特夫诺突出了对这个世界的视觉路径以及想要成为旅行家的人对全球奇观的现场目击式参与。正如萨缪尔·约翰逊在他关于看待异域知识的出了名冗长的劝诫文（见本章引语）中让“观察”被“观看”和“概览”①所扩充，[3]特夫诺描绘了一个看见世界的过程。此外，对于那些没机会自己去看见的人（“另有关注”），特夫诺推荐了关于世界的图画，比如那些图解他那本润色良多、反复印刷之《在黎凡特旅行》（*Travel into the Levant*）的图画。通过图画方式，“所有好奇的人”都能观察和享受这个世界——也要注意对“高兴”或愉悦的强调——哪怕相隔遥远。[4]

图画给书斋旅行者提供了一种独特的愉悦感，不过它们还满足了可能更关键的需要。距离问题需要一个更高产的再现体制和更可靠的沟通方式，以便联结遥远奇珍与足不出户的地理文学消费者，视觉形式则为这一本质性的认识论难题提供了现成的解决之道。通过运用图形形式来描绘遥远现象，插图让欧洲的博学之士更加卓有成效地处理异域知识。图画传送着来自远距离的数据。[5]地

① 那句话字面意思是“让观察（observation）包含广博观看（view），概览（survey）从中国到秘鲁的人类”，引文处的译文为了表达效果作了词语调整。——译者注

理学视觉议程这一概念并非全新面孔。亚伯拉罕·奥特利乌斯在一段被刻入其《副业》(*Parergon*)——《世界概貌》(*Theatrum orbis terrarum*)关于古代地理学的增补卷——的扉画中且被反复引用的引言中已经认识到地理学的视觉目标:"地理是历史之眼"。[6]奥特利乌斯这么说是想肯定地理学为历史学科提供视觉大纲的作用。地理学使历史知识能被视觉化。显而易见,地理学对数据采用固有的视觉方法或图形方法,而奥特利乌斯(追随文艺复兴时期的博学者佩特鲁斯·阿皮阿努斯[Petrus Apianus]以及其他人)将此功能的认识论价值条规化。[7]而异域地理学的内涵更加不能错过。如果说历史学,尤其是其古代品种将遥远的过往视觉化需要辅助——《副业》以地图方式或图形方式画出古代世界——那么地理学,特别是关于
85 异国土地的地理学在展现遥远当下时就面临着类似难题。对异域的报告使得某种形式的视觉装置成为必需品,而这在1700年前后生产的插图丰富的地理学卷册中是一个被常规性凸显的要点。"也需要制作铜版画",恩格尔贝特·凯姆普菲尔(Englebert Kaempfer)在谈到他关于在亚洲所遇的自然现象和人际现象的吸引关注研究时说,"因为倘无解说性插图帮助,异域风物很难被理解。"[8]图画"澄清"和"概述",它们使得外国地方被"发现",也使对异域奇观的实质性目击可行。而相应的,图画就成为1700年前后地理学资源中的普遍存在。

或者不如说,图画在荷兰制造及荷兰来源的资料中激增。图画同荷兰风格的地理学相联系,这种地理学肯定含有一些绘画、装饰艺术和华丽地图,但还有且明显有图绘异国土地的印本书籍,图画也在很大程度上构成荷兰"品牌"的特征。图画赋予荷兰地理学独特外观,而且1700年前后几十年里全欧洲的消费者都认可荷兰产品栩栩如生的视觉效果,甚至因此而期待它们。按一位伦敦出版人所说,约翰·尼霍夫关于中国的流行叙录因其不可思议的"刻图"或雕

版图而赢得高度赞誉。范莫伊尔斯制作的这册插图丰富的书卷(哪怕是以 1704 年英国出版人的盗版形式)“如此直白地表现所有可观察的东西……在刻图的帮助下,我们似乎能与那些区域的人谈话,看见他们所有的城镇和生物,并能完全熟悉他们的习惯、风俗和迷信”。

图画就是事物,它们充当着荷兰书籍的主要吸引力,是“这种表演的灵魂”,如另一位出版人在谈到一部阿姆斯特丹制造的日本报告中的“点缀”时对它的措辞。[10] 麦基洗德·特夫诺——著名旅行家让的叔叔兼巴黎旅行文学的领军生产者之一——评论他的书商同行对荷兰制造之书卷的热切期盼时说,因为“它们描述事物的本来面目……它们只报告他们所看见的”。[11] 重点又落在视觉性及荷兰人的专业性上,而特夫诺本人很快就把荷兰出版物的插图纳入自己的出版物中,但凡他能做得到。(这收效甚微,因为荷兰出版商生产包含大量高级版画的法文版。)在荷兰精工制作的做工优良、插图丰富的书籍确实是业内令人艳羡之物。它们罕有媲美者——特奥多·德·布吕(Theodor de Bry)在这个世纪更早时期制作的对开本书籍最为势均力敌,然而同时代的英国、法国和西班牙制造的书卷很难企及荷兰版画的视觉品质——而这一点比其他事物都更加关系到它们的卓著成功。当欧洲人“看向”国外时,他们借力于荷兰的图画,而这导致荷兰制造者们不仅是地理学家,还成为欧洲之眼,他们观察、概述并制作可观看的异域世界。

把我们之前提出的那些问题重新校正一下,“为何是地理学”变 86
成,为何荷兰地理学产品引人注目的图画转向开始于 17 世纪最后几十年并且持续到 18 世纪前期?“为何是图画”变成,为何荷兰制造商着重采用图形方法,尤其在涉及全球素材时?回答这些问题就需要分析 1700 年前后观看世界的过程,尤其需要探索普遍从尼德兰工作室产出的丰富的可视性地理资源,尽管这些资源都在欧洲被消费。荷兰制造的书籍用词汇和难以置信的图像描述世界,它们包含最丰富、最华丽也被证明是最流行的插图。地理学的图画路径让荷兰产品赢得大范围的后续发展——进入18世纪之后很久,荷兰的插图书籍和荷兰书籍中的插画都会被重印和复制。而且它确立了异域地理学的一种外观和表现模式,此模式直至今日可能都是标准型,想想《国家地理杂志》吧。

不过这条视觉导向的策略在当时极富革新性。地理学虽然固有舆图内容,但在传统上采用文本形式表达主题,对海外航行和欧洲以外政体历史的叙述是大多数报告的主干内容,它们倾向于依赖古典资源(谈历史)和航海日志(写平淡的描述)。16世纪和17世纪初期的主要书卷中——乔瓦尼·巴蒂斯塔·拉姆西奥的《航海与旅行记》(Giovanni Battista Ramusio, *Navigationi et viaggi*, 1550—1559),安德烈·泰韦的《普世宇宙地理学》(*Cosmographie universelle*, 1575),理查德·哈克卢伊特的《英国地理》(*Principal navagations*, 1589—1600),安东尼奥·德·海莱拉的《卡斯蒂利亚人事迹通史》(*Historia general de Los hechos de Los Castellanos*, 1601—1615)①——无一有任何地方近似范莫伊尔斯典型产品的图画效果(仍得授予德·布吕出版物以某种例外和先驱地位)。[12]它们无一为自己(经常匮乏)的图像打广告,而打广告之举将成为尼德兰企业化出版人中的常规实践;它们也无一树立视觉效果丰富的地理学的"品牌"。作为对照,荷兰制作的书卷远不止是叙述事件,还力求观察、图绘和真正剖析它们,这恰恰就是从艺术家转到旅行家的柯奈利斯·德布卢伊津在他关于黎凡特、莫斯科公国和波斯的堂皇插图书中所采用的方针。德布卢伊津选用的比喻"现在我要打开这具躯体,可以说

---

① 给出的书名不完整,全名是《卡斯蒂利亚人在名为西印度群岛的大洋岛屿和陆地的事迹通史》。——译者注

让你一览内部”是恰当的。荷兰地理学以其无休止地诉诸图画和拟态再现的形式而提供了一场公开视觉展示,也提供了一堂观察课,它还因此既肖似于受欢迎的解剖学剧场公开展示,又肖似于后维萨里(post - Vesalian)时代解剖书的图形阐释。简而言之,它提供了实行尸体解剖术的机会。它因此打开了地球并让世界对于近代早期的欧洲具有令人惊讶的可视性。

二　制作图画和制作异域地理书 87

世界打开于在荷兰制作的地理学的典型卷册的开篇页面——扉画。扉画是手上这册书的主案前的小菜,引导着读者并提供图画梗概,或至少针对后面的内容提供一个实质性的视觉线索。它奠定了本书的基调,而且用它特有的形式——精心设计且多半优秀的工艺蚀刻或雕刻的插图——强调该产品的视觉特质。借助扉画提供视觉线索之举并不新鲜。耶稣会士和他们的出版商从17世纪20年代起就在书籍生产中(很多都在安特卫普生产)开创了扉画的运用,采用一种能巧妙地让修会关注点同视觉密切配合的图形策略。[13]在耶稣会士设计的卷册中,扉画有直白的宗教性兼说教性目标——基于最基本的道理,看见是为理解,而理解是为相信。不过扉画也让正式打开一本书有了剧场效果。此种特征在17世纪后期和18世纪前期的地理学卷册中也能找到,扉画在此的功用是地理学剧目的序幕。(对地理学和剧场——地理学的剧场幻想——的喜爱由来已久,至少可上溯至奥特利乌斯的《世界概貌》,这本书1570年带着一幅摄魂夺目的、有舞台效果的扉画出版)。[14]在有些例子里,扉画甚至能证明地理学的“艺术”,因其强调手上这册书在追求视觉路径。柯奈利斯·德布卢伊津关于黎凡特的插图丰富的报告(1698)通过扉画暗暗指出图画制作的崇高地位——德布卢伊津本人就是一位成功的制图员兼画家，这幅寓言式扉画刻画了荣誉女神为赫拉克勒斯戴桂冠（可能意指艺术家兼作者的大量劳动），这两个人物都盘旋在代表绘画艺术、雕塑艺术和建筑艺术的人物上方。德布卢伊津也在标题表明了他的意图，即推销一件“包含超过200幅铜版画、图示了最著名的风景和城市的、全都出自作者本人之手并且写实绘制”的产品。图画就是卖点。[15]

至于德布卢伊津的出版物，书籍如何获得图画这一点清楚得不
同寻常。作者本人集旅行家、制图员和出版人于一身，正如他在标
题页上自豪标明的。不过德布卢伊津的作品不是出版物的典型模
板，且书籍插图的生产也从不会如此这般透明。异域图画是怎么做
出来的？与其看着书籍标题处安放在最显著位置的“作者”名或其
他名字，不如把出发点挪到页面下部，看出版商或书籍制作人（这两
种角色在荷兰书籍产业中的典型状态是结合为一体，但在伦敦和巴
黎可能依旧分开）的说明。叙事的作者——哪怕这种职能可能未加
88 言明——同插图的作者之间的确有重大分野，后一种角色通常由出
版商工作室中大批默默无闻的成员填充。要生产被大量“充实的”
荷兰地理学卷册，首先要求有出版商的指导，他用不逊于其他任何
89 企业家的企业家精神管理负责插图大纲，出版商购买新近的（有时
也不是新近的）手稿素材，这是一种增值的商品，因为地理学和旅行
91 文学的市场在17世纪后半叶扩张了。原始写生簿尤其有价值且有
数个来源。它们直接来自从东印度群岛返回的船只，是荷兰东印度
公司派遣制图员去海外，以图画和文字描绘陆地位置、其人民和产
品的副产品，约翰·尼霍夫手稿就是这么来的。[16]替代选择是，素描
和彩绘可以由尼德兰的私人赞助者亲自委托和收集，他们可能与一
个海外贸易公司有联系，不过也对近代早期的异域物品有特殊兴
趣。这种方式能说明尼古拉斯·维特森这位阿姆斯特丹摄政兼热

切收藏家所汇集的巨大视觉素材资料库,也能说明阿尔伯特·艾克胡特(Albert Eckhout)、弗兰斯·波斯特和约尔格·马克格拉夫(Georg Marcgraf)关于巴西的复合作品,这是在拿骚-齐根的约翰·毛里茨的指导下完成的。[17]而当这些被精英收藏家们极度渴求的丰富材料不大可能最终落入以利润为导向的出版商之手时,确实有其他速写簿——有时由同一位艺术家绘制或根据被委托的原作而临摹——进入了公开市场。[18]比较罕见的是旅行海外的独立艺术家的例子,如德布卢伊津,不过这在自然史领域就不是难得一见的,因为博物学家本人就会担当仔细绘图的任务(玛丽亚·西比拉·梅里安[Maria Sibylla Merian]就是个上好例子)。[19]

在绘图地理学的强大市场里,出版商把他们可获得的所有素材 92
都用上了,让它们"新鲜"和"原创",就如许多标题页可疑或不声张地打着广告。书籍制作人一贯从另一制作人那里购买库存,尤其是用过但依然有价值的铜版和未用过但易于采用的雕刻版画,而且这情况对地理学体裁也是一样。图像便以此种方式从早期的出版物中回收并翻新,正如旧的版画经过细致修改和实用革新后变得更适合第二次(甚或第三、第四次)翻用。这尤其适用于舆图素材,在该领域,节约成本的方针胜过对最新准确度的渴望。出版商也重复使用他们自己出版物的库存,比如把北美印第安人转换成(披挂羽毛的)南亚武士。这也是一个相当常规的贸易伎俩,可能是高产的彼得·凡德尔哈最常实践的,他开掘自己大规模的图像档案以生产出确立他声望的、属于后期职业生涯的大量图画书。[20]懂行的书籍制作人还制作自己书卷的译本(雅各布·范莫伊尔斯是这方面的佼佼者),不仅以之作为将图像流通给更大范围受众的方式,还作为从铜板投资中榨取最大化利润的高效益途径。在特定例子中,铜版或由铜版印出的版画被直接运给一位外国出版商,后者随即就能出版冠以自己名字和地址的有着荷兰制造的图画的荷兰制造的书籍(正如皇家地理学家约翰·奥吉尔比的行为)。[21]

在幕后操纵这些流程的是出版商。从某异域主题的原始草图到它作为书籍插图的最终形式,这条道路恐怕曲折又漫长,所以此过程由出版商这个果敢(又精明)的人物全盘精心策划。这位出版商兼书籍制作人——可能把卖书、铜版雕刻、艺术品交易及当然会有的印刷等活动集于一身[22]——从艺术家处或公开市场上获得图像,必要时雇用一位制图员把原始草图转变为完整构图,然后签下一位熟练的雕版师或蚀刻师来准备印刷用的铜版。不过最终,说一幅画是出版商的成果,也不为过。事实上,在一些例子里,出版商亲自承担许多"润色"工作,从事最终设计,甚至制作以原始草图为基础的雕版。范莫伊尔斯在图解这些挂在他名下出版的书籍中起了重要作用。他是出身科班的图形艺术家,并认同该职业(雕版师),他自己也做了很多书籍雕版。他完成了从版画制作人到印刷品商人的职业转变,最终成为插图豪奢之书的商人,这些书籍里有着他本人和其他人的丰富的图形作品。(他在自己出品的尼霍夫书上签名为"书商兼雕版师"。)范莫伊尔斯固然可以处理成熟的
93 手稿(比如尼霍夫对中国的叙录),但他更多的是从零散资源中汇集并开发文本,修订并改进原始草图以制作翔实的雕版图,并且通常会寻找一切机遇展示它们,以创造他那标志性的插图书籍。

94 想想看中国地理学这一范莫伊尔斯做出相当大贡献的事业,有两册不一样但插图都秀美的对开本书籍在五年之内定期重印,并被译为拉丁文、英文、法文和德文等多种语言。前者即是约翰·尼霍夫关于荷兰使团出访北京的报告,对此,范莫伊尔斯有出色的素材可供处理,即直接得自作者兄弟亨德里克的第一手叙述。手稿包含出自一位相当优秀的制图员之手的丰富插图——大约 80 幅水彩笔画,一般都归于尼霍夫名下。然而这出版的书自夸有近 150 幅雕版图,而且为了做出区别,范莫伊尔斯必然要用出处不那么明了的其

他形象来扩充尼霍夫的原始绘图。[23]尼霍夫的图画大多由城市风光图和地形图组成,而且它们虽然明显来自他的日志,却并非全都是现场绘制的,有些看上去是以他在旅途中画的速写图为基础,在事后加以完善的。比如,在被称为巴黎手稿的那份(归在尼霍夫名下或一位抄写员名下的两份中的一份)画广州的一张图里有一座山及山顶建筑,它们纯粹是由一位后来的艺术家插入的。[24]

不管什么情况,完全由范莫伊尔斯增补的插图属于截然不同的类型。它们主要由表现这块土地的"种族""习性"与"风俗"的民族志小插图构成,加上一些亚洲(如果未必是中国的)动植物的杂录。这些差不多可以肯定出自他人之手,或者就出自修订尼霍夫绘画以备出版的那个人。[25]这些增补插图中有一些只不过是早前作品的工作室复制品——丢勒著名的印度犀牛在一幅版画中出场了,现在是作为中国物种来展示。[26]不过其他一些指向更富创造性的修订和改造过程。这些暗示出一位艺术家兼设计师的努力,他应该是在范莫伊尔斯的工作室工作并且修饰雕版图,不管什么来源的图都用阳伞遮阴当背景,用枝叶丰茂的棕榈树当前景,让地平线上有典雅的宝塔和淳朴的庙宇,用一堆其他异域小道具在原始草图上弄出不止一副样子,这些小道具从上到下随意铺展在那些图像上。[27]在各种情况下,民族志插图都比其他任何东西更多地在后期出版物中被循环使用。麦基洗德·特夫诺的法文版(1666)实际上省略了源自尼霍夫的城市景观图——"看过一幅就都看过了",特夫诺直言相讥,[28]他宁肯用中国"类型"拼贴画和取自范莫伊尔斯制作的图画的其他异国什物代替。

至于范莫伊尔斯第二本关于中国的书,也是立足于一次出访帝国朝廷的使命(继 1663—1664 年在福建海岸的单独贸易后,由彼得·范霍尔恩[Pieter van Hoorn]1665—1666 年赴北京执行),但他没有真正意义上的原始图像供以加工,因为此书的冠名作者奥尔菲

特·达贝尔既非身处中国也非受过训的制图员。[29]此书丰富的视觉
97 节目——39 幅全页铜版雕刻图和 56 幅文内插图——可以说大部得自这位书籍制作人的企业内部和其工作室的艰苦工作，而且在这个例子中，贸易伎俩不那么容易被戳破。[30]此书雕版图没有签名，这并不少见。有几例中，它们与尼霍夫书中的插图确然相似，尤其是城市景观图中作为前景的海港及作为背景的宝塔，同时，它们与尼霍夫的书拥有类似的构图模式。不过这可以突显范莫伊尔斯雇员中稳定的制图员队伍、其工作室的独特风格以及荷兰人在地形景观图上的悠远传统，而不那么表现为对现场艺术家的重复。说到现场艺术家，制图员可以来自荷兰东印度公司的行列，受委托绘制一些素材，这些素材进入了达贝尔的文本。另外，当素材进入插图后有一种公司的风格，反映荷兰东印度公司对其海外雇员的标准说明。但是很多视觉素材有着非荷兰人渊源的其他出处，明摆着来自耶稣会士旅行家，他们到中国的时间远早于荷兰人，且尤其是来自阿德里亚诺·德拉斯·科尔特斯，他在 1620 年为了耶稣会而造访中国，而且他那份半个世纪前的对这场经历的叙录不知怎么落入雅各布·范莫伊尔斯之手。达贝尔中国书中大量的雕版图吸收了来自德拉斯·科尔特斯手稿的绘画，特别是那些涉及民族志主题的，不过它们是以一种独特的范莫伊尔斯风格被吸收。一系列各式各样的展示中国服饰及可称为地位配饰（帽子、腰带、靴子等）的草图被范莫伊尔斯安排进两张分类版画中，头饰图最鲜明且题以“各式软帽”。范莫伊尔斯图版的重点在于中国时装的奇异形状，这些能被便利地收集到，且由此就被剥除了语境。德拉斯·科尔特斯描绘帝国司法体系的较为零散的小插图中，有一些被范莫伊尔斯工作室制作成关于集权的中国统治者所施予之“折磨”的一组煽情雕版图，这里体现出（散布在德拉斯·科尔特斯手稿中的）图画的累积效应能产生影响。达贝尔的书也包括一些特殊的虔诚佛教徒的版画，很可能基于

中国原始图画（这些可以被临摹）。不过就尼霍夫的书而言，在未来几十年里问世的摘录版和盗版中戏份最大的，是范莫伊尔斯虚构的民族志插图，其中的形象最可能来自身份不明的德拉斯·科尔特斯手稿。[31]

如果说这些版画的原创性不是它们最突出的品质——对现场目击的假装和不折不扣的模仿的假象都很容易被识破——那么这表明更有理由强调书籍制作人在地理学生产中的监制职能和那些最终制作了地理学图画的多半匿名的工作室人物。书籍被独断地指定给标题页上的作者，即便给被选中的图画打广告比对其他任何 98
东西都更加热衷，但不管是在标题页上还是在书卷的开场装置中，图画通常还是没有任何明白的著作权。换而言之，在文本与图像之间、在假定的叙事作者与不具名的插图制作者之间存在着著作权空白，而弥合这道沟壑的任务主要落在书籍制作人的作坊里。

作坊的第一线责任恐怕恰恰就是对拆分这件事实加以掩饰，即把那些给书籍的浑然一体造成缺环的迹象最小化。标题页罕有提到书的绘插图者，德布卢伊津是个例外，这也证明了一般规则。[32]相反也普遍得多的情况是，对插图有充足的讨论，以及明确暗示文本作者对文中的图像承担责任。达贝尔的非洲书（1668）吹捧“写实绘制并且是铜版雕刻的”图画，这样就暗示了作者在场；而蒙塔努斯的《美洲》（1671）号称“据在美洲的写实插图润色”。[33]然而这两位足 99
不出户的作者连荷兰省以外的任何事情都不曾亲眼看见（更别提偏处欧洲以外的遥远地方了）①；这两册书当然也都是从范莫伊尔斯的企业化工作室里流散出去的。[34]比较令人费解的声明来自那些实际上在海外旅行过的作者，比如菲利普·巴尔岱乌斯在马拉巴尔，

① 原文的语序是“偏处欧洲以外遥远地方的任何事情都不曾亲眼看到（更别提荷兰省以外了）”，但这明显不合上下文逻辑，所以当作笔误调整。——译者注

冉·斯特卢伊斯在莫斯科公国和波斯,乌特尔·舒腾在东印度群岛,然而他们作品标题页的声明却几乎无足轻重。巴尔岱乌斯对马拉巴尔散文体叙录中的一些插图(“写实绘图并刻以铜版”)出自菲利普斯·安吉尔(Philips Angel)之手,而对印度教的一幅引人入胜的刻画不署来源,其实这是安吉尔从一位意大利耶稣会士那里偷来的,这位耶稣会士在几十年前曾经踏遍马拉巴尔。[35]斯特卢伊斯那本受欢迎书籍中的图像主要是书籍制作人约翰尼斯·范索梅伦和雅各布·范莫伊尔斯以及他们作坊中助手们的劳动成果,作者是个修帆工,没受过正规制图训练。[36]它们与同一出版团队出品的另一本“目击”报告——乌特尔·舒腾的《东印度航行》(1676)——中的图画惊人地相似。因此有人推断,所谓的目击在同一时间发生在同
100 一间工作室中——1675 年 9 月,此时两位出版商获得出版这两册书的专营特许权。国家议会授予的这些特许权明确提到雕版图和插图,这些将给产品赋以可观的附加价值。但是没对这些插图的作者有所提及。以法律保护形式或版权形式获得“信用”和赢得所有权的是出版人。[37]

倘若说没提到插图的“作者”或可能会被现代批评家们认为是艺术家的人,那么也肯定不会提到制图员、雕版师和作坊学徒们,他们是这些产品的匿名贡献者。不过,匿名不意味着彻底忽视,而且在特定例子里,这些默默无闻的工匠们——科学史家会把他们称为“隐形技师”[38]——确实留下了自己的踪迹。阿姆斯特丹档案馆中一份吸引人的公证记录示意出 17 世纪晚期,即狂热追逐插图地理学的高峰期,令人着迷的图画制作的隐秘世界。它记录了一份 1672 年 3 月达成的协议,协议一方是约翰尼斯·范索梅伦与约翰尼斯·让松尼乌斯·范维斯贝尔格的出版二人组,另一方是雕版师科恩雷特·戴克(Coenraet Decker)。戴克同意给这两位专长于旅行文学及地理文学的书籍制作人每周提供一帧大铜版,每三天提供一帧小铜

版。合同列出了给戴克设计（与单纯雕刻相对）的图版的浮动工资标准，“绘好的”图版收取较高报酬。雅各布·范莫伊尔斯在这桩交易中也露面了。为了所酝酿的一项特定计划而雇用戴克的这两位书籍制作人进一步明确要求，该年轻雕版师不得为其他出版人工作，特别是范莫伊尔斯。好消息是，范莫伊尔斯曾经为了其他计划而大力请求戴克（他可能为了尼霍夫书的一些版画而使用戴克），但他后来剽窃抢手的戴克作品用于斯特卢伊斯的书，不过这次是与他一度的竞争对手范索梅伦联手而为。这份1672年的公证文件除了对版画制作的内部工作——雕版师的地位、产品价格及设计的分量——投下迷人的一瞥，还生动展示出专业版画制作人市场的火热。制图员、设计师和雕版师使得图画得以存在，书籍制作人为了他们而激烈竞争。倘若说他们大多数都隐姓埋名地苦干着，那么也得说他们全都对异域地理学的插图至关重要。[39]

在特定意义上，恰恰是这种隐姓埋名的状态能部分解释这些图画的成功，并能推而广之地解释荷兰制造的插图地理学卷册的成功。一个图像所遵从的出版之路越复杂、越隐秘，它就越不能容易和直接地被固着在特定作者或独特叙事上。不仅如此，插图的附加内容越少，它们的灵活性就能更大。这一点给图画授予了相当大的价值，有时价值高过作者或他们那具有场域特定性的历史记录。图画本身就是书卖出去的原因，至于一个形象是源自这个或那个使团或是旅行家，人们假定此事的重要性不及形象自身所固有的趣味和魅力。视觉感染力远比叙事相关性（更不用说描述准确性）更具吸
引力。这意味着草图可以被强化和扩充，正如尼霍夫的书和达贝尔 101
的书中所发生的。在前者身上，原始手稿素材被作坊制造的插图所美化和补充；在后者身上，从一位完全不同的旅行者（阿德里亚诺·德拉斯·科尔特斯）那里随意采集的素材被天衣无缝地插入叙事流中。这也意味着，完全不相关的图画可以被用于“润色”一篇插图薄

弱的文本。不消说，此举为一本书增添价值；也赋予成品一副荷兰制造的地理学的模样。亨德里克·哈梅尔关于在朝鲜发生船难、遭俘虏和被囚禁的叙述以三种不同形式登场。第一种是“用多种图形装饰的”——有八幅新制木刻版画，它们同哈梅尔毫无瓜葛，同他的旅程极少关联，但对此书的成功有不可估量的价值。第二种附加了出版商库存里的图画，即一头大象、一条鳄鱼和其他令人咋舌的野兽，它们旨在给这部叙事披上一抹恰当的异国风味。第三种缺少各类插图，而且不出所料，也是就发行量而言最不成功的版本。[40]

其实，一本书是抑或不是“荷兰的”差别甚微，因为它总是会得到荷兰工作室的处理，尤其是插图，连同各式各样的副文本，都成为荷兰地理学业务的常备品和交易品。当罗科莱派(Récollets)①的方济各会士路易·亨内平旅行到北美新法兰西的西部边区时(他参加
102 了拉萨勒[La Salle]穿越②五大湖区的探险任务)，他叹惋缺少一位能干的制图员来图绘他的冒险。他在描写尼亚加拉河(Niagara River)响如雷鸣的水流时说：“我上百次希望有这么个人能跟我们一道，他能描绘这个异常骇人的瀑布奇观，这样就能让读者对它留下一个合理且自然的印象。”[41]因此，他返回欧洲时带着一份手稿，但没有图画。当他的《新发现》(*Nouvelle decouverte*)数年后以印本面世时——地址显示是以荷兰为基地的书籍制作人，先是乌特勒支/纪尧姆·布罗德勒(Guillaume Broedelet)，然后是莱顿/彼得·凡德尔哈——它却装饰着作坊制造的多幅雕版图：“恐怖的”尼亚加拉瀑布，一位裸体男性“野人”构图均衡地优雅站立在一条宽广河流前，一只可怕的野牛漫步穿过一片不协调的热带风光(附近一棵树上吊

① 罗科莱派是方济各会的一个改革支派，16世纪末来到法国，主要目标是更严格地遵守圣方济的规章。——译者注

② 原文写“though”，应是“through”的笔误。——译者注

着一只负鼠）。以“致读者的一条建议”形式出现的一则前言评论中精准地表扬了出版人为文本增添宜人的插图和有用的地图的行为。认为这些是格外有益的，使读者得到了保证，因为它们“给特定事物一个清晰概念，而这些事物要在有一些视觉再现的情况下才能更好地理解”。[42]这道理现在是老生常谈，不过它却异乎寻常地诞生自尼德兰制作的插图卷册。

《新发现》的一些荷兰文版本中的致读者建议可能不出自亨内 103
平本人。它更可能是莱顿出版人凡德尔哈的介入之笔，他明显是希望把注意力引向添加到亨内平文本上的插图。[43]毕竟，作者承认自己缺乏制作图画的能力，并且根据推理会坦承所有包含在他书中的形象都不是他的，不是现场绘制，也不是“写实绘制”。它们更应属于书籍制作人，是他在图画制作中投入了资金，获得了让它们出版的官方特许权，也在所有真实法律意义上拥有它们。同样，必须要将一本书的插图的“信用”授予书籍制作人，这些插图照例会在出版人的作坊里“被改进”，被他的制图员巧妙处理，被他的雕版师强化，或仅仅由他的图形艺术家团队制作或回收。不管怎样，声明通常是另外一种说法，于是插图著作权的问题就被机敏地用计策处理了。标题页的声明大胆地暗示作者在形象生产中的作用，声称图画制作“写实”。如出版人一贯的促销之语所称，图画据称在现场勾勒，这可以被设想为出自另一位在现场的艺术家，而非出自冠名作者，然
而这不是一位读者会做出的第一推论。图画本身就能暗含作者的 104
存在，因为有着欧洲人面孔的制图员让自己出现在热带风景的雕版上，从而暗示出产品具有意欲呈现的逼真性。在蒙塔努斯写于书斋的日本叙录中，一位四处漫游的艺术家出现于一幅大火山爆发图的前景中，并且类似的人物也出现在范莫伊尔斯和范索梅伦联手出版的乌特尔·舒腾《东印度航行》中的几幅雕版图中。[44]更一般地说来，漂流异乡的制图员找到进入诸多荷兰出版物的方法，这些出版

物使用此种视觉修辞,且该种修辞创造出对异域世界亲眼所见的幻觉。而在异域地理学的语境下,亲眼所见构成一个基本要点。书籍制作人通过把现场制图员的图像插入他们的版画中,或者像德布卢伊津骄傲地做到的那样,将自己小心地嵌入作品中,部署了一种图画装置,旨在犹抱琵琶半遮面地暗示个人化叙事——作者画像置身于那些他或她所描写的海外事件中。

105 叙事呈现无疑是异域地理学卷册的一个卖点,它在那些源自个人旅行日志的书里格外被强调。然而它在令荷兰制造的书籍如此畅销的图画节目中却并非是特别重要的成果。事实上,版画倾向于令叙事的重要性降低,因为从某种意义上说,即使图画能刻画异域场景和异域事物,但它们对外国事情和海外交易——亦即实际上欧洲人在海外从事的明确的活动——的关注相当贫乏。这意味着,随着时间推移,地点居于优先地位,"描述"胜过"叙述"(如上一章所证明的)。插图对异域场所的表现比对发生在这些场所的欧洲演员事迹的表现更具预见性,尤其是涉及殖民接触和冲突的插曲。该方法赋予了许多插图不受时间制约的品质,在这些插图里,实际事件被尽力最小化。荷兰地理学采纳了批评家乔纳斯·费边(Johannes Fabian)所定义的"全时态"(allochronic)再现策略。[45]不仅如此,该方法还使出版商能在雕版图最初露面很久之后回收并重印它们,因为它们几乎不会表现历史事件。该方法也树立了异域世界的几乎具有透视画性质的独特景观,在这个世界里,插画家上演着异域人民和奇风异俗构成的没有时间限制的场景,展示外国花草和新奇动物,但要小心避免讲述近期的(且可能会冲突的)欧洲人海外史。

三 舆图、风物与通用性:荷兰地理书的形式与风格

其实,图绘世界有多种多样的方法,由此就有多种多样的图形体裁应用于异域插图。这些体裁中最常见的是舆图体裁——以最体现本质的形式刻画“场所”,种类齐全的地图成为荷兰印本地理学的必备成分,有大陆地图、国家地图、省份地图、城市地图等。紧随其后的且差不多同舆图一样常见的体裁是地形素材图,它的典型形式(如麦基洗德·特夫诺所挖苦的)是普通的城市景观图,这种不够充分的城市景观画不是实事求是地描绘一座城市的海港或天际线,比如那些描绘正在泊岸的船只或一支长途跋涉的商队的画。一种与此有关联的插图形式由重要建筑和建造物构成,如宫殿、堡垒、庭院、寺庙、宝塔、城市广场、桥梁以及其他引人瞩目的建筑物的景观,这些东西旨在揭示异国他乡的政治、宗教和社会生活。性质有些不同的是对异域植物和动物的刻画,它属于静物画。这些画以奇异生物和陌生标本(此类物品收藏在“奇巧阁”)为特色,但也包含更易于获得的有显著商业价值的自然物,如肉豆蔻树、肉桂植株、胡椒树丛、棉花标本、生姜、茶树,等等,它们经常享有全页雕版图的尊荣。106
也有民族志小插图及社会小插图,把全球不同公共场景下展示的“种族”的形象都吸收进来。这引出了针对世界人民和他们的宗教、政治与社会等级,以及他们(号称是为了)借此与他人区别开来的大量“习性”的准分类学图画。(这个体裁直接从16世纪流行的服饰书中成长起来。)插图地理学书籍这项不择手段的业务中没有简单的适用规则,不过确实有一种图画模式自这些卷册不一而足的混乱状态中浮现出来——从(毫无疑问是最普遍的)舆图版画和地形版画向(普遍性略有不及但同样受欢迎的)民族志版画和自然史版画

发展前进。

历史版画成为最后一种体裁,它可能不那么流行,但它的重要性毫不逊色。历史版画——叙事版画按照绘画惯例来表现的方式——图解海外发生的事件,无论是在荷兰制造的书籍还是在其他书籍中,在近代早期地理学中流通度不高。它们有时以叙事人的事迹或一册书中欧洲人作主角的事迹为特征,且它们可能追随实际"情节"的发展,如在眼下调查之地所发生的商业行为、征服壮举或交涉时刻。但情况并非一贯如此,而且更为常见的是,历史版画刻画那些不一定同文本叙事有密切关系的事件,它们以图画术语描绘那些常常都不包含在附加的散文体报告中的事情或事件。这种叙事脱节是由荷兰制造的卷册的特有结构及它们的生产方式滋长出来的。既然范莫伊尔斯能用17世纪初期耶稣会士阿德里亚诺·德拉斯·科尔特斯的写生簿来图解17世纪后期书斋作家奥尔菲特·达贝尔的叙事,那么就注定会产生一些不协调之处。这就是达贝尔书中那些表现折磨的小插图的情况。意欲图解中国司法体系恶劣事件的雕版图不能轻易同达贝尔的报告关联起来,因为它们必然诞生自德拉斯·科尔特斯的个人经历。

图画过度(即图画和言语令人愉快的不协调)这个特性有利于荷兰制造的书籍的"外观",即它们的视觉丰富性和(按贬低它们的人所说)它们显而易见的不连贯性。但具有竞争性的地理学出版人批评荷兰对手的作品时,他们的全部注意力恰恰都集中在此种内容的脱节和图画的"欺骗"角色。杜赫德《中华帝国全志》(*Description of the Empere of China*)其中一个版本(1735年出版,被视为范莫伊尔斯远东书卷长期统治地位的挑战者)的前言对着"那些由无知或唯利是图之手每天强加在公众头上的伪造的构图"挥出目标明确的重击。这篇前言接着责难虚假图画的"危险"和(地理学)因乞灵于缺少"确定性"和"诚实性"的插图而"信用已失"。[46]"信用"在此可以用来指叙事真实性,且杜赫德前言中的抱怨再次突出了荷兰书籍制作人所制造的关于著作权人在场的可疑声明。然而它误解了异域图画原本的意图——它们就是故意这般不顾史实。与其说它们是历史叙事,不如说它们提供的是没有时间限制(因此就非关历史)的异域世界的形象。与其说它们图解一位作者所经历的历史(如通常在标题页上所广告的),不如说它们提供了一个异国地域的民族志景观和地形景观。与其说它们在叙述欧洲人海外遭遇的历史,不如说它们在呈现异域世界的实景模型。 107

荷兰制造的地理学中的图画,尤其是在那些流传最广的书卷中的,有着易于辨识的风格。哪怕是在描绘地球上各不相干的区域且甚至是在详细讲述全然不同的航行时,各书籍也采用一种显著相似的方式来图解它们的主题。异域图画共享一种审美趣味,而这反映出涉及图画制作和图绘非欧洲世界的方法时,出版人采用了一种通用策略。舆图、地形图和民族志图画都以颇可预料的方式出现,有时甚至还有可把握的顺序。图画共享通用格式。地图上千篇一律地飘扬着民族志涡卷饰(经常每张地图上两幅涡卷饰)。无论是描绘哪块土地的地形景观都以市中心(而非更常见的乡村)及入口处的商业网点为准心(在这方面,它们轻率地遵从约尔格·布豪恩[Georg Braun]和弗兰斯·豪根贝格[Frans Hogenberg]的《世界城市风貌》[*Civitates orbis terrarum*]中确立的体裁惯例)。[47]自然版画倾向于聚焦在最奇异和最具商业价值的产品上。民族志小插画图典型特征则是成双成对地展示画中的主人公,他们身着恰当的装束,佩着贴切的装饰品,置身合宜的风景中。不管这些插图的主题是什么,它们都装饰着异国"长物",而这些也给版画赋予一种标准化外貌——鹦鹉和异国羽毛,后者在裙子和头饰上比比皆是;宝塔和巨大的"崇拜物"(宗教塑像)遍布东方;尤其是无所不在的棕榈树。尺寸的统一也赋予版画一致性。大多卷册都包含大量的全对开页雕版图,相当一部分有着双页图版,而有些还包含折叠扩展页即需要黏住的附加页,以便城市景观图和其他全景图能扩展到几页的幅宽。这一切都具有把注意力吸引到这些书籍丰富视觉节目上的作用。

异域地理学也展示出对视觉呈现的敏锐意识,和对它所包含及属于它的视觉性的突出关心。书籍制作人和制图员竭心尽力地强调他们产品的图画内容,甚至有些书吹嘘自己只有图画,而雕版师使用各种有序的方式来强化他们作品的视觉效果。在备受景仰的蚀刻家洛迈恩·德霍格与孜孜不倦的出版商彼得·凡德尔哈制作的令人震撼的《东西印度及其他地方》(约 1700)中,图画绝对占上
108 风。[48]此书作为一部全球地理学的插图选辑,包含了德霍格设计的异域场景和归于凡德尔哈名下的大陆地图。不过除了涡卷饰、题图和标签,此书缺乏任何实质性文本,它是一本地道的图画书。它也印成长方形的,这种独特形式能表现范围更大也更丰盛的绘图元素,而通过在插图中刻入立体感强的画框,这些绘图元素被进一步做出浮雕效果。一本图画书带着画框图,批评家巫鸿将此命名为“元图画”(metapicture),而米切尔(W. J. T. Mitchell)后来采纳了该
109 术语,这样的书把注意力拉到书卷显著的视觉特质上。[49]在其他一些出版物中,凡德尔哈也使用此种策略(亦由德霍格蚀刻而成)并收效甚佳,最突出的是在他所有插图书的鼻祖《世界宜人画廊》中取得的效果,这部 66 卷的豪华鸿篇巨制呈现出一场由大约 4000 幅图画导览的视觉上的世界壮游。

在表现异域主题时,除了插图的形式和内容,德霍格和其他制图员还采取了雷同的风格策略。德霍格本人专长于动态的、令人眼
110 花缭乱的构图,把来自大量非欧洲场所的零散小插图混合并搭配,创造出一幅异域风物杂烩图。德霍格为西蒙·德弗瑞斯关于异域世界的系列作品(作为一卷书而言,称其为“奇巧评论”选辑)蚀刻的

一些扉画便遵循此种模式,把“东方的”和“西方的”人民、来自远方
的物品、异域自然标本杂糅一体。[50]此种巴洛克式审美趣味也构成
范莫伊尔斯典型扉画(大多是匿名设计的)及许多荷兰制造之自 111
然史卷册的外观特征,它们的特色就是展示异域自然元素渗入构
图的中心,即读者膝头。在《东西印度及其他地方》这部纯属全球
各种东西一锅烩的书中,德霍格与凡德尔哈提供了一系列复合插
图,意在通过把东西方文化中各不相关的东西撮合成关于异国风
物的单一复合静态图,来展示诸如社会习俗、宗教常规和艺术传统
的异域生活。比如“各族人民大合奏”图,把土耳其人、波斯人、爪 114
哇人、巴西人和秘鲁人的节录乐曲混杂一体。而且,为了让大脑转
得更快,这组音乐形象与一幅满满当当的表现亚洲各处烟火制造
术的插图(有单独标题“鞑靼人的人造火”)共享一页。[51]

雕版师的另一备用品是不朽的自然世界——关于异域世界出众自然产品的铺展充分的全页插图。约翰·尼霍夫的中国书中填着一幅人参的全页构图,号称“人的精神的伟大提振品”,哪怕是对濒死者也有起死回生之效,它的市场价值则据称三倍于同重量的银子。这幅雕版图的背景是一座有情调的宝塔和一些零散分布的香柏。[52]类似饱含重量的构图也用于生姜、茶树、棉花、胡椒、甘蔗、竹子、肉桂、肉豆蔻和其他著名的热带自然产品及有价值的农产品。尼霍夫的《东西印度主要地方海陆出产的重要东西》(*Gedenkwaerdige zee en lantreize door de voornaemste land schappen van West en Oostindien*)中,一株丁香树毫不夸张地树在一个基座上,从各种意义上讲,丁香都是一种不朽的植物。[53]类似的,在达贝尔对亚洲的报告中,菠萝和大黄(后者的拉丁学名为 Rhabarbarum Witsoniarum,种加词来自赞助人兼收藏家尼古拉斯·维特森的姓氏)分别得到皇家待遇——各享一幅华丽的雕版图。[54]几乎在所有这些例子里,视觉供应品都远远胜于相对温和的词语提示,贫乏的文本描述面对超大尺寸的插

图时显得微不足道。简而言之，图画占了头筹。

115 视觉策略还强调了在更直接的商业语境下可以被解释成荷兰地理学的产品导向路径。在令人眼花缭乱的德霍格设计图中及范莫伊尔斯典型书卷里被夸大的自然物中，制图员都特写了非欧洲世界的可消费商品。这些显然令从商人和收藏家到学者和单纯猎奇者的各类异域赞助者着迷，而且这些商品就此赢得了全面关注。投在异国产品，即那些可作为消费品的异域风物上的关注，在某些雕版图目录风格的展示中有最引人注目的证据，在这类图上，物品以系列化方式铺陈，暗示出或多或少的商业议题。

116 达贝尔中国出版物中的“各式软帽”图成效卓著地汇集起德拉斯·科尔特斯手稿中的零散图画，还让读者（或叫观者更恰当）能领会东方各式养眼的帽子风格。在维特森本人的地理学撰著，一部
117 1692年首版的关于“北鞑靼和东鞑靼”的学术研究作品中，一幅关于“西伯利亚古代鞑靼墓地出土的金饰”的插图不仅陈列了这些异域奇巧物品，还展示了维特森本人的收藏品牌，他可以从诸多海外代理人处订购这些藏品。[55]此种商业规则在关于异域贝壳的插图中表现得甚至更直白，一种最易于进口也可以广泛获取的异域产品以明白晓畅的形式排列在图中。这类图的好例子见于恩格尔贝特·凯姆普菲尔关于日本的书、约尔格·拉姆菲乌斯关于安汶的研究、查理·德·罗切福关于加勒比地区的史书，以及其他一些荷兰制作的书
118 籍。这种“产品”肯定不是总能获得的，凯姆普菲尔《日本》中那页分了类的麒麟（远东的有角神兽）显然就不可能进口。不过它的呈现风格仍然显示了它是商品，而且它又把异域风物置于商业展示的语境下。[56]

所有这些图画格式给世界加上了一种鲜明的视觉路径——关于图画呈现的一种共享策略。荷兰印本地理学的此种共同风格有其优势。异域印刷品的统一审美趣味或说通用“外观”让书籍制作

人坚持遵循易于采行的图画惯例,而这极大地简化了工作室的日常工作及印刷生产。无论主题是什么或是哪里,制图员都可以遵行插图模版,比如“印度”羽毛不管在印度还是北美都起作用。这些实践也赋予图形资源一种有价值的市场持久性。阵容相近的异域版画能用于多种情境,尤其是当它们所描绘的主题混合物有着广阔的地理范围——如果秘鲁和日本被压缩进刻画异域音乐的单张版画里,那么这幅版画就能至少用两次。且出版商更愿依赖旧的、再次利用的也可能被翻新过的意象,而不是发明新鲜且与时俱进的构图,因为外观是产品的一部分,所以保持不变。用工作室的技术行话说,出版商交易板型。因此,图形素材经常且绝对——彼得·凡德尔哈的库存很好地为他超过60年的职业生涯效力,也是因为这个原因,它们还常常非关历史。最后,在此种视觉策略的实际利益和商业利益之外还能加一条简单的审美考量——从事异域主题的制图员和雕版师以一种独特的风格或特色工作,它可以辨识,可被接纳,还明显受欢迎(从效果衡量)。

异域构图已经证明自身契合且坚守它们的形式惯例,它们符合当日的时尚风格。审美考量和商业考量当然不是彼此排斥的,这也是荷兰工作室所推动之异域风格的情况。异域主题的版画发展出一种外观,也确立了一种风格,而这个品牌的图画地理学统治该领域数十年,从栖息在雅各布·范莫伊尔斯17世纪60年代和70年代书卷中的不朽丁香树跨越到彼得·凡德尔哈18世纪头30年所设计的不朽世界“画廊”。

四　“眼见为优”:图画是一种通用语言

回归问题的核心:为何是图画?如范莫伊尔斯和凡德尔哈的例

子所表明的,异域地理学的图画策略有明显的商业益处,而且也很
119 容易体现荷兰人在该市场成功的技术理由。不过上述解释中的第二条可能应理解为对第一条的回答——商业机遇鼓舞了技术革新——而且这两条理由结合起来仍回避了基本问题:为何市场首先需要图画?为何这一点尤其发生在地理学领域?为何生产重心如此集中于荷兰?最后这个问题恐怕是最简单的,因为快速比较一下两个缀合书籍的计划就能轻易证明:即比较柯奈利斯·德布卢伊津煌煌插图巨著《黎凡特纪行》(1698)的生产,与约翰·雷(John Ray)同样插图优良但生产过程远不那么如意的《鱼类志》(*Historia piscium*,1686)的制作。[57]

倘若说德布卢伊津和雷的书不能完全适合现代单义大标题"科学"中,那么可以说仔细审查之后它们确乎同"科学"有实质性重叠,尽管双方的重心不同且成果分道扬镳。[58]柯奈利斯·德布卢伊津关于近东的书虽然包含关于该地区足够多的自然史内容及其他科学报告的形式,虽然他也为读者提供了关于金字塔(有对它们内部的了不起描述)、圣地和其他重要历史地理风物的有学术价值的数据,但他主要关心的是图画。[59]受过艺术家训练的他开始这项漫游奥斯曼帝国的大范围旅行时,怀抱的目标是"看见"那些地点,因为尸体解剖——如他坚持不懈解说的,就是亲眼看见——总是胜过从他人那里听说和读到。迄今为止,学者们"都让自己的耳朵填满润色过的故事",然而德布卢伊津要亲眼见证并在自己的写生簿上以最培根风格的笔触记录,以便对他的读者"展示"黎凡特。[60]因此他孤身旅行、自己制图并且多少算是自己制作了两部关于东方的插图上乘的书籍(第二部涵盖莫斯科公国和波斯,1711 年出版)。《黎凡特纪行》是"为作者"而印制,这在荷兰印刷业的语境中是个与众不同的安排,因为荷兰印刷业出版流程的典型特色是由出版商而非作者控制。德布卢伊津也发起一场预订运动,收获大约 1330 本的预售订单

(并且降低了他的个人财务风险)。这本书最终印了3000到4000册,并且迅速译为法文和英文。此印数对一部大对开书卷来说极度令人难忘,远远超过那时期1000册左右典型印数,且对昂贵的繁奢卷帙而言1000册的印数算多的。[61]至于插图,德布卢伊津完全亲力亲为,精心策划它们的生产、设计和构图打样,他雇用了一批优秀雕版师制作他的图版,而且很重要的是,他自掏腰包支付出版成本。更关键的是,他通过先期雕刻和印刷图画优先考虑图画,图画完成后才关注文本。换而言之,这位出版商对惯常的生产模式反其道而行,把文本安置在早已印好雕版图的页面上。于是,德布卢伊津书中的图画不折不扣位居第一,而文字的制作是为配合视觉装置,毕 120
竟,视觉装置才是德布卢伊津出版计划存在的理由。[62]

相反的是,在《鱼类志》的制作中,图画成为让人烦恼的主要因素。这本关于鱼的书由弗兰西斯·威洛比(Francis Willughby)起头,由约翰·雷完结,并在皇家学会的赞助下出版。与《黎凡特纪行》不无相似,《鱼类志》诞生于一场海外探险。这次探险发生在17世纪60年代,约翰·雷与他天资颖异的学生弗兰西斯·威洛比开始了一场穿越欧洲大陆的大范围旅程,去研究(对这两位英国出生的学者而言的)异国鸟类、鱼类、昆虫和植物的物种。这是一场博物学家的修业之游,贯穿尼德兰、德国、瑞士、意大利等地方。[63]旅途中的两位博物学家理所当然进行了写生,当他们返回英国时便计划出版自己的作品。不过,在威洛比的鸟类书籍《鸟类志》(*Ornithologiae*,1676)取得实质进展之后,他便在完工之前去世了,于是这本书最终落到雷的头上,他为此得到威洛比遗孀的资金帮助。[64]雷也承担了一部 121
鱼类学研究的出版工作,不过他于此遇到更大困难,即图画问题。雷并没有回避插图,相反,他高度重视资料的视觉呈现,他相信视觉呈现在很多方面都能取代对自然的单纯文本描述,他提出:“如今,一个好的图像有对于(即优于)语言描述的优势,它能轻松又愉快地

122 快速向头脑传递更清晰也更真切的关于所勾勒之事物的概念，那是理解力要花很大气力并用很长时间才能在一段描述中形成的，且从来不会这么确切。”然而雷不具备制作优良图画的必要手段——资金渠道、技术能力、专业支持以及其他诸如此类的手段。为此他被迫谋求皇家学会的帮助，通过邀请皇家学会的成员“赞助”任意数量的图版而资助该书的雕版图，比如伦敦日记作家萨缪尔·佩皮斯
123 (Samuel Pepys)资助了60帧。图画优先是雷的打算，毕竟，雷钟爱自然史的形态学路径，视觉资料在此起到引领解脱的作用。但出版人不偏爱图画优先的安排，而是把图画置于第二位，差不多将其作为事后追加物。文本先在牛津印出来（由出版商约翰·豪尔[John Hall]在牛津主教约翰·费尔[John Fell]的帮助下进行），图版后来才于伦敦在皇家学会的指导下制作，而且与文本装置分开来装订。[65]

这种奇怪的劳动分工（以及出版商工作室与雕版师工作室的奇怪分割）给《鱼类志》的成功设置了内在障碍。尽管雕版图相当丰富并且制作良好（不过我们对制作它们的匿名制图员知之甚少），但书本身在市场上销量糟糕，雷认为问题症结在于内容的分裂。印刷出的500册——这是《黎凡特纪行》印数的零头——卖出去的寥寥。最终许多都作为对服务的回报而赠出了，多是赠给皇家学会的成员，或用于交换其他书籍。其实，就在此书出版后不久，皇家学会实验室负责人兼“多面手”（还是受尊敬的格雷沙姆大学[Gresham]几何学教授）罗伯特·胡克（Robert Hooke）就试图将此书分流给其他书商。英国书籍出版业中自然史书籍的插图相对不怎么好，就此常态而言，这件插图相当奢华的产品是个例外之作。胡克把它丢给一位阿姆斯特丹书籍经销商，后者应邀购买400本。这桩交易从未完成。不过该邀约表明的不仅是此书销售情况糟糕，还有在伦敦出版业环境下完成此类计划所面临的困难度和复杂性。不同于德布卢

伊津插图宏肆的出版物不费吹灰之力就取得成功，雷的《鱼类志》是一场败绩。而且就在德布卢伊津以同样好到不可思议的《莫斯科公国之旅》接续他的黎凡特书的同时，雷的下一部自然史分册《植物的历史》（*Historia plantarum*）印成无插图版本，因为这一回他找不到人赞助它了。[66]

柯奈利斯·德布卢伊津那些插图极多的书籍只不过是引人瞩目的荷兰书库中的九牛一毛，尼德兰印制的视觉效果丰盛的卷帙堆叠如山，最多的是 17 世纪后期和 18 世纪初期的。《黎凡特纪行》证明了德布卢伊津比之于雷及其英国同行的巨大产品优势，更一般意义上证明的则是荷兰工作室能制造优胜他们竞争对手产品的图形精致的产品。德布卢伊津的出版物在归入地理学（而非自然史）这个大标题的同时，也碰巧属于前林奈时代自然史上号称“精彩的十年”的阶段（大致从 1695 年到 1705 年），彼时近代早期自然史一些最好且图形最令人难忘的样品从印刷机上，主要是尼德兰的印刷机上印出。[67]雷的艰苦劳动也可以同以下远为轻松的出版之路做个比 124
较：玛丽亚·西比拉·梅里安，她编纂了一部关于习惯生活在南美热带地区的蝴蝶、毛虫和植物的令人眼花缭乱的绘本（而且像德布卢伊津一样，是自己出版的）；约尔格·拉姆菲乌斯，他筹备了两部关于东印度群岛的具有视觉震撼力的植物和动物书；或是龙石庄园的亨德里克·阿德里安·范里德，他那关于马拉巴尔自然世界的 12 卷多语种大部头绝大多数是图片。[68]

上述这些作者都在 1700 年前后数年出版（或由企业家式书籍制作人出版）。继他们之后的是阿尔伯特·塞巴（Albert Seba）和路易斯·里纳尔德，前者出版数卷主要关于爬虫和鸟类的富丽雕版插图卷册，后者出版一册关于热带鱼的图画丰富的书籍。（为这些计划铺路的是威廉·皮索 1658 年的《论两个印度的自然与医学》［*De lndiae utriusque re naturali et medica*］，涵盖东西印度群岛，西印度群岛主要集中于巴西。)所有这些卷帙都描绘异域自然史,而它们也全都由特别多的图画构成。在这些书中,图画绝对胜过其他任何东西,而这一点具有统领出版业的影响,将文本及其作者去中心化。[69]让图画居于主导是有意为之。不过荷兰书商的所有产品优势只能解释插图是如何制作的,问题依旧:为何采取视觉方式?

体裁恐怕在此发挥了作用。地理学和自然史在近代早期的一些阶段里都有进行视觉呈现的学科癖好,正如德布卢伊津和雷都曾清楚评论过的,这表明了它们共同的认识论关注点,尽管这并不必然出于作者和出版人都说过的显而易见的原因——他们的作品在某种程度上是设计来“展示”远距离事物的,或是为了给他们不出远门的读者充当(奥特利乌斯所声明的)一只“眼睛”。[70]图画的功能还在于以图示法和公认“简单”的方式表达复杂文本的更基础意义。它们被理解为用于阐明难于把握的概念,并给在其他方面不可接近或难于领会的思想或事物以入口,这在涉及异域事务时格外有用。

对清楚程度的关注以及将视觉性和明朗性(图画和“明白度”)合并,在罗伯特·贝弗利(Robert Beverley)的《弗吉尼亚史》(*History of Virginia*,1705)中被提出讨论,此书呈现出相当典型的地理学、自然史以及或可算作宗教人类学内容的杂糅,在贝弗利书中,这种宗教人类学内容包含对弗吉尼亚阿尔冈琴人(Algonquians)宗教实践的广泛探究。[71]贝弗利的书成为短短数年后出版的涵盖范围更广泛的《世界所有人民的宗教仪式和习俗》的前兆,后者由让-弗雷德里克·伯纳德和雕版师伯纳德·皮卡特制作;两人都是胡格诺派教徒,生产出一部有着大量图画的——这对阿姆斯特丹出版物而言毋庸赘言——“宗教”地理学杰作。而且《弗吉尼亚史》中,图画也是论据的一部分。[72]此书一如《世界所有人民的宗教仪式和习俗》,有一
125 种可称作新教徒情结的东西——贝弗利出身英国国教会,他的雕版师西蒙·格里贝林(Simon Gribelin)是个胡格诺派教徒——而且这

情结可能造成该书在宗教语境下使用图像时坚定不移地先发制人。贝弗利把自己对图像的运用合理化,因为图画能帮助那些没有图像便不能领会“宗教中的崇高与玄妙”且因此需要更多“感官概念”的“粗俗又不幸的灵魂”。他说的“宗教”指的是印第安人的“偶像崇拜”宗教而非他读者心目中的基督教信仰。[73]一条类似评论也乍现于《世界所有人民的宗教仪式和习俗》的英文版,此书编辑设想,“没有什么主题比这些主题更需要图解”,即地理学和比较宗教史主题。[74]再次地,在这两个例子中人们的假设都是,图画有助于阐明复杂问题。

基于对视觉来源效能的这番理解,图画为摸黑的人提供了清晰性。它们令那些不能旅行的人更易接近目的地,但它们当然也提供基本功能,即令那些“普通人”——亦即可能无法仅凭文本而理解困难主题的印本书籍的消费者——更能明白书中的事物。宗教这种“崇高”且“玄妙”的事物也需要视觉小道具,此种观念当然是跨越认信界限的——耶稣会士把图像吸收进他们后宗教改革时代的实践中,也一样吸收进他们的冥想与练习。[75]这也是一种从近代到现代的知识认知和吸收的重要转变的概念范式,也是将现代性,尤其是西方现代性同视觉文化联系起来的论据。[76]马丁·杰伊(Martin Jay)曾笔触深刻地写过现代性以及“公开展示的愉悦”,他和其他人以此将视觉性同20世纪初出现的大众(阅读)消费文化的扩张关联起来。[77]洛琳·达斯顿(Lorraine Daston)与卡塔琳娜·帕克(Katharine Park)也就她们所认识到的1700年前后的转变提出与此相关的观点,那时期一种更加博学的接近自然世界的方式以其更具异国格调的表征,使自己同老旧也更为根深蒂固的视觉呈现风格区别开,就此成为“通俗”的起源。达斯顿与帕克提出,进入18世纪后,对自然现象的描绘,尤其是对古物奇谭或“奇观”的再现定位于所谓通俗消费者时,便以一种图画格外丰富的格式呈现出来。[78]

“通俗”在这些例子中用来指代较少文学性（或至少不怎么可能是文雅的）的受众，他们被假定更易被图画感染，因为这群人肯定会发现奥妙事物很难只靠文字来领会。图像令理解变得可能，因此它们就填满了通俗读物。可是地理学领域的图画书，尤其是 1700 年前后尼德兰制作的插图丰富的那一型肯定不是以“通俗”受众为目标的。以后见之明来看，它们具有不够学术的特征——18 世纪晚期有
126 人写了一些对荷兰地理学的批评，突出其“不科学的”方法——但在当时，欧洲最精英级的藏书室也收藏了荷兰书卷，收藏者中的学者不少于王侯。它们是高度热销的商品，让它们的拥有者获得相当高的文化威望。出于此种原因，收藏家也囤积印制的地理学图画——劳伦斯·凡德尔海姆（Laurens van der Hem）有一间巨大的图像藏书室，拥有数千张图画，而且速写草图（版画的基础）被毫不夸张地严加守卫——德布卢伊津把自己的储藏物留给维特森，以求在出国旅行期间能得到妥善保管。[79]更重要的是，图画书总是很贵，大大超过“通俗”消费者的财力。凡德尔哈的《世界宜人画廊》、德布卢伊津的《黎凡特纪行》、《莫斯科公国纪行》、范莫伊尔斯的各卷对开本书籍，它们全都是针对市场的高端客户定价的（这不是说低端产品不存在）。且体现技术含量的是，这些书卷也被译为数种语言，包括拉丁文（“通俗”对严格意义上的本地语言读者群有吸引力），这让它们的吸引力扩及欧洲广大区域的精英消费者。“现代性的视觉机制”无疑存在于近代早期的来源中，尤其是 1700 年左右的密布插图的荷兰地理学卷册，然而这个机制不能简单地用激发“通俗人士”的需求来解释。[80]

事情可能恰好相反。这类书卷中有很多，尤其是自然史和（典型地具有实质性自然史内容的）地理学作品在部署图像时，经常声明一个更崇高的目标——确立真实性。16 世纪博物学家雷恩哈特·福赫斯（Leonhart Fuchs）写道：“呈现于眼前并形诸画板或纸张

的那些事物比起那些仅用词语描述的事物，在头脑中变得更加稳固坚定。”图画在此比散文重要，视觉信号能固定事物，它们将（这个例子中指）自然史事物确立或巩固在精神之眼中。福赫斯提出：“（它们）传达信息远比词语更加清晰，哪怕是最宏辞纵辩之士的词语”。[81]在把文本字面意义上的声明变得更具稳固真实性方面，图画也有核实作用，因此更加可信。在提供来自远方的证据并肯定对“奇妙”自然物和其他异域什物难以置信叙述的可信度的意义上，它们还有作证作用。路易斯·里纳尔德把他《鱼虾蟹》（*Poissons, ecrevisses et crabes*,1718）中的图版定位成“写实绘制”，绘得“至为逼真”，也是对热带海洋生物的“真实”再现。[82]为了强调这一点，里纳尔德为他的书附加了几份“证明书”，“证明”此书的真实与其中图画的价值，其中一份证言出自荷兰公使弗朗索瓦·瓦伦汀，他效力于东印度群岛（许多标本产自那里）。瓦伦汀肯定了这些图像完全真实，“tout vérité”（完全真实）。[83]里纳尔德不需要对他书籍的消费者指出的是，包含于书中的这些图画不只是完全真实，它们本身就是整本书，因为这册书几乎全部由雕版图构成。

既由瓦伦汀也由那些被他适时证明了的图像加以核实的这一 127
方式，取得了科学社会学家斯蒂芬·夏宾（Steven Shapin）所说的“虚拟见证”，它为里纳尔德及其读者提供了一种“证据的技术”。[84]对视觉证据（作为文本证据的对立面）的依赖充斥那个时代的自然史与地理学实践，两者都有着陈列和奇观的传统。科学——“科学”这个好用的现代术语当然是年代误植的[85]——在近代早期欧洲的代表特色是用来演绎的，这意味着科学通常要以视觉格式渲染或以其他方式视觉化。宝拉·芬德伦（Paula Findlen）在她关于近代早期自然史和此时期收藏习性的开创性研究中，讲到科学的“奇观”和“知识的审美产品”。[86]不同于与世隔绝天才的浪漫想法，巴洛克式科学调用公开话语、公众操演和庄严呈现的模式，这意味着知识的生产经常卷入某种展示方式中。地理学以与芬德伦讨论的自然科学不尽相同的方式发挥作用，尽管可以用来陈列，但地理学的特色表演不是这类的。[87]不过它确实有着固有的视觉性，或可被称为“壮观”。地理学是作为奇观来发布的——诚然用壮观的物品来展示，但首先用壮观的图画（包括地图）来展示——而且它在定义上就有天生的“图形性”。它通过“解剖”的方式——借由图画亲自看见的能力，德布卢伊津将此过程比拟为医学上的解剖——为不出门的旅行者确立真实性，而且它在荷兰制造地理学的丰富、出众又精美的版画中最富成效地达成此功能。[88]

看见就是相信。这条赞扬解剖术的格言在近代早期欧洲被频频引用，特别是在后维萨里的世界，在那里，“解剖”采取的形式不只是日渐增多的尸体检查实践，还有明显受欢迎的以维萨里（Vesalius）之名出版并加图形阐释的关于人类身体的图画书形式——《人体的构造》（*De humani corporis fabrica*，1543）。[89]视觉的功绩在后培根的世界甚至被拥抱得更紧，在那里，观察所谓学习进展的效用以及用图绘形式记录这些观察成果的效用被授予高度信任。对可视化产生如此信念的理由之一是，相信图画可作为一种通用语言，并且它们格外适用于对物质的描述。图画提供一种直接的、无中介的关于超越后巴比伦世界不和谐音的世界的知识。对图像这种几乎算是基本的信心从背后支持着维萨里和福赫斯的书籍计划，这两人差不多同时代，他们书中的图画“正如楠川幸子所评论的，对于让他们的……主题尽可能面向全体而言构成至关重要的部分”。[90]

福克斯在他插图精细的《植物志》（*De historia stirpium*）的序言中澄清了该要点：“的确，自然以这样一种方式被塑造，使每样东西都
128 能在图画中被我们理解。”他辩解说，如果以图形形式表现，则每种物质都能容易地被一般意义上的“我们”所理解。[91]这一方针也差不多地被弗兰西斯·培根阁下（Sir Francis Bacon）所采用，他号召他

的信徒们去“解剖”自然世界，把它打开来让所有人来看。[92]而且这个方法至少从17世纪初期就开始在尼德兰蓬勃发展了，它最重要的拥护者中有捷克教育家亦是侨居阿姆斯特丹的约翰·阿摩斯·夸美纽斯（Johann Amos Comenius，1592—1670），他大力倡议寓教于图。夸美纽斯是捷克兄弟会（胡斯［Hussite］运动的一个衍生物）的成员，并因波希米亚宗教战争变成难民，他无疑为欧洲基督徒培养出妥协派（irenicist）①，因此，他拥护一种能获取尽可能广的支持者的教育体系（他所倡言的是今日可以被称为普及教育的东西）。为此目标，他设计了一本用图画教学的学校用教科书。被恰当地命名为《世界图绘》（*Orbis pictus*）的这本书是本图画书，朴实无华，有大幅木刻版画，配相对粗疏的文本。[93]它的动机直截了当——借助视觉提示通过眼睛直接教导，而非借助错综的文本通过耳朵教导（“错综”的拉 129
丁文原意是“课堂规范”）。夸美纽斯提出，图画有超越地方性界限的能力，视觉语言对所有人都通行。他的方法被约翰·伊夫林（John Evelyn）以评论简明扼要地加以梗概，伊夫林是英国日记作家兼皇家学会一位奠基人，他极其仰慕夸美纽斯的教科书并言简意赅地说：“（一幅）图画是一种通用语言”。[94]

《世界图绘》（还是使用它更贴切的全称《图画中见到的世界》［*Orbis sensualium pictus*］）对图画的解说力量投以巨大信任。夸美纽斯设想图画是一种最完美的交流手段，是能传达事物本质的跨越文化界限、认信界限和国境线的媒介。他因此认为图画优于言语，一如大多数荷兰制造地理学的生产商。[95]按夸美纽斯的见解，图画使得传递孩童教育中最基础的元素变得更简易，正如图画可以转译（如耶稣会士也加以理论说明的）最基本、最直接的基督教真理。按

① 妥协主义指促进基督教各派面临神学观点的分歧时和平相处的主张或做法，也译为和睦相处论。——译者注

约翰·雷所言,它们令事物"更清晰也更真切",他指的是插图自然史。图画被进一步理解为,展现扩张中复杂世界所能借助最确凿也最真实的手段,在此意义上,夸美纽斯《图画中见到的世界》可以被看作彼得·凡德尔哈地理学"文本"、插图丰富的《世界宜人画廊》的一位教育学合伙人,这两人都把自己的全球性主题变成(按它们作者所设想的)可以轻易"阅读"的视觉形式,也都把他们的产品定位于超越地方性利害考量的思想开放的受众。这就是说,凡德尔哈设计他的书时与夸美纽斯一样,心怀欧洲消费者,他和夸美纽斯所致力于描述的世界是非欧洲世界,受众则是某一位欧洲人。这条有着些许普世意味的方法进而鼓励使用图画,图画被理解为不仅提供一种有感染力的媒介,还是一个易理解的媒介(纵然以奢华形式出现的《世界宜人画廊》对"通俗人士"不具现实可理解性)。[96]

关于视觉性和图画"普适性"的论据也同关于"真实"的论据相关,图画表现主题时不加粉饰,令其与观者间的中介最小化,因此与词语所可能呈现的形式相比,是更准确亦即更真实的形式。图画许诺拟态,而拟态暗含真实之意。荷兰地理学卷帙中的副文本——序言、标题页描述、编者附录——一次又一次地回归到两个基本点:它们是能到手的最佳插图书,它们对其异域主题提供了最"真实"的复现。不过,一以贯之的是,这些图画的实际产出情况证明,荷兰地理学的许诺与产品之间存在相当大的鸿沟——许诺目击"真相"和直接复制异国风物,而产品事实上有工作室介入和由集体劳动复制。

130 在异域自然史领域,此种出入格外刺眼。该领域最为珍视第一手观察和现场制图,然而很少把这作为生产模式。[97]起初,标准惯例是摹画死去的物种。在某些例子里,这么做区别甚小,比如一些可以轻易有专业水准地加以保存的哺乳动物和鸟类,因为艺术家能借保存良好的标本工作。这很难说是标题页中一成不变地声明的"写实"绘制,不过相当接近真实事物。然而对其他植物和动物就会产生更严重的问题。路易斯·里纳尔德《鱼虾蟹》中那些关于热带物种的绝对“真实”的图画大多数都依据已死的腐烂标本制作。从未造访过东印度群岛的里纳尔德并非亲自参与“他的”书中栩栩如生的海洋生物的绘制,他在序言中说得非常清楚,解释过此书插图的起源是“有声望的”荷兰东印度公司职员们,包括安汶总督巴尔塔匝·科耶特(Baltazar Coyett)之子弗雷德里克·尤里乌斯·科耶特(Frederic Julius Coyett),以及驻扎安汶的受雇东印度公司的“艺术画家”萨缪尔·法洛斯(Samuel Fallours)。但里纳尔德略过不提的还有许多其他供稿人,包括东印度的本土艺术家,他们理应做了很多(假如不能说最多)田野工作,尤其是最初的写生。如里纳尔德的“微妙之言”透露出:被提名的荷兰东印度公司人物变成对艺术作品“负责的人”,但并非它的完全作者;最后的图样通常要经过对匿名的原始素描三四轮的打底。里纳尔德也没披露精彩的着色工作是如何完成的。“五颜六色”(如标题页的措辞)实际上是这部书的主要卖点,而且《鱼虾蟹》的所有已知副本都具有令人瞠目的手工着色插图,这意味着每一个副本的浓淡处理要整齐划一。此种一致性强烈暗示出,着色是由出版人在工作室指导进行,而非该副本的个人所有者所为,他们若要这么做就得起用各不相同的着色师(如通常的情况)。这还意味着出版人对“真实性”的断言也已扩及那些在他赞助之下被活灵活现地着色的物种。不过,着色工作必然要在鱼失去其自然色泽很久后,在里纳尔德的作坊里进行,此事实能解释由此导致的“近乎超现实主义的效果图”(如一位专家所言)。正如一位现代鱼类学家评价里纳尔德的鱼类书时所说,各种颜色被分配给特定物种时“基于一种全然随心所欲的风格,并且与任何活生生的动物都没有相似处”。它们通常是想象出来的。[98]

从荷兰作坊涌现出的其他几部家喻户晓的异域自然史作品的特征,也出自类似的生产模式。龙石庄园的亨德里克·范里德的

《印度马拉巴尔植物志》(1678—1693)中接近800帧图版很可能不是由冠名作者写实绘制的,这位作者是出身尊贵的荷兰科钦(Cochin)总督,他的职责更多的是指导和赞助这项计划,而非担任制图
131 员。[99]范里德男爵终身供职军队,有个卓著的乌特勒支家系,未受过自然史(或拉丁文)训练,他宣称"收集了"书中陈列的异域植物,却把速写和描述工作留给其他人,包括一些(喀拉拉邦[Kerala])马拉巴尔当地的学者与医生。[100]《印度马拉巴尔的花园》有着大量配以喀拉拉邦多语题图的插图——马拉雅拉姆语(Malayalam,喀拉拉邦地区)、孔卡尼语(Konkani,果阿地区)马来语和拉丁文(用阿拉伯文字转写,用于指示脚本;命名体系倾向于葡萄牙文或荷兰文),完全是一项集体成果。但即使这样一番特性描述也无法确认背后的技术人员,他们为这部重要出版物承担了跑腿工作:加尔默罗会(Carmelite)传教士玛窦·迪·圣若瑟(Matteo di San Giuseppe)很可能促成了该计划,他为范里德充实了田野笔记和写生簿(让人想起菲利普·巴尔岱乌斯《马拉巴尔和科罗曼德真实又确切的描述》[*Naauwkeurige beschryvinge van Malabar en Choromandel*]背后的耶稣会士劳工们);荷兰东印度公司的士兵们,他们受过测量和制图训练,整理了这些素描画以及一些本地雇佣的制图员绘制的其他图纸;还有很重要的莱顿植物学教授阿诺德·塞延(Arnold Seyen)、乌特勒支解剖学教授约翰尼斯·慕尼克斯(Johannes Munnicks)、阿姆斯特丹植物学家冉·柯梅林(Jan Commelin,他也担任该市植物园园长)以及其他一些在尼德兰"编辑"并组织出版如许卷帙的人。所有这些汇总成一条着实壮观的生产线,并成就了一件绝世成品,但是很难说其具有不转手的真实性。[101]

阿尔伯特·塞巴的自然标本辉煌"宝藏"的问题不仅在于现场复制——这部题为《大自然丰富瑰宝的精确描述》(*Locupletissimi rerum naturalium thesauri accurata descriptio*,1734—1735)包含许多对开

图版的书是雕刻图版的巨量收藏，因为塞巴书图解的是他自己好奇柜的内容，即以职业药剂师兼业余收藏家的身份历经几十年稳步工作而积累起来的东西。虽然这部多卷本作品的内容说明书为图画打广告称“从自然中写生”，但这要被理解为是指对塞巴藏品中标本——蛇、爬虫、鸟、昆虫、植物、贝壳、矿石及其他自然物——的直接复制，而非来自现场制图员，亦非来自艺术家的想象。它几乎不是写生的东西，但就直接观察的意味来讲仍是“自然的”。[102]

不过纵使对“真实”有如此含蓄的让步，也不能解释塞巴此书中
的许多瑰宝，它们与标题页许诺的“准确”复现不符。比如，有一些
幻想生物贯穿整部书，一张图上是七头蛇加上两只普通的“美洲”鸟
和一只飞蜥，以及其他几乎不具有可信度的标本。[103]此类怪诞物种
可能反映出近代自然史的一种固着嗜好，即使在林奈（Linnaeus，他
参观过塞巴的好奇柜）的时代也难以摒弃。就里纳尔德而言，无法
克制地在鱼类书中插入一张美人鱼（塞壬［Sirenne］）。[104]但塞巴也
加了其他装饰品，而且他的插图，尤其是前两卷书（它们于1734—
1735年年间印制，作者仍在世，因此能指导其出版）的插图以显著的 133
程式化形式面世，看起来更像装饰性的而非“自然的”。蛇以精巧的
花体字般旋扭成圈，蜥蜴以严谨对称的形式列队行进。有些图版刻
画实景快照——成群的爬虫、鸟类、昆虫和植物在栖息地互动，给观
者一幅自然世界的生动场面。这些蒙太奇拼贴画隐含着叙述。各
物种滋养、授粉、繁殖并且互相捕猎的方式传达出自然生活的一
隅。单独一幅画页上可以混合及匹配来自不同地理区域甚至不同 134
大陆的此类蒙太奇标本——一条非洲皇蟒与一只美洲红鹮再加一
只东南亚红尾猎鸲，这样的混合谎报了对真正“自然”环境的印象。
更关键的是，小心翼翼合成的图版带来的是不可能在真实自然世界
存在的组合与安排，更别提会存在于塞巴那局限的好奇柜，好奇柜
的真相是，了无生气的蜥蜴和死气沉沉的蛇居住在一只标本罐的狭

窄范围之内。[105]

并非所有异域自然史都遵循同样的程序与同样的处理,玛丽亚・西比拉・梅里安也收集并养活自然物种,她的用意是展示健硕
135 的毛毛虫变成纤细的苏里南(Suriname)蝴蝶这一奇妙的变形。不过梅里安正如旅行艺术家柯奈利斯・德布卢伊津一般,以为她的题材热带栖息地旅行并现场速写而著称,而这些素描大体上直接构成了回到阿姆斯特丹后制作的铜版雕刻图的基础。在这个例子里,对个人观察、现场绘画和写实再现的宣称极大地契合再生产模式。[106]然而梅里安和德布卢伊津可能是例外,这证明的规则是,在异域自然的印本形式中,"真实的"再造——关于写实拟态、关于"准确"观察、关于真实描摹以及其他的思想——是一条以弹性更大为典型特色的方式。此处的分野不在于地道旅行者与巡游制图员为一方,而可信赖度不那么高的赞助人和立足工作室的书籍制作人(他们精心编排了图画制作流程并出版了成果)为另一方。即使在众所周知的目击观察者例子中(他们在耗时长久又花费高昂的旅行中描摹海外),对异域自然的再生产也依然格外错综复杂,比对其他异域主题的再生产更复杂。

约翰・尼霍夫旅行了,写生了,也亲自把手稿带回阿姆斯特丹了,他的兄弟亨德里克向急于制造一部论中国的崭新书的出版人出售它。然而关于自然世界的形象总是陈腐得过头(不同于相较而言更新颖的城市景观图)。一系列雕版图刻画的是尺寸过大的植物——肉桂、生姜、茶树和其他价值高的亚洲农作物,每一种都位于画框前景的显眼位置——它们大量取自卜弥格(Michael Boym)的《中国植物志》(*Flora Sinensis*,1656),哪怕现在构图中融合了以中国风物、装饰性宝塔和棕榈树为内容的背景。[107]至于动物,不仅丢勒那只著名的犀牛(1515)——没错,它属于这个"气派"的物种,但到这时它已经150岁了——被塞进一张图,还有一头差不多同样受欢

迎的抹香鲸也是如此，它来自冉·塞恩雷丹（Jan Saenredam）1602 年制作的一幅被广泛翻印的雕版图，而该图又是亨德里克·高尔茨乌斯（Hendrick Goltzius）1598 年设计的一幅著名版画的变体。[108]

令这些地理学与自然史卷册独树一帜的，与其说是真实旅行或现场目击（它们只不过是生产流程的舞台），抑或直接观察（它既可以表面上发生在热带也可以发生在好奇柜里），不如说是它们对图画的出色呈现。这包括那种借视觉、感知的外观和品质，那种对“真实看见”毫不含糊的呼唤，那种对现场制图、专业雕版等绘图程序的支持，等等。实际上，这些书卷交易的经常是修饰过的真实和伪装过的看见。和对看见的假装。亲眼看见可能不及似乎在看重要，而假装同真实见解间可能有着深沟高壑。[109] 约尔格·朗弗安斯（1627—1702）因其对热带自然和异域地理学精彩的带插图研究而收获“东印度普林尼”的高度美誉——一本书为他戴上“Plinius Indicus（东印度普林尼）”的桂冠，而另一本书奉上“Plinii Indici celebris（可敬的东印度普林尼）”称号（哪怕有些美誉之词可能是由作者自己精心策划的，不用说还有他的出版人），然而他差不多是用失去视 136
力的代价赢得学术荣誉的，他因此失明了。朗弗安斯年轻时作为士兵到了东印度群岛，忍受着日益加剧并令人衰弱的青光眼，42 岁时彻底失明（他可能又活了 33 年），连他驻守海外的最初几个月里，他都在抱怨热带令人眩目的阳光“酷烈”，在损害他的视力。[110] 然而这没有成为近距离观察作品的阻碍。先是《安汶奇巧阁》（*D'Amboinsche rariteitkamer*，1705），研究东印度群岛的甲壳纲、贝壳和矿物；接着是《安汶植物志》（1741—1750），一部遗著，与前一部作品一样，满是据称由作者“写实绘制”的雕版图。[111] 不过，仔细阅读文本和朗弗安斯同荷兰东印度公司（他凭自己的商业才能为之效力）的官方通信，透露出失明给一项基于细致的观察的项目造成的明显障碍——他叹息道，他在“悲惨的黑暗”中劳动，“用借来的笔和眼”——但该事实

对书卷所获得的高度重视全无妨碍。它们被尊称为视觉记录、个人
137 描述和现场田野作业的壮举,以及没有瑕疵的插图。[112]作者的确在实际上引起了人们对这一悖论的关注,通过使用关于眼睛的隐喻(他的作品可以“被所有眼睛”看到);通过他关于此书命途多舛的生产(他在完全失明之前所绘的一些素描丧失于火海)的曲折描述;通过他的写作风格(他对细节层面的注重好到甚至能挑战视力完好的博物学家);以及通过他的自我呈现或自我塑造方式。为《安汶植物志》手稿设计的美妙扉画表现衣着入时的朗弗安斯身在田野,表面
138 上在摹画一棵热带榕树。他是热衷观察的模范,他的目光专注地投掷于他的题材上。然而目光锐利的人可以注意到,这位欧洲博物学家身边有位本地助手,他深褐色的皮肤几乎不着痕迹地融入树的暗色调树皮中。他也有可能从另一位助手那里获得帮助,对后者的暗淡着色使之能轻易消退到背景中成荫的树丛里,而作者兼观察者位于中心,他是科学观点的原型。[113]

朗弗安斯的视力幻想(这可以被认为是一种精心布局的观察
139 机制和一种视觉产品)此时合乎地理学的标准模式。它凭借部署可操作的观察修辞而遵从一份“看见”异域世界的约定。朗弗安斯是盲人,他不得不依赖他人完成他所谓的写实插图,而他的出版人因此要在必要时依靠复制图像(这其实不是少见行为),[114]但这一点没太大区别。他并非唯一的,哪怕以他身为盲人观察者的矛盾状态而言。德国博物学家兼天文学家彼得·科尔布(Peter Kolb,1675—1726)在荷兰的殖民地好望角生活了几年,从事天文观测和气象观测,此外还记录南非的自然世界。这些构成了一部关于该地区及其居民内容广泛的创作的基础,所有内容都是“密切”观察而来、“符合真实”;此书在荷兰制作的成为标准版的版本中还以宽大的插图加以扩充。然而所有这些都加剧了作者视力的恶化。也就是说,科尔布与朗弗安斯一样,在海外期间失明了,他

在卷首语中把自己刻画为“盲人”。[115]瑞士博物学家弗朗索瓦·于伯(François Huber,1750—1831)早在15岁时视力就开始减退,但这没有妨碍他关于(属于上帝所有造物之一的!)蜜蜂的作品,他1792年在日内瓦出版的《对蜜蜂的新观察》(*Nouvelles observations sur les abeille*)中以精致的细节描述了蜜蜂。于伯也在他的亲密同事让·塞内皮埃(Jean Senebier)命名恰到好处的《观察的艺术》(*L'art d'observer*,日内瓦,1775)中有一次浓墨重彩的出场,他在此被引述为一位杰出的观察模范,这个人“所看到的超出他所有前辈自认已经观察过的”。[116]尽管于伯和塞内皮埃的作品在朗弗安斯作品出版几十年后问世(后者关于热带植物的遗著于1755年面世),它仍然贡献了关于密切观察的同种策略性比喻。它支持同样的视觉机制,它也提供了同样的假装视觉参与——一位热切地用心观察的作者,他的工作给“真实图画”的创作以充沛供应。

五　图画的悖论:想象在场与真实复现

这些年里的荷兰异域地理学不仅依附于此种观察机制,它也开创并完善了自身的很多技术,而且还相应地品牌化为一种独特的视觉体裁。被称为“假装有视力”(semblance of sight)的东西是有帮助的,正如作者的简介是一位热衷观察的消息提供人。眼界和现场观察的结合坚定不移地引领着——或者这是出版人所暗讽的——高品质图画的生产,即“这种演绎的灵魂所在”。它确实在很多方面都是一项演绎。书籍制作人勤勉地把他们产品中的作者角色拔高为从事观察的形象,不仅仅是异国风物的一位现场旁观者,还是所有那些被观察之物的细致入微的测量员和制图员。这番幻想经常要 140
求读者在一定程度上故意搁置他们的信念。乌特尔·舒腾的《东印度航行》从一开始就使用了权威见证权的修辞。舒腾是这部巨细靡遗地描述“东印度群岛”之书的冠名作者,此书涵盖了几乎全部欧洲眼中的异域世界,甚至已经超出最无节制漫游的能力范围。书的扉画是异域人民、物产、植物和动物的令人应接不暇的选辑,它们全都围绕一位裹着头巾的“东方”王子,该王子坐在一只被滑稽地放错位置的犀牛背上,头顶则是一支标志性的遮阳伞,画中单有一位“欧洲人”侍从,他的着装很容易辨认。这位男性人物站在一侧(画面左侧),将他的目光投向画框以外,仿佛在向观者许诺,观者的凝视将会带来更多奇观,比被压缩进扉画的还要多。不仅如此,全书通篇都糅进了一位茕茕孑立的欧洲人的雕版图,他或站或坐在构图的边缘,心无旁骛地在观察面前的场景,有时还加以摹画。这个人物显然旨在代表舒腾本人,他吹嘘此书的插图“由作者本人在印度绘制”,文本也一再影射这个或那个“奇观”由叙事者亲眼“看到”。[117]然而这位叙事者在其他地方承认,他并未观察过所描述的所有异国风物,关于日本和远东的报告是由其他可以信赖并“值得称赞的耳闻目睹的见证人”传递的。[118]此书有些版本中的出色插图——双对开页的图版,将全球异域风物汇集为令人着迷的大融合——也谎称是亲眼所见,因为这些蚀刻画其实是高产的洛迈恩·德霍格的作品。[119]

不管真实与否,图画从未在这些卷册中承担表述真实的重责。需要重申,它们是“这种演绎的灵魂”。对荷兰异域地理学印本形式的这一具有非凡启示性的洞见不出自荷兰制作的文本,而出自一部具有明显竞争关系的书——凯姆普菲尔的《日本史》(*History of Japan*),1727 年于伦敦出版,此书一方面宣传自己插图的吸引人之处,同时又对一部竞争性出版物中更丰富的插图提出异议。后者(虽然是半个多世纪前出版的,但仍有需求,如今已经出了第九版)一如既往的是荷兰出版业的产品,也号称《日本图集》(*Atlas Japannensis*),

名义作者是阿尔诺都思·蒙塔努斯，但更宜被理解为范莫伊尔斯工作室的产物，工作室给这部书插入了大量雕版图。[120]存在争论的当然也有蒙塔努斯糟糕的叙事质量，它由枝节蔓生的文本和异域"观察"构成，被严厉批评为"通篇离题万里，对于目标而言经常毫不相关"。这些控诉的作者、瑞士博物学家兼皇家学会成员约翰·加斯帕·硕伊希策（Johann Gaspar Scheuchzer）抱怨道："事实上，最重要的是，绝大多数刻图是最突出的装饰品，是这种演绎的灵魂，它们确实大大地偏离真实，表现的不是事物原貌，而是画家幻想中的事物模样。"[121] 142

硕伊希策是凯姆普菲尔原始德文手稿的英译者，受汉斯·斯隆阁下（Sir Hans Sloane）委托而翻译。存在争论的还有可信度和真实性问题，以及异域图画的效用问题。在这方面，怀疑直指作者蒙塔努斯——他在标题页上吹嘘"绝大多数图画都在日本绘制"；但也抨击范莫伊尔斯——他在获自荷兰议会的印刷该书的特许状中就真实复现和写实摹画坚持同样的主张。[122]有些让人好奇的是，图画的真实性与插图是否来自直接观察的问题在19世纪对荷兰地理学的评价中骤然出现，也是此时，对缺乏"保真度"的理解导致蒙塔努斯的书和公司显得极度可疑。关于日本的书，尤其是其中的图画，被日本学者安东尼乌斯·约翰内斯·柯奈利斯·吉尔茨（Antonius Johannes Cornelius Geerts）判断为"不真实"，吉尔茨的现代主义批判恐怕早在18世纪第二个25年里就已发起，那时再现的问题已经由硕伊希策提出——荷兰异域地理学过度倚重图画，这些图画是幻想出的装饰品，偏离真实，给了所有东西，就是没给真实观察。[123]

这些批评有一个背景故事。蒙塔努斯（如上一章简短总结的）有一种引发争议的本事，并且随着日本书的出版，迅速陷入一场与安特卫普耶稣会士柯奈利斯·哈萨尔特①的令人不快的论战往来中。哈萨尔特本人是位地理学家,也是一部全球教会史的编年史作者,还是一位热情的论战者,他对蒙塔努斯书的形式和内容都持异议。此书的内容包含了一段欧洲人在日本的历史,对哈萨尔特而言,似乎对于去往这座岛上并被德川幕府残暴迫害的天主教传教士的命运不够敬重。哈萨尔特批评蒙塔努斯这位以牧师为业的加尔文派教徒写的日本史不准确,并且在阐述天主教徒所报道的据说发生在日本的奇迹时缺乏敬意。不过哈萨尔特也对此书的形式发起一场猛烈抨击,尤其对它的图画,他同样认为这些图画不准确、不切题,甚至是淫荡的。有些图像画着"裸体"女人(可以推测他指的是"对日本妓女的描述"——可能描绘的是花魁,及相配的插图),这非常不得体,更别提与日本的历史无关。[124]这跟凯姆普菲尔-硕伊希
143 策的抨击不完全一样,后者没有任何自白的敌意。但这通批评确实凸显了针对荷兰地理学的日渐增长的抵制之情,因为它"松散",也因为它不恰当地乞灵于图画。

这些抱怨之词以倍数增加。威廉·博斯曼(Willem Bosman)在介绍他1704年的几内亚(Guinea)描述时嘲笑从前一部报告的"荒谬作者",此人肆意摆弄"真实"。他指向的是高产的奥尔菲特·达贝尔,达贝尔与范莫伊尔斯协力生产出关于非洲的占统治地位的畅销书。博斯曼更常嘲弄过去那些年出版的虚假成性的地理学体裁。他特地指出荷兰人——他本人就是荷兰人,"在这个荷兰国度里,我们有……上个(17)世纪的作家们,他们出版了许多书,现在也因作品的庞大和操演方式而如此知名,以至于不消对他们言说更多"。问题又指向对地理的"演绎",或它对数据的呈现,以及它那既涉及想象中的作者在场性(对此,博斯曼其实接着"言说更多")又涉及图

---

① 前一章出现此人时用拉丁化名字柯奈利乌斯。——译者注

画问题的窘态。[125]

图画问题也可以被理解为图画同代表它们做出的复杂(其实是 144
矛盾的)声明间的悖论,该声明说它们是可信赖的呈现异域知识的载体。尽管约翰·加斯帕·硕伊希策对于一部有争议的日本书的“装饰品”发出了轻蔑评论,但他(与他的合作出版人一道)也有自己的真实性问题。因为,虽然凯姆普菲尔为这部最终成为“他的”《日本史》的书制作了原始素描图,但是这些图像走了一条典型的迂回出版之路。如凯姆普菲尔所写,“出自我手的”原始素描图经常需要一位“谨慎年轻人”的帮助,此人显然承担了实际的田野工作(因此就是一位半隐形的本土技术员);手绘素描图一如既往地经过了欧洲工作室的改动;纳入此书的一些插图得自全然不同的渠道(包括日本木刻画);以及诸如此类的事。[126]换而言之,凯姆普菲尔那些图像的错综身世也有着好几个程序的干预,与一部典型的范莫伊尔斯产品并无明显不同。硕伊希策的轻蔑评论可能只不过是一个营销谋略。

对异域图画悖论的凸显,恐怕再没比柯奈利斯·德布卢伊津(1652—1727)的例子更清晰的了,他正是在一丝不苟地制作插图的基础上构造他的书并建立他的声望,这些插图是在他范围甚广的亚洲之旅的途中绘制的。然而他恰恰因为这件事而被批评者攻击并
受累于争议——关于艺术家眼界和现场观察作用的问题,以及相关 145
的关于异域插图生产与启发价值的问题。的确,在尼德兰制作的诸多极其注重插图的近代早期地理学卷册中,德布卢伊津的书以其图画的高品质而独具一格。而且在诸多关于现场视觉记录的声明中,德布卢伊津是最有力的,他声称整个职业生涯都依据他的个人旅行和现场制图,以及随后出版的从其劳动中诞生的插图书。德布卢伊津与他的书既是异域地理学图画转向的缩影,也是图画悖论的缩影。

柯奈利斯·德布卢伊津的境遇在讲述约翰·雷远不那么走运的图画史生产的脉络时曾简单被提及。他于 1652 年生于海牙(Hague),在那里受训成为画家。[127]1674 年他离开尼德兰前往罗马,加入荷兰及弗莱芒艺术家协会“独羽鸟”(Bentvueghels,也以“北欧艺术家协会”[Schildersbent]知名),并且主要把时间投入于摹画古代遗迹,这项技能将在他职业生涯的其余时光里令他倍加受用。德布卢伊津终身都有一种热切的“旅行倾向”,接下来他就开始了一场长期旅行(1677—1684),他遍行地中海东部——土耳其、叙利亚、巴勒斯坦、埃及、塞浦路斯和几个希腊岛屿,边走边写生。[128]他于 1684 年返回罗马,在威尼斯的约翰·卡尔·洛赫(Johann Carl Loch,或称 Carlotto)工作室供职八年,最终于 1693 年在海牙落叶归根。此时,
146 德布卢伊津启动了宏伟的地理学事业,把他的笔记和素描转化为《黎凡特纪行》。

这部 1698 年印制的豪华对开本卷册包含 200 多帧图版和大量“大型”景观图,包括一幅令人叹为观止的两米长的君士坦丁堡城市景观图和一幅宏阔的耶路撒冷全景图(这两幅图都是折叠的)。黎
147 凡特书拥有多种版本和译本,而且这项计划的成功召唤出另一项计划。这回,素材取自在莫斯科公国(取道阿尔汉格尔斯克[Archangelsk])的长期驻留,德布卢伊津在那里为彼得大帝(Peter the Great)作画(显然也是他朋友);以及超过两年的穿越波斯的旅程,这期间还包括在波斯波利斯的三个月时间,此处是古代阿契美尼德王朝(Achaemennid)宫殿群的所在,德布卢伊津系统地摹画了这处著名遗址。[129]这些工作的成果出现在印本《莫斯科公国纪行,途经波斯与印度》中,最初于 1711 年出版(还有一些后续版本),含 300 多帧图版,包括多幅德布卢伊津标志性的巨型全景图、大量题献给波斯波利斯遗迹的插图以及其他图版。莫斯科书的成功微有争论——它虽拥有更多版本和译本却并未售尽,但是德布卢伊津描述性力作

的广泛影响力是无可争议的，他的书广受敬仰，首先是因为它们非凡的图画。[130]

德布卢伊津的图画加上他运用于出版物的震撼人心的绘图路数（称为画家路数更合适）当之无愧地被人仰慕。图画是核心特征，是这些书卷存在的理由，而德布卢伊津身为在现场的艺术家，把自己塑造成一个类似的中心焦点。这不仅仅是数量的问题，因为雕版图的庞大数量促使伟大的旅行文学目录学家爱德华·考克斯（Edward Cox）称德布卢伊津的第一部书只不过是"关于黎凡特的最佳插图作品之一"，而考克斯也评论了德布卢伊津的第二个成就（《莫斯科公国》）如何超过了他的第一个成就。[131]这还是书籍的结构、插图安排的质量和新奇性的问题，而且很重要的在于，作者巧妙安插自己的方式和把图画制作成叙事这一独到之举。德布卢伊津在建构异国什物方面有着明确且自觉的视觉方式，而这一点赚到了眼球。在一定程度上，他精选了前辈们的许多技巧，提炼出这个时期（1700 年前后）插图地理出版物的既定模式。他在许多简短并具可读性的章节（《黎凡特》在一本 288 页篇幅的书里安排了 79 个章节）的开头设置了有帮助的章节摘要；他在对开页上穿插着随意的描述性页边注，指引读者通读双栏文本（双栏并列的设计让大开本对开页显得更具可读性），他还纳入一份颇为范围甚广的长篇索引。哪怕体量略微过大，德布卢伊津的书都被以上方法转化成明显易用、易于浏览的用户友好型的工具，发挥的功能颇像现代的咖啡桌书籍。

不过德布卢伊津也通过将明确的画家视角注入他的心血之作而调整了荷兰地理学的许多公式，他毕竟是个画家，这在他编辑图画的革新方法上一览无余。德布卢伊津不仅写生，他还反复从多个
视角写生远景和场景。他既绘钢笔画，也绘水彩画，自然还绘颜料 148
画，有些时候是为插图收藏家如彼得大帝和尼古拉斯·维特森绘

制，其他时候为出售和（想必是）为自己使用而画。[132]他通过这些练习开创出关于异域世界的一套视觉词汇和绘图风格，而这带来了一些不寻常的构图，它们显示出一位功成名就、训练有素的艺术家的所有特质。黎凡特的风景编织出浪漫的环境，其特色是慵倦的牧羊人站在近东遗迹当中；这些显示出德布卢伊津在意大利受训的影响。城市景观图把观察者画进构图，他是位于边缘但被加以突出的人物（常与狗群、兽群或其他动物在一起），指着吸引人的主要事物——这个策略在几种荷兰体裁中都常见，同时，表现社会互动的
150 小插图被高屋建瓴地安置在许多建筑物场景的中心，使著名遗址的
刻画变得生动，这些也透露出德布卢伊津在罗马写生的经历。对异国地方的非凡完整全景图唯有凭借德布卢伊津在处理透视图方面技巧娴熟的技能才变得可能。

德布卢伊津在雕刻异域自然物的系列图像时，没怎么采用范莫伊尔斯插图中的目录体，而是用了荷兰静物画的传统，正如处理那幅妙绝的"小柑橘和其他水果"（"Pompoentjes en Andere Vrugten"/"Petite Citrou'illes et Autre Fruits"），他以出色的交叉影线画出的阴影和木桌上具有对比效果的纹理突出了巧妙摆放的水果。[133]同样，德布卢伊津也创作情感饱满、表现生动的异域肖像。以富有感情的笔触描绘的"萨摩耶德人的妻子"（"Samo jeedse Vrouw"）和"萨摩耶
153 德男人"（"Samo jeedse Man"）堪与黄金时代巅峰期委托绘制的许多
阿姆斯特丹市民的吊坠肖像画相提并论。[134]所有这些作画习惯格外有助于德布卢伊津对古典遗迹的再现，且这个优势主要体现在关于波斯波利斯的诸多雕版图上，这些图是关于莫斯科和波斯的那本书的关键所在。表现波斯波利斯建筑群的四幅不同的远景图利用了群山环绕遗迹的方式，实际上也让读者（或更适合叫"观者"）能如此这般从视觉上扫视该遗址。为浮雕刻像——宏伟的楼梯、威严的柱子、巨大的装饰石板、楔形文字群——制作的不朽雕版图传达出

古迹辉煌、辽远又庄严的感觉。它们也给了观者在场的感觉,使作者感到与古代世界史诗般的遗迹近在咫尺。

这一点引出德布卢伊津雕版图的另一种品质——他有办法让观者感觉到他在图画中描绘的异域世界就在近旁。达到这一点部分归因于被巧妙地导入德布卢伊津叙事及再现模式中的强烈的作者在场意识,而这一点又把我们带回现场观察和现场绘图的问题。德布卢伊津竭尽所能地树立(他所说的)"我亲眼所见,并且极尽关切和小心地加以审视"的"真实性"。[135]他既通过现场目击和观察的修辞,也通过反复让作者介入图画制作流程而达成这个目的。他比异域地理学的任何其他作者都更自觉地且逼真地在场。他不仅在现场,他还在现场制作图画。在沿着小亚细亚海岸进行的一次"迷人"(德布卢伊津偏爱的词语)短途旅行中,勇敢的作者希望能找到并写生古代特洛伊(Troy)的遗迹,于是德布卢伊津请他的这队希腊水手把船驶向"巴巴角"(Bababarnoiie/ Baba Burnu,意为"这位父亲的鼻子"),这是正位于达达尼尔海峡(Dardanelles)南部的一个海岬,被认为是安纳托利亚(Anatolia)的最西点。上岸时,他们遇到当地渔夫,卖给他们一些上好的"巴尔博内"——一种类似鲈鱼的区域性鱼类,然后它们就被用来做晚餐。德布卢伊津评论说:"我们的水手以一种如此愉悦又快活的方式从事烹调,让我们忍俊不禁;再加上我们的厨师被剧烈的牙痛所苦,在他脸上扎了一块破抹布,于是把自己弄成这么讨喜的人物。""人物"一词既是字面意义上的,也是比喻意义上的,因为这个叙述中的插曲促使德布卢伊津把那个"人物"摹画下来,以备带领观者身临其境:"这个片段多么有趣,我忍不住把它画成画。"[136]

此外,德布卢伊津还把自己插入场景的中心,他在那里被表现为正在询问扎了绷带的厨师饭何时好。而且,一旦有人意识到德布卢伊津按照"本地"风格着装,这个人也就开始注意到代表艺术家的

该人物多么频繁地出现在此类景观图中。的确,德布卢伊津以艺术
154 家和目击观察者的身份四处出镜:埃及的金字塔中(正穿过狭窄的
内部通道)、伊斯坦布尔的市集中(与群众交往着)、萨摩耶德的帐篷
中,以及用更精巧的方式出现在波斯波利斯的遗迹中。这使德布卢
伊津可以比其他异域地理学——他肯定很清楚该体裁的操作套
路——做更积极的主张,他对"在现场所发现之"事情以及他以"一
位目击证人"姿态所见证且因此能"真实并准确"地摹画的东西提供
了"公正并准确的描述"。当其他人制作"虚构气息多于真实气息"
的图画时,在现场的德布卢伊津提供了一片真实景象:

> 我为自己设立了一条必须遵循的法则,不要在任何方面偏离真实,只能在作品上加点装饰气息,作品中只有与最严格意义上的真实性相关的事实……读者可以凭借遍布整本书的图版的数量与美丽来判断我的行为,这些图版在制作中极尽可能的公正和准确。我也可以断言,我是自己画画,并且是当下写实,所有图版现在都展现给公众。[137]

德布卢伊津就这样信誓旦旦发出真实声明,读者也的确会判
断,当然是在判断德布卢伊津插图的"准确性"和质量,以及作者在
155 场的"真实性"和"亲手"制图的优点。裁决首先对准波斯波利斯的
"著名"遗迹和它们的再现图,亦即图画,这些图画位于德布卢伊津
事业的核心。事实上,德布卢伊津的波斯书立刻名噪一时,归功于
近代早期欧洲对古物和异域风物怀有巨大兴趣;它在几个领域引起
注意,且出于各种原因,这些原因多数都涉及"看见"、报告和复现异
域主题的问题。第一阶段的异议采用一种颇为典型也相对初步的
形式,批评来自一部有竞争关系的出版物的作者亚伯拉罕·博加尔
156 特(Abraham Bogaert),他指控德布卢伊津所说的运用他自己的"眼

睛”（讽刺的是，该比喻是关于视觉的），更多的是用来剽窃而不是当一个真实的海外观察员。[138]这是个不成熟的指控，轻易就被德布卢伊津的支持者们驳回，也不能持续。然而第二阶段的指控同样就德布卢伊津的诚实发问，它的来源更有教养也更老练，也就是说“学术性”的批评策略。这个批评来自一位古代史兼修辞学的前教授、代芬特尔（Deventer）图书馆馆长兼国家议会议员吉斯博特·库伯（Gijsbert Cuper），他还是狂热的古物收藏家、知名的藏书家、博学的记者、活跃的“信息掮客”，总之，是18世纪前期文坛的一位重要角色，在尼德兰和全欧洲有广泛影响。这次批评给异域地理学中“看见”的质量和图画的问题奉上一个沉重打击。[139]

值得注意的是，库伯并未直接针对德布卢伊津展开批评，而是针对尼古拉斯·维特森和其他文士，他在1711年秋季开始给他们写信，质询德布卢伊津的波斯波利斯雕版图的优点、准确性和真实性。

事情的开端总归是诚恳的，当时库伯在阿姆斯特丹拜访德布卢伊津，查验后者从波斯找回（也就是偷窃）的古物，并且看看他的楔形文字素描图，这位艺术家随后将楔形文字图复制给收藏家。此时是1709年，在这个书出版之前。后来，库伯于1711年8月，《莫斯科公国》印本刚刚问世之后，热情满怀地写信给维特森，表达他对此书的喜悦之情。然而当年晚些时候，他变脸了，因为那时又问世一本关于波斯的书，出自法国胡格诺派旅行家兼古物研究者约翰·夏尔丹阁下（Sir John Chardin，1643—1713），后者出身高贵，也同皇家学会的成员来往密切（他因为宗教原因定居伦敦）。[140]这时，库伯给其 157
博学的记者中的更多几位写了信，最终也给维特森写了信，质询德布卢伊津图画的真实性，实际上也质询他对波斯波利斯的整体“观察”，不过他没给德布卢伊津写信。库伯问：如果它们与可敬的夏尔丹的图画不符，它们怎会可信？指控范围次年扩大了，那时恩格尔贝特·凯姆普菲尔（1651—1716）出版了《可爱的外来植物》（*Amoe-*

nitatum exoticarum,1712),也包含波斯波利斯及其古物的图画,而且(至少在库伯眼里)同样证明德布卢伊津作品的缺失。波斯波利斯雕版图现在成了热点,在“学识渊博又有名望的人”(即欧洲的古物学者)当中被争论,激烈程度不亚于“书肆里”的供货商之间的争论,这是后来德布卢伊津在1714年的评论之语,那时他亲自加入论战,用一本小册子捍卫他身为异国风物“真正”观察者及可靠复制者的角色。[141]

问题再度关涉图画和解剖术:如何去看(在这个例子上是)波斯
158 波利斯这个古代遗址;如何介入现场的异域遗迹;接着又如何以视觉形式再现和复制他们;以及更全面地讲,如何图绘异域风物。库伯采用的无疑是学术的视角,不过问题不仅是古典学术对阵初步的想象的问题。就算近代早期学者一贯信赖古代文本的权威性,但还存在一种要看见古物的有竞争性的强调。[142]夏尔丹和凯姆普菲尔毕竟都见过遗址,跟德布卢伊津一样。但他们给出了不那么成功的复制品,而对库伯来说,出自他们手笔的较粗略的图像更加令人信服。德布卢伊津对库伯的正式答复恰恰关注在这一点以及对比鲜明的视觉复制方法上。答复1714年以小册子形式出版,名叫《评关于古代波斯波利斯遗迹的版画》(*Aanmerkingen over de printverbeeldingen van de overblyfzelen van het oude Persepolis*),也译为英文和法文。如德布卢伊津指出的,夏尔丹的“手”被证明是雇来的制图员纪尧姆-约瑟夫·格娄乐(Guillaume-Joseph Grélot)的手;夏尔丹可能做过观察,但他没画画。凯姆普菲尔自己写生,不过他书中的波斯波利斯雕版图是单独制作的(如凯姆普菲尔本人承认的),并无这位作者的直接介入。这导致关键性脱节,在一个例子里是作者(夏尔丹)与制图员之间的脱节,在另一个例子里是艺术家(凯姆普菲尔)和雕版师之间的脱节。德布卢伊津谴责了“设计中的笨拙”“不准确的草图”以及可能是最致命的生产这些竞争性插图的“唯利是图”的制图员。[143]

另一个关键因素是时间,德布卢伊津在波斯波利斯逗留三个月,他争辩道,这个持续时间比夏尔丹(三天)和凯姆普菲尔(五天)短得多的中途停留要有利。夏尔丹不仅在遗址上只待了几天,还拖了几十年才出版他的图画。他的波斯波利斯雕版图仅见于其《行纪》的1711版,这是他返回欧洲31年以后,还与德布卢伊津有竞争关系的书同时问世。德布卢伊津暗讽,至于凯姆普菲尔,他停留的时间很短,付出的努力也很少,而自己作为训练有素的艺术家在此充分体现耐力,实打实地在现场整整三个月,才画出格外准确的绘画。《评论》中提供的细节和尺寸令人眼花缭乱——德布卢伊津的笔记和/或记忆必定超群,还有无处不在的资料,基于这些理由,德布卢伊津为自己开释绰绰有余。不过他的论据的重点在于,它是对现场制图员的激烈的辩护,而作为对照的是其竞争对手们"唯利是图"的品格。而且这里有个讽刺——企业家式的画家就关于异国地方知识与图画的"真实"挑战他博学的对手们,争辩说后者的货物被愚蠢的商业考量所污染,而他的努力提供了更真实的拟态。这位艺术家兼解剖学家德布卢伊津小心翼翼地拣选隐喻,宣称:"现在我要打开这具躯体……让你一览内部。"[144]

还有其他讽刺。德布卢伊津关于波斯波利斯的部分本身也有 159
脱节之失,因为文本是由某位"H. P."撰写的,或许是德布卢伊津在哈勒姆生活期间的德国朋友普雷托里乌斯先生(Herr Praetorius)。[145]对异域地理学领域而言不寻常的是,图画比词语更多地反映出真实拟态方面的认真努力;文本叙述如果不能完全充当事后添加物,也得作为对插图的回顾性注释。不过一个更大的讽刺可能在于,最近因为其不可靠也误导人的图画而遭受攻击——只不过是诱惑不谨慎的消费者而调制出的"装饰品"——的荷兰地理学品牌,在这个例子里是在挑战"学术性"文本遮蔽真相。库伯本能地更信任表面上的景象而不接受事情的真相，真相就是明确作为装饰品的图画是由“唯利是图”的制图员与不受监督的雕版师生产的，哪怕是为名义作者和公认名声好的制图员（夏尔丹与凯姆普菲尔）而生产。更一般意义上，库伯不完全信任德布卢伊津——他召集出身高贵的学者维特森来调停这场争议，而不是直接与企业家式的画家本人打交道，而且他的行为暗示出一种替代性的信任机制。库伯身为主要由精英构成且讲求文本深刻的文坛中一位勤勉又有抱负的成员，在近代早期的市场上开展学术（及政治）赞助。他把自己的学术信任和自己的专业股票托付给有竞争的作者夏尔丹与凯姆普菲尔的声望，以及可以积累利益的文化资本——倘若他能成功地仲裁并由此流传最“正确”的波斯波利斯描述。他的推理固然没有进展，但放在他的社会背景与知识背景下是有意义的。因为夏尔丹与凯姆普菲尔拥有学术地位和社会地位，他们的图画可以被信任；而德布卢伊津没这些，所以他的视觉“演绎”——他关于真实的声明和在现场复现的声明以及他辛苦得来和制作精良的插图——就应当被视为冒牌货，被视为异域地理学有问题的装饰品而被质疑。

然而异域地理学的市场不怎么遵循库伯的赞助人市场或他的学术资本投资。因为就算有争议环绕着它们，德布卢伊津的插图毕竟还是巅峰之作，并且多少成功地从这场库伯争论中露脸。夏尔丹与凯姆普菲尔的波斯波利斯图画仅在它们1711年和1712年各自首次问世时昙花一现；与此同时，德布卢伊津的《莫斯科公国》出现了第二个荷兰文版本（1714）、一个法文版本（1718）和一个两卷的豪华英文版（1737）。[146]更切中要害的是，德布卢伊津的波斯波利斯遗迹雕版图单独以许多种形式和版本面世，而且这次是由与德布卢伊津的原始出版物没有关联的雕版师和出版商推出，经常出现在特别设
160 计的“图集”或狭义上的图画书中，这确实证明了对他图画的庞大消费者需求。如不然就是因为它们能轻而易举地登上书目记录？其

中一个1739年匿名出版的版本可以追踪到伦敦圣马丁街(St. Martins)的出版商萨缪尔·哈定(Samuel Harding),别的不说,但可以肯定他从未去过波斯。他为奢侈品市场生产了一个细腻的版本《波斯波利斯插图》(*Persepolis illustrata*,他这么命名)。[147]它包含一张活版印刷的标题页,用于介绍八页的雕版文本和13幅雕刻精良的插图,它们明显取自《莫斯科公国》的图版。哈定书中图像的“图画性”逊于德布卢伊津的书,因为它们不怎么包含额外的“画家型”装置,此类装置如此成功地激活了原始构图——本地波斯人在遗迹附近悠游,驯养家畜穿梭在图画结构中,策略性地安排的植物与动物,等等。哈定的图提供的毋宁说是一种较干净和整洁的“古典”风格,率先突出遗迹而非其他。它们依然成功,并且遵循着德布卢伊津原始作品的精神,将波斯波利斯呈现为图画。事实上,在德布卢伊津的所有版本和各衍生版本中,图画都是焦点,正如对德布卢伊津作品的诸多评论(包括几篇刊在学术杂志上的)所极力强调的。如一位评论人在《学艺纪要》(*Acta eruditorum*)上写的,这些插图就是纯粹的“璀璨”。大多数人都赞同,它们是呈现遥远奇观的——展示凯姆普菲尔在他自己的《可爱的外国植物》一书中所说的东西——示范模式。[148]

这么多的版本也显示出图画和异域风物的密切相关性,关于印本地理学开始呈现欧洲以外世界时所采用的强调视觉的路径。就目前来看,德布卢伊津《黎凡特》和《莫斯科公国》这两部书中的雕版图证明了荷兰异域地理学生产模式的彻底成功。图画是卖点,因此 161
荷兰制作的量大质高的产品卖得最好。然而随着时间流变,对异域世界的探询开始触及对异域古物的比较表面化的“博学”研究,这种研究发生在黎凡特世界的大部、波斯和伊拉克的遗址以及日渐受追捧的对中国与日本“古代”文明的探询上,学术世界开始反弹。库伯-德布卢伊津事件预示出18世纪“博学的”启蒙运动的诸多交战,某些较早的知识形式在这里被当作“通俗的”而排除。[149]确实,夏尔丹在18世纪后期的几十年里因着孟德斯鸠、伏尔泰(Voltaire)、卢梭(Rousseau)和吉本(Gibbon)的好恶而赢得更大敬仰。[150]应当强调的是,夏尔丹与凯姆普菲尔都在他们的出版物里加了图画,而且实际上所有地理学卷册,无论是否出自荷兰,都有种插图习惯。不过这些图画的形式和它们的表现模式——以及在表现它们时作者的叙事角色——绝对不同于德布卢伊津那些高度自我意识的插图。不仅如此,“看见的假象”渐渐地给作者赢得更大信誉,正如在瑞士盲人博物学家及科学观察标兵弗朗索瓦·于伯身上最引人注目地发生的。此处又带出关于德布卢伊津煌煌插图卷帙的最后一个讽刺。当著名的“东印度普林尼”约尔格·朗弗安斯纵然失明也持续几十年担任异域世界奇观的权威“见证人”的同时,技艺极其娴熟的制图员柯奈利斯·德布卢伊津——他是现场观察和解剖术品质的典范——却终究没获享此种地位。到头来,“看见”可能就会相信,然而1700年左右的异域地理学体裁要求一种既要景象又要信念的特殊形式。

那个国家出身高贵的人，他们身躯的前部整个被如此精心地 162
刻画和抬升（抬升的意思就是雕刻），看上去像上过漆。这些作品就如环绕花朵边缘的亮点那样被雕刻，有些人仅仅刻着一朵小花或鸟在庙宇旁边，比如恺撒①；而那些全身都雕刻满的人肖似编年史中图绘的我们古代的皮克特人，不过这些雕刻精致得多。

——阿芙拉·贝恩：《奥鲁诺克，或王奴：一段真实的历史》

（Aphra Behn, *Oroonoko*: *Or*, *The Royal Slave. A True History*, 1688）

① 恺撒是主人公此处的名字。——译者注

第三章 异域身体:外国的性与暴力

一 异域之躯与欧洲之镜:想象性移位

163 在近代早期欧洲,观看以及“看见”异国风物是一种寻常的消遣,不过欧洲人感兴趣的对象无论如何也不局限于世界上平凡与零散的事物,不局限于在欧洲范围内易于收集、复制和流通的迥然不同的实物与自然奇观。

异域身体也引起相当大的注意,既通过词语形式,也通过生动的图像形式:特有的肉体被暴露和审视,“各式各样”的身体被千方百计地用暴露方式挑拨和刺激。这主要是借代用品发生的,发生在可广泛获得的描述性报告中——书籍、版画、地图及绘画,它们大多都声称提供了目击报告(哪怕是在纯属虚构的作品中,比如阿芙拉·贝恩的《奥鲁诺克》),而且数量相当大,对近代早期地理学的消费者以及吸收了地理学主题之文学和视觉艺术的消费者来说,异域身体无处不在。特别是在地理学产品最密集的时期——还是17世纪和18世纪初期,欧洲人受邀以各种令人难忘的形式并在大批令人“感念”的地点,观察一具明显“异域的”身体,这具身体明确位于欧洲界线以外,这具身体也刻意要留在欧洲之外。这个异域形体有一些独特特征,其中几种特征反复出现的频繁程度足以提示一种异域原型。欧洲的异域身体是性“反常”的场所——对撩人的性行为的典型描述是“淫荡”且下流的,而且这些描述(关系到文本来源时)的叙述者著录这些行为时,其厌恶的程度与着迷的程度相差无几。异域身体也忍受过分的且有画面的暴力,这些通常由残忍又酷虐无度的君王实行——到了爱德华·吉本的时代,这些人被称为"东方暴君"。[1]而且异域身体是精心登场的。它着意要被其欧洲受众看见, 164
这些受众必定要被所见到的怂恿,而且一位代表这群欧洲受众的假定的窥淫癖者预告了异域身体的呈现方式。欧洲受众被鼓励去看一看在异域舞台上发生的可怕与变态之事,并引以为戒。

异国格调的登场真的很有戏剧性,有时是过分的戏剧性。在冉·斯特卢伊斯颇为畅销的,有法、英、德、荷各语版本的《航行》(1676)中,作者细节翔实地描写他声称观察到的并且在他大范围航行东方期间亲身经历过的"可怕的风暴和船难""严酷的奴隶制"、恐怖的"残酷"及全方位的赤贫。这肯定是可称为灾难旅行的这一体裁中的标准什物,只要回想一下无助水手威廉·邦特库的经典报告(它初次亮相的时间只比斯特卢伊斯的略早,并且不停重版)就够了。[2]不过,令斯特卢伊斯的叙述以及17世纪后期问世的它的诸多其他同类作品突出的,是关于极度野蛮暴力行为的系列插曲,既是性暴力,也是身体暴力。

从斯特卢伊斯的叙述中,我们获悉暹罗贵族们被用热炭折磨,然后被大象残忍地戳刺至死(这是诸多富有创意的重大刑罚之一);一个印度女人正在沉睡的身体被无缘无故扔进篝火;一位醉酒的哥萨克(Cossack)把他可怜的波斯妾侍投进伏尔加河(Volga)当作给河流的供品;一位马达加斯加女人被一只品种奇怪的白猿强暴;一位女子被掠上一艘东印度海盗船,遭受船员的多次强奸,之后被她暴怒的丈夫冷酷地处死因为她那些所谓的"罪过"。所有这些在一段骇人听闻的暴力插曲中达到顶峰,就是此书出版商(雅各布·范莫伊尔斯和约翰尼斯·范索梅伦)在雕版扉画中所概述的。一位波斯绅士怀疑妻子通奸,便把这女人钉在十字架上数小时,我们被告知,接下来，他把她尚有呼吸的身体仔仔细细地剥了皮——作者声称全程目睹了“残酷暴行”的这些回合。然后，盛怒的丈夫把妻子的皮钉在一面墙上，让所有人都看见——这是绯闻的“纪念碑”或“镜子”，并且把她身体的残余部分（“残骸”）丢给街上觅食的狗群。受害人被剥下的皮以一种可轻易认得出的演绎方式充当雕写着此书标题的毛骨悚然的图廓花边，成为对这出暴力剧目的图形隐喻。全页封面插图也包含一个衣服几乎剥尽的身体的图像，直挺挺躺在前景的一条板凳上，一如其他表现身体惩罚的小插图，意在综述叙事者的诸多不幸遭遇：一个年轻人被绑在一棵树上并被箭射穿，他疼痛的身体扭动着，像圣塞巴斯蒂安（Saint Sebastian）那样；同样地，另一个男性人物被捆绑，并被一群疾驰的马拖进荒野；一位裹着头巾、留着大髭须的“东方”绅士，他的手势和周围的随从暗示出，他就是那个精心策划了这些繁复暴力剧目的人。[3]

166　此类悲惨的场景和形象在大量版画、文本、绘画以及 17 世纪后期与 18 世纪前期问世的关注异域世界的其他东西中反复出现。这些素材中最醒目的主题（关于通奸和强暴、肉欲和苦难、暴力和折磨、刺激人的犯罪和恐怖的惩罚）指向一个似乎与欧洲分离的世界，彼处那些酷烈的肉体疼痛、反常的性行为以及全面的身体折磨既是魅力的源泉，也是训导的资源，尽管这是窥淫癖类的训导，为了加以谴责而要求阅读或看见性和暴力的一幕幕。对近代早期欧洲人来说，性和暴力的描述当然很难说是外来的。这块大陆上充斥着描述过去几十年里欧洲人无尽冲突的版画、传单、小册子和编年史，包括衍生自宗教改革的刺激又猥亵的物品，它们以高度盲目推崇的措辞叙述欧洲邪恶的宗教战争。荷兰工作室尤其在荷兰人叛乱期间贡献出它们那一份黑暗素材。叛乱的各小集团及其对手非常善于用尖锐也经常令人震惊的刻画来抹黑敌人，关于敌军士兵据传加罪于荷兰人民的残害与暴力（“火与剑”），关于阿尔瓦公爵（duke of Alba)手下兵丁对无辜的“女人与孩童”犯下的“暴行”。17世纪后来那些年,尤其是紧随《威斯特伐利亚和约》(1648)之后所改变了的不过是这些罪行发生的地方,自条约签订后,经历了一个多世纪宗教内战的欧洲,理论上合乎规矩了。穷凶极恶的军人暴力与司法暴力以及异性恋和同性恋身上的“下流”行径现在发生在欧洲之外,在“异域”世界——又是希腊词exoticos的意思或“在……之外”,因此就超出欧洲文化习性的限制。不寻常的性行为和令人憎恶的暴力仍然能被欧洲人感同身受地“目睹”,不过它已经被安置在一个异域环境中并转嫁到一具异域身体上。

倘若能说性和暴力有一种地理学,那么到17世纪后半叶时,它们的空间范围日渐开始与欧洲的异域世界相匹配。在一个殖民野心扩张、对“外部”世界的商业性和帝国式参与密集化的时刻,欧洲人想象着性“反常”,并把身体暴力(当时的俚语称“折磨”)的例子安置在远离他们自己国界的空间里。更重要的是,他们把这些事例和行为首先安插给非欧洲人,又给这些非欧洲人附加了一部辽阔的外欧洲地理学。滥交的女人(和男人)在亚洲、非洲和美洲普遍都能找到;过度的暴力在亚洲大部分区域里都能目睹,如斯特卢伊斯的报告所隐含的,更别提美洲和非洲那些历史更悠久的“暴行”场所。值得指出的是斯特卢伊斯证言中的极度讽刺。写下这些酷刑的公
认作者(《航行》一书被现代批评家理解为是代笔之作)来自北荷兰 167
省沃尔默(Wormer)的村庄,该地在荷兰人叛乱期间见证了一些最残忍的暴力情节。北荷兰省也充当一些宣传版画的背景,这些版画一视同仁地冷酷描画叛党和保皇派的折磨。[4]然而斯特卢伊斯的时代,异域的折磨与煎熬已经取代了自家的变体,至少那些地理学资源中所“目睹”的被描述得最耸人听闻的形式被替代了。那么在一种意义上,斯特卢伊斯和类似的报告确实给其欧洲受众提供了一面镜子,不过这镜子可能不怎么按照作者们想象的方式折光。

这时期的地理学形式即1670—1730年前后生产的层出不穷的世界之镜,阐明了近代早期欧洲对异常性欲和暴力的想象性位移,反映出这些形式对非欧洲世界的战略性出口。这些形式以栩栩如生的、耸人听闻的又粗暴严苛的方式强调异域身体是凌虐的场所,肯定有性暴力和身体暴力的存在,但也有可以归在"折磨"大标题下的那类司法虐待和军人凌辱。异域身体是令这时期的作者、艺术家和出版商都深深迷恋的对象。阿芙拉·贝恩几乎就是把虚构的非洲出身的王子(也是日后的奴隶)的身体当偶像崇拜,她在自己1688年的小说《奥鲁诺克》中熟练地勾勒这具身体。她对标志他身体异域性的"精心雕刻的"刻痕叹为观止,她也调用了一个毫不隐讳地具有异域风情的比喻——"涂漆"的艺术,她的意思是上漆。以此表达她对由非洲人变为美洲人的主人公的有装饰(但破了相的)身体的迷恋。欧洲画家在一丝不苟地演绎非欧洲人身体的肖像时也倾注同样的谨慎,异域身体的形象在图形艺术和物质艺术中同样猛增。异域身体可以是"奇异的",也可以是肉欲的,可以被仰慕,也可以被凌虐。在所有例子中,它都被满怀热切兴趣地观看——被旅行家和作家"目睹",被制图员和雕版师搬上舞台,被画家和小说家仔细评议。虽然这时期的原始资料中发展出的表现非欧洲身体的方法中没有独一无二的、权威的,但确实浮现出几种基调。异域身体的特征在于其肉欲感染力、对痛苦的耐受力和种族模糊性。总体而言,这些品质使暴露在欧洲消费者暨未来殖民主义者沉着凝视下的异域身体"缓和"了。在一种重要意义上,地理学原始资料有为欧洲人的控制准备好异域身体的作用。[5]

二　性与暴力的异域奇观

倘使有一具原型意义上的异域身体,一个占据荷兰制造地理学品牌的大量描述和插图的被最普遍“目睹”的人物,那几乎总是由一位男性欧洲观看者(纵然还有阿芙拉·贝恩的《奥鲁诺克》)加以描述的肉感女性形体。爱德华·萨义德在关于西方对中东态度的里 168
程碑式研究中界定了“公开展示的”感官享受,它刻画出19世纪(主要是后期)以来多数欧洲人写东方散文的特征。萨义德在《东方主义》和其他作品中将他的批评注意力投向激昂的“性承诺”和翔实的“庸俗细节”,一位读者会在诸如居斯塔夫·福楼拜(Gustave Flaubert)的《萨朗波》(*Salammbo*,1862)这样的经典文本中遇到此类东西,一位观者面对欧仁·德拉克洛瓦(Eugène Delacroix)和让-莱昂·热罗姆(Jean-Léon Gérôme)的东方绘画时也会遇到。[6]

然而事实上,对异域感官享受的公开展示在萨义德的东方主义时刻之前很久就蓬勃发展了,早在近代早期,惹火又撩人的女人(及男人,如萨义德也注意到的)就让自己的身体例行公事地暴露给宅在家里消费世界的欧洲人。不管是在贝恩虚构的非洲后宫,还是在对亚洲经验老到的商人的激动报告中,异国女人都在近代早期地理学想象中占据醒目位置。柯奈利斯·德布卢伊津在土耳其评论了当地女人“整洁”又“干净”的身体,以至于“我们欧洲女人一定要拜倒在她们的优势之下”。希俄斯岛(Chios)的女人是作者曾经遇到的最“讨人喜欢的”(看来遇到女人这事发生多次)并有着“美好体形”,但不幸这样的体形总是要被她们羞怯的“习性”掩盖。德布卢 169
伊津在这个爱琴海岛屿上的时间多数都花在绘制城市景观图和风景图,他表达了不能稍微多一点“享受这一美好性别陪伴”的遗憾。

相反的是，德布卢伊津在斯坦基奥岛（Stanchio，即科斯岛［Kos］）不得不奋力逃脱下流希腊女人的指掌，她们时常出入他的客栈（或者说他是这么报告的）。[7]恩格尔贝特·凯姆普菲尔对于他的日本经历也发了一通类似怨言，他牢骚满腹地说，那里每个公共旅舍都会兼充"卖淫窟"。[8]尽管表现了这样的反感，凯姆普菲尔还是在一幅版画中选了一位袒胸露乳的女性模特来图解东亚的针刺疗法，这画看起来几乎是无缘无故地挑逗人。

凯姆普菲尔对亚洲人性欲的矛盾情绪——说虚伪恐怕用词太重——指出异域身体更显眼的几种品质之一，即它那几乎难以抗拒的诱惑力。居住在欧洲以外世界的女人不仅仅"干净"和"讨人喜欢"，她们还"迷人"和"勾人"，她们给那些瞥见她们的人挑起同等程度的惊愕和欲望，这是一种准感官反应，类似于一些欧洲观察者的术语"强烈的性欲"。基于对伊斯坦布尔女人魅力的亲身体验，德布卢伊津断言，她们妖艳风骚。这座世界性城市的女士们差不多终日躺在"沙发"上，"无聊"又"好色"，因此"天生易下流"。对欧洲（男性）访客来说更危险的是，她们调情：

当她们在街上（这是她们很少会有的好运，因为差不多总是被关在家里）碰到任何法兰克人（Franks，即欧洲人），并且当她们离开了她们丈夫和其他土耳其人的视线，她们就停下来对这些陌生人说话，并且在谈话中夹杂大量迷人又热情的表情。她们告诉他们，很不幸他们是异教徒，她们愿意为了他们的缘故而愤怒。她们说这话时语调如此动人，让人很难克制住不因此被触动和感染，特别是，假如掀起她们的黑纱面巾——她们脸上总挂着这东西，她们用美目抛来一两眼，她们那多情的样子给她们的言语和热情的手势又加以修辞。这就是我常常经历的，因此我能更为肯定地说。

像这样的调情——“美目”“多情的样子”“热情的手势”——在古老的开罗（Cairo）上演得更加明目张胆，据称那里的下流女人常暴露自己，德布卢伊津以某种满足感告知好奇的读者：“我从前听说过那一类女人，让人高兴的是，这些经历肯定了我所听闻的关于她们的事，但我不会进一步注意了。”[9]按照约翰·尼霍夫的说法，安波那（Amboyna）①当地的女人“非常淫荡”——在有些译本中还加上“不讲贞洁”——“并且极度渴望基督徒”。他补充说：“如果她们发现自己的 170
期望落空了，或者被她们的勇士甩了，那么她们有用特定的毒药感染他们的办法。”用尼霍夫的话说，这些中了毒的勇士们便“受了蛊”，他们的男性气概就被降低到性无能状态。“没了性欲，他们就不能充分地与女人行事”，即与危险的异国女人。[10]

粗心的“基督徒”所面对的风险（而且对本地男人势必也是如此）不仅来自使用毒药的女人，更基本的，还来自潜伏在海外的肉体诱惑。异域身体引起欲望而欲望撩人，于是这把异域地理学的消费者置于一个中间性位置——性欲被激起，但却是从远处。按德布卢伊津所说，在伊斯坦布尔为他们的尊长跳舞的年轻俊秀犹太男孩“摆弄着能想得到的最不体面的姿势，他们的肢体从童年起便如此习惯于各式运动，因此他们能给你摆弄一千种不同的特技”。来自荷兰海军的外科医生乌特尔·舒腾告知自己的读者们，在日本，“男人只要有欲望，就能拥有一个妓女或小妾而不被惩罚”；暹罗（泰国）男人中的“大多数”都先天耽溺淫乐和下流。对舒腾而言，欲望摆明是个主题，对其他从异域世界发来报告的人而言也是如此，而这也影响到作者本人，尽管是以一种比较高雅的方式，舒腾公开承认，“漫游癖是灵魂中一股强烈的激情”。实际上，漫游癖是异域地理学叙事者选择的欲望，是这股激情更危险变体的替代选项。[11]

① 马鲁古群岛（香料群岛）的一个岛。——译者注

各种原始资料的典型做法都是投身一种替代性的窥淫癖，让读
者——观者能“看见”异域演员但又不会囿于继之而来的势所难免
的“欲望”，这可能是一种能越过异域身体诱惑与危险，同时又避开
这些身体可能唤起的罪恶的方法。与此相应，一如在该品牌地理学
的其他大多方面，图画在传达来自国外的场景时扮演了关键角色，
这回是描绘非欧洲人的身体外观与形体。然而同样惊人的是，图画
如此频繁地既暴露隐藏在欧洲疆域以外的“下流”又暗中谴责它。
它们传递着异域身体矛盾的吸引力，同时又在否认异域身体。尽管
德布卢伊津频频反对行为、他亚洲旅行期间所目睹的不恰当性行
171 为、性“演绎”和性表现，他很乐意为读者描绘这些，既通过文本描
述，也通过活灵活现的雕版图的方式，后者经常集中在女性主体上。
他作证说，“君士坦丁堡女士们的装扮方式格外庄严堂皇”，这包含
繁复的织物、首饰、头饰及诸如此类的装饰。这种装扮的图像相当
讲究地描绘出当地女人穿着——人们忍不住会注意到的——不文
雅的袒胸露背装扮。德布卢伊津肯定很留意这些细节。他小心翼
翼地描述“大人物后宫里的女士们”，俏皮地评论“巨大的黑色羽毛
172 装饰，摇摇晃晃地垂到她们怀里”。为了解释他怎么会见过这些应
当是隔绝在苏丹私人内室里的女士，德布卢伊津仅仅狡猾地提到
“他们给了我几位（女士）的画像”。[12]不管是否是在奥斯曼帝国制
作的图画，这些画都透露出常见的欧洲人手笔，要么出自德布卢伊
津，要么出自别人，但我们对此没有直接证据。于是，欧洲制图员笔
下的异国女人的典型“习性”就是比欧洲女人暴露更多肉体。孟加
锡（Makassar，印度尼西亚）、科钦（印度）、多芬堡（Fort Dauphin，马达
加斯加）、好望角和其他一些被造访的异域港口的女人都对欧洲读
者裸胸弄姿，或者说至少她们在诸如卡雷尔·阿拉尔德（Carel Al-
lard）相当典型也一再重印的服饰书《世界上有人居住的城镇和那里
的服装》（*Orbis habitabilis oppida et vestitus*，约 1685）中是这个

样子。[13]

异域窥淫癖可以有两种形式,一种较直率而另一种较隐晦。在许多例子中,观看可以在一目了然的视野中完成,也就是最用不着 173
精明和猜谜。地理学资料简单地让异域身体裸露出来给所有人看见:凯姆普菲尔那个图解针刺术的袒胸女模特;画家德克·法尔肯堡(Dirk Valkenburg)名为《黑人起舞》(*Neggroes Dancing*,有时题名《奴隶嬉戏》[*Slave Play*])的布面油画上闪着光亮又肉感十足的非洲人身体;阿尔伯特·艾克胡特为荷兰巴西总督绘制并在其后几十年里复制于版画媒介上的系列裸胸女性人物(与通常也袒胸的男人成对出现);还有诸多蓄意令异域身体直接宽衣解带的文本描述。[14]不过在其他情况下,文本或形象可能要求观者或读者有某种程度上的直觉,不过也不要很多。当奥尔菲特·达贝尔宣布,叙利亚的马龙派(Maronite)①神父什么"内衣裤"——原始荷兰文版本用的词既指内衣也指内裤——都不穿,或者说萧陇(台南佳里)的女祭司剥掉自己的衣服并"在一种狂迷的心神散乱中暴怒",这都鼓励读者与作者一道去偷窥他们话题人物那异域法袍的下面。[15]而当德布卢伊津描述土耳其男人和女人的"内裤……前后都没有开口"时,读者又能感同身受地瞥见异国的贴身衣物及实质上从下方可见的异域身体。[16]通过这种方式,异域资源让欧洲的地理学消费者再度卷入看见或目睹异国风物的行为中,更特别的,是以一种色情窥淫癖形式卷入。

这种窥淫癖肯定是故意为之。地理学资料大量例子表现异域身体时,都肆意无视可被视为"欧洲"体面标准的东西。它们以图像或报告提供非欧洲人身体不受拘束的样子,这些图像或报告在其他语境下会被视作过度有挑逗性甚或是不正当的,除了异域话题,它

---

① 叙利亚的天主教派别。——译者注

们描写或图绘身体的方式不可能直接用到其他任何话题。其结果在各种意义上都可能是挑拨性的。在雅各布·范莫伊尔斯出版了阿尔诺都思·蒙塔努斯的日本叙录后,蒙塔努斯开始受到安特卫普一位耶稣会士作者柯奈利斯·哈萨尔特的抨击(如上一章所讨论),这本书充斥着妓女、异教徒、鸡奸、兽交和随意堕胎的故事。虽然两人争论的核心在于对耶稣会士所演绎"惊人的事迹"的不同认信立场的争议(蒙塔努斯怀疑这些奇迹,哈萨尔特确然不疑),但外延更大的批评囊括了蒙塔努斯书中不必要的性内容和他那民族志描述的直白性。愤愤不平的哈萨尔特(他执笔了一部关于全球基督教和日本天主教徒殉道的研究)发现这篇文本着实逾越了得体文学的准则,而且这些图像对他来说是无谓的淫秽。他认为它们冒犯人,于是他以印刷品来反击。[17]凯姆普菲尔写到日本时也包含了表现当地
174 女人放肆无度的小插图,不过他把他最撩拨人的什物留给了《异国愉悦》,这部书囊括整个广袤的东方及其沉迷酒色的习性。对针刺和艾灸的描述碰巧在凯姆普菲尔的两部书里都出现了,这些程序作为传统中国医学(在近代早期也是日本医学)的典型内容,引出了几幅醒目的裸露的异国肉体的插图,一位女性人物用来示意针刺,一位男性人物用来示意艾灸。[18]然而《异国愉悦》也对其欧洲受众披露了马拉巴尔人的阴囊肿瘤,(这种疾病在凯姆普菲尔的祖国德国就不存在吗?)各式波斯麻醉剂的身体效果和"极大好处",在(南苏拉威西岛)孟加锡使用的能引起或抑制男性勃起(没提供插图)的药物兼咒语的操作。[19]在这些和其他例子里,读者或观者应邀看见——或者更应说呆呆地看——非欧洲人奇妙的身体状态并从异域身体的不同寻常中获得乐趣。

凯姆普菲尔的"异国愉悦"也传递出商业价值,他描述的一些对象如值钱的植物、稀有收藏品、珍稀矿物产品,都有明显的市场价值。概而言之,对异域身体的诸多描述及目击事件中有着可以辨认

的商业气息,这些“肉体”暗示着利润。言下之意,对异域身体及这 175
些身体所可能隶属的性行为的讨论,总是附加在或有提示性地处于对市场交易的暗示中。这些交易可以是赤裸裸的,地理学文本中满是对非欧洲世界里卖淫的报道,男性从业者不少于女性,而且还有大量对全球奴隶贸易的讨论(这种买卖也可能使欧洲人的身体陷入困境)。不过也可以用更朴素的措辞、暗喻或明喻暗示关联性,或可能用一种谨慎的并置手法,即把异域身体同商业交换的世界合并。

奥尔菲特·达贝尔对“印度”的演绎因为两个显著品质而突出,“印度”是他和雅各布·范莫伊尔斯发布关于波斯、中亚和南亚的全方位地理书时采用的大标题。这个区域赢得高分的是它“成本高昂的交通和高价值货品的充裕,后者……也超过欧洲,恐怕与新发现的美洲世界堪有一比”。它也因为性反常现象的丰富度而抢眼。读者发现,“波斯人在放纵和性行为方面超过大多数国家,因为除了妻妾众多,他们还非常倾向于各类女人,而且除了阿达比尔(Ardabil,该城被认定是一座圣城),在地方官的保护之下,他们的所有城市都保有公共妓院”。这些地区的人还“极度沉迷于鸡奸这桩可怕的罪行”,而且他们喜欢异性装扮。在这个例子里,(身体与商业的)关联是有主题的,范莫伊尔斯的印度书在关于富足商品贸易的羡煞人描述和关于大量性交易的耸人听闻描述间来回切换。在《奥鲁诺克》中阿芙拉·贝恩迷恋的年轻非洲武士令人回味的肖像中,跨大洋奴隶贸易的道德故事和小说主人公的肉身马上就成为剧情的中心——奥鲁诺克在非洲战场展开史诗般的战斗,然后在一场失败的起义中凭一己之力领导了苏里南奴隶——并且杂乱地与跨洋贸易联系起来。贝恩以笔触细腻的行文将奥鲁诺克的异域身体比拟为那些“涂了漆”的或上了漆的价值高昂的进口货品,精心弄黑并打磨光滑。在此例子中,用了一个醒目的明喻将非洲人(出口到美洲)的身体同(出口到欧洲的)亚洲装饰艺术联系起来。两者都赢得喝彩和利润。[20]

贝恩不吝笔墨地表现奥鲁诺克及其非洲同伴们的肉体和身体,她为她的读者们评论“他们躯干”的闪光,这幅散文油画可以媲美法尔肯堡的布面油画;她还提供了女性作者专心观看非欧洲男性体格的罕有例子之一,是针对男性视角下的异域身体这个一般规则的例外。这首先适用于异域身体被性别化时,不管这个有性别化观看的主体是男性还是女性,观点都倾向于男性化。而且这观点都倾向于为掠夺性的“好色”行为作证,无论形式是通奸、雏妓(男妓)、(通常
176 被表现为非自愿的)纳妾还是强奸。通奸本身当然无须是掠夺性的,但异域地理学卷册中所叙述的变体通常都是如此。

这类插曲都是充斥着对异域身体耸人听闻的描述和关于好色、放荡、暴力及更多内容骇人细节的故事,其中最恐怖的一篇是斯特卢伊斯《航行》(1676)关于一位中亚“绅士”对他认为不忠的妻子剥皮的生动的报告。这个故事(本章开篇已加讨论)发生在东高加索(今天阿塞拜疆[Azerbaijan])的沙马基(Shamakhy),不过剧中人很模糊,可能适用于各种从属关系。其中提到的主要“身体”属于一位号称是波兰人的女人,也被描述为“奴隶”和“妻子”——13位妻子之一,因此是东方后宫的一分子,她被她的“丈夫”折磨,后者一般划分为“波斯人”。女人的罪行从未充分澄清,她被怀疑犯有一项未指明的罪行,而后来有一处指涉“贞洁”,可能暗指一次不当性行为。然而对她的惩罚用令人痛苦的切实细节加以描述,受害人被剥个精光,钉在十字木桩上,被活活剥皮。所有这些都是这位丈夫亲自动手,并被叙事者目击(“我独自站着……听到她痛苦至极的哭喊”)。它标志着一部关于异域暴力的令人极度震惊的书达到某种高潮。[21]

沙马基绯闻准确描述了对异域身体残酷的、血淋淋的、几乎无法想象的对待(妻子有着斯拉夫人的名,这对西欧人而言丝毫不减损她的异域地位)。[22]它也宣布了异域世界施予的野蛮暴力——这

位可怜女人承受的“恐怖场面”——是多么关乎也在一定程度上衍生自非欧洲男人的荒淫无度，这个事件的中心情节既有着性的气息又有着暴力气息，且它们把兼具基督徒风味和古典风味的主题熔冶一炉：在没有信仰的人手中受苦的基督（这个女人被钉上十字架），使徒圣巴塞洛缪（Saint Bartholomew）可怕的死亡（据传他在阿塞拜疆或亚美尼亚被剥皮），腐败的法官西桑尼（Sisamnes）被波斯统治者冈比西斯二世（Cambyses II）剥皮，当然还有古代希腊神话中关于马西亚斯（Marsyas）的故事。[23]不过沙马基故事也用它耸人听闻的细节暗示出，对一具非欧洲人身体的凌虐可以怎样更激烈——多么极端的侮辱、贬损、贬低，以致就快要变成是对一位欧洲受众施为。

故事的开端模模糊糊地提到对一场“争吵”的指责及其他一些未明确的“不当行为”。这导致被指控的女人在悲痛欲绝和孤注一掷的情形下请求一位驻扎沙马基的欧洲外交官的怜悯，他庇护她，直到地方当权者命令她回到丈夫那里。至此，她的身体折磨就开始了（引自当时的英译本）：“这个男人如说的那样，拥有根据其自由裁量权惩罚她的权力，他早已备好一具木十字架，在他仆人们的帮助下，他把像出生时一样赤条条的她牢牢绑在上面，并且在她还活着的时候亲手剥她的皮。”被钉在十字架上和被恶毒地剥皮后，她的厄运还没结束，叙事者现在回到阴森恐怖过分行为的主线，连他都不 177
敢相信自己的报告：“然而没人想到他的残忍品性高到这地步（荷兰文原文是‘比残忍更胜’），直到我们看到被扔到街上的尸体，尸体在那里躺了一两个小时，然后在他（丈夫）的命令下被拖到野地，让鹰群和其他掠食性鸟类吞噬。”还有更多：“但他没有就此满意，拿了皮，钉到墙上，当作纪念碑和对他其他12位妻子的警示，虽然她们根本不看它，但也浑身战栗，如同我本人这么多次路过这所房子时那样。”[24]这具异域身体就这样被剥得“像出生时一样赤条条”；像一只被当作战利品的动物一样被剥皮（英译本使用的词是“flea'd”，把

“剥”[flayed]和“剪”[fleeced]合并)；被乱丢给野兽；最后被钉到墙上充当实物教训——这女人的肉体被不折不扣地物化了——以及对其他人的告示，告示在非欧洲世界身体遭到残酷虐待。

怎样让这样一个可怕故事对欧洲读者产生意义呢？一部分是借助可折叠的图画来图解它，图画带来了异域地理学中一些发展良
178 好的主题与技巧。声称是“作者本人写实绘制”，但没有署名也不像是制帆工科班出身的冉·斯特卢伊斯真实作品的雕版图，其内核在于一具女性身体，这具身体肥胖、全裸、完全铺展开并暴露给所有人看见。这个女人躺在一具木十字架上，一位仆人卖力地捆扎她无力垂挂的胳膊；她的躯干和双腿早已用绳子牢牢固定。在她旁侧，构图前景处，丢着一件女式袍服和一双有暗示意味的丝质拖鞋，后者是荷兰风俗画中常见的类型，尤其是那些展示所谓水性杨花女人的画。[25]位于十字架另一端的另一个仆人按住她的右脚踝，而一位“波斯”绅士——精美外套和羽饰头巾标志着他的地位——专心致志用匕首划过女人右胫骨的皮肤。倘若说这些男人的行为对欧洲观者而言是令人震惊和陌生的，那么这场景则不是如下这般：这是一派资产阶级的室内景致，暗示出是家里的起居室，没完全拉开的窗帘遮挡住了两扇窗户，古典壁柱高高撑起一幅帷幔，旁边放置着一只细长的橱柜。橱柜上和帷幔下都有令人印象深刻的装饰，用三件陶瓷(可能是进口瓷器)构成一对形状雅致的碗和一对长颈花瓶分别搭配一只装饰性盘子的格局。屋子侧面挨着的是另一个房间，通过庄重而优雅的梯式平台与一道收起来的剧场式帘幕而进入，这位“波斯人”作势指向他工作的成品——钉在墙上的这女人令人毛骨悚然的人皮(一只锤子倚在扶手上)。这个房间也收着陶瓷，一只三层架子吊在墙上，从两扇拱形窗户中泻入的阳光照亮了架子，拱窗是配置完善的荷兰室内设计中不常见的类型。一群女人——可能是后宫中还活着的那部分——故作端庄地看向她们做着手势的丈

夫,或者把目光投向地面。一只狗位于构图左边角落尽头,蹦蹦跳跳跑下台阶、跑出画框,脑袋富有同情心地低垂着。

这幅图像的性内容一目了然,没来由地充分展示裸体使性内容更加直白。后宫其他女人的出场以及文本中引用的一条格言(大意是丈夫的疑心源自他无法餍足的欲望,在一个男人"通常都易于纵欲"且因此从不会得到性满足的地区,这是种典型性情)暗暗指出,这出悲剧的源头在于妻子被怀疑不忠。然而起初被重重包裹的秘密却以展示一具被剥光的、可公然并轻易看到的异域身体而告终。读者——或曰观者——出演了窥淫的戏份。不过,构图的室内设计和装饰艺术的偶然呈现将异域消费的两种模式——性和物质——联系起来。为了使这个场景不那么冷酷无情地让人震惊,它们还补充了一条匪夷所思的常态注解。在所有时候,看着这具身体及由这景象引发的快感都是该风流韵事的核心。在沙马基小插图的结尾处,狡猾地提出了该要点。叙事者总结了被剥皮女人的故事并简短 179
解释了后宫习俗——严格制止女人被丈夫(或阉人)之外的其他男人看到以免累及她们的贞操——然后谈起当他的赞助人要求他为自己的马取一只珍贵马鞍时"曾经发生"的另一起事件。要取到马鞍需要叙事者路过宅子的几间房屋,而他承认在其中一间里,"我发现我的女赞助人裸身站着洗澡"。叙事者害怕自己的"偷窥"(如他所说)会让他付出昂贵代价,但这位女士亲口向他保证,他无须烦恼:"噢!噢!别跑开(她喊着),走过去并完成你主人的命令。她这么说时露出一副微笑的面容,这治好了看见她后我的害怕心理。"[26]换而言之,"看见"暴露的女人既带来愉悦也带来潜在的疼痛。而"看见"又一次成为异域地理学的中心装置,这回是传达异域身体的手段,无论看见是发生在叙事者身上还是他的读者——观者身上。[27]

三　征服的借口：愉悦、反常、市场

异域地理学中的男性视角无论如何也未排除对男性身体的注意。这意味着“看见”的异国男人，既包括穿衣服的，也包括没穿的。路易·亨内平的《美洲三块主要土地的新发现》（*Nouvelle decouverte d'un tres grand pays situé dans l'Amerique*，1697）是一本记录亨内平和罗伯·德·拉萨勒阁下（*Sieur* [*Robert*] *de La Salle*）沿新法兰西西部水道旅行的书，主要涉及大湖区和上密西西比（*Mississippi*），书的扉画上有一位站着的健壮的男性人物，意在表现一位北美土著。[28] 这位宽肩短发的印第安人摆出构图均衡的姿势，手持一只尺寸过大的卡梅柳特烟斗（*calumet*）①或者说仪式用的烟斗。他背对着读者，优雅地扭转身体，展示出整个背部和美妙的侧面。尽管北方的气候可能冷冽——虽然装饰性棕榈树仍在，但风景旨在图示新法兰西的密歇根湖（*Lake Michigan*）地区或伊利诺斯河（*Illinois River*）上游地区——但他一丝不挂地站着。他雕像般的强壮身体，几乎无暇的肌肉组织，令学习古典雕塑甚或风格派（*Mannerist*）雕塑的人感到熟悉（想想法尔内塞[*Farnese*]的赫拉克勒斯）。话虽如此，但这本相对不贵的、以高度受欢迎的印本形式流通的书（印成12开并从法文译为荷兰文、德文、西班牙文和英文），它的受众构成非常广且恐怕不太博学，他们会以更直接更天然的方式看这形象的本来面目——一具无缘无故裸体的男性身体，从背部刻画，抓着一个巨大的、无疑像阴茎的物体。这幅插图中诱人的同性恋气息不亚于凯姆普菲尔针刺
181 疗法图中袒胸露乳的女人散发的异性恋气息。同性恋和异性恋这

① 北美土著人的和平烟斗。——译者注

两个术语可能不符合近代早期性欲的词汇库或种类,但它们依然能说明异域地理学中特征鲜明的充满色情意味的身体,男女皆然。

异域地理学不仅仅让其受众能瞥见暴露的男性身体。它还罗列异国男人的姿势、实践及“反常”,就连最基本的男性对男性的性关系,也从一夫一妻制异性性行为这一假定的欧洲准则出发,被上纲上线为“荒唐的”越轨。[29]在很多方面,诸多此类资料中想象并描述的性方面的“反常”或倒错都大致与欧洲的地理学意识有关联,当性行为发生在欧洲之外时,就逾规越矩。它们是充满危险的异国格调,哪怕它们撩人又迷人。这一点率先适用于同性恋行为,它的功能是充当重要的“文明参数”,正如鲁迪·布雷斯(*Rudi Bleys*)在他关于欧洲同性恋的先锋研究中所称的。同性性关系被呈现和设定为关于文化差异与社会越轨的关键符号。[30]异域的性具有他异性这种观念并不完全是新观念。布雷斯在论述1492年后的早期文学例子时写道:“在发现和征服的叙事之下,同性性行为被用作表现东印度和西印度人民文化差异的标记物,非洲也被置于一个类似的、可见性恐怕不那么高的象征话语中。”[31]这对西班牙报告(关于征服者在美洲之推进的)最早的读者尤其明显。同性性行为充当本地美洲人低级性的标记物,也因此成为继之而来的对印第安人实行严酷且惩罚性征服的借口。不过,17世纪中期和后期有所改变的,是此种表示法的程度和丰富性以及视角的殖民“中立性”。异域性事和表现异域同性恋“反常”的插图在1670—1730年年间的文学(及版画)中随处可见。它们可以位于全球并在全世界“被目睹”,实质上在欧洲人接触的所有场景和表演场合,不管那里是否上演着特定的帝国征服地理学(一如关于美洲的卡斯蒂利亚文学)。

“鸡奸”给欧洲作者提供了一个关于男男性关系的最综合性的标题,这是一个能容纳有关同性恋各种行为与行为人的包罗万象的范畴。如德布卢伊津和无数其他人提醒读者的,鸡奸“在土耳其人当中非常普遍”,而且按照乔斯特·舒腾所言,它在诸如波斯、印度和暹罗这类男人“懒散又迟钝”的地方都很盛行。这个评论得到乌特尔·舒腾(跟乔斯特没关系)的响应,他也选出呆滞又懒惰的暹罗男人,因为他们有着“没节操”的习性。乔斯特·舒腾在17世纪中期绕着亚洲大范围游历,他可能是他所报道的同性性行为的中上等
182 见证人,因为看起来他亲自投入了不少次。他因这些罪行而被审判、定罪且最终处死,因为鸡奸在他的祖国荷兰是大奸大恶,他的判词中谴责说,“索多玛式污秽又肮脏的罪过①在上帝和人类眼中多么可憎,为此,我主上帝用天堂之火毁了那些土地和城市,作为对全世界的示范和警示”,暹罗看来包括在内。[32]阿尔诺都思·蒙塔努斯用他日本书的一节描写远东的鸡奸行为,是一篇与弗朗索瓦·卡戎先前所记录的日本男性性风俗描述相符的报告。卡戎是荷兰东印度公司的长期职员,能讲流利的日语,他特地讲述了江户统治阶级“多惯于鸡奸”,以及日本佛僧后悔鸡奸的倾向。[33]蒙塔努斯也在他关于新世界的书里提供了同性恋习性的细节,其中包括众所周知、总被反复描述的美洲“伯达奇”(*berdaches*),或称异性装扮的(“双重精神”)男性。[34]类似的,奥尔菲特·达贝尔也描述了中非第三性(*Chibados*,西班牙文和葡萄牙文资料中写作“*quimbandas*”)的行止,地位是治疗师和灵性人物的男人穿戴像个女人,并假装是个“非男性”,在男性对男性关系中扮演被动方。[35]

在描述美洲的“伯达奇”、非洲的第三性以及亚洲无处不在的鸡奸时,异国男性的身体不仅变成性行为“反常”的场所,也变得女性化并偏离其被假定的自然形态。对非欧洲男性身体的描述强调了这些倒错:缺少男性化面容或体毛(美洲印第安人这方面最出名,不过在对中国人、日本人和南撒哈拉非洲人的描述中也有);女性化的

---

① sodomy(鸡奸)一词来自Sodom(索多玛)。——译者注

装束、修饰和"神色";还有各式同性恋一般都有的性偏差倾向。在此语境下,最"不自然的"异域身体属于阴阳人,这在对美洲印第安人社会的描述中出现得最为频繁。路易·亨内平报告说新世界本地居民当中"有大量阴阳人",从他的角度看,他们数量尤其多,这意味着他们体现一种女性职能("通常是……女人")。亨内平用的"阴阳人"(*hermaphrodite*)一词的意思并不完全明白,这个有着古典风味的词语可以指一个地道的(男/女)混性人,可以指(同性/异性)性特征含糊不明的人,或者指不完全体现他或她的性别角色的人——比如女人气的男人或男人气的女人。但显然在所有情况下,亨内平报告的叙事者认为阴阳人是"反常"的生物,他们有着缺陷重大的身体并"不知羞耻地"犯下违反自然的罪过,即鸡奸。"他们之中有穿戴像女孩的男孩,因为他们把这些男孩用于这种令人憎恶的罪过,"亨内平评论道,"这些男孩只做女人的工作并戒绝狩猎和战争。他们非常迷信。"亨内平最后的评论影射到文化过失——缺少恰当的宗教(迷信和"罪过")以及无能于开展男性的性别角色,比如狩猎和战争。不过他的评论在其他方面突出了异域(此处是美洲土 183
著)身体明显的缺陷——一具被不恰当地性别化的身体以及这身体对诸多倒错和凌辱的屈服。[36]

欧洲观察者(尤其是男性)所察知的异域男性身体展示出了一些此类倒错并经受着无数凌虐,这些加起来所趋于突出的,一方面是异国性欲,另一方面是由那性欲唤起的焦虑。非欧洲人身体不是表面上被性别化了。读者获知,西南非洲的霍屯督人(*Khoikhoi / Hottentots*)有着非常大的阴茎(他们的"男人气概"),但他们少一只睾丸,通常是右边的,这让他们跑得更快。(欧洲资料中出现的霍屯督女人有着被拉长的乳房,据称这让她们在婴儿被绑在背上时也能哺乳孩子。)[37]据报告,波斯那些号称"*Benjanen*"的圣洁之士盘腿坐在路边,"他们从来不剪指甲;有些人乱糟糟的头发从背上垂下来四五英尺，还有一些人从来不理发或剃须，看起来更像恶魔不像人”。更重要的是，他们忍受着对他们身体的不一般关注，特别是身体的“私密成员”，本地女人用一种“可耻的”方式对之加以奉承：

> 他们总是裸体现身，只有一块布扎在当中。印度女人出于虔诚常去求助他们，触摸他们手指的指尖，或以一种至为谦卑的姿势亲吻他们的私密成员，他们接纳这些而不表示出那里有反应的任何征兆，因为如果他们做了其他事，他们就会被看成不配坐在那个神圣位置。[38]

达贝尔论奥斯曼帝国统治下的叙利亚的苏菲派神秘主义者时所描述的穆斯林中的“行者”（*Qalandars*）也裸身行世，并使用一种特别定制的配件来保持他们的圣洁——一只铁环，“放在他们男性成员的皮肤上”，旨在确保他们的贞洁。行者们还要承受更多身体装饰和毁伤——肉体上的“雕刻”（比较奥鲁诺克“刻画”和“雕刻”的身体），穿过腹部的剑，刺入肱二头肌的长钉，等等。[39]一种阴茎环或男性生殖器穿孔器也出现在关于（泰国南部）北大年（*Pattani*）的报告中，那里的男人“沉迷于纵欲”——文本特地澄清尤其是与女人——但也有嫉妒和鸡奸的倾向。因此，“他们有一项古老习俗，后来还制定成一条法律，以抑制大量的鸡奸恶习，即男人必须时常在包皮和龟头之间或阴茎头上佩戴两三只金制、银制或铅制的小铃铛”。[40]

184 铃铛挂在暹罗鸡奸者生殖器上这幅反常的生动图像阐明异域身体一些极其矛盾的特征，或至少是欧洲人为他们刻画的特征。因为北大年的男人一面“沉迷于纵欲”——如“纵欲”（*venery*）一词的
185 语源暗示，这是些热心于同维纳斯（*Venus*）有关联的性愉悦的人，或者如荷兰文版本所不遗余力澄清的，致力于“女眷”们的乐事——一

面又是娴熟的鸡奸者,对男人有着无法餍足的贪欲。不仅如此,无论男人还是女人引起了暹罗人的欲望,那时男人依法律要求佩戴的铃铛就会显得极其没用,这个装置更像设计来增加欧洲人的兴趣而非解释非欧洲人的性欲。就如紧接着一段进一步说的,男人其实坚持自己的追求。读者发现,在详细说过男人的淫欲之后,又说"通奸在他们当中非常频繁,理由是女人的淫欲不同凡响,她们非常渴望, 186
并且热爱沉迷于欢愉"。[41]就像那些波斯的圣洁之士一样,他们神圣的举止和谦逊的行为依然会挑动女性的性渴望——女人会对苦行者"私密部位"产生激烈的兴趣——北大年男人也仍会佩戴抑制他们性能力的配件,哪怕他们异性和同性方面的勇猛超过所有的预期。异域男性的性能力在这些资料中既被颂扬也被中立,而这恐怕不仅暗示出欧洲男性的窥淫癖,还暗示出他们的男性焦虑。

这并不意味着这些资料中缺少刺激欧洲女性焦虑的素材。异域地理学罗列了关于性事异闻的更多数不清的例子——关于特别"放荡"的行为,关于社会和性的"反常",关于对非欧洲人身体的全方位粗暴对待,而且这些例子把女人置于危险度不亚于男人且常常更甚于男人的位置。波斯圣洁之士们的挑拨——几乎全裸地坐在街边——也引出波斯女人的羞耻,对于女信徒对男人生殖器的关注,叙事者评价道,"这是可耻的"。[42]蒙塔努斯在详述日本的宗教实践时,停下来引用希罗多德对古埃及孟迭司神庙(*temple of Mendes*)女人和山羊媾和的叙述(《历史》)——这些书卷中此类希罗多德插曲的一例。这引出对日本著名的猿猴神社的讨论,并含沙射影地说,女性的人兽交合之举(及其显而易见的堕落)自然而然地同整个异域世界的神圣实践相糅合。[43]在冉·斯特卢伊斯《航行》中的又一个希罗多德式花招中,讨论生活在俄国伏尔加河与卡马河(*Kama*)沿岸的切尔米斯人(*Chermis*,或称马里人[*Mari*])中所谓的乱伦行为,引出一条对斯里兰卡僧伽罗人(*Singhalese*)类似行为的评论,据称她们的男人会在自己女儿结婚前夜夺去女儿的贞操。在这两个例子中,异域的社会行为兼性行为都在贬损异域女人(暗示说散布在全世界若干地点)。当这一类小插图肯定会给其男性受众传递一阵撩人电波的同时,它们也肯定会在女性读者当中制造不适感。[44]

包含异域身体的场景和故事可以引出一系列反应,较普遍的是从轻微撩拨到因为非欧洲人身体(男性的不少于女性的)被粗鲁处置和任意凌辱而产生的较严重的焦虑。许多此类叙述和图像都突出了非欧洲世界中所体验的潜在身体愉悦——对男人是无处不在的妓院、臭名昭著的后宫和弥漫各地的鸡奸,对女人则是欧洲以外轻浮、不抑制的性世界,但它们也表明了可能会有身体疼痛和极度痛苦。一条精巧的叙事线索或一幅灵巧的民族志图像可以将这些主题联系起来——阴茎环能极大地削弱好色暹罗男人的快感,而在波斯的轻微通奸迹象会给受指控女人带来骇人听闻的体罚。在某
187 些情况下,单一事件或单一人物能同时证明愉悦和疼痛,起初的性欲和即将发生的暴力糅合成一个复杂整体。综合考虑各方面,女人得到的都是最糟糕的。

表现这些主题微妙结合的绝妙图示着实巨大——一幅量起来接近两三米的布面油画,它也在视觉艺术中有相当大影响力,这就是阿尔伯特·艾克胡特著名的《非洲女人与孩子》(*African Woman and Child*)。这幅著名图像因几个原因而突出。它是异域主题中相对少见的真人尺寸的肖像画之一,由罕见的受训于欧洲而工作于殖民世界的艺术家绘制。此外,欧洲传统中虽然确实有绘制撒哈拉以南非洲人形象的——比如革新派画家彼得·保罗·鲁本斯(Peter Paul Rubens)和伦勃朗(Rembrandt)(还有早于他们的阿尔布雷希特·丢勒和冉·莫斯塔特[Jan Mostaert])有时尝试把非洲人主题纳入他们作品中,甚至赋予其突出位置,[45]但罕见的是构图时把一个

非洲女人的身体当作如此显著和中心的主题,且艾克胡特这巨幅油画的构图所包含的民族志细节和异域装饰的广度也是罕见的。这幅画最初受17世纪中期荷兰巴西总督、拿骚－齐根的约翰·毛里茨伯爵(后来的亲王)委托而绘,在近代早期欧洲艺术史上是真正独一无二的作品,它还在其后几十年里充当更大范围图形艺术和物质艺术生产,即版画、陶瓷、织物、家具及其他的标准图像资料,这些产品从此画中借取图案和手法。[46]

在最基本的层面上,构图摆明了是为引人注意。一位轮廓优美、比例均衡、肌肉结实并且衣着轻薄的女人直面观者,一手高高擎着篮子,另一只手落在一位小男孩头上。女人身后是一片广袤多云的天空,一种热带植物主要位于她右方,背景中填满这幅相当大布面油画的是地平线下方一片宁静的海景,海面上有几艘船只。这位居于中心的女性人物一丝不苟地穿戴打扮。双层白色珍珠串衬得她光滑的黝黑皮肤微微发光,一条双层红珊瑚珠串轻轻地低垂到她胸前,突出她丰满圆润的乳房。这个男孩除了身上朴素的首饰(耳环与项链)便浑身赤裸,而且(人们推定)他的肤色比他妈妈的略浅,他拿着一穗玉米指着女人大腿的上部。这个姿势以及编织篮里实际上满得溢出来的一大堆成熟热带水果,暗示这个女性人物的繁殖力与可想而知的性欲。她穿着一件系在腰间的棉布短裙,裙子在适当位置被一条时髦的红色腰带收住,裙腰里面别着一只白色的陶烟管——这是荷兰巴洛克绘画语境下的异国格调符号,烟管在这样的画里同时暗示出放荡女人的习性和她们男性追求者的关键身体部位。[47]无论如何,艾克胡特的女人都刻画出一个令人震撼的尤物。她美丽而诱人,呈现出虚构人物"伊莫丁达"(Imoinda)的视觉版,阿 188
芙拉·贝恩将于几年后在她的小说中将之作为"一个美人……一位美丽的黑维纳斯"而纪念。[48]

与伊莫丁达一样,艾克胡特的主人公似乎来自非洲,然而围绕她的场景、手工艺品和植物说明的是一段颇有些复杂的行程,有更广泛的大西洋痕迹。她佩戴的大多数民族志物品与红珊瑚珠串一起,都确实源自非洲,特别是赤道附近的西非海岸和那些与欧洲商业有联系的地区,亦即所谓的黄金与奴隶海岸以及向南直到刚果河(Congo River)河口附近的区域。女人那只编织精美的篮子一定是巴刚果族(Bakongo)的或刚果人(Congolese)的,她那顶饰有彩色孔雀羽的精致的帽子同样来自在刚果河注入大西洋的河口一带活跃的制造人和贸易商(他们可能进口雀羽)。陶烟管可能是非洲制品也可能是欧洲制品,不过它无疑与一种美洲本地自然产品相联系,该种产品此时在西非已经足够普及,这就是烟草。其他自然物也同样指向大西洋两岸的热带非洲和美洲海岸。一株巴西土生的白蜡棕和其他生长于南美闷热环境的植物给构图的左侧镶了边框,而一株同样是热带美洲土生的木瓜树立在画面背景的远处。天真无邪的男孩右手紧抓的是一穗典型的美洲玉米,他左手食指上停着一只红头(或红脸)爱情鸟(红头情侣鹦鹉),是非洲本地物种。这只鸟碰巧提供了对这女人性欲的更多影射,因为画中鸟与该物种的交配和梳洗习性相联系("爱情"鸟),因为它(比玉米)更靠近女人的腹股沟,也因为荷兰文的"鸟"(vogel)这个词在荷兰黄金时代视觉传统的语境下可以当动词 vogelen 的双关语,vogelen 是当时的俚语,意指"私通"。[49]

总之,艾克胡特"非洲人"绘画中的女性主角呈现出异国风物诱人的混杂。不过,她也具象化地表达出信息的混合与主题的交汇,这些信息与主题表现出为近代早期欧洲受众呈现异域身体的独特形式。因为,她用坦率而不唐突的性欲招引观者的同时,她的身体在 17 世纪大西洋世界的语境下也有着更大的文化意义,她的故事所提供的内容远多于第一眼看到时可能产生的。绘画的背景及其后台故事有几条线索。首先看背景,女人身后和男孩躯体的右边浮着四艘远航的船只,几乎要消失在地平线。构图右侧下方站着几位巴西土著人,从宽松的棉布装束可以认定像是图皮南巴人(Tupinambá),他们忙着在海边收网并专注于其他捕鱼用具;其中一个人站在一架瞭望梯顶部,眺望着遥远的船只。这个场景相对细 189
微,在一幅原本辽阔又满当当的布面油画上算微小的描绘。然而它对世界贸易和经济活动的参考却十分关键。船只跨越大西洋运送货物,从非洲到美洲再到欧洲。而这时期贩运的最主要产品当中包含异域身体,比轮廓优美的女人以装扮所示范的那些异域手工艺品要昂贵得多。这些身体就是动产奴隶,他们被从西非出口并在这时期大量供应给巴西以推动种植园经济。[50]

再来看背景故事。窥探画家创作的过程是出了名的困难,可是在艾克胡特这幅布面油画的例子中,我们确实拥有能对《非洲女人》及其建构提供宝贵视角的人物形象研究。其中最重要的一项研究不出自艾克胡特本人(约1610—1666),而出自扎卡赖亚斯·瓦格奈尔(Zacharias Wagenaer,1614—1668),他是荷兰西印度公司的一位长期职员,也是一位旅行多地并保留日志的业余制图员,后来还在非洲和亚洲为荷兰东印度公司效力。瓦格奈尔生在德国,但年轻时来了阿姆斯特丹并为著名的地图制作人威廉·布劳(Willem Blaeu)工作。他后来应征加入荷兰西印度公司,且当艾克胡特创作"非洲女人"构图时(约1641)碰巧在巴西。

瓦格奈尔在荷兰西印度公司受的训练和在布劳工作室的任期为他提供了基本制图技巧,这让他能按照原稿绘图,即艾克胡特各幅肖像画的一些注解副本,他还绘有一些表现荷属巴西本地场景和居民的素描画。这位非洲女人的其中一个版本上有手写标签"Mol-her Negra"(出自葡萄牙语,意为"女黑人"),这个版本真实复制了这 190
位举着篮子、戴着首饰、配着各种用具并领着男孩的女性人物,但画中没有多少身边的自然物,也完全没有更深一步的风景或背景场面。不过这女人那被仔细勾勒的身体上确实包含一个油画中没出现的重要细节——一个烙印标记,女人左锁骨的下方可以看到特色鲜明的上有皇冠的大写字母“M”。瓦格奈尔在图像附加的注解中解释说,“这些黑人是从非洲带来巴西的”并被当奴隶出售,大多卖给葡萄牙人的甘蔗种植园主(瓦格奈尔补充说,种植园主对黑人着实残酷)。不过这个特殊的女黑人,也就是给艾克胡特的“非洲女人”当模特的这一位,不属于葡萄牙主人,而属于荷兰西印度公司任命的荷兰殖民地总督约翰·毛里茨,烙印字样指的就是他。因为荷兰人已经学会使用葡萄牙人把非洲人身体当作有价值动产对待的
190 习性,如瓦格奈尔描述的:“我们的人民,像葡萄牙人一样,最近认为给男人、女人和孩子打一些符号或标记会是个好主意。”[51]

女黑人身体上的标记给她的肖像加上了关键的语境。或者不如说,它给一幅绘画加上一种不同的视角(即使可能是补充性的),否则这幅画可能被认为仅仅呈现一个诱人的、异国气的非洲女人,佩戴着丰富的手工艺品,并被热带大西洋世界富饶的自然所环绕。这个烙印既阐明了该主体的地位和该幅画更丰富的信息,也使其变得更加复杂。画面上被饰以珠玉的“非洲”女人显然不是为了代表奴隶——没有哪个地位卑微至此的人会这般盛饰,然而她形象的源头在一具地道的奴隶身体上,这暗示出多数非洲移民多半低下的地位,这些移民无法抵抗地被强制了结在欧洲—美洲的殖民势力中。此外,这个烙印使得艾克胡特布面油画的其他图案的主题变沉重了。这女人显而易见的性欲现在有了一种不够明了的意图,因为她的繁殖力有了独特价值——生产健康的子嗣,最好是男性,他们可以充当未来做苦工的奴隶。(巴西奴隶的高死亡率恶名昭著,而女性奴隶在热带的生殖率低得可怕。)在荷兰风俗画中与充满活力的行为相联系的烟管也构成美洲奴隶形象的特色,他们把吸食烟草当作田间苦工的喘息(他们在田间的劳动也可以是生产玉米或烟

叶）。[52]这幅画其实充斥着殖民地产品和海外贸易的符号，从富有的欧洲收藏家所梦寐以求的昂贵非洲手工艺品与奢侈珠宝，到在热带地区收集和培育的异域自然产品，再到地平线上隐约可见的运送这些也包括非洲奴隶身体的穿越大西洋的船只。最重要的是，欧洲人在瓦格奈尔的素描人物身上打上的烙印与艾克胡特绘制的非洲“维纳斯”耀眼的肉体并辔而行，表明异域身体能囊括两套既矛盾又并存的重要品质——欲望和堕落，魅力和卑微，肉体诱惑和身体凌虐，异域性事和异国暴力。

四　从欧洲到异域：暴力的地理转向

异域身体从欢愉场所转移到疼痛场所，从欧洲人快感的来源转变为非欧洲人痛苦之所在，这几乎不费吹灰之力。在奥尔菲特·达贝尔广泛流传的关于中国的地理书中出现了一个段落和一幅版画，其中一具异域身体在经历真真切切的痒感（titillation 一词来自拉丁文 titilare，意为“瘙痒、让人发痒”），然而挠痒迅即转变为毫不含糊的痛苦。该场景的雕刻版本提供了同样剂量的震惊与奇观。一位裸体女人横躺在画框中进行展示，她被绑在一根竹竿上并从上悬挂着， 192
她的身体完全暴露给观者。她的背略略拱起，因为她及腰的长发绑住她裸露的脚踝，使她的腿痛苦地弯向臀部，以此来制约她的身体。尽管她被水平捆绑，但她的腹部向下，她的右乳对所有观看者都一目了然。两个健壮男人分别紧握住竹竿两端，第三个男人玩弄着一根大到怪异的羽毛，用羽毛纤细的尖端刮擦女人的脚底。如此煞费苦心挠痒的举动发生在一个明显平凡的场景中——古代中国人的住家里面，家中装饰着纤细的花瓶（瓶子很像瓷瓶），有几只盖起来存放的鼓，一块流苏丝毯从敞开的窗户遮下来。窗外的三个人在家

中看似热络地谈话,而第四个人随意地瞥进房间,享用着如火如荼
193 开展的折磨场景。他与此书读者们一样,目睹着一具在一种可感知到的受苦状态下被充分展示的异国女性的身体。而在此例中,这位女性注定要承受那只能被视为反常凌虐的东西——明确也无节制的折磨。[53]

让我们瞠目结舌的如此放肆的凌虐——故意强加到一具未设防的人类身体上的施暴行为,或更直白地讲,折磨——在其他一些异域场景中被复制,尤其是在奥尔菲特·达贝尔各部印本地理书中,它们主要由范莫伊尔斯及其工作室出版和制插图。在出自达贝尔中国书的另一幅图解性小插图中,受害人变为男性,不过他以大同小异的方式被展示,处于痛苦难忍且性方面无反抗能力的姿势。一位有身份的中国男人腰以下的衣物被剥光(他的地位可由扔在旁边的官服确认),他浑身绷紧迎接了来自拷问者的一击,后者大力地挥动一支随时会打向受害人裸露臀部的竹棍。拷问的场所同样是室内,这个奇怪的令人愉快的空间装饰着许多体现想象中中国精英人士生活或至少是舒适生活的外部标记——一幅镶框风景画,受害人正被迫面朝着它;一套陶瓷罐和碗(或许装润滑剂,但可能也仅仅是用来装茶);一块厚重的大窗帘衬着后墙,向后拉起来露出一扇开着的窗和背景植物。这扇位于舞台正中的窗户外面正好站着三个人(此构图技巧暗示出插画绘制人与"挠痒"是同一人),其中一个欺身倚进房间,一手叉腰,带着装模作样的漠不关心之情享用着这幕笞打。尽管有这份随意的超然之情,但在这些假想出的旁观者面前的且更重要的是,为此书的欧洲读者上演的这幕场景就是一种不加掩饰的折磨——技巧精湛的各个人物埋头作弄、糟践和残酷凌虐受害人的身体。他们用暴力、戏剧化、惊人的风格剥削异域身体,而且他们的粗暴对待被直接观察到了,被雕刻入画框的中国人物观察到,也被异域地理学的欧洲旁观者和消费者观察到。

倘使非欧洲人身体可以在欧洲地理学资源中被性别化，那么它也能且经常同时遭受毫无怜悯心的暴力。对异域身体的凌虐在这时期非常普遍。如视觉素材和文本素材都刻画了的，全球范围里的异域身体都被迫忍受强烈的、严厉的、图示化的和惹人注目的暴力。不仅如此，它的凌虐被呈现为一种特意供暗地里的欧洲观察者消费的“公开展示”。在波斯、印度、孟加拉、暹罗、马六甲、中国、日本和数不清的其他热带地方，身体被砍成碎块，被恶狠狠地取出内脏，被野蛮地食尸，在胎儿期夭折，并被习惯性地拷问折磨，而所有这些都发生在乌特尔·舒腾的单一叙事中，尽管他的《东印度航行》只把作者运往东印度群岛。身体各部位被挖出来，被刺穿，被切成片，被剥皮，被烧焦，被压碎，被痛打，被捶击，还被野兽吞吃，这些又是只见于舒腾的报告，又是只贯穿这单独一趟亚洲之旅的过程。[54]此外，身 194
体凌虐是被华丽展示的。确实，身体暴力的最变态例子值得舒腾的阿姆斯特丹出版人配以生动插图，如作者描述当他看到“虔诚的”印度教徒“可怕的”身体扭曲而感到严重不适感时所说，舒腾是用文字 195
向读者报告这段的，但他也用雕版图刻画了他逗留孟加拉时的“目击过程”（有一次是在提着一长笛杯啤酒晃荡时）。[55]

在舒腾这部受欢迎的书所处的社会环境中生产出的地理学资料里，异域身体遭受了炫目又放肆的暴力形式，在有些方面还是创新的形式。[56]多年以来，欧洲叙事者出于行业流行风尚报告南亚发生的殉死（仪式性杀戮）、中南美洲发生的同类相食、环地中海发生的“摩尔人”的酷虐行为，而不管这些令人发指的行径是否实际上被观察到。但现在，在可追溯到 17 世纪后期和 18 世纪前期的素材里，沉迷于日本切腹自尽的血淋淋细节，全亚洲（当然也一如在美洲）广泛存在的同类相食，西非的身体痕刻，以及中华帝国、俄罗斯帝国和奥斯曼土耳其帝国那些不断出现的“东方暴君”所指使的虐待狂式折磨，这已变得稀松平常。此外，在许多此类报告中，视觉成分令对异域暴力的报道更加耸人听闻也更加清晰明了。这引出叙事者免不了的“目击”声明——一份看见他们所描述的暴力的宣言,以及同样相当普遍的对身体凌虐的图形阐释。异域暴力的图像中可能也包含一位位于适当地点的欧洲旁观者,他的用意是代表此书作者,而实际上是代表此书读者。从一种重要意义上来说,图画的目的在于实现双重目击过程,读者看到公认的作者在看着异域身体受苦。异域世界的肉体疼痛倍增了。[57]

加诸异域身体的暴力可以是真正巴洛克式的。描述之辞千篇一律地罗列最残酷类型的身体毁伤,它们也强调肉体暴力的一贯本质。异域身体不仅被随意地施加疼痛,也屈服于那些循规蹈矩并有条不紊地实施骇人身体惩罚的司法体制与统治形式。在让·德·特夫诺《旅行》的荷兰文印本中(这是原始法文版的大手笔改编版,在阿姆斯特丹工作室里用大量出自雕版师冉·卢伊肯的图版扩充),读者获得一个关于异国暴力的生动又普遍的视角。

扉画用一颗血淋淋的割下来的人头开启故事,这颗头被献给象征黎凡特的人物,该人物由洒脱的视觉速记法暗示,把冷酷的凝视投向东方世界臣服的人民。读者接着从此书的主体内容获知了“埃及的典型惩罚”,包括刺穿。这展示在一幅明晰的作品(有卢伊肯签名)中,此图描绘该酷刑的三个阶段:把一根尖头桩子敲进受害人的腹股沟和臀部(从脖子下方出来),把这个被桩子洞穿的人(竖着)丢在一边等着他受疼痛和大量失血之苦(特夫诺提到一个人坚持了三天,靠吸烟管挺过来),最后,任由仍挂在桩子上的受害人死去。在
197 另一幅卢伊肯的插图中,类似的手段(在叙事语境中)被用来证明东方君主们令人畏惧的权力,一位衣着豪华的波斯沙命令“一位上了年纪的领主”的儿子砍下他父亲的耳朵和鼻子。受害人脚下躺着两只刻画得栩栩如生的被割掉的血淋淋的耳朵,而马上要补上领主的鼻子,这位儿子正在顺从地用小刀割着鼻子。[58]

类似的,约翰·尼霍夫中国书的扉画中,“大可评”对一群各色人构成的悲惨臣民称王称霸,画面前景中扭动的人明显处在痛苦中,有的锁着铁链,有一个人套着木枷。文本里有更多报道等着读者,是关于残废的肢体、萎缩的双脚、阉割的婴儿和其他各种被毁伤的身体。而在彼得时代的俄国(如我们从德布卢伊津那儿发现的), 198
沙皇是“绝对君主”,他的惩罚包含焚烧、枭首、活埋那些“受奴役”的臣民,更别提笞刑、鞭打、烙印和对那些被判犯下较轻微的非重罪之人的更多折磨。即使在相对边缘的亚齐(Aceh / Achin)苏丹国,“国王的绝对性”也被转化为对臣民身体的令人厌憎的控制。“在早前的时代,国王们惯于把恶棍移交给”——这是指对苏丹命令的“最轻微冒犯”——“(这块土地上的)食人族,逐猎他们的食人族会砍下他们的双手、双臂和双腿,在这身体的躯干上撒了胡椒后就吞吃它”。[59]

如此异国格调的惩罚。尽管欧洲政权显然也通常凌虐自己臣 199
民的身体,但异域地理学资料中描述的非欧洲统治者在一次又一次施行充满奇思妙想的暴力惩罚形式方面,比他们的欧洲对应者更胜一筹。在一个竞相攀比谁更酷虐成性的世界里,最可怕的故事可能是关于波斯的,至少是在范莫伊尔斯出版的奥尔菲特·达贝尔报告中所叙述和图解的波斯版本里。这里满是凌驾于臣民肉体的王室霸权,以及以此为靠山而犯下的绝对残忍的恶行,把异域身体渲染为令人惊心骇骨的暴力场所。达贝尔的叙事结合了两个主题——王侯的权力和身体的疼痛,它们在异域身体上共同出现。达贝尔写萨法维王朝(Safavid)统治者时称:“这个国家的政府是由绝对君主制治理的,国王就是首脑,所有事情都大权在握,可以做任何他高兴的事,能制定法律又破坏法律而不会遭遇任何反驳,甚至能夺走任何人的地产或生命,因为他是这个国家最大的领主。”罪犯被“以极严厉的方式”惩罚,典型做法是肉刑——割鼻、剜目、砍手、剁脚,尽

管他们也会被活活剥皮,被挖出内脏或吊住双脚。达贝尔的描述模式似乎是让人在极度痛苦中拖着不死,几乎是在消遣这种折磨:

他们在作奸犯科者脚腕后面的骨头和肌腱之间打两个洞,用一条绳子穿过洞,靠这个把他们绑在树上,绑的高度让他们的头刚好挨着地面。如果作奸犯科者被判以这种方式行死刑,他们会用这种方式让他吊两三天,直到经过无法忍受的疼痛之后,他坚持不住死去。如果以这种方式他还没死,那么他们就撕开他的腹部来缩短他的时间。其他犯下较小过失的人头朝下吊一两个小时。强奸女人并且由这女人三度发誓而定罪的人,或者犯下鸡奸的人,就会被割除生殖器。[60]

对达贝尔,折磨和对它的描述符号只会更加激烈。一位波斯的高利贷者("比犹太人还坏")的牙齿会被锤子敲出来;阿拔斯沙(Shah Abbas,1587—1629 在位)治下的罪犯会被夹在两块木板中间然后被锯成两段;一位格外虐待成性的"国王"(阿拔斯或他孙子塞非沙[Shah Sefi])的受害人被迫吃从他自己手臂上割下的肉。按达贝尔的描述,在中国(在另一本书里)有一个令人惊心动魄的死亡例子,不是被千刀凌迟,而是被万剐处死。[61]

对身体的这些公然侮辱又一次获得插画家的注意。达贝尔那本由范莫伊尔斯工作室设计和制作的中国书包含三幅著名的雕版图,表现大汗政权下的折磨——被挠痒的女性人物和被打板子的男
200 性人物(前文都已讨论),还有对另一位半裸男性受害人的刻画,他表情痛苦、满面尘土地趴着,正在领受来自一位挥舞棍棒的坚忍行刑官的击打。另一幅雕版图像印在乌特勒支出版人安托万·舒腾(Antoine Schouten)设计的一本书里,是关于"野蛮易洛魁人[Iroquois]的残酷",披露出北美土著人对敌人身体的恐怖对待,这是一

幅对各式非欧洲人身体剥头皮、切片、切开、使流血、焚烧和钉十字架的拼贴，这些身体的残骸被留给觅食的群狗。[62] 对异域身体及它们所能忍受的暴力的最生动的——这是说最形象也最血腥的——刻画恐怕出现在洛迈恩·德霍格（1645—1708）的一组图像上，他位 201
属（与冉·卢伊肯同列）17 世纪后期领军图形艺术家。德霍格为《东西印度及其他地方》（约 1700）制作的插图可算是异域身体名副其实的产品目录——在工作的、在祈祷的以及（几乎是痴迷地表现的）在遭受疼痛和折磨时的异域身体，这是一组题图很少的长方形蚀刻画，旨在充当关于非欧洲世界的宗教、政治和社会实践的视觉大全。在矿上做苦工以及下作地俯身于宫廷的身体；在烟雾缭绕又满是崇拜物的庙宇里心醉神迷地翻滚的身体；屈服于宗教苦行者的锋利刀子和长钉子的身体。[63] 最重要的是，这些身体屈服于邪恶"司法"的各种手段。在一幅关于五花八门"亚洲刑罚"的版画中，各色长袍官员——"亚洲人"——舞动巨大的木杵碾压一只大瓮里收集的许多人头；在"波斯法庭"中，沙的仆人们对那些痛苦受害人挖眼 202
剥皮；而在覆盖了非欧洲世界大部的零散版画中，身体全都照旧被桩子洞穿、被钩子刺穿、被从建筑物上挂下来、被马拖着以及被绑在十字架上，用基督徒术语说就是，在用各种想得到的方式受难。[64]

可以被算作这种疼痛狂欢高峰的是一幅蚀刻画，所表现的身体被迫承受来自"土耳其人"奴役和监禁的有独创性的折磨。这幅著名版画呈现了巴洛克式丰沛的肉体惨况，使德霍格既能记录可憎的镇压方法又能记录处于最大范围肉体痛苦的异域身体。一个脚踝捆绑着、手腕也被绑的男性人物（前景左方）被以一种戏剧化的透视法来展现，他的嘴做出无声号哭的形状，表达当他被一匹飞驰的马拖曳时所忍受的可以看见的疼痛。另一个裸体人物（位于中景中央）是个女性，她的一条手臂弯过头躺着，另一条手臂无力地伸开，一只膝盖半曲着——这姿势差不多就是米开朗琪罗式的，她了无生

203 气的身躯喂养着两条狗和一只乌鸦。而另一个倒霉的受害人远离混乱,他被从一座塔上吊下来,躯干和腹股沟被一个巨大的六钩装置凶残地刺穿;他的胳膊和腿被扭曲的式样既强调了他的痛苦又展示出他肌肉结实的身体。在构图稍低处、被吊人物和被啄食女人中间的位置,一个人物水平“躺着”,被一根高高竖起的木杆洞穿,他被刺透的胸膛向着天空拱起,他的胳膊和腿因为显见的疼痛而呈十字交叉状。德霍格这幅版画有一种反常的暴力美,这种美似乎是在对非欧洲人身体遭受的残酷凌虐进行反讽。[65]

德霍格的异域暴力审美以及充斥着他这个时代的版画和文本的对施加给非欧洲人身体的肉体残暴行为的描述无疑有着广泛的吸引力。德霍格的部分图版先前已在西蒙·德弗瑞斯的出版物中露过脸,德弗瑞斯是一部无所不包的“奇观”选集的编辑者;且它们在这些较早书卷中的成功鼓励彼得·凡德尔哈这位尼德兰的领军
204 出版商去获取这些图版,并用于《东西印度及其他地方》。凡德尔哈让这些图像广泛流通,他这图画生动的书通常无须翻译,因为图版只配有最少字数的题图(法文加荷兰文),而且标题页不著日期的《东西印度及其他地方》至少出现过两个版本,分别印于 17 世纪后期和 18 世纪前期。[66]高产的凡德尔哈也把这些蚀刻画用于他的其他一些出版物,不仅创造了显著的印数纪录,还在 66 卷图画杰作《世界宜人画廊》中达到顶峰。德霍格的图像也被其他出版商挪用(和盗用)到其他富含图画的书中,比如舒腾的《东印度航行》。[67]

在所有这些例子,以及异域身体如此集中地发挥重要作用且流通如此广泛的大量其他版画和文本中,非欧洲世界都充当着生动的、可见的、耸人听闻的、惊人的暴力场所,它是一场被多方表演也多方观看的“景观”。这个时期,仍是约 1670—1730 年年间,异域身体被欧洲的作者、蚀刻师和出版商归纳为充满恐怖的凌虐和残忍的痛苦的时期。异域身体的功能是充当关于折磨和疼痛的百科全书

式的登记表,而且它被例行公事地解剖,将血淋淋的细节呈现给异域地理书的欧洲消费者。为何如此呢?

暴力对欧洲消费者或旁观者而言谈不上新东西。暴力的异域形式及其土生土长的各色品种都定期来到近代早期欧洲,既通过文本和视觉媒介,也同等程度地通过实际的、可触摸的毁灭性的身体表现。暴虐王侯的权力长久以来一直刺激着欧洲人的兴趣点,比如埃及法老、波斯国王和希腊暴君在历史报告中都已被记录下他们应得的,一如被认为会引出“壮观的”杀戮或“惊人的”灭绝的各类外国风俗。引一个最具传奇性的例子,欧洲读者对殉死感兴趣已有几十年。16 世纪末期的荷兰商人——旅行家冉・胡伊根・范林肖腾充实了关于此种仪式的堪称标准图像的东西,这是一份被推定为目击的报告,有叙有图,出现在范林肖腾 1596 年出版并在其后几十年定期重版的被多方引用的《旅行指南》中。[68]范林肖腾也报告了中国皇帝的权力和他施加于臣民身体的控制并加以图形刻画(尽管范林肖腾不可能亲眼见识过这种权力),这些插图同样流传广泛。仅仅几年之后,特奥多・德・布吕制作了一些关于中国拷问技巧的雕版图,第一幅表现笞刑的变体,由两位行刑官施行;第二幅刻画倒霉的受害者们被痛楚地碾压和拉伸;而第三幅直接取自范林肖腾,图解中国社会被严厉管制的性质。德・布吕出版物注重图画的风格加上它强调奇异习俗和异国风气的特点,可能使得这组雕版图对活跃于下个世纪大半时期里的书籍制作人发挥指导性影响。[69]

更暴力也更流行的是对奥斯曼帝国“残酷行为”的表现,它们自
1453 年后激增并在 1520 年代出现得更加密集。前一个时段是与君 205
士坦丁堡陷落和东南欧地缘政治均势移位所唤起的明显焦虑有关(可能也因为向西欧移民的希腊人文主义者怀有反奥斯曼的敌意)。第二个时段则关系到在欧洲中心进行的帝国斗争和宗教斗争,这时期有对嗜血“土耳其”人的高度引起论战的刻画——奥斯曼士兵被

刻画为凶暴屠戮基督徒农夫并恐怖地将基督徒婴儿串成串的形象。1520 年的宗教战争既由宗教改革引起,也由哈布斯堡帝国的危机导致,战争鼓励宣传家,尤其是德国的木刻艺术家在奥斯曼土耳其设置一位共同敌人,这是让查理五世皇帝从恼人的新教徒崛起和卡斯蒂利亚自治中转移注意力的有用之举。[70]

事实上,欧洲人绝对已被真实的和描述性的暴力冲洗过了,在
两个世纪的时间里,或曰在“异国的”暴力的生产激增的 17 世纪后
206 期之前的时代一直在不断暴增。不过这些从 16 世纪初期算起并持
续进入 17 世纪中叶的较早的形象和文本,主要涉及令欧洲大陆四分
五裂的那些极其充满敌意且明确是两败俱伤的冲突。当然首要冲
突都是关于宗教与信仰的斗争,它们汇集起来便构成可能被视为欧
洲内战的战争,并贡献了近代早期几场杰出的国家/民族冲突——
尼德兰革命;法国宗教战争;尤其是,讲德语的土地上不断出现的军
事冲突,它们在“奥格斯堡信纲”(Augsburg Confession)之后发生,在
施马尔卡尔登战争(Schmalkaldic War)中继续,在残酷性骇人的三十
年战争中达到顶峰。新教改革之后所生产的大幅传单当然是沉迷
于图形性的且经常无缘无故有暴力色彩的意象中。关于地狱让人
207 发自内心感到恐惧的场景,关于修女淫乱的表演,关于宗教领袖的
污秽肖像,从这个论战氛围中产生的此类木刻图和雕版图经常表现
为视觉宣传的杰作,冲突的双方都乐意付出这种努力。这些多半是
德国制作的图像反过来在法国宗教战争时充当斗争对象的模型,而
且它们也影响了低地国家高产的论战者们,其中既有天主教徒也有
加尔文派,他们通过刻画敌人想象中的凶残而进一步提炼这种将敌
人野蛮化的艺术。此类产品中有许多也都包含对暴力的再现,有视
觉形式也有文本形式;而且非异域的身体——关于荷兰造反派、法
国加尔文派、德国路德派以及他们各自对手们的——定期以被砍
死、被劈死、被吊死、被刺穿、被剥光衣服、被强暴、被烧死和被开膛

破肚的形式出现。

欧洲人在欧洲各个地方都被折磨到极度痛楚的地步。理查德·费尔施蒂根(Richard Verstegen)的《我们这时代异端分子的残忍大观》(*Theatrum crudelitarum haereticorum nostril temporis*,1587)提供了一份残忍行为目录,凶残度不亚于一个世纪后异域地理学产品中的任何作为。或就此而言,不亚于众多法国胡格诺派版画中对圣巴塞洛缪节大屠杀(Saint Bartholomew's Day Massacre,1572)的任何刻画,不亚于荷兰人记录西班牙人及天主教徒在尼德兰残酷行为的小册子(1568 年开始出现,费尔施蒂根有意识地复制了),也不亚 208
于雅克·卡洛(Jacques Callot)表现三十年战争骇人"灾难"的蚀刻画(1633),"灾难"是他系列版画的名称。[71]

此类产品多数集中在欧洲西北的印刷所,其中尼德兰在 16 世纪中期到后期扮演格外重要的角色。先是安特卫普的工作室,后是阿姆斯特丹的工作室采纳了德国路德派和法国胡格诺派的图像,它们很快又被土生土长的关于图形化暴力的发明所超越,后者转而又被广泛复制。这一进程在尼德兰革命(1567—1609)愈演愈烈,持续到八十年战争(1568—1648)打响,这场战争又蔓延至波及全欧洲的三十年战争时代(1618—1648)。荷兰人的宣传中也有一个"异域"成分——刻画哈布斯堡在美洲的"暴政"的图像俯拾皆是,在巴托洛梅·德拉斯·卡萨斯(Bartolomé de las Casas)《西印度毁灭述略》(*Brevísima relación de la destrucción de las Indias*)的非凡印刷本中达到顶峰,这本由荷兰人加以渲染的宣传册是"西班牙人在西印度暴 209
政之镜",还经常与一册关于"西班牙人在尼德兰暴政之镜"的大全同时付印。此书一个畅销版本带雕版图,这些图刻画美洲土著被残酷折磨的身体,表现出各种各样的疼痛。它首次问世是在进入 17 世纪之际,并在随后几十年里依旧存在。不过到了 17 世纪中间几十年且肯定是在 1648 年签署《威斯特伐利亚和约》之后,此种宣传形式偃旗息鼓了,该条约有效地将欧洲的主要宗教战争(以及荷兰人与西班牙的冲突)领向终结。1672—1674 年前后有新一轮暴力爆发——第三次英荷战争及路易十四的军队入侵尼德兰,当时年轻的洛迈恩·德霍格被招募为一部以"法国人暴行之镜"著称的作品(约1674)蚀刻了若干关于法国人"暴行"的令人毛骨悚然的场景,身体再度以图形的方式被洞穿、被砍开、被剁碎、被焚烧也被可怕地侵犯。[72]不过在一个对尼德兰及其位于欧洲西北的偏僻处而言都相对和平的年代里,这一次只能算是短暂插曲(即使是路易十四还坚持军事道路的时候)。

应当强调的是,所有这些图像勾画的都是欧洲人内部的疼痛与杀戮;被毁伤的身体毋庸置疑地属于(可谓是)本国的欧洲子民。甚至被尼德兰的工作室刻苦重校和印刷的德拉斯·卡萨斯的作品,也集中表现欧洲人的对抗及荷兰论战者们抹黑哈布斯堡对手名誉的努力。美洲印第安人代表荷兰反叛者,而且在互相反射的"两面镜子里"将两个群体共同刻画,令这一合并清晰可辨,每个"民族"都以近乎等同的、大多难以区别但差不多可以互换的身体来呈现。[73]更关键的是,荷兰人挪用美洲土著人的身体来表现他们反抗哈布斯堡西班牙的叛乱,这生动地证明了在充满激烈教派斗争年代的地理学的战略制定,在此例中,表现为用印第安人和征服者的伪装来重铸加尔文教徒与天主教徒。荷兰造反派们尽管可能已是改革宗教,但他们深知,为了自身的事业,要调用传统的基督徒受难图像,正如他们之前的路德派、胡格诺派和天主教徒之所为,以及德拉斯·卡萨斯在他的原始宣传册中真正所为。[74]更一般意义上,在这些较早的资料中,对毁伤的欧洲人身体的刻画绝大程度上是从当时的宗教敌意中产生的,产生自 16 世纪和 17 世纪前半叶那些自相残杀、遍布全欧洲、跨越多个认信阵营的杀戮。然而随着这个时代的宗教仇恨和帝国敌意烟消云散,欧洲人的暴力也随之不再,至少在暴力的描述形式中是如此。它转移到非欧洲世界了。换而言之,对暴力的刻画被置换到异域世界,多半置换在非欧洲人身体上,并且几乎专门把可怕的"残酷行为"和"暴行"别无分号地置换给非欧洲的作奸犯科者。

这类关于暴力的新式视觉产品和文本产品反映出,在那些被地 210
理学文本日渐以"欧洲人"指称的人们当中,有跨越认信界线的(倘若不怎么算后认信的)新式态度。这些资料的缔造者们——异域地理学的作者、雕版师和出版商——不怎么愿意中伤欧洲的暴力犯事者(他们依然大量存在),而更愿中伤异国的存在,首先是异域世界那些跋扈、专横且常为"东方的"当权者们。简而言之,到了17世纪后期,对暴力的兴趣发生了变化,暴力的拟态目的也有了改变。

五　全球扩张:暴力与身体描绘的革新

新式异域暴力在荷兰的工作室里繁荣起来,在那里发展出最具影响力的形式。不仅如此,这些描述身体疼痛的新形式与更早及同时代(非荷兰的)变体的对比非常鲜明。再来比较一下两份差不多同时代的日本报告,一份出自耶稣会士柯奈利斯・哈萨尔特,他在他较广泛的全球基督教信仰史语境下叙述了天主教日本传教士的长篇故事,另一份出自阿尔诺都思・蒙塔努斯,他是一部地理兼历史书的冠名作者,该书有典型的大容量和丰富插图,1669年从范莫伊尔斯工作室的印刷所印出。耶稣会士有条惯例,热心于并很有规律地报告他们的远距离旅行,尤其是赴亚洲的旅行,甚至更注重赴远东的报告,远东是方济各・沙勿略(Francis Xavier)①16世纪中叶

① 耶稣会最早成员之一,远东传教区奠基人。——译者注

所及之处，他于1549年抵达日本，还在该地区建立了第一个欧洲人滩头堡。不过他们的报告没打算出版，而就算它们被出版了，也倾向于不在插图方面留下像荷兰制作书籍那么深的印象。[75] 此外，耶稣会士报告以毫不掩饰的认信措辞来呈现，他们报告天主教海外传教士的成功与苦难，他们用自己的叙述作为罗马天主教在这些艰难的时光里所遭受的磨难的证词。他们为了耶稣会士的事业而倡议。哈萨尔特在宗教改革的混乱中是天主教徒小组的好斗护教者，他在《耶稣会史》(1667—1671)中肯定保持一如既往的姿态。他把自己的报告“特别”指向他同道会友的殉道和“其他英勇事迹”，而且他书中的插图(由安特卫普出版商米歇尔·科诺巴尔特操刀)突出欧洲天主教徒(主要是耶稣会士，但也有托钵会士)“神圣”且“虔诚”的苦楚，他们在遥远土地上承担上帝的工作。哈萨尔特为耶稣会士在日本的计划写了一篇叙述性的“辩解书”；他宣告罗马天主教会在它扩大的战区中的辉煌成就和不幸挫折。[76]

相反，蒙塔努斯将日本人的殉道历史化，将基督徒的苦难一般
211 化，将他如此热心勾勒的异国的“折磨”全球化。事实上，他关于“迫害”“(那些)信基督教者”的黑暗故事——注意他将主题宽泛地界定为基督徒受迫害而不是天主教徒的殉道——的非凡之处在于它们不站在荷兰加尔文派作者的立场上批评其耶稣会士对手传教的过失，或是将之作为陶醉在新教徒对于天主教徒海外祸患的幸灾乐祸中的机会。反过来，日本的基督徒信仰传奇给了蒙塔努斯一个机会叙述“奇观”——在一个异域场景中所遭受的“恐怖的残酷行为”和“非人的折磨”——且表现迫害的小插图的注意力更多落在受害人们承受的野蛮痛苦，而不是落在由插图所具象化的神圣叙事上。与其说蒙塔努斯在强调从罗马、安特卫普、马德里和反宗教改革其他重镇派出的耶稣会传教士的不幸命运，不如说他是在用令人不寒而栗的细节描述施加给“妻子与儿童”的惊人的暴力，以及这么多普

通"基督徒"了不起的"殉道"。作者有一阵子也确实偶尔调用"罗马基督徒"这个范畴,甚至也明确了一些耶稣会士的名字,但他讲得更多的是一般的"基督徒"或"信仰"的牺牲者,对于出身跨越认信界线的基督徒殉道史传统的各色阵营的欧洲读者,这些种类都是耳熟能详的。[77]

不过,蒙塔努斯记录的多半是由近代早期日本那些独出心裁的暴力施加者所发明的异域暴力。疼痛是耸人听闻的也总是肉体性的。蒙塔努斯在描述(这个例子是如此)对一群日本出生的基督徒施加的"恐怖的残酷行为"和"无尽的折磨"时写道,"他们的身体(被)用滚水泼,用烧红的铁烙,用锋利藤条或芦苇抽打,在正午时分赤裸地放在太阳下,在夜里冻着,也放在装满蛇的桶里……有些人在他们放弃信仰之前要忍受这些折磨30天、40天甚或60天"。[78]蒙塔努斯也描述了"地狱谷"(Singok)那些"不幸的可怜人"的命运,他们忍受硫黄池塘里的烫水,那些水能"蚀穿皮肤和血肉,直到骨头"。[79]他接着用骇人的细节叙述一种恶名昭著的倒吊式,受害人要被悬挂。

在一具绞架上,腿绑在绞架上面,头垂入一口井,井上放一块三棱石,三棱石底部固定一个坚硬物体,一根绳子绕过坚硬物体拉出,他们用这绳子绑住受刑人的腿,被这样绑住的人,头垂到井深处,他的双脚刚刚露出井口;被吊住的人的头上被割一些十字交叉的伤口,最后血会一点点滴出来,不会没过他们的心脏。有些人能活五天、六天或更多天,直到放弃魂魄。[80]

对这种极其复杂的虐待惩罚模式的图示与其他一些以类似的窥淫癖式细节刻画的内容,充斥着一幅范莫伊尔斯工作室的雕版图,此图旨在广泛罗列对日本酷刑的恐怖体验(如差不多同时代的 212

德霍格对奥斯曼酷刑的蚀刻画)。不过,范莫伊尔斯－蒙塔努斯对日本人迫害的刻画最终呈现出一种关于疼痛的显著冷静客观的方式,而非与信仰相关的方式,它有着引人注目的后信仰性,就其关注方法甚于受害人而言,甚至可说是非关政治的(在其欧洲语境内)。哈萨尔特聚焦于天主教徒殉道的神圣叙事,而蒙塔努斯制作了一幅去神圣化的异域暴力肖像,此画中位于舞台中央的是受害人被凌虐的身体,而非教会的传教史。[81]

213 因为范莫伊尔斯和蒙塔努斯编辑他们的地理学作品时依赖真实报告,特别是来自耶稣会士作者的报告,因此在耶稣会士报告的其他改编本中也发生了类似的重新部署,于是一份关于殉道或帝国惩罚的有明显成见的叙事被重新塑形,并转化为一份荷兰人制作的展示后信仰暴力的报告。由此形成的"异域"演绎不仅将暴力(耶稣会士叙事例子里的)原有的且经常宗教性的意义剥夺了,还把恐怖酷刑转变为可怕的"景象"。耶稣会士对中国的报告提供了另一个切题的例子。16世纪后期和17世纪赴远东的耶稣会士旅行者所提交的诸多报告照例流入该修会的中央机构而不予出版。它们有助于耶稣会认识全球宗教(和政治),也有助于其扩张战略,但未必有助于欧洲人的地理知识库。而即使书信以合理的形式付印了,它们一般也不会被纳入消费者导向的地理学书卷。此外,这些出版物与荷兰制作的产品相比是雕版图较少的类型,而且这些图像只是偶尔刻画折磨和类似场景。[82]当耶稣会士文本确实转向肉体暴力话题时,他们强调的是自己成员为职责而受苦,或者在涉及中国的司法惩罚例子中,强调受害人的品级和身份——这一点与耶稣会士的传福音计划有极其重要的区别,使他们赢得通往中国精英圈子的道路。(17世纪在中国最成功的耶稣会传教士汤若望[Johann Adam Schall von Bell]的确位列官员品级,他始终是荷兰人商业活动的眼中钉。)相反的是,荷兰人的叙事就算在依赖耶稣会

图版 1

Alhama
Granada
Nobilis Hispanus hodierno ornatu incedens
Lusitanus Mercator magnifico amictu ambulans
Rusticus communis Hispaniæ honesto vestimento ornatus
OCEANUS
OCCI
DEN
TALIS
GALICIA
Oviedo
Asturias
Lugo
Orense
LEGIO
Leon
Palencia
Camora
Braganca
Braga
Porto
Lamego
Viseu
Coimbra
Guarda
Leiria
Portalegre
Lisboa
Elvas
Ebora
Olivença
Badajos
Beja
Tavila
Salamanca
Segovia
Ciudad Rodrigo
Plazencia
CASTILLIA
Toledo
Ciudadreal
Merida
Cordova
Sevilla
S. Lucar de Barameda
Calis
Gibraltar
Malaga
IBERICUM MARE
FRETUM HERCULEUM fere GADITANUM
Estrecho de Gibraltar
Scala Leucarum Hispanicarum
LISBONA
TOLEDO

Burgos
Veliz Malaga
Eçiia
GALLIAE PARS
GALLICUM
MARE
MARE
MEDI
NEUM
AFRICAE
Balearides sive Gymnesiae insulae duae
Maiorca
Minorca
Valencia
Sucronienses Sinus
Nobilis Femina in Hispania magnifice incedens
Lusitani Mercatoris uxor honesto vestitu ambulans
Rustica Hispana communi habitu prodiens
NOVA HISPANIÆ DESCRIPTIO
SIVILIA
VALLA DOLID
R. 73379

图版 2

TURCICI IMPERII IMAGO.
SULTAN MAHUMET TURCORUM IMPERAT.
Medius Meridianus est 70. reliqui ad hunc inclinantur pro ratione 20 et 45 parallelorũ
Miliaria Germanica 15 30 45 60 75 90
Miliaria Italica 60 120 180 240 300 360
Ducis Moscoviæ siue Magnæ
PONTUS EUXINUS
MARE MEDITERRANEUM
AFRICAE PARS
AEGYPTUS
LIBYÆ DESERTA
BARCNA
NUBIAE PARS
ITALIA
SICILIA
GOLFO DI VENETIA
Mare Tyrrhenũ et Inferum
BULGARIA
WALACHIA
PODOLIA
MALDAVIA
TRAN:
SILVANIA
ROMANIA
GRÆCIA
ARCHIPE:
LAGO
Cefalonia I.
Malta
Rhodus
Scarpanto
BERDOA
Garamantes
Elsocat des.
OCCIDENS

TARTARIAE PARS
confinia
MARE DE BACHU olim CASPIUM MARE ET HIRCANUM. Vocatur & alijs nominibus à regionibus scilicet & locis vicinis. Maximus totius Orbis lacus dicitur, salsus, magnus et copia piscium abundans
Desertum de Ruge
Georgu ria
Mengrelia
Giorgia
Turcomania
MEDIA
PERSICI REGNI PARS. Huius Imperator hodie Sophy appellatur, qui imperium à Saracenis & Turcis jamdudum ablatum, strenuè quotidie recuperat, continua inter eos atrocia bella sunt.
POPULI CURDI
ALIDULI
ARDEN
CALDAR
ARABIA DESERTA
Beriara desertum
ORMUS
Mare Elcatif olim SINUS ARABICUS
Basora fretum
AYAMAN
Elcatif desert.
Desertum olim Thaama
Loca arenosa & deserta
ARABIA FELIX
Beschari
Alibinali
Deserta vasta
Thea ma
Aden Regn.
MARIS RUBRI PARS
ORIENS
80
90
100

图版 3

'T EYLANDT MAQIAN, GEL
A. 't Casteel Mauritius.
B. Het dorp Gnoffiequia
C. de Companjies Steenenhuys, an de Strandt.
D. de Platteforme
E. de Wegh na 't fort
F. Reede voor Schepen

图版 4

T.120.

图版 5

ORBIS TERRARUM NOVA E
POLUS
AMERICA
SEPTENTRIONA
LIS.
MAR
DEL
ZVR.
MARE
PACIFI-
CUM.
AMERIC
MERI
DIO
POLUS A

ATISSIMA TABULA. Auctore NICOLAO VISSCHER.
ARCTICUS.
TARCTICUS.
HOLLANDIA
NOVA.
INDIA.
MAR DI
AUSTRALIA INCOGNITA

图版 6

Tab: XVII
Fig I.
Fig II.
Fig III.
Fig IV.
Pisang
Knoppen
och blomman

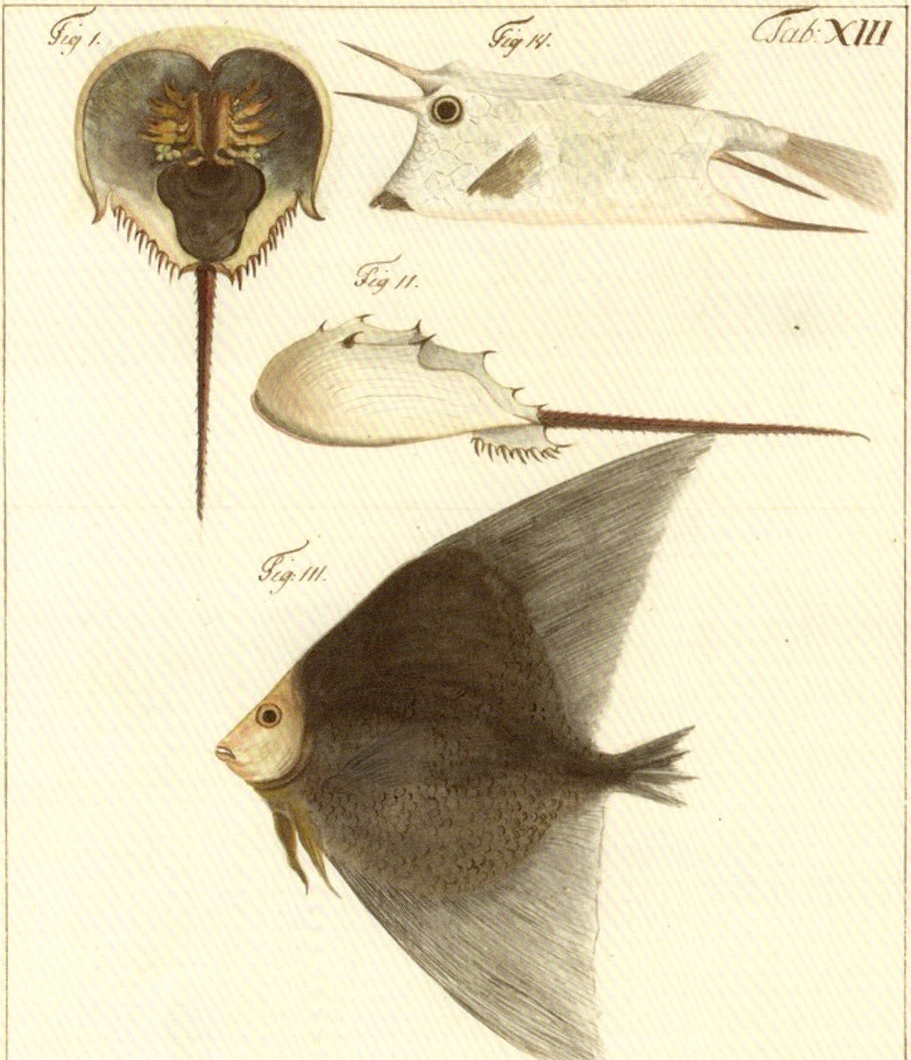

图版 7

图版 8

图版 9

士资料时,也对折磨的方法投以更密切关注,意在突出中国人的风俗。(受害)主体的地位比起他(有时是她)耸人听闻的疼痛而言,比较无关紧要。

范莫伊尔斯－达贝尔的古代中国报告又提供了一个具启发性的比较例子。达贝尔对古代中国肉体惩罚和“酷刑”(他坦率地用了这个词)的描述较少关注那些位于刑杖领受端的人,而较多关注刑杖本身:“手杖七尺长,底部一掌厚,但顶部宽而平滑,便于他们抓握。”[83]达贝尔也详细描述了这些手杖如何以及多么频繁地施加于受害人无遮蔽的肉体和引起的可观疼痛(甚或死亡)。手杖也在范莫伊尔斯工作室的两幅雕版图中担纲主演,两幅图都从西班牙耶稣会士阿德里亚诺·德拉斯·科尔特斯的原始素描簿衍生而来,他的手稿显然从未以印本流通。不过德拉斯·科尔特斯提供的是一幅简化的绘图,强调受害人的官员地位——非常重要的带有品级标志的官袍和乌纱帽一起占据着构图的中心,但范莫伊尔斯提供了足够的增补细节,那些表明品级的官服则不再重要。在一幅版画中表现 214
了一位受拷打的人物被绑住(直立着)靠墙,一顶帽子躺在一张藏于阴影中的不起眼凳子上;另一幅版画中被拷问的受害人摊开四肢(水平地)躺在一个敞开庭院里,正位于行刑官刑杖下面的帽子几乎辨认不出。两幅构图中更突出的是动态的行刑官,他们以显而易见的豪勇之气挥舞着粗壮的棍棒。同时构图也突出为数众多的旁观者,这是完全出自范莫伊尔斯想象的附加人物,他们占据了两扇置于适当位置的窗户,即位于雕版图前景和中央,还包括了一位欺身于窗框并倚入折磨场景的观众;在另一幅雕版图中,在这壁龛结构的上层,两个人物向外凝望着下方的举动。在两个例子中,这些“加了框的”目击者观察着惩罚过程,且由此将折磨勾当渲染为公开戏剧——异域暴力变成公共景观。

这些例子(还有更多)可以被认为是修正型暴力,早先表现暴力的传统出于替代性（然而可看出是同源的）意图而被改编或重塑。这些形象可以归在类似的大标题下（比如肉刑或殉教），不过它们被重新放置在特殊场所——（欧洲）旧酒装入（异国）新瓶。然而在另一些例子中，修正更突出，出版商或雕版师或叙事人对暴力的投射更强化也更骇人。在这些例子中，对暴力的叙事或刻画即使从旧有的且既定的形式中继承而来并加以重塑，它们发展成某种全然不同于原始版且比原始版更加令人痛苦的东西的程度如此之甚，以至于它们指示着一种全新的描述性暴力类型。这就是异域地理学资料中堪称最令人不安的主题的情况——关于异国强奸的形象。

对强奸的描述，不管异国与否，在欧洲艺术和文学中都谈不上新鲜什物。在关于欧洲人的一些奠基神话中，强奸都是核心特征——欧罗巴被强奸，萨宾族（Sabine）女子被强奸，卢克雷提亚（Lucretia）被强奸（前两个蕴含的某种接近无意识的诱拐的意味多过纯粹的性暴力）。[84]而且这些古代神话与主题在文艺复兴艺术家和作者那里经历了局部复兴，尤其是在提香（Titian）、尼古拉·普桑（Nicolas Poussin）和伦勃朗的布面油画中，也在波利兹亚诺（Poliziano）、莎士比亚（Shakespeare）和约翰·海伍德（John Heywood）的诗歌及戏剧中得到很好的发展。强奸在古典地理学中也有一席之地，尤其是在希罗多德的历史书中，他在一段引用率很高的文字中对照了欧洲人和亚洲人对女人名誉的看法以及她们遭受的暴力绑架，他引用波斯人的露骨陈词："我们亚洲人才不注重我们女人被强奸的问题，而希腊人只为了一个斯巴达女人（斯巴达的海伦，后来称特洛伊的海伦），便纠集大批人马来到亚洲，还颠覆了普利阿摩斯（Priam）的政权。"[85]

在近代早期对战争的刻画中，强奸也在视觉资料和文本资料中同
215 时可怕地出现——与其他对暴力的呈现一样是再度出现，而且尤见于涉及欧洲人正在进行的宗教斗争的图像中。它在法国宗教战争的年

鉴中充当一个被多方援引的主题,而在描述尼德兰革命的编年史和版画中恐怕犹有过之。特别在 17 世纪前半叶,尼德兰制作的反哈布斯堡的素材把强奸当作他们论战攻击的中心点。在荷兰资料中,强奸几乎是叩着战争脉动有节奏地产生共鸣。关于性暴力的小插图——“残暴的”西班牙军队对“无辜的”荷兰女人和女孩犯下的——随着尼德兰革命而出现,然后填满了“十二年休战”(1609—1621)前后时期里的叛军宣传册和版画,那时这类故事服务于双重目的,既贬低敌人又凝聚新生的但还各自为政的荷兰共和国。强奸也在真实意义和比喻意义上担纲几部文学作品的主演,这些作品的撰写构成战争最终决议(1648)的先声,此时“爱国主义圣经”再度被敦促采取行动。例如霍夫特(P. C. Hooft)的《吉拉尔德·范菲尔岑》(*Geeraerdt van Velzen*,1619)和乔斯特·凡德冯德尔(Joost van de Vondel)的《吉茨布莱特·范阿姆斯特》(*Gijsbrecht van Amstel*,1637),后者粗略地复述了荷兰语境下的罗马奠基故事。强奸的形象在 1670 年初期也再度浮现,这时有英国海军袭击和法国军事入侵的双重威胁,又一次促进了修辞性反击。这次反击中出现了洛迈恩·德霍格关于法国人暴行的高清晰度蚀刻画,活灵活现也直率地刻画了粗鲁的性暴力插曲。[86]

换而言之,强奸在欧洲艺术和文学的某些形式中高度可见,多数都关乎欧洲人内部的冲突。然而在 17 世纪最后几十年这情况发生微妙转移,战略上的重新定位在一部可算是有关强奸的图像的戏剧化累积的作品中赫然可见,该作品也差不多是此主题在北欧人,特别是荷兰政治的论战语境中最后的喘息,这部剧院作品碰巧把强奸安置在异域世界,它就是约翰·德莱顿(John Dryden)的《安姆堡娜》(*Amboyna*)。

《安姆堡娜》创作于 1673 年,专门为伦敦的舞台撰写和制作,是一出爆炸性且有尖锐话题性的剧作。它将 1623 年以来的争议性事件戏剧化了,就此而言,在英荷围绕殖民地贸易尤其是马鲁古群岛展开竞争的语境下，它使半个世纪以来的宣传复活了。在安汶这个热带岛屿，或至少是被德莱顿戏剧化再现的岛屿里，荷兰人借伪造的叛国指控并拷问英国对手并将他们处死，目标是在香料贸易中占上风。这些假定的罪行和惩罚起初曾引发强烈争议——五十年前发生过一场激烈辩论，也是用印刷品形式，但是在第三次英荷战争的痛苦挣扎中，德莱顿的剧作采取了一种毫不含糊的不列颠人视角。它责难英国的商业对手，也纵情表现“残忍”荷兰人针对“无辜”英国人犯下的邪恶暴力（这对历来担任受压迫者角色的共和国来说
216 是个尖刻的身份转移）。剧情设计注定要遵循历史事件即对香料贸易和殖民统治的竞争，然而这剧作马上沦为巴洛克式的闹剧，德莱顿提供了堆砌的、激烈的、热气腾腾的暴力手段。英国受害人承受着来自荷兰人的剧烈痛苦，其中最触目惊心的是一个在受害人头上和头周围倒水以造成窒息感觉的过程，这在现代酷刑词库中称为水刑。而且所有这些都发生在将剧情推向高潮的一起强奸事件之后——一位怀恨在心的荷兰人物对一位本岛女人犯下的，她最近嫁给了即将就任的英国代理人。尽管上演的舞台是“异国的”，但就执行层面讲，强奸行为是欧洲的，他是一位欧洲人（荷兰总督贪婪的儿子小哈曼[Harman Junior]）对一位欧洲化的“本地人”（叶萨宾娜[Ysabinda]）犯下的，她代表并引出一位英国绅士（加布里埃尔·陶尔森[Gabriel Towerson]）的侠义举动。倘若说部分由代理人在一个异域场景进行，那么这出剧目刻画的是欧洲人内部的暴力。确实，继之而来的残酷杀戮——又是荷兰人实行的——宣告了大多数欧洲人（英国人和葡萄牙人）活着，而让本地安汶人充当主要戏剧道具。[87]

不仅如此，德莱顿对荷兰人犯下的强奸（且本来属于欧洲人内部的恶毒暴力）的刻画出现在伦敦舞台的同时，还有其他一些有着清晰异国格调的强奸图像出现。其中许多都是从伦敦经理人兼皇

家地理学家约翰·奥吉尔比那里流出的,通过以奥吉尔比的名字面世的一些范莫伊尔斯出版的地理学书卷的译本,派发到他的受众当中。在这些例子里——蒙塔努斯对日本和美洲、达贝尔对波斯和中国的性暴力的描述,以及诸如此类的描述——受害人和施害人全都明确是异国的。达贝尔本人在几年前(1665)曾翻译过希罗多德并且肯定熟悉关于亚洲人性行为的套路,蒙塔努斯在他1669年写日本的书中早就包括对强奸的描写(及关于女性的人兽交合)。范莫伊尔斯和约翰尼斯·范索梅伦很快就要在他们出版的斯特卢伊斯《旅行》(1676)版本中发行关于格鲁吉亚人、俄罗斯人和波斯人的强奸场景(并带图形阐释),而强奸就要在这些年里生产并广泛翻译的大量其他地理学卷册中不详地逼近了。在几乎所有这些例子里,强奸都发生在欧洲以外,且它的受害人和施害人都有着异国出身,或者更糟。因为从这类文学中也浮现出性暴力的一种新型且更加令人不安、含种族意味的形式——好色的猴子们对异国女人的性暴力,或者如蒙塔努斯有些宽松地界定为“猿”(在其《日本》中)的那类的强奸。这是异域暴力的一个全新规则。

不同品种的猴子们对着各块土地上的女人展开“好色”攻击,这标志着表现异域身体时的一个新奇的主题。它把“狂野”暴力的粗鲁模式同匪夷所思的对于性杂交的暗示相糅合,创造出一个令人厌 217
憎之至的公式,该公式将在未来这些年持续并极大地影响欧洲人的殖民想象。[88]为该主题查找确切来源,不及确定决定性的增长时刻重要,该时刻就在由尼霍夫中国书的出版所揭幕的地理学生产紧张激烈的十年。在那本书里,读者获知某些猴子有“兽性的欲望”,它们捕猎住在山上的中国女人:

在四川(Suchuen)省有一座山叫Toyung，山上有猴子或狒狒，①它们的个头和形状都很像个男人。这些生物比一般的生物更沉湎于性欲，以致它们经常试图突袭女人，目的是满足它们的兽性欲望，并且把它们的愿望强加在她们身上。印度人称它们"野人"，印度女人非常怕它们，以致她们不敢走近猴子们频繁出入的林地。[89]

几年之后，在达贝尔关于古代中国的书中出现了非常相似的一段，以略加修订的强调话语阐明，那些女人是"被强暴的"(引用奥吉尔比修复过的译本)："在四川省重庆府的Tayung山有狒狒，它们的体格和形状都很像个男人，也如此狂暴地渴望追求女人，经常在路上奇袭并强暴她们。"[90]而在蒙塔努斯关于日本的离题的报告中(晚于达贝尔中国书几个月出版)，这种场景转移到婆罗洲岛(Borneo)，这里上演了"求爱"情节，还暗示那些讨论中的异国女人有互动性参与："婆罗洲岛的狒狒敢于直面武装的男人，并且会挑拨女人；而倘若它们不能靠殷勤和追求达成效果，它们就强迫她们。"[91]该主题最终在几年后到达非洲——也是经由范莫伊尔斯工作室，该工作室可能是它扩散的主要引擎，在冉·斯特卢伊斯的《旅行》中。作者在马达加斯加观察到："除了这些(猴子)之外还有另一种白猿，差不多就要绝种了，它们非常好色，即使那里的女人也不能对它们感到放心，它们只要找到机会就强暴她们，一只抓住她，直到另一只执行完它的任务。"[92]非欧洲人身体又一次必须承受粗鄙又激烈的凌辱，不过这则特别报告中非常明显差别——惹人注目的"白"猿以依稀的拟人态行事——给予异域世界的发展中的叙事明显的种族主义

① 下文达贝尔演绎尼霍夫书的段落提到重庆府上属Suchuen，知是四川省，且四川猴子好色的传闻确实比较多。但Toyung及下文Tayung无法确定是哪座山，重庆境内多猴的山也很多。另，狒狒主要在非洲，中国和东南亚都没有。——译者注

者的影射。[93]

异国女人被难以驾驭的猴子们施加性暴力——“猿猴强奸”的事件先出现在文本报告里后在雕版形象中被不准确地暗示也被清晰地描述,这类不断增长的报告有两个彼此独立但几乎不相排斥的要点。其中一点涉及异域身体在17世纪后期及更靠后的产品中必 218
须承受的可怕暴行、性暴力和急剧疼痛——暴力从来都是“异域的”。另一点关乎非欧洲人身体本身,这身体似乎被同欧洲人的身体分为两支,正如许多这类暴力小插图中所配置的。异域身体不仅举止和模样不同,它对感觉的感知和对疼痛的体验也不同。它在生理上和形体上都是独特的,它隐然就是与众不同的“种族”(race)。

种族当然有一部历史。然而恰恰就是在不断发展的历史中的这个时刻,种族话语中最关键的试金石之一以印本形式问世了——弗朗索瓦·贝尼埃(François Bernier)的《基于地球上居住的不同特种或种族的新的地球划分法》(*Nouvelle division de la Terre, par les différentes Espèces ou Races d'hommes qui l'habitent*, 1684)。[94]贝尼埃(1625—1688)是个去过黎凡特和南亚宫廷的经验老到的旅行家,而且同样关键的是,也去过北欧的沙龙,他算是在印本中采用现代意义上的“种族”术语并将人类主要按身体差异归类的首批作者之一。
尽管他本人的足迹最远只到孟加拉——他从没完整地看过他分门 219
别类的“种类”,但他假定“人类有四或五个种类或种族,彼此区别如此显著,这可以充当世界新划分的合理基础”。[95]贝尼埃通过设想人类“排他性地以身体标准”相区分——基于身体——而给予“种族的
身体—生物观念以基础论的地位”。[96]他的努力反映出近代早期文 221
人学士当中给事物分类的根基深厚的冲动——一种在自然史中格外得到表现的分类学本能,在地理学中表现程度略轻。不过贝尼埃也有革新。他的方法不同于16世纪典型的“迁就手头现有物的拼装”(如斯蒂芬·格林布拉特所称的),也不同于17世纪初期的民族

志,他提出的种类与过去所调用的在文化上加以协调的评估准则相比,更执着于躯干上和肉体上的可观察性。[97]它们与当时地理学的评论和趋势完全一致。于是,奥吉尔比(在翻译尼霍夫关于掠夺性猴子的报告时)可以将民族性的中国人同通指性的"印度人"合并,而且把整个这一组都纳入中世纪所知的"野人"物种;尼霍夫可以指称世界上的"棕色"人种(在印度被界定),凯姆普菲尔可以调用亚洲的"黑色"民族:"暹罗王国是最强大的,它的宫廷在亚洲所有黑色民族中最宏伟。"[98]总而言之,他们都通过肤色和人种来观察身体。

不仅如此,他们也都认为身体色泽和肉体差异是某种类似于文化分野和种族分类的东西,不同颜色展现出不同文化,且在更广阔意义上展现不同的身体特质。颜色是外观,或外显物、标志,它有时被公正地评论,尽管更常是不公正的。让-弗雷德里克·伯纳德《世界所有人民的宗教仪式和习俗》(1723—1743)——被大肆赞扬为"客观""真实""开明"的全球宗教画面——的英国译者首先颠覆性地宣告,所有人的身体都是平等的(哪怕他们的智力和性情、宗教制度和民政制度会有多种变体),然而他后来恰恰强调了人类当中的种族主义者差别,用关于肉体肤色的术语来定义:"黑人(Negroe)偶像崇拜者陷入比他们的肤色更黑暗的蒙昧中。"[99]在关于撒哈拉以南非洲的这段特别讨论中,身体的黑暗表明了灵魂的暗淡和这灵魂在虔诚敬神方面的无能。而且正如敬神的能力在全球各种身体(和灵魂)的范围中可能各异,其他能力也可能各异,比如忍受疼痛的能力。此种观念下,非欧洲人身体便与欧洲人的身体构造不同,并且能力不均,尽管以多层面的方式。阿芙拉·贝恩那位由王子变为奴隶的奥鲁诺克的黑色——他有着"完美的乌木般的或光滑如墨的"皮肤——不仅对主人公的高贵品质而言很关键,也在他承受身体痛苦的超凡脱俗能力方面极为重要:关于前者的例子是,在以他的黑色身体进行仪式性献祭时露出关于他王子地位的审美标记;关于后者的例子是他承受可怕的肉体疼痛的能力，尤其是在小说结尾处出现的身体折磨。[100]

在欧洲以外，身体以不同方式发挥功能和执行任务，而且更常见的是，它们承受疼痛。疼痛始终如一地流行。即使在地理学最基本的形式中，身体的极度痛苦在异域世界也可以无处不在，如地图的装饰中（这个是相对温和的例子），它为了将异域空间寓言化而展 221
示关于折磨的小插图的举动不稀奇。在约翰尼斯·范科伦的《东印度新海图》（*Nieuwe Pascaert van Oost Indien*），即一张勾勒出印度洋全境及其毗邻陆地的海图中，上面的装饰画表现了一个阴森可怖的暴力场景，在一位缠着头巾、被阳伞遮阴的监斩官目击之下，血腥地斩首一位囚犯。身体暴力的静态画面在此发挥视觉速记的作用，用这个绘画策略来展示可用以界定东方的社会与政治特质。范科伦的另一幅作品（这次刻画东地中海）图示了一位几乎裸体的男性人物单膝跪地向一位奥斯曼帝国的帕夏（pasha）恳请饶命。在这位东方当权者和他绝望的恳请者——他们是一队受害人，包括一个女人、两个孩子和两个被剥去衣服的男性的身体——之间丢着无疑要被运用于异域身体上的折磨工具（鞭子、棍棒、锁链）。[101]对暴力的这种告知在描绘欧洲土地地图的装饰画上完全缺席，欧洲地图的典型做法是以纹章、武器和王室徽章的形式表达社会组织和政治等级。异域世界被描绘成另外的样子。它上演一班超凡脱俗地忍受暴力的人物；它提供实际上为了疼痛而整装待发的身体。[102]

在这几种变体和表现方法中，在难以计数的描述异域暴力的文本和图像中，非欧洲人的身体遭受着一种身体上的严酷考验，此种考验在西欧已经多半被删除了。这意味着暴力地理学上的一个基本转变，它与欧洲的“反常”地理学同时出现，在这场转变中，肉体凌 222
虐的描述形式被转移到别处，被从欧洲的疆域中驱逐出去。暴力被异国化了（更别提被色情化了）。这也反映出疼痛认知论上的一个关键转变,现在对欧洲人而言,疼痛对不同目的有用并拥有相应不同的含义。到17世纪后期,疼痛与苦难已经被大体上去神圣化,这种改组同欧洲各宗派之间的宗教冲突式微的历史形势相符合。[103]在欧洲的后认信世界里,为欧洲人内部的暴力打广告和定规格没什么意义。"后认信"可能事实上并非如此,因为宗教敌意肯定还持续存在,但在国家安置理论中已经是后认信的,因为主权国家通过立法规定不同认信阵营的解决问题。目的的转变反过来影响了暴力空间的转移。疼痛与折磨相应走到欧洲以外,并被置换到非欧洲人身体上,这就是异国的暴力。暴力与身体痛苦进而不仅折磨着非欧洲世界,还被认为在那里蓬勃兴旺,仿佛在某种程度上天生适于异域身体。对非欧洲人身体的残酷对待和这身体所体验的无数肉体苦难,都用来勾勒异域"物种",并将日益摆脱此种煎熬痛感的欧洲人身体同非欧洲人身体区别开。[104]在一种意义上,对身体疼痛的"神圣化"理解让步于"种族主义者"的理解,身体越来越少因宗教原因受苦,而越来越多因种族原因受苦。[105]

这场转变在修辞学上发生,也递增式发生。在一些欧洲人的旅行报告中和某些对异域世界的描述中,疼痛确实仍被强加到欧洲人身体上且苦难继续带着一层毫不掩饰的宗教信息。在冉·斯特卢伊斯关于中亚的恐怖故事中,暴力不仅仅令欧洲人的身体伤残——斯特卢伊斯扉画中生动图绘的那个摆出基督式造型的被毁伤大半的人物;"波兰"女人那被恐怖地凌虐的肉体,像圣巴塞洛缪那样被剥皮和钉上十字架——暴力也传达出基督徒正在受难和殉道的信息。[106]斯特卢伊斯的畅销书为读者提供了一份关于基督徒的忍耐力和灵性救赎的叙事;它符合欧洲文学长久以来的一项传统,该传统不会轻易被抛弃。然而,从更广泛意义来看,残酷行为施加到非欧洲人身体上的频率日渐多过欧洲人身体,而且到了17世纪后期以比从前更过分的方式施加。或者不如说,它们的行事方式显著类似于前一个世纪宗教改革期间和两败俱伤的宗教战争期间那些论战作品中刻画的异想天开的惩罚技术和恐怖的肉体暴力，不过它们现在日趋罕见。当暴力的幽灵在欧洲不再受欢迎的同时，它在国外被轻易目睹；当“认信”暴力在欧洲语境下越来越没意义时，施加到有种族标记的非欧洲人身体上的“殖民”暴力相形之下就变得越来越有用。如塔拉勒·阿萨德所评论的，对非欧洲人身体的“非人”对待和“折磨”有效地合法化了欧洲人对殖民世界的介入。非欧洲人的身体被认为是“东方专制主义”和残酷“暴政”的牺牲品。[107]换而言之，暴力在国外找到新身体和新用途。

关于异域暴力主题的出现的最后一点是，无论受苦的是欧洲人（如斯特卢伊斯书中）还是非欧洲人（如大量其他文本、版画、地图等载体中），在扩大着的异域世界里侵犯身体的可怕暴力都是一以贯之地被当作“公开展示”素材而呈现给欧洲读者和观者。暴力是某种既令人惊叹又让人去观察的东西。而且无论到头来是谁在遭受这份凌虐，暴力都一例由非欧洲人折磨者给予，这些折磨者在地理学资源中被描述为全力以赴地演绎残酷的戏剧。斯特卢伊斯书中如此活灵活现雕刻出的残忍场景——用特殊的“镜子”反射并用骇人的人皮来打广告——提醒人要注意观看书里描述的身体凌虐；读者不单单是个偶然的偷窥者，还是个逗留不去的积极目击者。尼霍 224
夫和达贝尔的中国叙录中所附带的拷问雕版图中，帝国司法体系受害人所遭受的疼痛被弄得令人不忍直视。通过目击者和偶然的旁观者，通过纳入阳台和窗户来容纳这些观看者，通过把身体痛苦转变为更一般意义上的公开展示，范莫伊尔斯工作室为了强调看见折磨这一幕而用了这些增强雕版场景的手法。其作用是让异国的折磨显得既公开又普遍，尤其是帝制中国的例子，它在这些资料和这些年里开始取代奥斯曼土耳其，成为肉刑首镇。编者这些加强和充实举措可谓没怎么披露出古代中国刑罚的实际体制，反而更多地表明了关于东方式折磨和身体损坏的图像已经非常牢固地进入了西方头脑，如果说近期学术研究有所发现，那就是为清代司法实践中的相对残酷开脱，并揭示它们在西方资料中被歪曲得多厉害。范莫伊尔斯的雕版图和它们对异域身体受威胁这一更大图景的公式化，阐明了关于“东方折磨和西方想象”（如几位研究中国的历史学家近期的措辞）的历史中的关键一章。[108]它们开始把对于异域身体的一种观念法典化，此观念将在未来年景里影响欧洲消费者和殖民规划者。

非欧洲人身体及其公开展示下的痛苦在界定异域世界时扮演了本质性角色。中国的酷刑——采用对异域身体严酷考验的一个更戏剧性的表述——可能并非实际上是它被塑造成的那种公开的、教训的、堕落的、虐待狂的或剧场般的图景。非欧洲人身体原本也没有体验过任何异域地理学资料中报告的像巴洛克暴力剧场（或狂暴的性无度）那样的东西。但是关于古代中国酷刑的场景在时间选择和发行量方面都对它们的欧洲消费者有着深刻影响。首先，这些图像被证明在图形和其他视觉艺术方面影响力无限。特别是范莫伊尔斯制作的小插图在书籍、版画、地图和物质艺术中都被重新使用（更多相关讨论见下一章），而且它们发挥着巩固（这个例子是）东方和肉体折磨联系的作用。尽管它有实效，但“中国酷刑”这个主题在这些资源中都成为“虚构出的似曾相识”。[109]其次，中国司法和民事方面的折磨的兴起正与欧洲酷刑的衰落一致，至少它的表现形式是如此，而这让中国能在这方面代替西方，担任无节制“残酷”的首镇。对近代早期的思想而言，残酷也意味着“暴政”，且这些图像的一种政治哲学形式在孟德斯鸠和诸多其他“启蒙”批评家的散文中进一步流传，他们在未来几十年里谴责“东方专制主义”的苦难根源。[110]即将进入 19 世纪时，乔治·亨利·梅森（George Henry Mason）把一整本书（并带大量插图）奉献给中国酷刑这个主题，《中国

酷刑》(*The Punishments of China*,1801)是一本在帝制中国行将灭亡 225
的时期里推进亚洲式“残酷”主题的资料。[111]再次,最终是身体充当这些“暴政”的场所,充当这些被精巧描述行为和图像的物理彰显,充当欧洲作者和雕版师界划他们与异域世界分岔口时的调色板。肉体暴力在欧洲人身体与其异国对应物之间做出了具体区分。身体以极其戏剧化的式样透露出异国世界是一个充满残忍和专制的地点;它表现异国臣民忍受极致痛苦和疼痛的能力;而且并非无关的是,它把这些肉体凌虐包含的不公正生动化和有形化。最后,应该指出显而易见的一点,这些残酷剧目的旁观者和非欧洲人身体所受恶意凌虐的目击者(以及非欧洲人身体“反常”性行为的目击者),都是1700年前后这时期异域地理学的欧洲消费者。

226　给要求确定性的英国人，以及倾向于蔑视一切只让他们遇到无尽差异性却无法发现真理何在的艺术的英国人。简而言之，如果适当遵循这一方法，则我会被说服，地理学很快就要恢复它在我们当中失去的信用，并解除重堕错误的危险，这方法就是对无知之手或唯利是图之手日常强加于公众的伪造构图说不；因为在这种情形下，想要保证（凭据）的人或不赞同它们的人不会出于使用而购买地图。

——杜赫德：《中华帝国全志》（约 1738）

JEAN - BAPTISTE DU HALDE, *Description geographique, historique, chronologique, politique, et physique de l'empire de la Chine et de la Tartarie chinoise*（约 1738）

在印度主题或中国主题上可以更加随意，因为令它们的产品受推崇的是丰富的幻想而非得体，在这些产品上常常看到蝴蝶围着一头大象或其他同样荒唐的事物；不过因为艳丽的色彩和幻想的特质，它们很少失败。

——《仕女娱乐；或令上漆容易的全套艺术》

（*The ladies amusement; or, Whole art of japanning made easy*，约 1760）

第四章　异国愉悦：地理学、物质艺术与“宜人的”世界

一　承载异域印象的商品与近代早期的消费

在整个近代早期,异国地名成为异域货品的象征,这是个古怪 227
的事实。说得更确切和更技术化一点就是,在近代早期世界里,与新近遭遇的一些外国空间相关的地理学命名法,被欧洲人挪用来作为界定一系列物质品的语言手段,尤其是对那些新近大量涌入欧洲时髦宫廷和富裕家庭的奢侈消费品。这并不适用于所有异国土地或大多异国货品。然而在整个近代早期都发生且在17世纪后半叶至18世纪头几十年——约1670—1730年年间——最为广泛的是,数量显著的外国地区同欧洲人篡改了的词语相结合,这些词语是属于消费和收藏环境下的物质艺术的词语,尤其是那些同奢侈品消费世界有关联的物质艺术。这些词语最初与这个时期占据着欧洲的外交、商业及很重要的地理学想象的地区和政治体有密切联系。但特别是在18世纪头几十年里,它们每一个都随即发展成指代一系列货品的词语——不恰当的名词以及动词,这些货品都是全欧洲的鉴赏家和收藏家大力寻求的东西。简而言之,随着异域地理学延伸到收藏和物质艺术,地点就变成了物品,有消费品也有奢侈品。

那就是说,China,一个在16世纪已经对欧洲贸易者部分开放的 228
帝国,很久以前就因为其生产和出口各种令欧洲王侯与商人垂涎的

奢侈物品而备受仰慕,到了16世纪中期开始与自明朝进口的瓷器联系起来;“中国瓷”(china ware)这个术语早在尼霍夫1665年的地理学印本中就被使用,后来被缩略成china,很快就成为陶瓷杯盘碗盏的通称,也指(17世纪后期)来自清帝国的进口陶瓷。[1] Japan也像China一样,在16世纪是作为一个地理学上的地名而使用,属于最初用于指称欧洲人很少造访的地区的那类术语。然而到了17世纪最后几十年——此时该地区更稳固地留在欧洲人的想象中,它指一种用于上漆的格外坚硬的亮光漆。它还用作动词,指代上漆艺术——生产一种日益受欢迎的物质艺术品或家具的技术。(它也可指漆器本身。)约翰·斯托克(John Stalker)和罗伯特·帕克(Robert Parker)在他们被广泛参考的《涂漆和上漆论》(*Treatise of japaning and varnishing*,1688)中就这样用这个词,且几十年后它也被游历甚广的画家兼制图员让-巴蒂斯特·彼勒蒙(Jean-Baptiste Pillement)以类似方式使用,彼勒蒙设计了《仕女娱乐;或令上漆容易的全套艺术》(约1760年)的“异国”雕版图。[2]

这些是众所周知的例子,此外还可以大量引用其他例子。Ottoman这个术语对近代早期欧洲人而言是几乎可以与Turk交换使用的,用作名词或形容词,描述一个人或俗称黎凡特地区的政治兼文化特质;而ottoman作为“没有靠背或扶手的铺软垫矮凳”则来自法文的ottomane,在18世纪前30年被用于印刷品中。India长久以来与南亚及印度河以东疆域辽阔的亚洲领土相联系,到了18世纪前期开始指称欧洲富裕女性所喜爱的一种丝质布料(随着时间推移,它也被用于指多种其他印度布料)。另外,在年代上只稍微超前一点的是,Java在18世纪后期开始代表一杯好咖啡,正如稍早一些(至晚从18世纪60年代)Mocha一词在这个意义上的运用。[3] 这些例子中,都并非这个不恰当的名词或动词本身成为一种借代,它们的地理含义和物品含义依旧有专门区分。这些被授予双重意义的词语其实能指明近代早期地理学难以区分的进程,在那里,地理空间,尤其是异域世界的空间变成一件商品,最典型的可谓是变成一件奢侈品。[4]此种语言现象也证明了对世界和世俗事物的一种较宽泛的概念化方法。它阐明了近代早期欧洲的收藏文化和消费文化如何同异域地理学的审美观融合——异国地点如何开始同消费品相关联。[5]

异国空间同异国事物的关联也指出1700年前后的地理学同当 229
时的物质艺术间更广泛的联系,即一般属于印刷品的与世界有关的二维资料(书籍、版画、地图和诸如此类的资料)同诸多三维物品间的联系,这些三维物品也在此时期繁荣,亦与世界有关,并可归入“装饰”艺术这个不甚令人满意的大标题:进口的(主要从中国和日本进口)和欧洲制造的(主要来自代尔夫特)陶瓷;纺织品,包括挂毯、丝绸及一系列装饰近代早期室内家居的纺织纤维;自然品,它们可能有各种装饰,因此从技术上讲是混合(自然—手工)产品,如装饰用的海贝壳、椰子壳、鸵鸟蛋、象牙、犀牛角以及其他;雕木,既有异国出产的也有欧洲种类的;等等。近代早期地理学资料有一种“物性”(objectness)特质,或称物质性(materiality),使它们能轻易被渲染成物质艺术的可消费形式,即使如此这时期的物质艺术也类似地从印本地理学的各种形式中多方借取。二维资源以此种方式表示三维资源,反之亦然。[6]重叠不仅包含共享命名法——让近代早期地图上的地名有了双重意义以丰富近代早期物质艺术的词汇。重叠也意味着共享主题及图示性素材的共同宝库;共享设计策略和产品的重叠模式;共享工作室实践和借取与复制的共同习惯;以及媒介之间富有成效的交换,它鼓励一种被共享的异国格调审美观的发展,并在彼此分离的近代早期资料当中广泛流通。荷兰制造的地理学书卷的扉画(是这些交换行为的一个简单例子),不仅以各种方式刻画可消费的异国物品,也提供了在近代早期的欧洲作坊里装饰那些特有货品时的主题（如许多“异国”物质艺术品经常会有的）。

文化生产的共同习惯和懂行的作坊实践——可以说就是异国格调贸易的窍门——反映出思考、描述和刻画异国空间的方式，同此期发展得如此独特的诸多所谓装饰艺术或物质艺术（陶瓷、漆器、纺织品等）之间的一种显著重叠。虽不是所有体裁和形式的异域地理学和物质艺术都共享，但这两个领域17世纪最后几十年开始繁荣的体裁和形式中肯定有许多共享生产策略、审美呈现甚至可被视为发明的认识论基础的东西，即理解并由此制作其各个产品对象的方式。这两个“领域”彼此有共同参考，也有大量互相渗透的例子，因
230 此就是双向示好。这更进一步地意味着，对异域地理学和“装饰”艺术的批评也聚焦于一系列共享的特质，对这两类的反应都在18世纪早期到中期即伟大的“分类时代”变得日渐消极，甚至轻蔑，它们可以被视为“伪造的”而不予理会（如杜赫德关于中国的学术性地理书的英文编者所为），或者被视为不“得体”而否定（如18世纪最早的上漆艺术手册所为）。[7]

异域地理学和物质艺术都落入纯属“幻想”的暧昧范畴，如杜赫德（见《中华帝国全志》中另一则嘲弄性评语）和《仕女娱乐》的作者所赞成的。这类作品不注重“真实”并且没有牢固的“确定”的感觉，过度倾向于“随意”行事并常常交易“无尽的差异”，具有出现“错误”和“荒唐的”形式合并的倾向，还被“唯利是图的手”设计，并且充其量是在叫卖琐碎的“娱乐”。异域地理学产品和装饰艺术产品大多都会因其轻率地诉诸“迷人的描绘”而被挑剔，如杜赫德在批评早前的（据推理是）荷兰地理学品牌时的轻蔑用语；也会因为它们不严肃的“取悦”天性而被挑剔，如《仕女娱乐》的作者无顾忌的声明。在某种程度上，地理学资料和物质艺术给各自的受众提供了异国“愉悦”的不同变体，它们也为此被彻底嘲笑为卑鄙的商品（“唯利是

图”)、琐细的女性事物(“仕女”)和普遍“伪造的”消费对象。[8]

本章探查异域地理学同物质艺术间的瓜葛,两者在一个关键时期里——大致为17世纪后30年到18世纪头30年年间——同步发展。伯纳德·史密斯(Bernard Smith)在其作为库克太平洋航行成果的欧洲与异域世界进行艺术交流的经典报告中,让人注意到“异国情调美学”(aesthetic of the exotic)同装饰艺术的关系,身为艺术史学家的史密斯将这种联系的年代明确为17世纪后半叶。史密斯在他里程碑式的著作《想象太平洋》(*Imagining the Pacific*)中提出了“巴洛克异域风物”(Baroque exotica)概念,他用长篇大论的第一章来讨论这种影响巨大的“审美模式”,“在装饰艺术中得到最一致的繁荣”。史密斯还对此补了一篇关于“南部天主教南”的结尾。[9]史密斯含糊地否定了荷兰人在生产异国格调这种新鲜又强有力形式中的作用,更多的是严格从标准视觉艺术——首先是油画和水彩画——的视角用他的方法谈论他自己的主题,较少谈论印本地理学这一内容丰富又极具暗示性的资料。他狭窄的视觉路径对某些题目无疑是明智的,但模糊了作为出类拔萃的异域地理学生产者的荷兰工作室的贡献,以及它们在此确切时期对于在书籍、版画、地图以及视觉艺术和物质艺术中为表现异国事物而发展出来的方法和主题的贡献。从地理学角度审视“异国情调美学”,这不仅补充了有助于阐明其源头和此期发展形式的有价值的资料,也暗示出理解“装 231
饰”素材的一种更加微妙且严格的方法,对此,史密斯在分析中似乎也轻描淡写。

将近代早期地理学与物质艺术并置的目的有如下几个:首先,阐明这两种产品模式的惊人重叠和它们在1700年前后成果丰硕的交换;其次,证明这些关系对地理学学科和物质艺术实践两者的生产成效如何,前者可以更富“装饰性”地发挥作用,后者可以比通常所想象的更具“叙事性”;最后,揭示这两种模式与异国“愉悦”的相互作用,异国"愉悦"是形塑近代早期欧洲人感知世界的方式的关键主题和审美倾向。

二 地图上的涡卷饰:传达叙事、寓言与隐喻

要给近代早期地理学的"装饰"癖好和同时期物质艺术的"地理学"倾向定位,只需要看一张尼德兰生产的地图,即更好地投身于异域世界的地图,尤其还要看它的涡卷饰。舆图素材在很多方面都是地理学资料的精髓,有什么能比地图更清晰地界划空间呢?不过它们其实也是近代早期装饰艺术主题的不竭源泉,装饰艺术从经过美化的地图中自由借取。它们还为来自异域世界并被欧洲人热切渴望的物质品提供了视觉盛会的一种形式。更一般地说,作为消费物品,地图以其自身实力在近代早期赢得了可观的畅销度。对商业冒险、帝国计划以及传福音使命的开展而言至关重要的地图数据,因为文艺复兴欧洲的海外航行而获得一个额外品质标志——地图在近代早期欧洲的精英圈子和相对谦逊的家庭里都被热切地收藏和显眼地陈列。此外,从15世纪后半叶开始,地图的外观发生了明显转变,不仅因为最新的海外探险家报告而重塑,也因为从简明的所谓T-O型地图①根本性地转变为托勒密型地图,前者主要履行神圣功能和意识形态功能,后者则是种数学形式,尽管其意识形态意味不少于它所取代的中世纪体裁,但它以统一的网格线和一种易于复

---

① T-O结构是中世纪地图最常用的形状,基本构形为,地球(大地)被一个O形的环海包围,以T形的内部水系分割O之内的三块已知大陆,T字的一竖为地中海,隔开(左侧)欧洲与(右侧)非洲。T的顶部一横则由两条河流连接而成,即隔开(上方)亚洲与非洲的尼罗河与隔开亚洲与欧洲的顿河,三条河流的交汇点是耶路撒冷。T-O结构的变体是在O中画个Y,或在方框中画个V。——译者注

制的版式来表现地理学数据，这版式就是方形的单张印制地图。地图呈现的这一新模式成为塑造欧洲人关于近代早期世界之形象的主导形式，而荷兰制造的地图到17世纪中叶成为支配欧洲市场的此形式的商业版本。[10]

市场为这时期繁荣的地图业务提供了一个适当的母体。地图 232
是商品，在公开市场上买卖。秘密的或机密的地图数据这种观念可能与伊比利亚的产品模式有重大关系，那里的君主在控制信息流向上扮演中心角色且印刷文化不如北欧有活力，但这种观念不易用于荷兰的地图事业。其实，印制的地图同真正的航海只具有有限相关性，它们确实提供了有关遥远土地（和遥远水域，海图在这时期卖得很快）的新鲜数据，但同时它们主要充当商品。地图设计精良、装饰生动、不乏手工彩绘甚至有时被装饰工镀金，它们有被视为“装饰”艺术的实力，是消费范围大得惊人的诱人物品。与此相应，地图令近代早期欧洲的大量空间熠熠生辉。它们作为奢侈品挂在王侯宫廷和富商住宅；它们也可能作为不贵的单张什物被钉在各种类型的“中产”家庭的墙面上，即使城市阶级的较低阶层也能买得起。地图还以马赛克形式出现，为装饰地板而铺陈；它们以陶瓷为介质，经常作为拼贴瓷砖组成大型造型画；它们也存在于挂毯纤维中，像陶瓷造型画那样，能穿梭在各种室内区域并装饰之。在所有例子中，地图通常都是供装饰的，既装饰室内空间，不消说也装饰印本地理学的丰富产品。[11]

在所有近代早期地图的装饰空间里，涡卷饰的典型特征都是作为装饰最华丽的那一项出现。它也担当地图事业中最关键的因素，倘若说地图是地理学的精髓形式，那么涡卷饰就是地图的精髓。不仅如此，它还位于地图装饰方案的核心。涡卷饰如同一本书的扉画，概括了一幅地图的内容，将描绘在更大地图图像上的空间以压缩的且常常是讽喻的形式重塑。正如印制的扉画“框定”了一部近代早期书籍的叙事，装饰性的涡卷饰"上演"了一幅近代早期地图的空间。这是以视觉方式达成的，特色是一幅旨在浓缩地理空间的雕版小插图（在有些例子中由当时的领军图形艺术家设计），它提供了对一个地区，及其居民和特质的视觉包装，提供了一个遥远地点的图画视角或主题肖像。不过，浓缩不意味着不加装饰，且对涡卷饰的设计如果有什么区别的话，那就是在整个 17 世纪变得更加精致、巴洛克和充实。与此相关，涡卷饰在近代早期地图中获得突出性和空间，而这又赋予它更多担任整个舆图解释之钥的权威性。[12]

这也具有"装饰性"结果。随着近代早期的涡卷饰获得了内容
233 和突出性，它的设计就获得了更多视觉价值和更多的关注。生产者们注意到了。一幅装饰性地图的涡卷饰图案可以在取自其他媒介的同时也为其他媒介贡献主题，比如取自醒目的扉画或地理学印本中的叙事性插图，尤其是给物质艺术贡献主题。涡卷饰以此种方式充当印刷媒介和物质艺术间的重要中枢——一幅构思良好的图案（似乎就是）能从一种资源向另一种资源、从一个媒介向另一个媒介"摆动"，将一种视觉装置或寓言主题传递给广大受众和修正过的语境。地图制作人的工作室与书籍制作人的工作室很像，必须要从事精明地借取、重新使用和复制图案，以此促成能让异国意象被从一个媒介向另一个媒介传递、接纳和改换意图的过程（从"有学问的"地理学向"装饰"艺术流动，这就不稀奇了）。换而言之，随着异域地理学的主题获得突出性，它们也获得流动性和在多种媒介中来回移动的能力。

菲利普·巴尔岱乌斯《马拉巴尔和科罗曼德概貌》（1672 年，一部专论南印度和斯里兰卡的宗教与社会风俗的广泛流传的著作）的雕版扉画充实了亨德里克·东科尔同样普及的南亚地图（约 1680 年）的图案，此例子中所调用的地理区域大体重叠，哪怕图案的目的被改变了。[13]这些主题移入其他地图和各式图集，最终移入物质艺

术，因为它们拥有易于打磨、可大幅度互换且明显吸引人的图示法。原始扉画图案可能是出版商约翰尼斯·让松尼乌斯·范维斯贝尔格和约翰尼斯·范索梅伦的发明，图中拼装了一系列亚洲的标志性形象——一头长牙大象、一位华丽的东方统治者、一位半裸的象夫，这些可以在其他媒介上为了其他意图而巧妙重组。此幅扉画与其中的寓言式形象（大象与亚洲的联系尤其由来已久）一起，也呈上物质品的一道奢华盛宴，这些物质品洒满了版画的前景，包括珍珠、宝石、象牙、陶瓷以及各种风格和条纹的纺织品。消费品的丰饶聚集在此类体裁中很常见，尤其是荷兰制造的扉画的品质戳记。[14]不过该图案也被证明适合舆图体裁和其他一些异国语境。而且此种表现模式指出了书籍和地图的图形领域（印本扉画形式和装饰性涡卷饰装置）同物质艺术（雕版资源能轻易给它做宣传）之间的近亲关系及舒心的友好关系。

对尼古拉斯·维舍尔（Nicolaes Visscher）的《最新与最准确的美洲全图》（*Novissima et Accuratissima Totius Americae Descriptio*，约1658），即欧洲异域世界地图中流传最广的一幅加以美化的涡卷饰图案属于近代早期最有影响也最有流动性的涡卷饰图案，从中可以有启发性地观察到若干那些策略和装置。维舍尔的地图大获成功。 235
从17世纪中叶初次亮相以来，出现了众多新版本、未授权的复制品和创造性的改编本，它们将此地图的图案和视觉信息深入到18世纪。[15]它那由受人尊敬的风景画家（及高产的图形艺术家）尼古拉斯·贝尔切姆（Nicolaes Berchem）发明的标志性涡卷饰塑造了跨越数种媒介的幅度广阔的图像，实际上成为关于美洲寓言式描述的一个标准，倘若不能说是唯一标准。（这主要是指地图那一对小插图中靠下的那个，不过靠上的那个同为贝尔切姆设计的涡卷饰一样频频激发仿制。）把这个放入相关环境中：雅各布·范莫伊尔斯为尼霍夫的书制作的著名扉画确实代表了中国和中国风（chinoiserie）的诞生,贝尔切姆的涡卷饰则确实代表了美洲和休·昂纳(Hugh Honour)曾授予“美洲风”(américainerie)称号的那种东西。[16]它因为极好地上演了“美洲”这个核心人物而发挥此种作用和达到此种地
236 位,“美洲”立刻被贝尔切姆寓言化并浓缩出它的本质品性。全都有了,“美洲”这个诱人的人物(女性),穿着一件考究的羽毛短裙,戴着一顶多彩的羽毛头饰盛装出场;她脖颈上的珍珠依稀可见,证明该地区风土富饶;位于她正右方①的经典的弓箭暗指她的狩猎习性(“美洲”也佩着一根风格化的棍棒);一堆堆新开采出的黄金(也可能是白银)高高堆在她脚边,旁边还有堆叠的金属铸块,表明这块大陆充实的矿产;一对以奇怪方式盘旋的蛇披露出新大陆的异国自然物;一把居中的阳伞为“美洲”的头遮蔽热带的阳光。

维舍尔的地图和贝尔切姆的涡卷饰有立竿见影和实质性的影响。首先是地图。它被维舍尔及其继承人首次发行和频频再印之后,很快就有荷兰制图家——其中就有弗雷德里克·德维特(Frederick de Wit)和尤斯图斯·丹克柯尔茨(Justus Danckerts)——出版该地图的改编版,有时有特许权,但也有未授权的。英国、法国和德国的出版商继之而来,为他们自己的图集和地理书(一般都没有特许权)明目张胆地全部或部分地复制该地图及其图案。约翰·奥吉尔比曾是苏格兰舞蹈教师,但获得了“皇家宇宙志学者和地理出版商”这个虚衔(这是个相当异乎寻常的例子),哪怕图上有伦敦的版本说明和改编过的给一位英国男爵的题献词,这幅既被奥吉尔比单独出版,也收入他那得自范莫伊尔斯的美洲卷册(1671年)的标配地图仍然依赖于维舍尔。该份有英国戳记的印本引动了大量伦敦制造的美洲,在未来几十年里于英国的沙龙和书房间传播。[17]

① 实际位于画中人的左方,作者此处想必又用了观看者坐标,指位于构图的右方。——译者注

其次是涡卷饰。该则寓言以数种形式风行，最简单的是作为美洲地图的指导性装饰涡卷饰，出版商复制地图时，经常保留其装饰，但保留的是经过修正和重组的装饰形式，改编会浓缩和提炼贝尔切姆图案的核心元素。该地图的意象以这些形式广泛传播。《新法国地图》（“Carce de la Nouvelle France”，1683）的设计师在路易·亨内平完成北美腹地探险之后应亨内平之请而动笔，他吸收了维舍尔地图上涡卷饰的一个变体，提供了一则新大陆“异教徒”的宗教寓言。[18]离得更远的是最早的俄文《美洲》之一的扉画，这是彼得大帝委托完成的对约翰·须伯纳（Johann Hübner）《关于近期和古代地理学的简明提问》（*Kurtze Fragen aus den neuen und alten Geographie*）的翻译。该部翻译地理书（1719）中的“美洲描述”以一幅粗糙雕版图开篇，此图表现贝尔切姆的“美洲”寓言，连同羽毛短裙、珍珠项链、阳伞遮阴、金块、蜿蜒的蛇，还有为这个地方性改编本加上的充当背景的河狸（河狸的皮毛在俄国经济中将扮演重要角色）。[19]离原产地较近——但就影响而言所距最远——的是贝尔切姆自己打样的该寓言的修订版，此图案之发明是为充当若安·布劳不朽的《大图集》（1662）的一幅扉画。在此变体中，艺术家通过将上下两个涡卷饰结合成单一构图并放大“美洲”这个人物而强化了该寓言，“美洲”现在自己背着弓箭并得到一只美洲鳄的陪伴（这动物自塞萨雷·里帕《图像学》[Cesare Ripa, *Iconologia*]的1603年版以来就与这块大陆相联系）。[20]这幅影响力巨大的绘图转而引起更多轮的模仿、复制、变体等。它们将视觉术语下的“美洲”本质有效地牢固化和法典化，她的本质属性、寓言含义以及异域特质（并延伸至这块大陆的异域特质）。

237

238

虽然有大量的复制和传播，但与预期相比，“美洲”被证明是个较不固定的形象和较不稳定的寓言。因为尽管有这些明显和果断的图示化发明——它们是贝尔切姆深思熟虑设计来“固定”这块大 239

陆的特质并将新大陆与一系列视觉提示联系起来，贝尔切姆的“美洲”仍展示着显著的流动性。该图案起源于舆图这一媒介并且与旁
241 侧这块美洲疆土有着固有联系，但它轻易就跨越了空间和媒介。它不仅转移到其他地图和其他图形体裁上——比如布劳的扉画和俄国人改编的雕版图，也转移到其他地理区域和其他再现媒介上，而且这些变迁会大幅改变该图案的含义。贝尔切姆的“美洲”以印本问世后没多久，就有一幅差不多一样的雕版图出现在一张西非地图上（1665），图上有同样的黄金堆、蜷曲的蛇以及身穿羽毛的人物站在一把同样阳伞的阴影下（全都刻成反转的），既然是这样，寓言及其属性旨在标定几内亚地区连同象牙与黄金海岸。地图制作人亨德里克·东科尔是17世纪后半叶阿姆斯特丹的活跃人物，他取用了原始寓言的“异国”特质并把它们简单地重新分配给另一个热带环境。[21]

尤其是阳伞，作为独特的异国配件，它能穿越空间和媒介漂流，有时遮蔽一位穿着羽毛的准美洲式人物，但其他时候没有。精明的雅各布·范莫伊尔斯敏捷地利用这图案并将之重新部署到其他几部广泛流传的出版物。一把阳伞在范莫伊尔斯-蒙塔努斯《美洲》卷册的一幅雕版图中遮蔽着佛罗里达“国王”——此图中的王室人物戴着的羽毛头冠很像贝尔切姆“美洲”的头饰，另一把阳伞为一位生活在范莫伊尔斯-蒙塔努斯日本地理书中的武士挡掉炽热的日
242 本阳光，伞的倾斜度与前一把实质上一样。在范莫伊尔斯-达贝尔的描述中所观察到的清代中国，一把阳伞能一视同仁地为出身高贵和出身卑微的女子提供对于自然环境的遮蔽所。如范莫伊尔斯工作室为达贝尔关于莫卧儿帝国的书卷制作的雕版图中刻画的，又一把阳伞在贾汗沙（Shah Jahan）头顶。又如仿制度很高的尼霍夫中国书的扉画所示，就连“伟大的鞑靼大汗”也坐在一把显眼的阳伞下，这把伞遮蔽着中国的皇帝宝座，而这个图像很快就凭自身实力变成

标志物。在这种情况下，伞蓬的圆形在形式上同大汗抓着的巨大地球仪相称，这两个物体共同有助于将范莫伊尔斯设计的版画推到中心位置。[22]

异国的阳伞与全套“美洲”寓言的许多其余元素一起，以此种方式通行于其他体裁和媒介。就算是在保留了大量原始形式和布局
的例子中，新创造的形象也依然能融入其他空间和另类意图。进入 243
17 世纪尾声时，阳伞早就在大量地图和一卷卷地理书中流通，此时对衣被羽毛并被遮阴的“美洲”的一种新式渲染出现在伦敦印制的一份镂刻金属版印刷品上。

如题图坦率宣告的，这个最新版本（由约翰·史密斯[John Smith]根据威廉·文森特[William Vincent]的设计图雕刻）刻画的
是“印第安女王”，印在实际上充当近代早期海报的纸上。[23]该幅版 244
画描绘的是家喻户晓的英国女演员安妮·布雷斯格德尔（Anne Bracegirdle）在她即将领衔主演的《寡妇兰特氏》（*The Widow Ranter*）中的剧照，这是剧作家阿芙拉·贝恩创作并于 1689 年首演的一出悲喜剧。题图的明白度既有煽动性也有误导性。因为剧中女主人公塞莫妮娅（Semernia）一角是虚构的弗吉尼亚本地人，因此就是一位“印第安公主”，她也是贝恩关于 1676 年培根叛乱（Bacon's Rebellion）①的虚构叙事中的一位主角。这个角色不能与约翰·德莱顿较
早问世也很出名的同名剧作《印第安女王》（*The Indian Queen*）混 245
淆。[24]但其暗指美洲这一点是清楚的，正如可以辨认出其借用了贝尔切姆的涡卷饰。一位女性人物炫耀着一顶华丽的羽毛冠和一件精美的长袍——得体的装束比一条脆弱的短裙更具威仪，然而裙摆下边角能窥见装饰性羽毛，让人想起“美洲”的本地装束，她也在一

① 美洲殖民地的第一场叛乱，为弗吉尼亚定居者武装反对总督的统治，领导人是纳撒尼尔·培根（Nathaniel Bacon）。——译者注

把阳伞的荫蔽下摆弄姿势。阳伞由两位胖乎乎的侍童之一举着，他们戴着类似的头饰，戴着短裙的羽毛装，而且为防止这一点不够明显，塞莫妮娅左手还紧握着一束羽毛。这位印第安女王的脖颈和胳膊都挂着富丽的珍珠串，粗大的珍珠也装饰着她的羽毛头冠并证实了她的王侯地位和财富。但这位肤色白皙又骨骼纤细的“女王”在其他方面并不特别像“印第安人”，她身后的风景也不显得很异国气息。要说她看起来像什么，那就是像英国人，而她那两个被阴影线重重涂抹的随从可能是非洲人。然而目前可以辨认出的阳伞、珍珠和羽毛的集合体把布雷斯格德尔等同为明白的异国人，且是公认的美洲人。更关键的是，各种形式复杂又密集的合并，共同塑造了一位“印第安女王”——一位可视同为有着“美洲”家系的异国人物，这些形式借自贝尔切姆，无疑也借自其他寓言式的，可能是舆图式的且全都是“地理式的”小插图，并同时吸收了欧洲、非洲及美洲的元素。

被巧妙改变风格的贝尔切姆-布雷斯格德尔“美洲”享有它自己的盛名——这幅版画游历了几个国家也经历了几次重版，并遵循自己的循环往复和活动日程。[25]形式与场景的转移也再度披露出对异域空间和地理学含义的灵活呈现和不精确的理解。给“美洲”人物增色的羽毛和珍珠在18世纪前期某个时间被刻入西里西亚（Silesian）的玻璃器，这次一头亚洲象充当该寓言的随行野兽。羽毛、珍珠和成堆的宝贝（大多是矿物）还在1700年前后装饰了路德维克·范硕尔（Lodewijck van Schoor）设计的一众“美洲”并被布鲁塞尔（Brussels）一家工厂织入挂毯，这次美洲鳄回到了他①在美洲身侧的应有位置，传统的弓箭则比比皆是。[26]在奥格斯堡艺术家约翰·沃尔夫冈·鲍姆伽特纳（Johann Wolfgang Baumgartner）稍晚绘制的一

① 原文用的是指人的人称代词，非误译。——译者注

幅构图中，佩戴珍珠的美洲亲手将一把阳伞擎过一位朦胧男伴的头顶，他同样地以珍珠加以花饰，握着一把巨大的“美洲”弓（箭位于背景）。可以看到一头咆哮的美洲鳄在旁侧嘶嘶作响，同时在画面中央突兀而出的象牙（以及男性人物的褐色皮肤色调）暗示非洲和美洲有种更复杂的融合，还可能指向较早时候由亨德里克·东科尔调制的舆图鸡尾酒。接着是一张为约翰·科特罗（John Cotterell）印制的商业名片，他是18世纪中期帝国伦敦的一位“瓷器商兼玻璃商”。科特罗的名片是作为他繁忙商店的广告而制作，其特色是一个差不多翻版布雷斯格德尔镂刻金属版画的徽标——两位暗皮肤的侍童 246
（这次加了第三个人物）高高擎着一把阳伞并为一位衣着考究的女人而训练，她戴着珍珠还携着一束羽毛。这符合逻辑，因为科特罗卖瓷器的店铺名叫“印第安女王和小罐”，这个店名的异国气息足够浓厚，能囊括他在售的全球消费品的杂烩。来自科特罗商店的“中国瓷器和漆器”（即日本漆器），加上“各式各样上好茶叶、咖啡、巧克力（巧克力是宣称有着亚洲和美洲来历的糖果），还有“鼻烟”（烟草，据推测来自美洲，但也可能来自亚洲）、“印度扇子和图画”（可能是南亚的）等等。科特罗的印第安女王四处漫游。[27]

一般而言，许多此类图像和物品在代表地理空间时都展示出一种熟悉的大容量，哪怕直白地特写“美洲”图像和主题，或其实特写亚洲或非洲的。这类素材的设计中有种松散特质，对异域世界及其公式化表达采取混搭方法。来历会被随意糅合，而就算表面上附着了空间或区域，主题也能迅速地逃逸到其他异域场所。美洲阳伞的 247
游程例证了此种过程。阳伞肯定早在贝尔切姆及其巴洛克涡卷饰之前很久就有着根基牢靠的亚洲家系。它几个世纪来都作为东方的标志图像而行事，与1492年之前涉及古代亚述、古代埃及和古代波斯统治者的威严肃穆的图示法相联系——一块早期的浅浮雕（现藏大英博物馆）显示亚述王亚述纳西尔帕二世（Ashurnasirpal II）是在阳伞荫蔽下,这种图示法稍后也出现在希腊和罗马资料中(在中世纪欧洲淡出视线)。[28]贝尔切姆美洲涡卷饰的效果既是复活阳伞意象,又是把这个直白的“异国”配件附加给新世界,同时也附加了羽毛、珍珠和构成其寓言的日益标准化装备的其他事项。不过贝尔切姆在把阳伞挪用到他的设计图案时,也取消了阳伞的特殊性。他把阳伞插入异域地理学资料库,此举卓有成效地回报给阳伞一种显而易见的异国格调标志物地位。阳伞在大量地图和版画中被复制,授予它机动性,这又使得一个最初是东方符号的东西变成美洲寓言
249 的标记。它让一个通用性的“异国”标志物穿过地理学的无数资源和空间,直到在科特罗的商店里东方又一次碰到西方——一位“印第安女王”的“中国男人”。

异域地理学的操作手法进一步认可了贝尔切姆设计的整套东西——他为“美洲”设计的原始图案——在寓言空间和帝国空间里来回移动,可谓扬帆穿过大西洋,从美洲到了热带非洲。在亨德里克·东科尔对贝尔切姆涡卷饰的高效挪用中,“美洲”灵巧地变身“非洲”,阳伞、珍珠和羽毛敏捷地架通了大西洋,并且为了另一个异国场所而重构自身。贝尔切姆寓言就这样从新的“黄金土地”(如美洲开始在其欧洲“发现者”当中变得知名)迈向一幅更古老的黄金和象牙海岸的风光,正如东科尔地图在一个涡卷饰中所宣布的,该涡卷饰调用了对西部赤道非洲的传统命名法,欧洲人多年来将该区域同奢侈品紧密联系在一起(最近又同奴隶紧密联系在一起,不过这要由另一幅地图来代替)。[29]应当再次提及,异国空间已经开始象征物质品——黄金海岸和象牙海岸,尤其是开始象征为扩张中的欧洲异域进口品市场服务的消费品与奢侈品。至于西非,空间其实是依据物品而命名的。因为东科尔地图的确在标出了“几内亚”这个更大区域的同时,也用不恰当的名词给几内亚湾沿线的亚区域贴上了标签,这些名词长期以来都同欧洲的奢侈品消费相联系(大量其他

近代早期地图和地理书也这么做）。西非海岸就是黄金。

不准确、大容量和空间散漫也许不等同于“装饰性”，不过在部署异国主题方面有一种显而易见的琐碎轻佻特质，即如这么多装饰品在一张装饰性地图上被搬来搬去。而这一方面暗示出地理学及舆图离题的关系。另一方面也展示出地理学和舆图与常常与此期物质艺术联系的嬉闹性（比如中国风）之间的紧密关系。关于异域地理学在何处生产可被视为是异国标志物的东西，由贝尔切姆涡卷饰所促成的美洲风提供了一个例证。

这些标志物是雅致的图像或主题、视觉比喻或小插图，开始在一般化或属类化意义上代表异国空间。它们通过复制获得此种地位。[30]即使一个原始主题或一幅原始小插图可能有一个语境——一把阳伞确实意味着阳光炽烈而且在其古代近东场景中确实意味着皇家气象（阳伞差不多总是由一位侍童擎着），但这语境随着该主题移向有着其他场景与意义的另一空间和资源而消失了。阳伞曾经是亚洲王权的标志，但在贝尔切姆设计的涡卷饰中却遮蔽着一位美洲印第安人，她必须从新大陆幽暗的矿山中费力榨取矿物财富，这是个惊人的讽刺。（榨取之举由退居贝尔切姆涡卷饰左下方的人物暗指，他们在贝尔切姆为布劳图集设计的扉画的右侧背景中被刻画 250
得更生动。）阳伞的早期含义在贝尔切姆的美洲图案中被全盘反转，哪怕它早期的意味在雅各布·范莫伊尔斯为尼霍夫的中国书制作的扉画中得到部分还原，那幅画中帝国大汗堂而皇之地坐在一把阳伞下（尽管画中没什么阳光的感觉）。然而在两个场景中，阳伞都有一种完全相同的准确意义——它代表异国格调。

此过程在诸多其他涡卷饰中一再出现，这些涡卷饰为其他众多地图设计，使用各种别的异国格调标志。关于非欧洲世界的标志中，棕榈树最是无处不在，它生机勃勃地立在约翰尼斯·范廓伦为一张海图所绘的表现北部“新英格兰”风景的装饰性小插图中，这张海图覆盖美洲最北部及加拿大海上省①的寒冷水域和海岸。在范廓伦涡卷饰的左侧,一位半裸的印第安人站在一棵棕榈树的树荫下;而在画面右侧,在被推定是新英格兰本地物产的棕榈树的枝叶下,发生着一幕欧洲人和美洲人实物交易的场景,地点是名副其实的冬湾(今天缅因州)附近。[31]在"弗吉尼亚北部",棕榈树和阳伞一起保护着欧洲人和印第安人免遭倾泻而下的热带阳光,如一幅关于北大西洋及其新英格兰和加拿大区域海岸线地图的装饰涡卷饰中所
251 绘。[32]"弗吉尼亚"在这个语境中指明了英格兰对"新英格兰"的欲求,且这幅地图的图像阐明了巴塞洛缪·戈斯诺德(Bartholomew Gosnold)②的处女同皮纳布斯高印第安人(Penobscot Indians)在今天缅因州(Maine)的遭遇,而哪怕是最正面的英国殖民者报告中也说该地比起热带气候要寒冷得多。

棕榈树更一般也更具有全球性地在异域世界数不清的地图中找到一席之地,纵然被从热带环境中连根拔起,它们也能照样在北方和南方的气候中繁荣。它们还在这时期生产的地理学插图中一再充当背景,比如被糅入尼霍夫中国书的许多风景画中,既然旅行家-制图员尼霍夫没想过把棕榈树纳入他在一路向北到非热带北京旅行途中制作的素描簿中,那么出版商-雕版师范莫伊尔斯就插入棕榈树。[33]棕榈树当然也到处渗透物质艺术。在几乎所有这些例子中,棕榈树的功能都算不得是对风景的真实再现,而毋宁说是润色物品、版画或地图;它们增添了一个观赏性或"装饰性"元素以标志场景是"异国的"。就像以同样方式荫蔽美洲印第安人和中国大汗的阳伞,始终在场的棕榈树变成整个地球各个空间和各种气候下

① 指加拿大东部三个省份新不伦瑞克(New Brunswick)、新斯科舍(Nova Scotia)和爱德华王子岛(Prince Edward Island)。——译者注

② 英国律师兼探险家,对弗吉尼亚殖民地创建有重要作用。——译者注

的本地树种,至少用以装饰异域地理学的那种棕榈树的形式是这样。

棕榈树或阳伞有什么深层意义吗?异域标志物仅仅是装饰性 252
的,还是它们确实讲出关于非欧洲世界的更广阔概念和形态?在贝尔切姆那影响广泛的涡卷饰(上下构图同时在内)的例子里,可以最肯定地说,这些装置确实具有含义并传达叙事,这些含义和叙事都直指美洲及其信息。而且,这些装置与叙事被证明如此灵活又善变,此种灵活特性根本就是异域世界含义及欧洲人所理解的异域世界的一个本质部分。尼古拉斯·维舍尔《最新与最准确的美洲全图》中常被曲解的上涡卷饰其实是该地图的关键,并为下方的小插图提供了批评性语境。[34]在地图左上象限中,一组寓言性人物围绕并支撑着一只自由悬浮的盾状装置,上面有赞助人的盾徽和地图的题献词(原版献给柯奈利乌斯·维特森[Cornelius Witsen],但这一点在每次印刷后都不同)。为首的人物是在地图最左上角的一个女人,代表基督教信仰,她的衣着相对朴素,用一只手指着她另一只手
中握着的十字架,十字架位置在一众人物和饰章的中间靠上。她也 253
向下扫视一位宽肩而有尖指甲的人物,这个人仿佛是从天空跌出去了——这是对魔法巫术的寓言,他被基督教会驱逐了。有位天使从他对面的上方张口结舌地凝视着这个跌落的恶魔和事件的奇妙转变;同时正位于该天使旁边的另一位天堂人物,用号角宣告魔法的失势和福音的传播。最后,一位印第安人目瞪口呆地凝望着上方的信仰寓言,信仰的善行明显已改变了他的信仰——他被安置在距离美洲大陆块最近的位置并且戴着与占据下方涡卷饰的“美洲”人物同样的羽毛冠,以此方式将两幅小插图连起来。总之,这幅涡卷饰描述了教会在新世界的劳动者们,他们成功地逐走了错误信仰和魔法并且成功地在美洲本地人当中传播福音。

上下两个涡卷饰在形式上和图示法上都有联系,它们共同传递

了关乎美洲及其原住民也关乎欧洲和异域世界的更大范围的信息。阳伞以一种非常基础的方式作为正式装置出场——它从下方的涡卷饰指向上方的涡卷饰，由此让观者的视线从较大的标题涡卷饰瞄向上方的题献词涡卷饰，锻造出一个叙事联系。（上方的印第安人倘若从他的天堂高位跌落，就会直接落在下方印第安人阳伞的尖刺上。）阳伞也在宣告美洲的热带环境，一道深深的阴影落在居中的寓言人物和她的随从们身后，表明热带阳光的灼热（阳伞差不多紧挨着雕刻字“南回归线”），也强调了该地区的气候迥异欧洲，后者被认为是欧亚大陆上温和的北方地带，也将是这幅地图的目标受众。阳伞把“美洲”置于另一个精神环境兼季候环境，这既是字面意义上的（阳伞所遮蔽的热带阳光）也是比喻意义上的（阳伞指着的被逐出的恶魔）。这幅版画中的另一个显著热带特征是醒目地端坐在刻着地图标题的那个字块上方的两条盘曲的蛇，它们也暗指美洲异教徒中有恶魔；它们让人想起人类自前堕落时期的恩典坠入尘世罪过的那场最初的“堕落”，就是这原罪使得苦痛无法避免。贝尔切姆在这个涡卷饰的预备底稿（现藏温莎城堡）上阐明了神学上的这番精微之义，在底稿上，居中的寓言人物指着一幕场景而非指着地图标题，这场景勾勒在平板状的造型画面中，表现“异教徒”围着一座偶像庙跪着祈祷。如果说上涡卷饰表现魔法巫术被从美洲驱逐，那么换言之，下涡卷饰就是暗指其在场。

它还暗示了美洲富饶的黄金。联系何在？这要追溯到一则在欧洲中世纪晚期和近代早期流传的箴言智训，关于“上帝”（god）同“黄金”（gold）的反转联系——它提出，哪里黄金遍地，哪里就以寡
254 闻上帝为特征（反之亦然）。对于美洲的此种观念以及她那有地方特色的财富兼异教文化给了哈布斯堡王朝在新大陆的大量早期殖民行径——征服并且同时改变印第安人的信仰——以正当性。不过它也带着一则含蓄的道德信息，使其在哈布斯堡征服行径的批评

者当中获得吸引力，尤其是在北欧。一首16世纪晚期的诗（作为一幅美洲寓言雕版图的荷兰文版和德文版的题图）深刻评论了欧洲人的上帝同美洲的黄金之间的矛盾关系（原文的用词更有双关性，荷兰文写作 god 和 goud）：

欧洲发现了我并引荐我给上帝
原本带来显贵的黄金奴役了我
财富让我在自己的土地上变得一贫如洗
因为我的天然禀赋被带往他处

诗中，美洲惊人的矿物财富造成了她自身的衰落；她从愚昧的偶像崇拜走向悲惨的被奴役。这则寓言（亚德里安·科勒尔特［Adriaen Collaert］根据马腾·德佛斯［Maarten de Vos］的设计图雕刻）表达了对遭受双重凌虐的印第安人的同情。[35]

几十年后，当维舍尔和贝尔切姆要为他们的地图辛苦工作之时（17世纪中叶），信仰和黄金之间的联系已经被进一步提炼，变得较少评论哈布斯堡西班牙及其美洲殖民代理人的缺陷，而较多去了解美洲和其他外欧洲土地的充裕资产，那些土地同美洲类似，物质财富富饶而基督徒居民贫乏。言说这种联系时的论战意味变弱了——反哈布斯堡的情绪现在已经冷却，而可以说更多的是对温和且敬神的欧洲同罪孽深重的异域世界进行气候对比。与贝尔切姆差不多同时代的荷兰加尔文派批评家哥德弗里都斯·伍德曼斯（Godefridus Udemans）写道：“通常，拥有这个世界最大数量财富和货品的是那些不知道上帝的人或以违反上帝意志的方式服侍上帝的人。”伍德曼斯做出此种评论时针对的是总体上的、东西一体的“印地人”，而且在他关于海外贸易道德性的长篇沉思（上述评论出自其中），即700页的《商船的灵性之舵》（*Geestelyck roer van't coopmans* 255 schip)中,他将这一点扩展为对全球交换的矛盾又不确定的性质的质问——敬神的欧洲人垂涎大多数那类物质品,而那些不敬神的非欧洲人不仅大量拥有那类物品,还对之不怎么关心。矛盾的是,黄金和其他珍稀商品在盛产它们的地方最不重要。伍德曼斯注意到,“人们确实观察到,美洲人几乎不看重黄金、白银和珍珠,他们认为羽毛的价值高得多”,高到可以充当贝尔切姆涡卷饰的题图——羽毛装点着美洲华丽的冠冕,而黄金胡乱堆叠在她脚下。[36]伟大的荷兰诗人雅各布·卡特斯(Jacob Cats)也在论及“无知的”美洲印第安人时俏皮地说:“鹦鹉身上的一缕细羽/对他们算是惊人礼赠”。与伍德曼斯一样,卡特斯“神父”从道德缺陷的角度对其欧洲同胞的贪婪性进行详细说教。[37]不过这两个人的评论都透露出有关位处欧洲全球贸易另一端的异国臣民和异域物品的一些更深刻内容。评论暴露出一种广泛流传的信念,认为美洲人和其他非欧洲人对于那些他们如此大量拥有的异域货品的商业价值和物质价值缺乏认识或有“错误”理解。这里存在着巨大的讽刺——当异国空间可以被近代早期欧洲人同物质财富和奢侈品紧密联系的同时,异国的人民(在殖民化美洲的语境下还有异国臣民)看上去并不拥有自行辨认他们当中那丰富消费品价值的较强判断力。

货品富足同对异国人民及异国事物理解力的贫乏的对照居于批评家威廉·皮茨(William Pietz)关于欧洲扩张和“恋物癖问题”的一系列著名文章的核心。[38]皮茨的文章对恋物癖概念进行了范围广
256 阔的谱系研究——它的语文学起源和物质起源,从古代的大市场到欧洲人的殖民遭遇,在这里是指在西非的遭遇。如将皮茨谨慎、细致又史料丰富的成套论据大大简化,则“恋物癖”将“fetish”作为一个词语和一种思想从最初的商业含义(拉丁词 facticius 出现在罗马市场交换的语境下)转变成欧洲中世纪的精神含义,彼时教会不得不同各式涉及“偶像崇拜”的异端抗争;而这两种含义在 16 世纪和

17世纪结合起来，当时欧洲人用该词来描述西非贸易伙伴当中对物品及其价值的不屑一顾的“错误”认识（葡萄牙语是feitiços，在荷兰文献中衍生为fitisso）。皮茨观察到沿着西非海岸经商的欧洲商人进行商业交换时奉行一种会引起广泛冲突的方法，他们蔑视与他们交易的非洲贸易者，因为后者不能理解一件物品，尤其是黄金的价值，哪怕因为获赠价值被低估的物品（比如香料）而从这种“误解”中获利的欧洲人也同样误解了“鸡毛蒜皮”——不贵的物品被非洲人高度渴望和重视，那些看来崇拜这些鸡毛蒜皮物品的人就是恋物癖。皮茨写道：“正如非洲人似乎高估了鸡毛蒜皮的经济价值，他们也被认为给鸡毛蒜皮的对象赋予了宗教价值。”换而言之，他们在经济和物质理解力上的缺乏与他们的宗教或精神理解力的缺乏并辔而行。皮茨设想：“西非恋物癖崇拜者所谓错误的宗教价值观，被理解为是引发非洲人对物质品的错误经济估价的原因。”正如伍德曼斯或贝尔切姆可能会说的，上帝的缺席令他们曲解了黄金。[39]

皮茨没有讨论也似乎没意识到维舍尔地图、贝尔切姆涡卷饰、伍德曼斯文本和卡特斯诗句，它们全都关注大同小异的主题——信仰和物质财富间的矛盾，以及欧洲人假定的非欧洲人对这两者的错误理解。皮茨也没注意到东科尔对贝尔切姆设计图的挪用和原始寓言人物从美洲（偏偏是美洲）转移到西非，它在西非传达出原始信息的缩略形式。不过这一次，该寓言将阐明西非土著人对黄金和象牙的贫乏认识，如伍德曼斯把它们称为“这个世界的财富和货品”。更宽泛地说，皮茨的文章有助于突出近代早期欧洲人同他们的“异域”对应者之间关键性的文化差异，特别是当涉及物质品的贸易和他们（欧洲人）对异域地理学的感觉时。皮茨解释说：“恋物癖思想起源于一个重商主义的跨文化空间，这个空间因不同文化之间不断进行的贸易关系而创建，这些文化本质上是不同的，以致无法互相理解。”[40]于是他通过划定欧洲文化和非欧洲文化的界限而突出了

异域消费品的角色——欧洲人纵使深深垂涎异域消费品，也相信只
257 有他们才能理解一个物品的“真正”物质价值，但非欧洲人民就算偶尔会虑及这些物品，也无法理解这些他们大量拥有的特有货品的价值。这个遭遇空间在皮茨的个案研究中属于非洲，但有大量迹象表明在异域世界的其他地方也有着不平等的贸易和“错误”的估价，以及物质财富和非物质财富间（至少对欧洲人而言）的矛盾。此种欧洲人视角的特有流动性在很多方面都肯定了皮茨的观点。对近代早期欧洲商人以及旅行家、制图员、舆图绘制家、出版商、画家、陶瓷艺术家和大量其他对设计和生产关于非欧洲世界形象和报告负责的人而言，异域世界的物质矛盾性可以轻易跨越半球而移动。它们就像异国阳伞一般能轻松流通。

贝尔切姆涡卷饰和皮茨文章的主题指出几个相互关联的结论。宽泛而言，这两套资料都有效地将异国空间和异域物品——“此世的财富和货品”——联结起来，皮茨也确实调用了几部从1700年左右起在荷兰制作的文本。[41]它们也有助于将欧洲对这些异域财富和对物质艺术（常常衍生自异域财富）日益增长的欲望语境化——一个饿鬼被一个有用的（倘若说是荒谬的）假设刺激了，这个假设是异域世界的人民对这些被极度渴求的物质品只具有模糊的理解，且他们是这些物品不上心的保管人。在贝尔切姆的涡卷饰中，寓言信息主要涉及土著美洲人宗教上的不足，而皮茨的资料中，问题更直接关乎商业价值和交换模式。同样显著的是，对非欧洲人的这些蔑视性态度如此容易地跨越异国空间，从恋物癖崇拜的非洲人（他们对“鸡毛蒜皮”附加了过高价值），传向贝尔切姆画作中偶像崇拜的美洲人（他们对上帝和黄金都同样地漠不关心），传向东科尔衍生的涡卷饰中的几内亚人（他们居住在“黄金”和“象牙”海湾，但不能充分认识它们的价值）。在东科尔的西非地图中，空间被完全压缩为物品，陆地全然通过异域世界富饶的可消费货品获得名称和身份。这

里有一个明显的关于异域理解的讽刺或矛盾，贝尔切姆和皮茨资料的作者们似乎都本能地意识到这一点，一个用珍贵黄金进行实物交换的非洲商人可能仅仅贪图一件“鸡毛蒜皮”，或者一位为了供应欧洲主人的财富而被强迫在幽暗矿井苦干的美洲印第安人可以站在一顶庄严伞盖之下。这又引出更深入的一点，阳伞和“鸡毛蒜皮”的图像以及在非洲与美洲海岸获得的富饶物质货品——在地理学文本中被普遍描述也在装饰性地图中被普遍刻画的物品——最终变成对欧洲人可互换的、异域空间标志和“装饰性”事物的实例，它们的含义同样可以穿越空间和语境而移动。[42]

三　全球格局肇现：清晰的轮廓与混乱的内容　258

雅各布·范莫伊尔斯启动被证明可能为近代早期欧洲印制系列地理书中最成功之作的第一卷时，弗莱芒艺术家冉·范凯瑟尔(Jan van Kessel，1626—1679)几乎同步开始揭幕一系列获地理学启发的镶板画，它们把世界描绘为一套“大陆”(如它们已经开始被称呼的那样)。范凯瑟尔的《大陆》(*Continents*，1664—1666)由四幅独立构图组成，每一幅都有以时髦字体直接绘在画框上的不起眼标签：“欧洲”“亚洲”“非洲”和“美洲”。每块大陆包含一块较大的带框中央镶板，镶板的边界转而又由一些较小的独立镶板框定(每幅作品16块)，这些细密画都同样地加了框并以地理学术语标明，标明所采用的都是属于特定大陆之内的较地方化的地名。范凯瑟尔 259
的构图与贝尔切姆的涡卷饰有共同的寓言习惯，每一幅较大镶板画都特写一位主要女性人物被散乱的物品和身着特种服装的本地人围绕，旨在让人想起她所处的地球象限的特质，但这些构图在其他方面很难归类——作为镶板画的复杂综合体，作为图形(且确乎是文本)地理学,作为寓言－舆图静物画,还是作为“装饰”艺术的一种形式?事实上,范凯瑟尔系列最好被描述为悉心绘制并框饰的对象物的混合套装——它们是画在铜镶板上的油画,以木框包裹,并以一丝不苟的书法题字——在视觉艺术、文本艺术、图形艺术甚至塑形艺术的若干种类中都能找到自己的位置。这些镶板在各个方面都提供了异域地理学的上好范例。[43]

范凯瑟尔的《大陆》合起来自成一体,但确实遵循一种具有内在
260 连贯性的表现策略,这多少能将该套装凝聚起来。每幅中央镶板都有自身的题字框,这是向一种较特定的地理环境或文化环境示意(比如“罗马”和“耶路撒冷”分别代表欧洲和亚洲),而且周围的镶板都在前景中刻画一种植物和动物(被假定是本地物种,但实际上常常不是),而城市景观或港口景观在背景展示。中央镶板自身也符合一致的构图模式。每幅都特写一位女性寓言人物,这个人物一般是坐着,但未必位于构图中央,一位男性随从(也不常居中,除了在《欧洲》中是居中的)和两三位胖嘟嘟的小男孩加入她。[44]这几个寓言人物存在于最属古典派设计的壮观室内—室外结构中——这些画被典型地贴上了“好奇柜”的标签,不过宏伟建筑所呈现的独独没有像柜子的比例,同时背景表现明亮的、提埃波罗(Tiepolo)式的一线天空下方,其他次要人物身着“本地”服装漫游着。然而所有这
261 些人物几乎都充当配件,建筑物则是精致的舞台场景,绘画的真正精华是洒落地板上、挂在墙头上、堆在台座上及填满每个小龛的充裕物质品,它们给观者提供了华丽的全套物品甲胄,这些物品意在集合起来例证和阐明每块特定大陆的特点。它们包括与宗教和军事实践有关的手工艺品荟萃(地理学文本加以标准化系统的类别和此种类型的寓言意象);美丽动人的自然物展示,将形形色色的昆虫、植物、鱼、贝壳、鸟合并一体,还偶尔可见野兽(所有这些都反映出范凯瑟尔作为插图家和自然画家的专业特色);还有物质艺术的

奢华展示,这可能是最独特的,包含全球的陶瓷和织物、装饰繁复的金银容器、玻璃器和雕花木头、尺寸和形状各异的雕像、装满价值高昂的异域贝壳及其他杂项收藏品而闪闪发光的有装饰的箱箧宝盒。这种慷慨在每位优雅大陆面前展现并填补了几乎所有可到之处的空白。简而言之,这些镶板提供了对“这个世界的财富和货品”的绝 262
妙展示。

为了达成此种令人目眩神迷的效果,冉·范凯瑟尔运用了多种多样的形式与技巧。范凯瑟尔出自安特卫普杰出的勃鲁盖尔(Brueghel)家族,受训成为静物画画家,并更专长于仔细观察并绘制花卉、昆虫、贝壳及其他自然物——这些物品以及对它们的细腻绘图都被巴洛克收藏家高度珍视。他是老冉·勃鲁盖尔(Jan Brueghel the Elder)的外孙(所以是老彼得·勃鲁盖尔[Pieter Brueghel the Elder]的曾外孙),老冉·勃鲁盖尔因着描绘精美的花卉构图及其奇妙的光泽而以“天鹅绒勃鲁盖尔”或“花卉勃鲁盖尔”知名。他也是寓言及动物画家冉·勃鲁盖尔二世(Jan Brueghel II)的外甥(老冉也绘寓言,与鲁本斯的合作很出名①)。范凯瑟尔的大家族也把他同安特卫普高产的亦同样是世袭商号的印刷所联系起来,而且他在整个职业生涯中可以使用数量巨大、范围广泛的雕版素材与印本书籍收藏库。他同样可以接触弗兰德斯(Flanders)传统视觉文化以及在安特卫普流入或流出的众多视觉艺术家,并从中汲取灵感。这些视觉艺术家构成一个有着惊人凝聚力但又遍布五湖四海的群体,包括画家、雕版师、细密画画家、博物学家和舆图制作人,其中有约里斯·豪夫纳格尔(Joris Hoefnagel),专长于异常细致的植物绘图(也包括

① 冉·勃鲁盖尔父子两人都与鲁本斯有合作,也都描绘寓言场景,但老冉·勃鲁盖尔和鲁本斯是亲密合作伙伴、17 世纪前期的并峙双雄。此处人名想必没有搞错,但将这条插叙放在小冉·勃鲁盖尔处就像是放错了位置。——译者注

昆虫）；罗兰特·萨福瑞（Roelandt Savery），因其荟萃异域动物的绘画而知名，大多动物都经过密切观察（他也如豪夫纳格尔一般，是鲁道夫二世［Rudolph II］布拉格宫廷的长期座上宾）；还有很重要的亚伯拉罕·奥特利乌斯，他是这个时代的领军地理学家，也是在一切舆图事物方面都表现卓越的出版商。最后，范凯瑟尔可能是依据大自然而工作的，即“写实”，并可能拥有自己的标本收藏，对昆虫和花卉而言这至少是个合理的推论，但谈不上是基于其可见构图法的一个确定性结论。[45]

所有这些影响加上范凯瑟尔本身作为画家的可观技能、对色彩的生动运用、对人物的准确描绘以及独出心裁的设计意识，共同制造出《大陆》这一代表作。不过即使范凯瑟尔的系列作品自成一家，它仍在某些方面与其他表现形式有关联，尤其是与这期间正在发展的地理学的形式，比如在范莫伊尔斯工作室发展着的形式相联系。《大陆》的构图策略，对其他资源习以为常并富有成效的引用方式（借取、采用，并把最初为其他构图设计的视觉主题和小插图熔冶一炉），汇集和展示远方物品的混杂收藏的方式，体现异域地理学的一些技巧，当然还有其他那些同样对地理学制作人有用的视觉形式和文学形式的技巧。《大陆》每一幅的特有形状——一个居中的镶框
263 图像被16幅小镶板环绕，小镶板提及并详述更大的整体——都复制近代早期舆图学中一种固定下来的公式，即装饰性地图，经常是以墙面挂图的形式，一个居中描绘的空间用一些表现人物、城市和其他地方事物的边缘场景框饰。这种形式并非只用于表现外欧洲世界的地图，它还在威廉·布劳出版了其著名的各大陆地图后（首版于1608，此后直到17世纪后半叶又印了几个版本）变得日益流行。布劳的每块大陆（他与范凯瑟尔一样认为有四块大陆）都有16幅侧镶板夹在两侧，这些镶板图解了体现该地方习性特色的异国人民；每块大陆下方也都有另外12幅镶板，刻画主要城市和海港。[46]不仅

如此，“主要”图像或文本由一些“次要”图像或文本作注解，该传统在欧洲的图形体裁和文学体裁中还享有悠久历史，中世纪书籍通常以这种方式对文本分层安排。范凯瑟尔的《大陆》这种近乎解释学意味的结构不仅类似地图，也类似书，诚然其类似的是有很多支持 264
性层级和副文本的印刷形式书籍，但也类似装饰华美的早期手写本书籍形式，它们用这种精美的艺术式样装饰页面。[47]

更明确些，这些绘画在编辑主要细节和次要细节以建构更广泛主题和论据方面肯定类似地理学书籍。在汇集那些论据方面，范凯瑟尔的《大陆》进一步接近地理学卷册，特别是范莫伊尔斯和其他人所开创的异域地理学形式，它们都借取、引用和引述其他视觉资源，并且也开发那种多半同手边的寓言无甚真正瓜葛的素材。就像雅各布·范莫伊尔斯精明构建的复合式卷册或者彼得·凡德尔哈大规模撺掇出的“画廊”，《大陆》是通过巧妙的堆积才走到一起的。范凯瑟尔在《大陆》上采用了兼收并蓄且投机取巧的方法。他采撷所能用的，且竭力有效并敏捷地采撷。范凯瑟尔实际上从尼德兰制作的异域地理学特有卷册中随意借取，经常当版画和设计图刚刚离开出版商的作坊就抢了过来。

关于亚洲的寓言里，中央镶板有一幅画中画——可以说是挂在正对亚洲本人背后的一堵墙上，并在亚洲头顶——特写了几个不加择别地从约翰·尼霍夫中国书（1665 年）中撷取的人物和元素，此书比画差不多早一年出版。[48]它们来自范莫伊尔斯出版物中三幅有区别的雕版图，包括一座著名的“瓷塔”。不过范凯瑟尔调整了这些元素以让它们适合单一构图，并以此达成一种可谓脱离语境但更紧凑的效果。一幅毗邻的画中画也借取了范莫伊尔斯的各幅版画，一如亚洲镶板中的一些雕像。在后一个例子中，范凯瑟尔采用范莫伊尔斯的图形作品来复制雕塑形式，尽管是在绘图介质上，但这是一个令人目不暇接的视觉引用技巧。[49]范凯瑟尔也从冉·胡伊根·范林肖腾的《旅行指南》中借用了印度沙丽的一个雕版场景,这回是为了他关于美洲的寓言——裹上那块杂烩镶板的所有类型的"印第安人"。他还在"美洲"身后的敞开式拱门上仿制了两尊雕像(中央门户的左和右),范本是约尔格·马克格拉夫(基于阿尔伯特·艾克胡特的设计图)的版画,这个版画首次公布于皮索的《巴西自然史》(1648 年)。《巴西自然史》一书代表了拿骚-齐根的约翰·毛里茨赞助的在荷属巴西所做的自然史工作的大成,而范凯瑟尔算得上毛里茨全集和尼霍夫中国插图的最早采用人之一,这两本书的图像集都将对装饰艺术产生显著的身后影响。[50]

在描绘异域物种以及欧洲物种时,范凯瑟尔更广泛也更贪心地
266 依赖数量庞大的早期绘画和版画资源。身为一个因一丝不苟的自然史绘画而同时在生前和艺术史的事后评价中获得高度认可的艺术家,范凯瑟尔实际上曾系统地复制了大量来自他人作品的动物,这个划算又精明的生产策略能创造出被他塞入《大陆》的浩瀚自然物详细目录。[51]"伦敦"马来自范凯瑟尔的外祖父老冉·勃鲁盖尔早先绘制的《伊甸园》(*Garden of Eden*,约 1600 年),关于"斯德哥尔摩"的镶板图中的一只紫色秧鸡也是这来历(现实中的该物种是美洲土生生物),同样的还有在关于"万圣湾"(Bais de Todos os Santos,巴西)的镶板画中摇摇摆摆的一只企鹅。[52]栖息在《非洲》中央镶板的画中画里的鸟身女妖和来自《美洲》侧镶板"墨西哥"的一只怪鸡分别源出乌里塞·阿尔德罗万第(Ulisse Aldrovandi)①的《怪物志》(*Monstrorum historia*,1642 年)及《鸟类学》(*Ornithologia*,1599 年)。一条刺鲀和一种"极好的"鲸在嬉游于范凯瑟尔关于"突尼斯"的小插图的海滨之前,它们的生命已经始于卡洛鲁斯·克鲁西乌斯(Carolus Clusius)的《异国风物十书》(*Exoticorum libri decem*,1605

① 16 世纪意大利博物学家。——译者注

年)中的木刻图;还有一只源自克鲁西乌斯的犰狳(armadillo,因此就是美洲[American])缓缓穿过亚丁(Aden)的海滩。就年份而论可以回溯更远的是定居在“霍尔木兹”(Ormuz,波斯湾)的港口的巴克特里亚(Bactrian)骆驼,以及被放在一处地点不明的美洲海港的长颈 267
鹿(这种动物正确来讲属于非洲),这两个图像都得自文艺复兴时期的伟大动物学家康拉德·格斯纳(Conrad Gesner)在16世纪中期出版的《动物志》(*Historiae animalium*)——比着落在范凯瑟尔镶板上的这些物种的“准确绘制”的变体早了一百多年。所有这些和其他更多的视觉提取物反映了范凯瑟尔编辑图画时的精明方法:他更加 268
注重综合性(及审美趣味)的整体而非“科学”的细节,他随意无视地方性细节,他来者不拒地收集生物和奇巧品。简言之,他调度生产技术的手法对于荷兰的印本地理学经理人来讲几乎不陌生。[53]

范凯瑟尔的《大陆》还有一处同异域地理学的其他形式可相比拟,即这些绘画表现物质艺术和世界财富的方式。四幅中央镶板中的每一幅都大范围地图解了(或者更准确地讲,是煞费苦心地列出了清单以及近乎着迷地筹划了)那些一度同非欧洲世界联系起来并成为非欧洲世界重要媒介的消费品和物质艺术。画面明确满溢着异国事物。

在“非洲”的中央,在主要寓言人物及其男伴之间有一批明代青花瓷,它们被红色珊瑚枝和各式各样的异国贝壳环绕着;有图案精美的金银浅杯;有混成饮器,这个饮器糅合了椰子壳和精工制作的海中怪兽;有凹槽的精致玻璃器(根据普林尼的说法,这种玻璃器是腓尼基人的发明,因此属于黎凡特);各式材料制成的形状复杂的烟管(和成捆烟草);还有其他各种各样的异国风物。“非洲”右边①的

① 是指对观看者视线而言的右边,就画中人的方位而言,是在左边。——译者注

一张桌子上的宝贝包括一只被出色装裱的鹦鹉螺,一只结实的陶瓷和银制的罐子,一串串珍珠,所有这些都放在一张图案明亮的(波斯?)地毯上。与此同时,“美洲”坐在更多珍珠、珊瑚和贝壳当中,在这堆珠宝中最突出的是一只有着复杂浮雕的金桶,同时各色羽毛和各式品种的鹦鹉在镶板四处飞来飞去。“美洲”也对她脚边一套加麦兰锣(gamelan gongs)①提出所有权要求——她的其中一个“男孩”正忙着演奏它们,而用异域贝壳巧妙制成的面具装饰着她周围的墙壁,还有一套日本盔甲(是欧洲人收集的那类)不协调地待在角落。至于“亚洲”,她的地板空间恐怕是非欧洲大陆中最杂乱的。一块可能是安纳托利亚地毯的厚重地毯覆盖在一张椅子的部分并垂下来,又部分地遮住右下角的昆虫标本框,同时一张用乌木和嵌入式珍珠母做的装饰用盾牌支在左下角。在这两件异国风味的书挡之间,细心留意的话会发现一系列昂贵的纺织品(一只丝绸箭袋躺在漂亮的织锦桌布上),装饰繁复的金属器样品(一只巨大的金银制大口水壶,一支顶上有新月的金杖,一只被两个胖嘟嘟“男孩”高举着拽来扯去的银香炉),各式雕像、陶瓷、宝石、珍珠、奖章、扇子等。就连欧洲大陆也以某种方式炫耀异国风物——一堆热带贝壳占据构图的中心,布满了“欧洲”同其男性扈从之间的空间。[54]

外国的(也总是欧洲的)物品的泛滥和描绘《大陆》特征的丰富物质艺术同原本在异域地理学资料中流行的“物性”有关联。冉·范凯瑟尔的绘画构图以这种方式指出了舆图同其他印本地理学资料在表现策略上的关联——舆图有着装饰非欧洲世界地图的满口的涡卷饰和在世界挂图边缘加框的巧妙设计。遍布《大陆》中央镶板
270 的布局和物质内容与阿姆斯特丹制作的地理学卷册的扉画可能有着更为紧密的一致性,如巴尔岱乌斯《马拉巴尔和科罗曼德真实又

---

① 印尼的乐器。——译者注

确切的描述》封面图（该图也移入舆图）中满当当的财宝，又如为几乎所有亚洲书构建的扉画的风格（亚洲是个格外易获此种待遇的异域空间），或者就是范莫伊尔斯设计的陶醉于这个世界财富的诸多开篇扉画之一。物体在这些版画中堆积成同样耀眼的大量奢侈消费品，也堆积成同等的满目狼藉。物质货品和物质艺术展现了异域世界，这种展现方式带着对一件物品或一项行为公认原始产地或地区语境的同等漠视——瓷器在非洲、沙丽在美洲、犰狳在亚丁。范凯瑟尔的绘画和同时代的印本地理学资料都以类似的去中心化、去语境化基础来呈现非欧洲世界，这是一个展示被广泛收集并具物质性诱惑力的大量异国物品的全球舞台。

刻画一个异国物品饱和的世界及颂扬全球消费品壮观与多样的图像，这些对近代早期荷兰视觉文化而言丝毫没有异质性。荷兰静物画的体裁，尤其是其 17 世纪中期到晚期的最富生气的形式也在一幅小画框中堆积了物质世界的远途财富。在威廉·卡尔夫（Willem Kalf）和亚伯拉罕·范柏耶恩（Abraham van Beyeren）布置的华丽指定桌面上，满足进口瓷器、有装裱的鹦鹉螺、有装饰的银制和玻璃制容器以及从全球收集而来的令人称道的小玩物（而非范凯瑟尔的昆虫大军）。这类号称“普朗克”的静物画收集并组装常常熠熠生辉的、曾被罗兰·巴特（Roland Barthes）语带嘲讽地描述为世俗物品肤浅“光辉”的东西。巴特的文章《物化的世界》（“Le monde - objet”）恰恰讨论了近代早期荷兰文化的物性、对物质积累的表面化奉献和其“物品帝国”。巴特从中感知到“商品恋物癖的一种早期形式”（这个特性化描述与威廉·皮茨对近代早期西非物质文化和恋物癖的质问差不多有相通之处）。[55] 西蒙·沙玛（Simon Schama）在他对荷兰共和国“财富窘境”的涵盖广阔的分析中重新思考了巴特的文章、“普朗克”静物画以及这时期荷兰的视觉文化。不过，从这些表现全球赏金“华丽”聚集的绘画和这些绘画充斥闪光物品（即荷兰静物画中的异国物品)的特点中,沙玛辨别出一种对物质财富的普遍焦虑感,对“这个世界的财富和货品”的一种道德焦虑,正如荷兰牧师伍德曼斯对它们的理解。[56]朱莉 · 豪赫史特拉瑟(Julie Hochstrasser)更集中关注静物画中(严格意义上)的可消费内容——食物、饮料、烟草,但也注意荷兰绘画中的世俗货品聚集。豪赫史特拉瑟将绘画中具有殖民地起源的产品编目,以提出它们同荷兰商业文
271 化相关的充分理由,这在某种意义上回归到巴特最初的物质论者关注点,并且在所有意义上都再次强调了这些材料中表达的物性和异国范围。[57]

静物画以及较少研究的好奇柜绘画题材(比如凡德尔海登[Jan van der Heyden]所发展的)无疑都堆砌来自周遭世界的物品,有时还用一种强烈的狂热气息来图解新近通过全球贸易而积累起来的令人难忘的“物品帝国”。不过这些构图的组合方式并不让人觉得与范凯瑟尔《大陆》的组合方式有多少相似之处。卡尔夫静物画桌面上的异国货品所混杂的物品的范围同散落在范凯瑟尔大陆地面上的物品一样宽泛,但卡尔夫的绘画以比范凯瑟尔构图更加精细也更加艺术的方式处理这些混合物。一幅典型的“普朗克”静物画将全球财富不着痕迹地聚拢在一起(其要点恰恰是远方奢侈品的累加式堆积),而范凯瑟尔的图案以较不和谐的杂烩为特征。[58]或者从一个更有建设性的角度讲,范凯瑟尔在其构图混合体中创造出更多嘈杂和混乱。他当真增强了全球的混乱并强调了空间的合并。不仅如此,他这么做时所采用的形式是一组分离的、作为个体性寓言呈现的大陆,人们原本预期他能采用一种能把全球差异协调地结合起来并能清晰表现全球区别的形式。寓言性的《大陆》不管是什么,她们似乎都在用自己的标题和形式来宣告自己的意图——她们声称要图解和界划世界上有区别的四个“部分”。然而最终她们既没有证明自己更大的主题意图,也没有证明发展中的异国格调

审美。

范凯瑟尔的《四块大陆的寓言》（给它们一个完整并恰当的标题）在两个层面上起作用——它们区分了世界的地理区域，同时也合并了世界上的地理区域。这些绘画基于三个本质标准做区分——宗教、自然史和在全球各个空间繁兴的物质货品。宗教是第一划分标准。世界上彼此对抗的信仰体系和各自竞争的虔信实践其实是社会比较的标准修辞，而范凯瑟尔最易于确认的组织架构就依赖这一古老传统。“亚洲”与伊斯兰教和佛教联系在一起，她坐在独占一把堂皇座椅（一个荣誉座位）而公然露面的一部《古兰经》旁边，佛教则由一尊栖息在一个基座上的巨大铜佛像来具象化。远处是伊斯坦布尔的圣索菲亚大教堂，从一幅墙面挂图中则能瞥见一座中国佛塔。[59]关于“非洲”，中央画框上的题字宣告了这个地区对“偶像之庙”（“Le Temple des Idoles”）的效忠，穿过一座纪念碑式拱门进入的后部洞穴中勾勒了一幅偶像崇拜的场景。最新的大陆“美洲”看上去缺少任何形式的宗教（欧洲评论家经常发表这种意见），但是对沙丽、同类相食和其他暴力仪式的策略性提及暗示出异教的 272
一种更黑暗的形式。[60]对于“欧洲”，范凯瑟尔在整块镶板上散布了各种基督教符号，这些符号采用的都是基督教前分裂时期的最乐观的形式，有教宗的三重冕、枢机的礼帽、通往天堂的教宗钥匙、被支起来的拉丁文圣经，等等。[61]然而欧洲信仰统一的意味被一些隐喻暗自颠覆了，这些隐喻不怎么有新教气息，却与当时侵入的各种罪愆一样，它们是玩纸牌和西洋双陆棋棋盘（两者都与赌博有关）、红酒罐（饮酒）、网球拍（赌博）、借方账单，以及诸如此类的事物。这些装置也出现在同时代的符号文学中，对基督教的危机含沙射影，就如吸收了许多同样意象的罗默·维舍尔(Roemer Visscher)纹章①："大多数人偏爱糟糕事物"。[62]

范凯瑟尔糅入《大陆》中的自然物和物质手工品也指向全球的分野，同时又故意暗中破坏这些分野。"欧洲"仰慕一只满载果实和花朵的丰饶羊角，其中包括一只属于波斯本地物种的成熟石榴，而她的男伴对着镶在画框中的画出来的花卉与昆虫打手势，花卉和昆虫都是非本地的异国出身。"亚洲"同样用来历各异的、加了框和另外东西的昆虫环绕自己(昆虫图案出现在所有四块大陆上，表现范凯瑟尔作为精美自然物画家的特长)，同时她将目光投向一幅异国鸟类的图画。我们可以轻易认出一只犀鸟和一只金刚鹦鹉(南美品种)，它们从一块边缘镶板中向下盯着她。除了中国瓷器财富，"非洲"还拥有大量烟草。尽管非洲劳工在烟草生产中扮演关键角色，但这些年里来自美洲的烟草来势汹汹。一位黑皮肤的男性人物和一个小男孩坐在边上，并各用一根(诸多之一)陶烟管向着整个构图画面吹满气，这烟管是典型的荷兰产品。[63]就动物生命(鸟类、鱼类、昆虫、灵长类甚至一只有袋类都在四处漫游)和纯粹财富(金币、银币和其他珍稀战利品从一只金鼓中溢出，暗示美洲矿类财富充盈)而言，"美洲"可算最富饶的大陆。在该寓言没有任何宗教用具的语境下，此种构图可能也暗指了关于上帝与黄金之密切反转联系的箴言智训，由此也能关联到同时代尼古拉斯·贝尔切姆为尼古拉斯·维舍尔一再重印的美洲地图设计的涡卷饰。

在所有情况下看起来完全清楚的是，《美洲》(一如在范凯瑟尔的其他大陆中)倾向于通过既混合又匹配世界(尤其是异域世界)而

① 罗默·维舍尔是荷兰黄金时代的商人与作家，他写过纹章学作品，这类体裁的特点是一个纹章图案配一两句韵文解说，此处引的这句话就是这种解说句子。——译者注

让事物乱成团。这些四方杂糅的调和物既普遍又明显。如果说《非洲》以在前排和中央铺展明代青花瓷为特征,那么《美洲》就在夸耀着同样安置在前景的爪哇加麦兰锣和一套停靠在构图中间区域(两排雕像墙交汇的角落)的明显的日本盔甲。一尊仿造的“婆罗门”人像填充了“美洲”这个房间的一个中央龛室,这尊雕像毗邻沙丽壁画 273
而立,而那个从后门跳出来的女人来自一幅东印度“Balhadeira”(舞者)的雕版图。[64]与此同时,印度舞者和日本盔甲之间有一只标志性的美洲犰狳在蹒跚着(这是个俏皮的视觉双关语,犰狳的西班牙文名称意为“穿盔甲”的小个子);然而下方的中央站着一只非洲冠鹤,它弯曲的脖颈指引观者的视线看向栖于高处的一只金刚鹦鹉和一只犀鸟,这两种鸟都是热带美洲的典型动物。[65]《大陆》们的边缘镶板同时以其汇聚全球动物和调用全球地名(地理学命名法直接绘在画框上)而令这种合并意味复杂化。长颈鹿突然出现在亚洲和南美;美洲驼和僧帽猴离开它们的美洲故土前往非洲海岸;还有一只任性的负鼠——又一个明显的新大陆土著——造访了另一个印度 274
的卡利卡特(Calicut)。这些混合体看起来仍是被设计出来的,因为更大构图中对空间的分配也显示出类似杂糅性质,正如对城市景观和港口景观的散布所证明的。安哥拉和摩洛哥被重新安排到亚洲大陆上,锡兰(Ceylon,斯里兰卡)和埃尔米纳(Elmina,加纳)浮现在美洲,而雅典和金字塔可以在亚洲访问,此类无所顾忌的混合数不胜数。唯一一块明显未加杂糅的大陆是欧洲,而这似乎也是有意为之。范凯瑟尔设计的非欧洲世界招待着物种、空间和物品的混杂体,它们凭一种不准确的地理学地点概念、一种漫不经心的地区杂乱意识和一种明显不协调的设计方案匆匆拼装而成。简言之,《大陆》传达的是一种异国格调审美,是关于有目的合并与精心编排的混合。

倘若说范凯瑟尔的镶板画参与了异国格调审美,那么它们是在一个更大语境下这么做的,该语境跨越(有时融合)数种体裁和媒介。《大陆》中对异域世界的描画不仅仅是合并,它们也离开本题、迂回行进,其方式很像这时期的印本地理学书籍在空间之间和叙事之间随意转移的类似举措。它们轻快地重构了非欧洲世界,方式也很像同时代那些怀着对原始语境的昭然漠视之情而混合主题并复制异国标志物的视觉艺术和"装饰"艺术。《大陆》和其他这些形式都反映出一种更宽泛的异域风格——在 1700 年前后生产的范围广阔的材料中都有的一种混合并匹配地理空间的倾向,一种把异国事物和非欧洲人民当作流动且可互换之物对待的倾向(美洲印第安人用于装饰一幅西非地图),一种以微妙且常诙谐的类比法呈现远方物质品或异国意象的倾向(一套日本盔甲指向一只美洲犰狳),一种在非欧洲场景内部加以容忍的倾向,就算这确实培养出一种对无序的审美。雅各布·范莫伊尔斯和他的出版大军生产的文本类型以此种风格而成功交易——对日本地震的讨论可以引出墨西哥的地震史(如阿尔诺都思·蒙塔努斯的《日本》中所见),对南亚宗教的叙述可以将加尔文教徒的著述同耶稣会士的文本熔冶一炉(如菲利普·巴尔岱乌斯《马拉巴尔》所例证的)。地理学图像(既有印本图像也有各式绘图图像)的设计师们对马上要成为异国格调标准制造者的东西随意挪用并由此剥除其语境——棕榈树在新英格兰的地图上茂盛,或者负鼠在卡利卡特的风光中漫游。关注异域事物的物品制作人(既就他们的素材而言,也就他们的主题而言)同样趋于不调和,经常带着一种明显的游戏意图——一只东印度的涡轮贝壳上装饰着一只西印度的犰狳,或一只迈森茶壶将看着像中国人的人物同特征鲜明的美洲印第安人联系起来(依旧在一棵无处不见的棕榈树下),这只迈森茶壶只是可以引述的陶瓷物品的沧海一粟。[66]

275 这类合并和跑题可以说是定期出现,并且似乎轻而易举就出现,不仅以模糊全球不同部分的形式出现(如范凯瑟尔的大陆杂烩),也以把征用来再现全球那些部分的各特有形式杂糅一体的方式出现。阿芙拉·贝恩《奥鲁诺克》(第三章在其他语境下讨论过此书)中有一个醒目的段落阐明了此种描述习惯。小说的冠名男主角,即一位非洲王子出身但因被俘而被套上锁链运输到热带美洲的人物显然令贝恩着迷,她投入了几段热情洋溢的文字描述奥鲁诺克的身体外观。这些散文写生图绘出奥鲁诺克身体形态的一幅有灵敏触感的图画,他特有的肉体存在尤其会让人想起物质艺术品的一份完整清单。读者获悉,这位王子有划痕的肉体是“身躯的前部整个被如此精心地刻画和抬升”,此处的类比是雕刻/刻画(cut)同印刷所的工作,也有雕镂和压纹的形式,将肉体要点抬升(raised)为浮雕形式的镌刻或切刻艺术。这位王子的身体“看上去像上过漆”,修整过的身体被与一块日本漆木相提并论。然而在下一个从句里,作者回到花边的块状纹理:“这些(划痕)作品就如环绕花朵边缘的亮点那样被抬升”。这位主人公(这段提到他时用的是别人给他起的 276
奴隶名字“恺撒”)也肖似一种切口雕像形式:“有些人(非洲的王侯们)仅仅刻着一朵小花或鸟在庙宇旁边,比如恺撒;而那些全身都雕刻满的人肖似编年史中图绘的我们古代的皮克特人,不过这些雕刻精致得多。”贝恩描述中的地理学因此就囊括了地球的四个部分。一位非洲王子被运输到美洲并在那里被改了名,其身体肖似亚洲的上漆艺术与欧洲的花边、雕刻和雕镂技术。此外,最终结果让人想起“我们古代的皮克特人”——不列颠人半神话的祖先,特奥多·德·布吕为托马斯·哈利奥特(Thomas Harriot)《关于新发现的弗吉尼亚的简要真实报告》(*Brief and true report of the New Found Land Virginia*)——因此这书是对卡罗莱纳(Carolina)的阿尔冈琴人的描述——所印刷的雕版图中对他们样子的复现很出名。[67]

贝恩的敏感性、范凯瑟尔的设计感、荷兰工作室的地理学式样是一脉相承的,也全都折射出“异国情调的美学”,如伯纳德·史密斯在另一个语境下的称呼。它们杂糅并跑题，它们消除特异性和语境，它们设计出关于异域世界的“无序”且混乱的模型。约尔格·朗弗安斯在凭一己之力用词语和图像汇集热带世界植物时将其归类为“不完美的混乱”的东西，被横贯几种媒介的生产者公式化了，“不完美的混乱”在荷兰文中写作“onvolmaakte Chaos”，在拉丁文中写作“indigestum supererat Chaos”，都强调秩序一团乱的感觉。[68]

虽然这些作者、出版商、画家、博物学家、地图制作人、设计师和文化评论者并未就此发明“异国格调”，但他们确实设计了一种独特的表现模式。他们也确实发明了一个有异国情调的合适习语来表达此种审美——sharawadgi①，该词是恰在这时期多方游历的英国外交官威廉·坦普尔阁下（Sir William Temple，1628—1699 年）杜撰的，他在 1685 年的一篇文章中力求将异域世界的外观和它看上去的“不规则性”术语化。坦普尔的旅行从未真正带他走出欧洲边界，不过他确实在荷兰这个全球集散地度过了大量时光，他是在沉思园林的多样性时调用了这个罕见的措辞。在他写于 1685 年的《论伊壁鸠鲁的花园》（“Upon the Gardens of Epicurus; or, of Gardening in the Year”1685 年；又称《论园艺》）这篇文章的结尾处，坦普尔沉思着“规则”园林（他用“规则”指秩序井然和对称）和“不规则”园林的差异，这促使他提出正规欧洲园林和中国式园林的一个区别，后者的设计者是“一个民族，他们思考方式的广度似乎如在欧洲的我们那么广，如他们的国家那么宽”。坦普尔当作中国园艺风格加以描述的东西中格外吸引人的是他对那种审美的召唤方式，这方式映射出异国格调的烙印，它原本就跨越当时的几种文化产品而流行。这位英国政治家写道：“在我们当中”，

---

① 意为不规则的园林和建筑，鉴于它是个特定术语并将多次被提出来讨论，正文中既不音译也不意译。——译者注

> 建筑和花圃的美感主要被定在确定的比例、对称性或整齐性上；我们的步道和我们的树木被安排得彼此呼应和有准确距离。……但他们最大的想象力被用于发明形状，这些形状具有极大美感并能震撼眼球，不过没有对任何部分的规则或部署，这通常能或轻易能观察到。[69] 277

坦普尔给这种审美赋予一个方言名字，sharawadgi，意在表达“中国的”，并且他注意到它在其他异国艺术中的普遍性：“任何人观察印度最好长袍的制作，或在他们最好的屏风或瓷器上的绘画时，都会发现他们的美感全都是这类，（即）没有秩序。”换而言之，这一现象跨越了物质形式和地理学线路——日本屏风、印度丝绸、中国瓷器。而且对这种审美的极好观察被证明不在中国也不在英国，却在非洲好望角殖民地荷兰总督的花园里——坦普尔对这个棘手的园艺技艺的尝试令他的读者气馁，坦普尔在那个花园里获悉（当然是转手学习）“只要在（殖民地花园的）环围中就能找到欧洲、亚洲、非洲和美洲的几种园林。”[70]一座荷兰人设计并在南非前哨培育的花园，收集并融合了世界的四个部分，这倘若不是“不规则”，甚至也不是“不完美的混乱”，那无疑就是一种“异国情调的美学”。[71]

四　异域形象的复制

坦普尔的理论与伯纳德·史密斯的理论（即他的异国格调审美）很不一样，尽管有几处有启发性和有成效的共同之处值得注意。史密斯在一篇常被引用的关于近代早期欧洲关注非欧洲世界时的“视觉模式”的长篇论文中确定了异国格调的一种“审美范畴”，并明确将其发展定位在17世纪后半叶范凯瑟尔、范莫伊尔斯、贝恩和坦普尔的多学科作品不谋而合的时刻。史密斯主张,“巴洛克异国风物”的样品首先在装饰艺术中兴盛,他补充说,“它的一个最被眷顾的主题就是大陆,该主题提供了在色彩斑斓又极富装饰性的框架内混杂与合并非欧洲世界动物、植物、手工制品和原住民的华丽机会”。[72]“装饰性”作为一种审美范畴暨物质范畴有时也是功能范畴,对于史密斯的论据有关键作用,它在文章中出现数次,就算史密斯不提时,他可能也一直参考冉·范凯瑟尔那被富丽地“混杂”与
278 “合并”的《大陆》以及其他同类地理学资料。不过他也做了一个关键区分,提出对这些混杂与合并资料的另一种使用方法。对史密斯而言,这时期“装饰性”的异国风物缺少“叙事”内容,这些形式仔细地“描述”并“复制”异域世界,但“没有连贯的‘故事’”,也没有任何连贯的秩序。[73]装饰物品的叙事力度不及他们的再现力度,它们提供雅致(与奇异)事物的视觉愉悦,但它们不提供关于这些事物的报告或其同别种事物关系的报告。史密斯解释这种设计策略时提及被他描述为物质艺术(他用该词指不精美的艺术)“空间问题性”的东西:“大量造型覆盖于表面”阻止了“装饰性”物品维持一种连贯的构图中心。完全能够“写实性地”复制异域主题的异域图案(棕榈树看起来就像真的棕榈树)有着“不合逻辑的空间”和一种空间关联性上的不现实意味,这使它们不能构造渐进的历史叙事。它们积累事物时缺乏秩序感,它们“呈现(异国风物)时是以一种令人困惑的混合态”和一种仓促的“现实主义”感,它们传递消除语境的小摆设和(在一个略有调整的语境下)跑题的地理学。总之,史密斯说的异国格调审美肖似一种“不完美的混乱”。[74]

史密斯的理论贡献(少有的论近代早期异国格调的学术性评价之一)激发了一些关乎异国事物形式与功能的问题:关于吸收了异国主题的“装饰”物品和具有多种印本体裁异域地理学的叙事范围

问题,这两种形式同样凭借消除语境的内容而交易;关于异域主题出现在变换的媒介和语境时的含义问题,比如雕刻在一幅地图上、描述于一本书中、绘在瓷器上的一棵棕榈树,以及诸如此类的主题;还有关于各式“混杂”与“合并”异国风物的基本“连贯性”或“逻辑性”问题。事实上,形式位于这些探询的核心,不管是异国小插图的空间安排问题,还是它们的配置中错位的“现实主义”问题。说及前者即“空间问题性”,史密斯想的是直线透视或平面形式在特定形状的物质艺术——圆形瓷器、多面体家具以及类似之物——中的缺席。不过这明显忽视了透视法在挂毯上、雕刻铜版画中甚至上漆家具光滑表面上的可塑性,哥白林工厂在“古代印度”(*Les Anciennes Indes*)系列中生产了异域意象最经久的形式之一,史密斯有简单提及;洛迈恩·德霍格为《东西印度及其他地方》设计的版画提供了德霍格一位现代编辑所论的“巴洛克式慷慨的(异域)形象”,而这是在最平面的介质上做的。[75]此外,史密斯的理论假定绘画的多数体裁都要表现单点透视并调用叙事,然而事实并非如此。关于第二点,即在一幅异域拼凑画中常常插入“现实主义的”形式或模拟说服人
的形式,如描绘精美的明代瓷器被画入一则非洲寓言,史密斯触及 279
了语境问题,但并未深入其中。从分散且经常无关的资料中挪用形象,然后把它们重新插入“异域”图案,这意味着什么?一个异域形象及其意识形态内容的“逻辑”如何随着它改变场景、体裁和媒介而发生转移?还有为何异域主题似乎这么容易让自己适应媒介转变和作坊复制的进程?

这些问题相应地暗示出地理学领域同装饰艺术之间有着更进一步的有价值的对应性,它们分享复制习性。装饰性物质艺术的设计与制造同印本地理学的构建与呈现蕴含着显著相似的发明与生产过程,那些出版商令人惊异的成果在第一章讨论过了。那就是说,这些各自为战的工作室的运作手法包含借取、挪用、重塑或简单

复制素材等并行实践。这发生在各种体裁、形式和媒介，它塑造了地图、版画和大范围的书籍（包括文本与图像）的生产，它指引着瓷器、织物、绘饰家具和更多东西的设计。它还引人注目地同异域主题一起出现。此种制造策略将近代早期对异国风物的普遍理解及其作为“奇异的”、异常的事物的价值反转了。如宝拉·芬德伦在她对近代早期自然史和博物馆起源的充分研究中所力陈的，奇妙物品被狂热爱好者收集和交换，因为它们隐含的“不可比性”而获得价值，它们被认为是出色的并且作为独一无二之物展现给观者。[76]然而在异域地理学业务和带有异域主题“装饰”艺术的设计中，产品价值指向相反路径——成为被有限度地且规则化地复制的一套形象和标志物，成为在印刷工作室中对一种套路（stereotype，该术语来自印刷经济，虽然在晚后时期）形式的依赖，也成为基本的复制实践（如果说显然有效的话）。

在近代早期印刷语境中相当普遍的最简单的复制形式是干脆利索、无须解释的复印。直接复制这一实践作为普遍采行的节约成本举措，被出版商和制图员采用来压榨一块铜版的最大产出或从一个构思精良的设计图中提取最大利益（可能被复印到一块新铜版上），这就是“套路—版型”①的概念。[77]在某些情况下，一位出版商可以使用一幅版画或设计图成功地穿行于他自己作坊生产的数种出版物。雅各布·范莫伊尔斯就用弗兰斯·波斯特和阿尔伯特·艾克胡特绘制的各种巴西写生图这么做，将其用于一部关于美洲的通论书籍（出自蒙塔努斯）和另一部吸收了大量巴西内容的关于东西印度群岛的书（出自尼霍夫）。波斯特和艾克胡特的插图最初是为了用于一部若安·布劳出版的关于荷属巴西的书，并部分收入该
280 书，而它们在知名的爱思维尔（Elsevier）商号生产的一部完全不同的

① Stereotype 的原意是“版型”。——译者注

自然史书卷中又被用了一次。[78]图像以此种方式在不同出版商当中流通，这种事务性的借取过程指向复制的另一条惯例。

高品质的设计图可以在几家工作室迁移，这些移动（及挪用）的合法性各异，从合法售卖图版给一位盟友出版商到明确地盗版。图解“毗湿奴十化身”的一系列雕版图的错综历史证明了一套熟练操作的设计图的价值与寿命。以荷兰艺术家菲利普斯·安吉尔在马拉巴尔效力期间（很可能从一位耶稣会士中介人处）获得的原始印度形象为基础，一系列刻画这位印度神祇十种化身的全页图版于1672年在一册归给菲利普·巴尔岱乌斯的书中露面。同年，出自一位对手出版商的一套类似的化身系列也打入市场，这次是范莫伊尔斯拿走了阿姆斯特丹出版二人组让松尼乌斯·范维斯贝尔格和范索梅伦的图，后者生产了巴尔岱乌斯的书。两组雕版图都广泛流通，也都有译本。[79]（还有一套略显粗糙的十化身出现在阿塔纳修斯·基尔谢的《中国图说》中，这些是让松尼乌斯·范维斯贝尔格和范莫伊尔斯1667年联袂出版的，他们显然密切注意对方的活动。）[80]此外，两套图像都在实际上差不多半个世纪后的1730年左 281
右经历了图像学的复兴，此时它们分别被对手的出版计划采纳，这次的出版计划更显宏伟。巴尔岱乌斯的化身被雕版师伯纳德·皮卡特挪用到他18世纪20年代和18世纪30年代出版的《世界所有人民的宗教仪式和习俗》（还有更多版本，一直印到18世纪40年代），恰好时值彼得·凡德尔哈把范莫伊尔斯的化身版本收入他的《世界宜人画廊》（约1729年）。[81]这两套出版物皆制作奢华并在欧洲广泛流通，令图版的寿命和图像的影响延伸至18世纪，让它们成为毗湿奴化身的老套版本——标准的异域套路。

需要强调的是，此过程对地理学作品而言很难说独一无二，出版商跨越多个领域寻求利润的提升，为此，他们采取了任何可能的方法，包括直接复印。但就算这么基本的复制模式（为类似种类的

书或在同样体裁下复制的模式)，被置于地理学语境下时也看起来
有些不同，地理学恰恰就是个以制造区别为根基的学科。对异域素
材如此复制的效果以及在诸如舆图这类体裁上的复制，还因它们颠
覆自己表达的目标而更加突出，它们声称要区别空间和事物而非复
282 制它们。尼古拉斯·贝尔切姆为尼古拉斯·维舍尔美洲地图设计
的涡卷饰提供了一个醒目的例子——美洲的本质(如对这块大陆的
一个寓言图像所呈现的)出现在亨德里克·东科尔为非洲制作的复
制涡卷饰上。意在界定空间和提纯特质的一种体裁(舆图)与一种
形式(寓言)恰恰背道而驰，甲不代表甲，而代表甲或乙。在冉·范
凯瑟尔为《大陆》多方借取的例子中，尤其是他为图画的中央构图和
边缘风景仔细设计的自然物中所包含的复制习性反映出，在花卉与
283 昆虫插图和自然史书籍印制中，复制着实是个悠久传统。当《大陆》
数幅并置而观时，后果表露无遗，来自全球其中一个部分的花卉、动
物和本地物品不调和地出现在另一个部分，而且这颠覆了观者对于
独特区域性“大陆”的感觉。此种后果暗示出楠川幸子所述的“论据
284 功能”的丧失。在她对近代早期自然史印本图画呈现的分析中(把
从植物学家雷恩哈特·福赫斯和解剖学家安德烈斯·维萨里的作
品中不懈地剽窃雕版图作为个案研究)，楠川考虑了有目的的印刷
复制的效果——差不多当然地牺牲掉语境，这引出进一步丧失“这
些形象被设计时所具有的原始的、描述性的和论据性的功能”。复
制形象可能还服务于一些功能，它们没变成“单纯地”装饰性，但它
们不再保留最初所预期的含义。[82]

当形象不仅在一种体裁内部移动(如从地图到地图，从版画到版画，从书籍到书籍)且还穿越不同体裁和媒介而移动时，通过复制而修正的这种模式就更加明显。菲利普·巴尔岱乌斯关于马拉巴尔和科罗曼德两地的书的扉画，加上了关于斯里兰卡印度教的一个见长的部分，都在一幅印度地图的一个涡卷饰上被用作触发点。这

个图像起初是用来招引读者探索南印度社会及宗教习俗（这是巴尔岱乌斯 1672 年地理书的主要焦点），但该图案后来的功能是在一系列海图上充当航海者前往印度次大陆的大门。它历久弥新地进入了 18 世纪中叶，在 30 年时间里作为印度宗教兼商业的流行形象而运转。[83] 贝尔切姆的涡卷饰是在 1650 年前后为维舍尔地图的雕版师画的图，该寓言在常属竞争性的其他地图中被不变的复制，也在其他有关联的地理学形式中被不变的复制（比如布劳《大图集》影响巨大的扉画），于是在未来几十年成为美洲标准保留作品的一部分。这让它轻易从舆图移入通用型版画又从那里移入塑形艺术。南德艺术家哥特弗雷德·贝尔恩哈特·格茨（Gottfried Bernhard Goetz）为一幅单行版画制作的“美洲”的变体（约 1750 年在奥格斯堡出版）将贝尔切姆的直立式垂直图案转变为水平坐式人物，寓言化的美洲现在跨骑在一条美洲鳄身上（美洲鳄是贝尔切姆－布劳扉画的主角）。格茨的安排很可能启发了迈森建模师约翰·约阿基姆·坎德勒（Johann Joachim Kändler），他把版画转变成陶瓷，生产了一尊非常受欢迎的“美洲大陆寓言人物”（*Allegorical Figure of the Continent of America*），该设计是为用作餐具的一部分。[84]

如楠川提出的，异域形象和主题在跨越体裁和媒介时自然会丧失一些论据功能，不过它们经常保留了部分原始意味并且也扩大了那种意味。介导的版本会暗自提到较早的形式，同时也增加新的语境和素材含义。语境和素材之间以及旧主题和新媒介之间可能还存在一种富有成效的张力。这发生在最初由洛迈恩·德霍格蚀刻 285
的一套含 60 帧图版的包罗万象的异域场景中，该套场景最终在范围大得令人咋舌的体裁和素材当中游移。然而在这些形象经历了几场循环之后，不管它们形式几何（形式会因这些中介而又增强），它们还是保存了关于“异域”信息的一个关键元素。德霍格的蚀刻小插图最初在 1680 年左右设计，供图解西蒙·德弗瑞斯的一份内容广

泛、号称畅销的文本——关于“东西印度奇异事物”的一场枝节横生
的巡游,它们共同力求展示在近代早期欧洲人世界里定居的整个范
围的异国人民、地方、风俗和物品。[85]它们提供的是关于该主题的格
286 外“杂糅的”变体。版画专家伊利娅·费尔德曼(Ilja Veldman)有些
吹毛求疵地写道,“德霍格的蚀刻画过分拥挤,并把来自迥然不同的
各文化的元素包括在一幅构图中,丝毫不试图归类”,换个角度,这
对异域地理学是题中之意。[86]这些形象从德弗瑞斯的书移入一个视
觉性越发增强的产品,在彼得·凡德尔哈的《东西印度及其他地方》
(约1700年)中被印成每页两幅插图的长方形式。这部书实质上没
有叙事文本,它是本图画书,单纯又简单。且通过给原始蚀刻画加
上增强立体感的“框架”与“合页”——后一个设计能把版画假扮成
287 双折画,凡德尔哈进一步强调了把异域世界看成是这么多形形色色
小插图的过程。当这些形象踏上进入宏大的、有威严的、全图画的
也无疑是精英形式的《世界宜人画廊》(约1729年)的道路时,该视
觉公式被再度突出,它们在此书中助益了凡德尔哈的全球地理学大
全。[87]而就在此时,这些形象从印刷世界转移到家具上,这次来到一
只同样宏伟的镀金漆绿的收藏家橱柜上,该橱柜亦是1730年前后制
造。该荷兰制造的橱柜上了漆,于是这给它充当异国风物储藏地的
角色提供了一个物质隐喻。制造人借着用取自德霍格版画的形象
重新装饰柜门而为这套东西的异域信息打了双份广告,柜门图案中
包括一个生产漆的场景,让人不禁设想这很难是出于偶然。既然这
样,“过分拥挤”的混乱整体生成一条连贯信息——关于容纳异国事
物的异域设计的信息。[88]

为从这番混乱中创造一贯秩序,生产者可以诉诸另一个供复制
的装置——图案书,它们是为了把从印本地理学中选出的形象转变
288 为物质艺术的可操作模型而有意收集起来的。这类书籍不仅确保
了异域形象在多种媒介中扩散,还整理了印本地理学和“装饰”艺术

对象物间的联系。斯托克和帕克的《涂漆和上漆论》（1688 年）可能许诺有“超过 100 种的模仿印度产品的不同漆工图案”，但许多形象都直接来自范莫伊尔斯的工作室，在这些版画从印刷机上几乎新鲜出炉时就采用了。彼勒蒙《仕女娱乐；或令上漆容易的全套艺术》（约 1760 年）中这些形象的更新版可能是从其原初地理学形式中移过来的，在彼勒蒙的集锦图和任何原始资料之间亘着一个世纪，但 289
是充当中介的约翰·克里斯托弗·魏格尔（Johann Christoph Weigel）和彼得·申克（Pieter Schenk）的图案书各自都与地理学世界有密切联系并还保留着这些关系。[89]各工作室也编辑内部图案书，供自己的制图员使用，其中最知名的源出于异域意象最丰富的合集之一——瓷器画家约翰·格雷格利乌斯·豪罗尔特（Johann Gregorius Höroldt）及其在著名迈森瓷厂的同行们绘制的速写簿，它提供了数万件瓷器的主题图案。[90]在所有这些情况下，可轻易取用的选集保证了物质艺术工作室同异域地理学出版商之间不间断的结盟和他们开展的系统性挪用。不过，容易使用也意味着容易复制，因此也意味着更大的分割的可能性，这是同语境、原始意义、任何外表一致性间的缺口。这些生产习性必然会导致构成冉·范凯瑟尔《大陆》明显特征的令人晕眩的混乱，导致冒犯了如杜赫德这类启蒙地理学家的“确定性”和“无尽差异性”缺乏，导致令批评家伯纳德·史密斯焦虑不安的一个“连贯的‘故事’”和可辨别的“叙事”的缺少。

所有这些都表明，我们需要注意到这些生产习性不仅是可接受的，还相当地常见且明显成功。连载式复制品和长期挪用发生在数不清的异域地理学资料中，因为系统性的“混乱”显然好卖，而且不仅是插图书籍和装饰性地图，还有绘饰瓷器和镀金橱柜。复制的形象带来的不仅是关于异域世界的刻板印象——毗湿奴的形象可以在漫长时间里流通于多幅版画和数种出版物，它们也传播到印刷资料之外，去到更广泛的媒介，包括（尤其是）物质艺术。会造成什么后果?与丧失连贯性和“论据功能”相比,与缺少“确定性”或可辨别的“叙事”相比,与“丝毫不试图归类”的“过分拥挤”的混合体相比,毋宁说这些资源指明了一条行之有效的生产策略。它们反映出制造人所作出的一条明智且有利可图的方法——呈现一个有意消除语境并藉图案设计乱作一团的异域世界,并且能轻易被认出是这样的。展示此种“异国情调的美学”的纯粹素材书暗示,至少对生产者和消费者来说,这些资源中确实存在一种可辨别的叙事“逻辑”和一种形式合法性,而它们可以部分来自于复制这一特有过程。

此种复制过程(至少在印刷轨道内)的最高点形成于近代早期欧洲最高产的作坊之一,该作坊由这时期最成功的出版人之一彼得·凡德尔哈(1659—1733 年)经营,他去世时腰缠万贯。[91]凡德尔哈是印本地理学历史上最勤奋也肯定最有革新性的人物之一(如果
290 还不是最知名的),他根据复制的原则操作。他简直习以为常地获取从前出版的文本、版画和地图,然后重现、重构甚或简单复印这些东西到自己不断扩充的出版物名录中。他就用这种推动业务的复制模式翻写成功,这成功惊人地跨越了 60 年,炮制出野心越来越大的计划,在《世界宜人画廊》这一已出版素材的巨型汇编中达到顶峰。在全部印刷生产过程中,为凡德尔哈生成利益或销售额的并非资料的原创性,而是它们呈现方式的新奇性——旧内容以新设计的
291 形式面世。比如他的《新图集》(*Nouvel atlas*,1714 年)说是什么都好,但就是地图明显且无可否认地(出版人在标题页坦承)来自早前资料,这次来自法国舆图制作人。[92]不过如凡德尔哈在标题页上夸耀的,这些地图是“新绘的”和“改进的”,而且图集的确有新奇性,卷册印成不那么常见的长方形对开页形式,有些页面折叠,形成四开本尺寸的一部册子,但包含更大尺寸的地图。如同《东西印度及其他地方》以及对德霍格蚀刻画的采用,凡德尔哈将一些旧素材重新配置到一种有创新的形式中(两例都是长方形),这赋予新产品一种

新鲜且独特的外表。

更吸引人的是凡德尔哈的《精确汇编》，这是一部28卷的从前出版过的旅行文学选集，为了连贯和外观而重新制作并重新编排，并以图版、地图、索引和诸如此类的东西进一步润色。尺寸又成为紧要事物，这个系列以相当便携的八开本问世，可以塞入口袋，因此就（可想而知）能在旅途中带着这些书。素材形式胜过主题，这一点也又成为紧要事物，一如凡德尔哈这么多产品那般。《精确汇编》的重印内容（如标题页上巧妙的措辞所说）“此前从未以这种方式面世”，哪怕它们以前无疑以其他方式面世并在早前的出版物中存在过。[93]

复制成为凡德尔哈生产流程的固定组成。这位出版人获取能轻易在其他出版物中再使用的地图和图版，他设计易于改订和译为其他语言（供在其他出版物使用）的涡卷饰与题图，他还印制可以重新雕刻或重新安排为其他形式与序列（也是用于其他出版物）的有压倒性优势的视觉什物。《世界宜人画廊》的形式在许多方面都将荷兰异域地理学的核心论据提炼出来，即视觉的领先性和复制的价值。它也促生这时期异域产品的一个核心问题——地理学素材的生产人，特别是凡德尔哈出于什么意图如此无所顾忌地重印和重组异域世界（凡德尔哈出版物的基本焦点是哪个）？凡德尔哈在他零散的前言评论中所定位的咄咄逼人的销售额指出对利润的基本考量——旧版画卖得好。然而这些评论对他来说也是当作一项特别策略来部署，至少一定程度上是用来吸引付费的顾客——对“愉悦”或“高兴”的许诺，这来自易受承认的、温和地“逗趣”的形式，以及隐隐有“装饰性”的图画。[94]这种思绪在《世界宜人画廊》这一标题中得到完好表达，此书是该出版人最富野心的复制项目。这间宜人画廊是近代早期（或者就此而言可以说是现代）出版业真正显赫的壮举，书中有格外多的图画，填满66卷，印成30册，在标题页就已经提

出贴切的三点——关于凡德尔哈牌印本地理学有意地逗趣或“取
292 悦”（宜人）的特质，关于他这终极复制计划的极尽华丽（有严格意义上的几千幅复印版画）与他出版策略的明显成功，还有很重要的关于这些复制品的物性，以及引申出的凡德尔哈如此成功生产的插图地理学的类型——将异域版画同物质艺术微妙联系起来的类型。

《世界宜人画廊》肯定是带着愉快的放任之情在复制，几百个形象来自凡德尔哈的海量库存，这是他在印本地理学的长期职业生涯中积累起来的；还有几百个形象更简单地从有竞争关系的出版物中借取；而且所有这些都被系统化地改换版式并经过重新雕刻，不惜
293 工本地制造一部华丽卷册。《世界宜人画廊》的许多插图都可以回溯几十年，有些还能上溯至16世纪，但大量的是来自由雅各布·范莫伊尔斯的书籍所掀起的异域地理学大潮。这些形象凭借在宏伟的《世界宜人画廊》中的复制而再度流通，并法典化为关于异域世界的权威代表。约翰·尼霍夫对中国“托钵僧”和“崇拜物”的刻画（都是范莫伊尔斯设计的），奥尔菲特·达贝尔对亚洲司法和中国“酷刑”的渲染（也是基于范莫伊尔斯的原始图，如在凡德尔哈一幅版画中坦率标注的），阿尔伯特·艾克胡特对巴西本地人民的肖像画（根据阿尔诺都思·蒙塔努斯美洲书中的形象修订），全都因为在《世界宜人画廊》中的复制而获得新生和大力宣扬。它们也得到了新的形式，而这在很多情况下都意味着更引人注目和更有气势的形式，因为凡德尔哈让他的许多版画库存都以更大尺寸和更有气势的双对开页重新发行。

他也为一些图版刻了装饰性的“画框”——模拟真实画框外观
294 增加立体感的边线，因此也会增加景深并增强这些值得列入画廊形象的视觉影响力。这个画框装置也会把人的注意力引向版画的物性。它给图形再生产的平面形式赋予一个三维外观（凡德尔哈给他的许多地图和城市景观图也加了框），而这加强了此书包含的幻

想——闲庭信步穿过一间异域世界的宜人“画廊”。最后,凡德尔哈收入了大量展示物质品本身的版画——描绘一系列入时“帽子”的版画,以目录式的呈现方式出现(采自达贝尔一本书的插图);罕见钱币和奖章的雕版画,同样排列得仿佛可供购买的可用商品;还有实际的装饰物品,似乎无副作用地令某些雕版图变丰满了,比如瓷制容器立在“中国的杖刑”(“La torture chez Les Chinois”)一画的壁炉架顶上,或“中国的仗刑”(“Bastonnades chez Les Chinois”)一画(图解用棍棒或“棍子”也称杖的东西进行身体惩罚的雕版图)背景桌面上形状优美的药膏罐子。凡德尔哈的《世界宜人画廊》以所有这些方式和几千幅版画既例证也颂扬着异域地理学。[95]

五 跨越媒介的暴力图景

正是通过这些复制和生产流程,通过这些形象和想象出的物品,凡德尔哈的视觉画廊才能成为体现地理学(在这里是用图画形式)和物质艺术密切关系的显著个案。《世界宜人画廊》中被重复印刷、熟练“加了框”或以其他方式“宜人地”增强的形象,向着重复出现的润色各种各样“装饰性”艺术的形象示意。而这些复制形象的内容进一步强调了异域主题从一种媒介向另一种媒介的流动途径,不管无心还是有意,当然有从版画到版画的,但也有从版画到物质艺术的,这些物质艺术经常包含与图形艺术中所绘一样的复制场景(如1730年左右的镀金漆柜画着德霍格蚀刻的异域场景)。形象、主题和小插图从一种体裁到另种体裁、从一种媒介到另种媒介的移动近似于历史学家柯律格用“图像巡回”所指的东西。柯律格用这个术语(借自文艺复兴史学家卡洛·金茨伯格[Carlo Ginzburg])描述形形色色媒介中不同视觉资源的一种图像学一致性:“这样一种再现经济学,某种图画在涉及图画的不同媒介中传播。”[96]“图像巡回”帮助柯律格解释复制形象在晚明中国动态视觉文化语境下的移动,而该术语也可用于描述跨越近代早期欧洲地理学诸多形式的主题的迁移运动及其移往物质艺术的过程。它还有助于阐明地理学
295 和物质艺术这些“各自无政”的生产领域间的密切关系,两者都因复制而欣欣向荣。然而它不能充分揭示那种或可称为跨越媒介(trans-mediation)的过程,即形象跨越媒介而转移和转译,以及在媒介(可以说它是中介)之间的转换方式对形式和意义的影响。“图像巡回”蕴含着图形向不同形式的运动,并聚焦于一个特定标志物或形象的变化或稳定性。“跨越中介”也遵从形象的运动,但还注意最初的媒介和抵达的媒介,以及介导路线如何能塑造意义。追踪穿越异域地理学资源和物质艺术的跨媒介,就是去揭示复制如何发挥作用及媒介有多重要。

标出异域意象的巡回路线和中介能确认穿越体裁和媒介的主题的稳步前行。它能进而证明印本地理学和物质艺术间的深厚关系,二者共享大量的次要视觉成分,且有时还共享类似的“叙事”路径,哪怕这些巡回路线和中介让人眼花缭乱。想想一个图像的此种过程吧,该图像可算开启了近代早期异国格调的这个丰富时刻,这就是为约翰·尼霍夫一再重版的中国书设计的著名扉画。这幅扉画是一幅全对开页雕版图,也是此书的封面插图,因此就是范莫伊尔斯异域地理学的实质性成果,它以一位帝王穿戴的人为中心,他单手叉腰坐在雕刻复杂的宝座上。该人物的另一只手落在一只巨大的地球仪上,球面是清晰可辨的中国本部及其帝国领土的轮廓线;地球仪的球面反射出一只倾斜的阳伞,它被一位男侍高举着,举得既高过居中落座之人也高过他的宝座。此人就是大汗,他明确流露出帝王威严。一群彪悍的臣僚环绕这位强大的中国皇帝站着,他们带着武器和旗帜,而皇帝脚下翻滚着一群受到锁链、镣铐和木枷

等各式工具拘束的哀求者。这群顺从的囚犯匍匐在雕版图的下部（正位于出版商涡卷饰的上方），暗指大汗对其臣民身体的全面掌控，而且这幅扉画的形象在更一般意义上传递出一则关于中国帝王权力的信息（在文本中得到呼应）。更宽泛地讲，它对同时代欧洲人诉说着对大汗威仪的敬畏和对他绝对政治控制权与司法控制权的景仰，尤其是在某些精英观察者眼里。[97]

虽然此图像的起源完全不清楚，但它长足的来世很可追踪。该图被含蓄地归属给此书的作者，但尼霍夫的草图中没有这个想象出来的帝王场景。尼霍夫中国纪行的手稿确实包含一页有插图的标题页，但该图与印本扉画的雕刻图全无相似之处。后者毋宁说来自范莫伊尔斯的作坊且并非不可能来自这位出版商本人的速写簿，他是训练有素的雕版师。此图从尼霍夫对一位“老总督”的现场图绘中提炼出大汗的人物形象，该位总督与雕刻的皇帝同样穿着织 296
锦长袍，挂着珠串，戴着毛皮衬里的帽子，还饰着轻快的羽毛。而且雕版图用一层层的豪奢之物——武装卫兵、卑微的囚犯和堂皇的权力标志——美化这幅相当简朴的、独立的写生图。[98]该组合被证明令人叹服。大汗本人的肖像固然相当罕见，但如此这般的皇家随从在各种版画和装饰艺术中都出现过。该图像未加改动地充当尼霍夫此书法文版（1665 年）、德文版（1666 年）和拉丁文版（1668 年）的扉画，这些全都是范莫伊尔斯工作室的产品，图案的一个复制品［被波希米亚蚀刻师温切斯劳斯·霍拉（Wenceslaus Hollar）适度修改］则移入约翰·奥吉尔比 1669 年印制的此书英文版。其他不相关的中国地理书也采用了该图像的基本布局——荣登宝座的皇帝、位于侧面的随从、可怜的哀求者。[99]而且非常讽刺的是，杜赫德《中华帝国全志》的德国出版人几乎原封不动地抄袭范莫伊尔斯的图案，这 299
个出版人于是就从杜赫德本人如此激烈地拒斥的有着特有“伪造”烙印的地理书中盗窃了这幅标志性图像，而在杜赫德本人十分排斥将“装饰性”图画用来图解“严肃”书籍。[100]杜赫德书的这个版本出现在18世纪中叶，而它指明了这幅图画的地位在启蒙时代的欧洲变得多么根深蒂固，它是关于帝制中国的一个经久形象。

大汗的形象也移入物质艺术，用来“装饰”一系列物品——陶瓷、家具、挂毯以及诸如此类的事物。17世纪后半叶欧洲锡釉陶器的领军制造者，即代尔夫特生产力惊人的“希腊A”生产了一只器表以皇帝及其随从为特色的花瓶（约1675—1680年），实质上图案原封不动地从雕刻版画上转化而来。在这个安排中，被规训的中国臣
300 民画在略偏于帝王一众人之处。然而与其说这个非线性的环形安排弱化了关于大汗万能权力的信息，（调整史密斯的观点）不如说可能加强了它，观者观察到帝王的控制及其效果。在一只用胡桃木、巴西红木和紫檀木（一种来自亚洲或非洲的热带木材）作贴片并以镶嵌锡作装饰的巨大橡木橱柜上（1700年前后在亨德里克·范索斯特［Hendrik van Soest］作坊制造），皇帝、随从和地球仪也都出现在一只倾斜的阳伞下方。原始构图在此发生了一些细微变化，大汗站着，随从们退后，而且这次小插画中收入了一位衣着精美的人物（左下），他奉上一组铺开的奢侈品。而围绕中心帝王场景的橱柜侧面抽屉吸取了一组也是来自范莫伊尔斯版画的异域场景，以及对帝国司法及控制的那种深入图解形式，尤其是关于中国“酷刑”的实践。肉体惩罚在这些图像中的倍增强化了对绝对帝王权力的印象，而介质本身——异国木材用于展示异国主题——只不过巩固了这则信息。[101]

居伊-路易·维南索尔（Guy-Louis Vernansal）设计并在博韦（Beauvais）作坊（约1690—1705年）生产的一系列挂毯在图解“中国皇帝的故事”（这组挂毯是作为整体而知名的）时很多次指涉范莫伊
301 尔斯的扉画，还有来自尼霍夫书卷的其他版画。[102]比如在“皇帝出巡”中，大汗单手叉腰坐在一顶设计繁复的华盖下，华盖荫蔽着一只

威严的宝座兼轿子。他被随从抬着，并由一群携带武器和皇家旗帜的骑马护卫陪同。[103]尽管这个例子中的介质既非固有的异国的（如热带木材那样）也非形式上异国的（如代尔夫特的青白陶器），但这幅宏伟挂毯的信息与原始版画的主题很好地匹配——一块适合王侯的纺织品展示着中国皇帝的庄严。利用大尺寸挂毯来表达宏大主题在欧洲传统中并非不常见，而这种介质对“中国皇帝的故事”的部署很好地服务于此种异国帝王叙事。[104]且更一般地讲，范莫伊尔斯的扉画肯定大范围地并迂回地旅行——从版画到花瓶到橱柜再 302
到挂毯，但总体而言，它的各个中介成果丰硕地执行了扩充原始“叙事”的功能，这是关于将作用东方专制主义而知名的事物的叙事。[105]

还有大量关于图像巡回和跨越中介的例子，它们既确立了异国意象的稳定性也确立其可煅性，这些意象在转换语境和媒介时既保留含义也放弃含义。从范莫伊尔斯的工作室，尤其是从尼霍夫的书中出现几种寿命更长的异国格调标志物。一对图绘托钵僧（各式路边苦行者）的图案（最初是尼霍夫为表现中国的通俗宗教实践而勾画的，形式略有不同）在版画和书籍的一份典型花名册中扬名立传，该份花名册包括范莫伊尔斯发行的尼霍夫书各版本及译本，凡德尔哈图画丰富的各出版物，还有其他不相关的、包罗万象的异域地理学卷册。[106]这些托钵僧也在绘画和其他物质艺术中兴盛，既作为群体出现，也单独出现。他们的一组形象在原始出版物露面一年以内就见于冉·范凯瑟尔的《大陆》中——被揉入“亚洲”寓言的内部装饰（约1665—1666年），他们很快也出现在陶瓷上。一组看似放错位置的托钵僧集锦装饰着萨缪尔·范恩霍尔恩（Samuel van Eenhoorn）1680年左右绘饰的一只锡釉潘趣酒碗（获“希腊A工厂”赞助），而一位单独的徒步旅人在一块巨大的陶瓷饰板上突然出现，
大腹便便的他将一块大卵石危险地举过头顶，并且（根据尼霍夫手 305

稿中的叙述)被理解为在毫不留情地用石头砸自己的胸膛,“直到血光四溅”,这块饰板很可能是在代尔夫特生产的(约 1680—1700 年)。这位“虔诚的”人物在一个马戏团般的场景下加入了异国魔术师和杂技表演者组成的草台班子,表面上看起来同禁欲苦行甚少瓜葛。(他的同伴大多也来自印本地理学,包括来自范莫伊尔斯工作室的雕版图。)棕榈树和宝塔亦登上中国这一幕。[107]这位“胸膛挡板”后来同潘趣酒碗上的那组成员一起出现在镶嵌锡木橱上,在一只正位于中央大汗图下方的抽屉上亮相;而苦行僧全组中的其余人物被集合在位于皇帝左边的另一只橱柜抽屉上,这个图案还吸取了一个男人用一把剑刺入腹部的形象——一位苏菲海兰达尔,被证明来自范莫伊尔斯关于奥斯曼叙利亚的一册书。第二组人物当中有一个跪倒的“苦行僧”,用前额猛撞一块巨石,按尼霍夫的原始描述,猛烈到“大地因之隆隆作响”,他也在瓷器上露面,一件景德镇制的卷轴花瓶,在波希米亚由依格纳兹·普莱斯勒(Ignaz Preissler)加绘
307 表面,他补充了一只俯冲的凤凰。[108]作装饰的这位苦行僧和这只神话中的鸟儿藉版画之路——1720 年左右由约翰·克里斯托弗·魏格尔雕刻的一个图案——而旅行,轻而易举地移入其他场所,比如巴伐利亚宁芬堡(Nymphenburg)宫里阿马林堡(Amalienburg)狩猎小屋的彩绘墙面(1734—1739 年),在此这位彻底变化的“苦行僧”让自己的背支撑一只不合理地用后脚腾跃的松鼠。[109]

苦行僧们令人眩晕的巡回在几个层面上给人以深刻印象。首先是这些人物被具备多媒介和多年工作经历的设计师所采用和部署的速度:橱柜绘画(几个月内)和墙面绘画(70 年后);形式各异的代尔夫特陶器与瓷器;大量镶饰家具和大型陶瓷饰板。其次是媒介既用细微手段也用实质手段塑造意义的方式。在镶嵌橡木橱柜上,苦行僧(与行者)用于向观者提醒大汗无远弗届的权力,他们已经从自行毁伤的苦行者(他们在范莫伊尔斯版画中的原始内涵)转变为

万能帝王控制下的臣民(橡木橱柜的整体叙事)。在代尔夫特陶饰板和它近乎狂欢节的拼凑画中,举着大卵石的苦行僧经历了更为极端的变化,从虔诚的演员转变成马戏团表演者。而在被加绘的花瓶 308
和宫殿的墙绘上,表演的意味恐怕全都没有了,被一只凤凰啄食和被一只松鼠困扰的叩头人物已经变成被孤立的装饰。然而除了这些最后的交互影响,“苦行僧”确实保留了他们原始含义的相似之处。身体疼痛的观念(这在约翰·尼霍夫的原始日志中令他印象至深)从版画带到橡木柜,奢华的家具产品这种介质同帝王主题合拍。而且“奇异事物”的公开展示——由一位路边苦行者和街头艺术家之类的人具象化——这一特质在陶瓷镶板中也留住了,该种介质将装饰一个富裕人家,而且它大得奇怪的版式(它当真是尺寸超大的瓷砖片)会加重它的巴洛克展示意味。

另一套图像巡回向西对着美洲及其异域环境打转,那里的原住民培养出“令人惊异的”习性——此处的注意力关注社会和自然习性多过政治和宗教习性(如对中国),而且那里的本地动植物引起大量惊叹。弗兰斯·波斯特和阿尔伯特·艾克胡特的绘画大多速写拿骚-齐根的约翰·毛里茨庇护下的荷属巴西——波斯特的风景画与城市景观图,艾克胡特的自然和民族志主题,在一些关于巴洛克新大陆的成果最丰的形象制造中都充当关键触媒。波斯特和艾克胡特的绘画来到阿姆斯特丹和莱顿出版人手中,为他们充当源源不断的雕版图和木刻图的典型。这些转而图解了关于荷属巴西和葡属巴西的书籍(布劳出版)、很受仰慕的热带南美自然史书籍(爱思维尔商号印制)以及定位更广泛的美洲地理书。图像又从那里移入其他出版物形式,有范莫伊尔斯工作室印的书,有布劳及其生产组制的地图,还有差不多全部后出的有美洲视角的自然史书籍。它们也充当绘画的典范,既是波斯特和艾克胡特自己的典范——他们生产了大量风景画(波斯特)、一些真人尺寸的民族志肖像画(艾克胡特）、一系列热带静物画（艾克胡特），也是其他欧洲艺术家的典范，他们把丰富的“毛里茨全集”（如大卫·弗里德贝格［David Freedberg］所称的）吸取到自己的异国绘画中，比如范凯瑟尔。[110]其他物质艺术、“装饰的”和“精美的”艺术都迅速起而效之，这些形象相应地巡行到陶瓷、家具、纺织品等。

有两个醒目的例子既能证明巡行的范围，倘若说有部分交叉的话，也能证明它们相异的游历。巴西意象和艾克胡特图案尤其激发了皇家哥白林工厂的一系列挂毯纺织，它们这一套被称为“古代印度”。（约翰·毛里茨赠给路易十四各式各样的巴西图画，成为连环画的范本）。这个绝世系列刻画了印第安人、粗暴野兽以及狩
309 猎场景，它就像献给中国的博韦挂毯一样，为尊贵的狩猎场景提供了一种皇家介质。猎人是粗野的“巴西人”，动物是巨大的美洲鳄、古怪的貘、奇异的犀牛，而且这个相似物品只不过是给一个普遍主题加了一丁点异国格调。[111]在些许不同语境下和不那么严肃的介质上，以艾克胡特图案（及范莫伊尔斯版画）为典型的人物出现在17世纪后半叶雕刻的椰壳杯上。[112]几个实物留下了，而且其中之一（用粗银带镶嵌，带着可能是晚后装饰物的加装的底座和盖子，并画着刻工粗糙的印第安人三人组）包括澄清主题的题字“一个塔普亚（Tapuya）（巴西）渔夫”“一个塔普亚国王”和“一个塔普亚女人”。
311 这些题目的前两个表现的是运用于不那么传统的主体的传统主题——渔夫－猎人带着武器并狩猎，正如他在此类场景的任何变体中那样，而国王单手叉腰站着并戴着顶王冠，尽管再无甚其他遮蔽阳刚之体的衣物（与渔夫同）。第三幅小插图则增加了一个明显奇异的因素。图中的女人单手紧抓住一个孩子并紧贴右侧胸膛抱着另一个孩子（她也同样被画成裸体），她背着一只用皮绳固定在头顶的背包，背包里装着赫然可辨的人类肢体。这场狩猎收获了人类的血肉，而猎人们住在同类相食的王国。[113]在这只雕刻椰壳的例子

中，可谓用一种热带介质传达了一则热带信息。然而艾克胡特的印第安人标志物是带着显著的扭曲态巡行。一种不及皇家挂毯高雅的物质——椰壳如果说一度也是被渴求的精英物品，那么在 17 世纪 312
后半叶，其价格和声望都已跌落——传递一种关于异域世界的更为耸人听闻的景象。媒介与信息都悄然转换。[114]

最后一套图像巡回和跨越中介（这次带着异国的暴力与折磨的主题）再度阐明异国意象的流动性质，同时暗指地理学和物质艺术之间的丰富联系。对人类身体的（当然是现代人眼里的）粗暴和残忍对待（这是上一章开始讨论的主题）构成异域地理学几种图画资料的特色，又从那里移入其他媒介和艺术。尼霍夫 – 范莫伊尔斯中国书的扉画和此书中两幅苦行僧版画之一都提供了震撼人的木颈枷图画，沉重的木框套住受害人的脖子，充当便携式颈手枷，在前现代中国被用作身体惩罚的一种技术。（这种中国装置是一种妨碍戴枷人正常进食的令人不适与痛苦的精巧设计，同时也引起羞耻感，在形式上和功能上同欧洲的枷有所共通。）该形象在初次以版画登台时具有两种彼此无关的内涵——大汗对其臣民身体的权力（扉画）和异域“苦行僧”当中“流行的”苦行习性——尽管两者都不能宣称同任何已知原始资料有瓜葛。尼霍夫关于路边乞丐的绘画如 313
同他手稿的标题页，不含与此主题有关的表现。

无论如何，木颈枷形象迅速赢得广泛流行度。它在尼霍夫的其他书中和关于中国的其他地理书中被复制，范莫伊尔斯工作室在献给其他地理空间的其他扉画上发行各种变体，而且原始版画最终在《世界宜人画廊》中获得全套凡德尔哈式招待——被整合进一个边缘有装饰的双对开页，让雕版师能添加一个装饰框并使该图像能到达一群新鲜且有影响力的受众之处。[115] 戴枷人物也在物质艺术中享受到——如果“享受”是个恰当的词——广泛传播。代尔夫特制造的刻画大汗荣登宝座的锡釉花瓶复制了戴颈枷的囚犯，他与皇帝的其他哀求者一道受苦,而镶嵌橡木柜也特写了这位戴枷臣民在他的万能君主的脚下枯萎憔悴的场面。该位戴枷人物在一个全然不同的语境下出现在萨缪尔·范恩霍尔恩的陶瓷潘趣酒碗上,与杂七杂八的一群人一起——有三位不同的"苦行僧",一位带着两个撑阳伞随从的挥舞手锯的男人,两位背着奇怪篓子的走街串巷小贩,还有一位正在接收一只鸭子的衣着讲究的女人。

314 关于木颈枷的另一幅图画同样出自一部印本中国地理书,也同样由范莫伊尔斯作坊发行,即奥尔菲特·达贝尔的《中国图集》(这是它英文版的名字),它开启了关于身体疼痛和强迫性苦难主题的另一个变体。尽管西班牙耶稣会士阿德里亚诺·德拉斯·科尔特斯的绘图(它们会被范莫伊尔斯有选择地采入达贝尔书中)中包括三幅带着某种枷的囚犯素描,同样也没有原始手稿资料存世。[116]所说的这幅印刷插图表现了一个人戴着颈枷而另一个人戴着手枷,两人都听凭自己在一位坐着的帝国官员面前候审,戴着颈枷的人被绑着,卑微地跪着,他的同伴蒙着一块障眼物在他身后忧伤地趔趄着。这个着意刻画中国苛刻司法协议的震撼人的版画图案照例被复制到其他出版物,在凡德尔哈的版本中与另一幅"中国人的酷刑"雕版图(形象直接采自德拉斯·科尔特斯)共享一个双对开页。它不久
315 之后还迁移到装饰艺术中,但最后去的不是炫耀其他几幅逼真折磨小插图的镶嵌橡木柜,而是去了一件造诣不一般的复制品,(约1700年)画在一只在代尔夫特加绘的日本药罐上(进口有田烧瓷器,在尼德兰投入第二轮绘图和设计)。[117]药罐一般的目的地是药剂师那里,用于存储医药,因此不装饰(以后好题写标签),它们的未装饰状态有时也是种市场定位。尺寸和形状让它们易于适用其他目的,包括当饮器。这类罐子的形状近似于敞口的大啤酒杯或者也可说近似一种仪式用的高脚杯。[118]"木颈枷"罐子上的加绘图的特性指示出一位有鉴赏力的消费者和此装饰的目的性——用身体惩罚场景

装饰一件外国制造容器的渴望。就像代尔夫特陶器中的那件宾治盆——该器具也同样被用来消费酒精并且也同男性的豪饮和友情联系在一起，异国暴力的一幕转化为男性气概狂欢的一种配置。[119]

另一件加绘药罐（约1700年）非常可能与“木颈枷”药罐出自同一支画笔，它特写了另一幅暴力肖像，这次是阴森森的砍头。[120]在罐子的中央区域，一个被捆绑和蒙面的人物跪地蜷缩着，正对他身后的另一个人挥舞着一柄刀剑大小的阔面砍刀，正作势砍去。这位跪倒的受害人旁边瘫卧着一位刚刚被这致死刀锋所杀的人，鲜血从他才被割开的椎动脉中肆意喷涌；他的另一侧站着一位壮硕的人物，穿着长裤和深红色袍子，在一柄流苏阳伞的荫蔽下观察这场行刑。第二只罐子（容积比前一只略小）的着色与“木颈枷”杯子的着色十分相近，容器顶部和底部的边饰也很相近。这两件物品几乎可以肯定来自同一间工作室且不无可能来自同一位画师。同样地，尽管砍头场景确实同印本地理学中的其他变体有联系。还是没有关于这场行刑的手稿资料存世，也没有可供这罐子当范本的相同的雕版图。例如，约翰尼斯·范廓伦工作室在17世纪80年代某个时刻为一幅印度洋海图设计的涡卷饰，呈现出一位衣着考究的“东方”监斩官站在阳伞下面观看一场类似惊悚度的由剑执行的死刑。[121]

倘说第二只加绘药罐没有直接的印本资料，那么还是有几幅出现在其他形式物质艺术上的类似的异国暴力小插图，亦即装饰性的斩首拼凑画。[122]镶嵌橡木柜的一只侧面抽屉展示一个人物在一位跪地俘虏的脖颈上方戏剧化地挥舞着一柄剑，受害人的右边站着一位衣着入时的观察者。这个场景直接诉诸橱柜中央镶板上的大汗插图，旨在辅助强调关于中国皇帝权威与霸权、对其臣民生杀予夺 316
之权的整体设计。要说这只橱柜是为一位绅士或商人的房间准备的大块头家具，这看起来是可信的，它对帝国暴力和身体凌虐的调用与药罐对一场行刑的血腥味十足的再现可能有很好的契合度，两件物品和它们的图案都讲述一个关于男权和政治暴力的世界。不过此种思绪套用到另一幅斩首图画上就嫌牵强，这次是在迈森产的一套茶碗和茶碟上，生产时间略后（约 1725 年），展示了一幕几乎同镶嵌橱柜上一样的场景，茶碟上的受害人之一多戴了一具木颈枷，这格调有点不协调，因为它让砍头在技术上更棘手。[123]喝茶几乎不能说只是女性的消遣，但喝茶确实不易使人联想起一种暴力审美。茶碟反过来的一面用般配的紫红与褐色画着花束和昆虫，这才更适合茶碟这个类型；同时，大口杯形状的精致茶杯表现了女士在花园饮茶和鸟儿在阳伞背景下滑行的场景。没有关于帝国力量或权势的暗示。它更是一件用于异国饮料（茶可能来自中国或印度）的异国介质（瓷器，虽说在迈森制造），而一幅模式化的拼凑画（关于东方司法的）被用作它的“装饰性”背景——把异国装饰当异国茶点。

还有一轮图像巡回和跨越中介，这次又是暴力插曲的展示，展现此种主题穿行于资料与媒介、语境与意义的全程发展。有两次对身体惩罚的公开展示场景，最初都在达贝尔－范莫伊尔斯的书中印成插图，意在表明中国的笞刑方法，按照达贝尔的文本所说，这被认为是明清政权下的寻常惯例。在第一幅图像中，受害人腰以下的衣服被剥光，双臂被绑在他面前的一堵墙上，双脚贴地，为了准备领受
317 对他裸露臀部的一击时，他把头痛苦地向后甩去。拷打他的人攥着一根粗竹杖，一只脚稍微踮起，人向后靠，准备将他的拷打工具挥向那暴露的肉体。这幕场景发生在一个室内空间，有三个人从一扇敞开的窗户窥视里面的行动。第二幅图像则表现受责罚的人躺在长草庭院的光秃秃的地板上，他的臀部和双腿也暴露在行刑官残忍的击打下。其他几个人畏缩在背景中，且同样被剥去下身衣物，正等着迎接他们的命运。远处有高高两杆竹子的茎干赫然在目，是惩罚工具（竹棒）的一个暗指，还有一双令人印象深刻的大建筑（其一庇护着一对旁观者），这是提醒帝王在场的建筑物。

我们并不知晓范莫伊尔斯能依凭什么资料来制作这些版画的图案和场景,不过范莫伊尔斯可以从阿德里亚诺·德拉斯·科尔特斯的手稿中获取一组拆分的真实暴力小插图。这位西班牙耶稣会士在手稿中以图画和注解的形式提供了相当冷静的现场观察——受害人安排在哪里、行刑官的距离、行刑的形式、击打的位置以及其 318
他。不仅如此,德拉斯·科尔特斯在他的文本和素描中突出了受害人被脱去华服,以此强调他们比较高的社会地位,所谓补子的图案在靠上那幅图中丢在一旁的袍服上清晰可见,在上下两幅图中居中安置的官帽上也都可见。① 这反过来构成一种强调他报告基本主题 319
的方式,即没人能逃脱皇帝的司法触角,包括高级官员,尤其他们还是耶稣会士心目中努力靠近朝廷时的可能盟友。[124] 对范莫伊尔斯和达贝尔来说,倘若说不及在原始素描中醒目,这些社会性事物可能也扮演一个角色,因为袍服与官帽在两幅版画中都登台了。不过范莫伊尔斯的制图员在从德拉斯·科尔特斯的图画中提取了基本主人公的同时,增补了远为复杂的场景——被折磨的受害人与他劲头十足的折磨人、视若无睹的旁观者和瑟瑟发抖的囚犯、内部装饰和有气势的建筑。这些雕版图在其出版商业语境下突出了中国司法程序的公开展示和帝国规训的戏码,再加上大汗的“绝对”权力。

而且,一旦这些形象被范莫伊尔斯挪用、重组和雕刻,它们最生动的特征就在随后的循环重复中赢得进一步认可。这些形象在其他版画和出版物中大范围巡行,而且该过程又是因它们在《世界宜人画廊》中的亮相而达到顶点。凡德尔哈在此把这些图画作为折磨的代表和公开展示的形式而既强化又法典化。他通过把这两个笞刑场景之一放在另一套中国场景中而强调此类形象同“折磨”的联系,这套场景被他二话不说地贴上了“中国人的酷刑”标签。(这组

① 实际乌纱帽上是没有图案的。——译者注

插图中包括一个恐怖的女人形象,她被剥光衣服水平绑在柱子上,翻翘的双脚被粗鲁地折磨——被用大得怪异的羽毛"挠痒"。)凡德尔哈也通过在雕刻更奢华的双对开页版画上重新组合这些形象而增强了它们的公开展示意味——尤其是在庭院行笞刑的那幕,现在被贴上更直白的"中国人的笞刑"标签,这些双对开页版画之一被他用古典式圆柱和建筑镶了框,框上也有出版商的完整签名,"莱顿,皮埃尔·凡德尔哈家,书商"①。该幅被华丽展示的图画不消说是在凡德尔哈的"宜人画廊"里,它和其他被坦率认定是酷刑的再现图在那里就是要被参观、被观看以及被暗地里享用。[125]

关于用棍棒进行身体惩罚的形象(这里所提的是印刷文本中的"酷刑"和"笞刑")也一路走向其他媒介和物质艺术,而且这些进一步的循环恐怕透露出它们的巡回和跨越中介之旅中最惊人的效果——异国暴力变形为"装饰"艺术。在此例中,跨越中介的关键媒介可能是含有一幅笞刑场景雕版图的一本图案书。

在约翰·斯托克和罗伯特·帕克被常常引用的《涂漆和上漆论》中(此书旨在既解说上漆艺术又提供相关范例),一帧图版上演了范莫伊尔斯印制的露天笞刑场景的变体,此图位于一位撑着阳伞的绰约婀娜女子图案和一位穿着斗篷走向一座宝塔的男子图
320 案这两个独立图案的正下方。[126]此幅雕版图的描述性题图指出,它的全套异域小插图能用于修饰"按照你的爱好随意放的橱柜的抽屉",把这三联图案适用于装饰一只橱柜可谓绰绰有余,三联图案的每一个都应当用有光泽的漆质图层绘饰("上漆")。但笞刑图案还有进一步的应用和更广的内涵。它与同书中其他图版一样,在"镀金、抛光……和中央面板图的绘制"艺术中被使用,它适合于"仿制

① 原文是法文"A Leide, *Chez* Pierre Vander Aa, *Marchand Libraire*",名字拼写有不同。——译者注

的龟壳、大理石并且适于印染木材、象牙和号角”，它还有助于陶瓷的装饰。总之，该图案属于一部装饰艺术的通用手册。[127]可能是为 321 了让它更适于被这几种风格和媒介所采纳，原始的笞刑场景在斯托克和帕克的版本中被精炼和简化。背景的大建筑物和一群囚犯被省去，同时高效的行刑官被一位衣着整洁的人物替换，可怜的受害人在用一只没绑住的手向他哀求怜悯。[128]范莫伊尔斯的形象通过延伸——背景建筑对当下的转喻——来强调清代司法体系的权力和皇帝的权力，斯托克和帕克的图案则将沟通个人化，授予持杖者更多裁量权。它通过将皇帝清除出场景而以特定方式瓦解了关于皇帝独一权威的原始信息。它提供对异域暴力的更纯净提炼。

第二个笞刑场景也在其从印本书籍插图转变为（这次是）卧室装饰时经历了几次有启发性的改编。在大约1700年设计且最终注定要用在慕尼黑王宫（巴伐利亚的皇宫）私人卧室的一幅墙帷上，以在黑色塔夫绸底上的丝线刺绣形式同时特写了这两个肉体惩罚场景。[129]笞刑插曲作为雅致的小插图出现在墙面装饰上，两幅是上下叠落格局，两者的设计与达贝尔-范莫伊尔斯的插图和（就室外场景而言）斯托克-帕克的范本都不同。它们像后者一样，被策略性地简单化了。最初设在室内的鞭笞场景现在发生在户外，通过去除场景中所有的旁观者和配件，挥舞笞杖的行刑者和他半裸的受害人 322 被隔离了。受刑人物不是绑在一堵墙上，而是绑在一棵外国树上，背景中俨然可见另一棵树，是株标志性的棕榈树（加了一间不明朗的小屋）。第二幅小插图同样强调被重创的人与他的施害者，只补充了两位非正式随员，其中一位在刻意注视。它从范莫伊尔斯的版画中保留了屋顶的飞檐这种较小的“中国式”结构（在左边），但没保留大型结构，而且它在构图中心位置插入了另一棵醒目的棕榈，而非原背景中的竹子。在这两幅小插图中，不再用被笞打之人的袍服和官帽确定他们的身份或等级，但两幅中的受害人都仍被剥光大多衣物,以致他们必须用光腿和裸臀来经受痛苦的考验。形式和环境的这些变化(这是一个被仔细校正过的图像巡回,好使笞刑主题着落于巴伐利亚皇家寓所的卧室装饰上)自然影响到含义与功能。通过将折磨者及他们悲惨的受害人与其他隔离,这幅墙帷的图案有效地强调了场景中固有的暴力。通过在每幅场景中都插入仔细绣出的棕榈树,该幅刺绣装饰澄清了这一残忍暴行的异域环境。通过把所有这些置于一块位于一间私人内室的塔夫绸质地的墙面板,该房间的设计师将司法暴力重新配置为室内装饰。借由此种方式,图像巡回与跨越中介再度生产出异域图案的一种孤立形式。肉体惩罚被从其全球语境中抽取出来,被转变成适用于卧室的装饰性拼凑画。异国的痛苦变形为室内的愉悦。

或者说异国的痛苦变形为异国的愉悦恐怕更好,因为刺绣在丝绸面板上的折磨场景所给予的愉悦形式附属于近代早期一种发展良好的异国格调美学,一如在笞刑小插图上策略性安放的棕榈树、药罐上被阳伞荫蔽的旁观砍头场景的人、雕刻在椰壳杯上作为装饰的食人者,还有其他许多异国配件也都相当于装饰性的折磨。我们可能忍不住要把这些骇人的设计策略同一种可辨识的关于欢欣和欲望的现代感觉——光屁股男人美化着伤风败俗的卧室装饰、血光四溅的图画在稀奇的饮料杯上,等等——相联系,但它们实际上关系到“异国愉悦”(用恩格尔贝特·凯姆普菲尔的话说)的一种独特早期形式。[130]这些异域主题在其近代早期语境中拥有一种“宜人”特质(彼得·凡德尔哈的术语),哪怕它们有着不协调的环境和不相称的外表,或者正是因为这样才宜人。这种“异国情调的美学”(伯纳德·史密斯的措辞)吸收“错位的”暴力场景同它吹嘘“错位的”大陆寓言同样轻车熟路。此种审美不仅仅允许欣然接受得自世界上那些消除特殊性
323 的物品、去语境的场景的“愉悦”与“欢欣”,以及得自隔绝环境的供作异国装饰风格使用的棕榈树和阳伞、“苦行僧”和“折磨”的“愉悦”与

“欢欣”，还全身心地接受这些。异国格调美学（当然是故意地）采纳了一条“完美混乱”策略（如约尔格·朗弗安斯给它贴的标签）。

近代早期这种异国格调的美学架通了体裁、媒介和全球空间，还一体囊括了地理学和物质艺术的各种形式，最终生产出非欧洲世界的一种独特并有辨识度的版本。那是一个趋于无序和跑题、合并和“混乱”的世界，一个住着上了漆的“印度人”（如斯托克和帕克所仿制的）也住着“上了漆”的非洲人（如阿芙拉·贝恩所迷恋的）的世界，一个由遭到野蛮切削的苏菲海兰达尔（在镶嵌橱柜上）和可怜巴巴戴木颈枷的中国哀求者（在大量陶瓷和家具样品上）装饰的世界。暴力和折磨只要足够异国情调，就都能装饰家居和供以“欢欣”。当愉悦借由能把绘画、版画和瓷片弄得一团乱的丰富多样的全球物品表达时，对世界的这种异域视角也从俗世本身之中提炼愉悦，哪怕这些异国风物被剥夺了它们的原始含义和语境，比如明代瓷器在非洲寓言中（如范凯瑟尔的油画镶板上），青翠的棕榈树在新英格兰地图中（范廓伦的雕版涡卷饰上），巡回的苦行僧在异国马戏团的造型画上（在代尔夫特的青白釉陶瓷上）。

此外，非欧洲世界被呈现和体认为一间广阔又宜人的画廊。它被设计成诉求广泛甚至是有大众诉求的——这时期的代尔夫特陶瓷和单张版画到达范围广阔的消费者那里，纵使其他奢侈项目可能只契合更精英的收藏家阶层，它也定位于一个被不准确规定为是“欧洲的”受众。[131]生产采纳了此种异国格调审美的文本、图像和物品的各工作室分享资源、主题和小插图，这些东西在一个巨大的消费品资料库内部流通。此外，借助如此的流通和中介（即跨越地理学与物质艺术的体裁和媒介而进行的例行的复现、复制和重组），这些文本与图像获得一个显著的“欧洲”样貌。由荷兰人根据一位西班牙耶稣会士绘画而设计的一个场景能转移到一部英国人印制的图案书中，或去装饰一间德国人装潢的卧室。在恩格尔贝特·凯姆普菲尔的同名杂烩书中担纲主演的“异国愉悦”,一如彼得·凡德尔哈全球画廊的“宜人”内容,分别被呈送给这两部作品寓言式扉画中的少女欧罗巴(在凯姆普菲尔书的版画中,它们是货真价实用盘子端上去的),这几乎不是巧合。[132]此异域世界的这些愉悦统统属于欧洲。

有些人可能会反对此处展示的各种主题的大杂烩，并想当然地希望它们已被讲求秩序和方法地归置……然而，不管这样一种成就对少数博学人士而言可能是多么渴望达成的，可以肯定的是，世界上的大多数人不是徇道宗信徒。他们热爱多样性远过于秩序。 324

——《波特兰博物馆目录》

(*A Catalogue of the Portland Museum*,1786)

不过，所有有真正品味和有恰当气质的人，都高度珍视（世界）旅行家的报告，这些报告若被有条理地消化，并以严守真实的态度来拟写，就是非常有用的，尤其是倘若它们出自那些具有洞察力和判断力之人的手笔。

——《已知世界各民族的礼仪和宗教习俗》

(*Ceremonies and religious customs of the various nations of the known world*,1733—1737)①

① 即前文出现过的《世界所有人民的宗教仪式和习俗》，这个是英文版。——译者注

尾声　从纷繁芜杂到有序有方:欧洲与它的各个异域世界

325　欧洲的异域世界之悦在1700年左右兴盛,且它的愉悦顺利延伸到18世纪。对"异国的"这个词本身的使用以及该词的含义也在这个时期扩展了。"异国的"一词带着它在自然史中指称非本地物种的传统及习惯部署,也带着它在某些其他领域中描述外国事物或相较明确土生事物而属于非固有("外在于")事物的专门用法,在18世纪中叶时开始指示那些不仅具有外来属性也具有讨喜属性的事物,即拥有异质的且可能奇异的特质的事物,但也是具有奇妙并令人愉快特征的事物。这层含义在恩格尔贝特·凯姆普菲尔的《涉及政治、自然和医药的异国愉悦》(*Amoenitatum exoticarum politico - physico - medicarum*,1712)中被直陈无隐,非欧洲世界的"愉悦"在此将自然－历史情调同政治和文化观察熔冶一炉,调和成一份宜人的"异国的"鸡尾酒。而这也是杰出的英国词典编纂人萨缪尔·约翰逊所暗示的意味,他就在这个世纪稍晚一些评论了当日风行一时的歌剧中所展示的"异国的……娱乐",即有着"土耳其"装置和令人高兴的"东方"布景的讨人喜欢的奢华事物。[1]

异国格调从系统化的、部分讲秩序的自然史向着"令人高兴"和兴高采烈凌乱着的小摆设的进军贯穿了近代早期地理学的领域,这场进军是从对于世界"有条理地消化"的概念走向沉迷于波特兰公爵夫人(Duchess of Portland)的博物馆所陈列的"各种主题的大杂烩"。不过在17世纪初年的经典报告中,如卡洛鲁斯·克鲁西乌斯1605年出版的《异国风物十书》中,"异国的"一词仅指示从博物学家

角度看的非本地物种,到了 17 世纪较晚时期,它开始意味着某种更 326
宽泛而较不独特的东西。[2] 它包含朗弗安斯沉思东印度群岛时的"不完美的混乱",凯姆普菲尔广泛观察热带现象时的"愉悦",以及第二世波特兰公爵夫人玛格丽特·卡文迪什·本廷克(Margaret Cavendish Bentinck)在她辉煌的博物馆中收集起来的"大杂烩"。更普遍地讲,到了 18 世纪早期,一种异国格调审美贯穿印本地理学的卷册,跻身被大量生产的有着全球气质的图画和绘画,也在浩瀚无边的物质艺术之中发展起来了。这些异域素材以一种策略性地吸收了混乱与跑题并明确突出其全球"聚合体"的"愉悦"与"杂乱"的再现形式而交易,素材通常依赖于共享手稿资料、视觉主题和装饰图案,使用无所顾忌地横穿体裁和媒介的生产方法而彼此借取。异域地理学在这世界上欢欣雀跃。这就是彼得·凡德尔哈产品中明确表达的信息,不仅在《世界宜人画廊》中,也在他的多卷本系列《乐趣集》中,该系列用世界上广泛的"乐趣"充实了全欧洲的书斋旅行家。异国的"愉悦"还被用来给这个地理学时刻的其他一些全球性产品定位,如凯姆普菲尔的《异国愉悦》(1712 年),奥尔菲特·达贝尔一部冠以生动标题的《东方乐趣》(*Delitiae Orientales*)而重版的作品(1712 年),以及雅各布·范莫伊尔斯出版物中(在这位出版商死后出版)一部两卷本的全方位手册《达贝尔的异国奇巧》(*Dapperus exoticus curiosus*,1717—1718 年),最后这本倘若说标题有点不清晰,那么它还是指着异国魅力这个方向。乐趣非常畅销。

异国乐趣也能轻易超越印本地理学的藩篱,这使它能进一步塑造其他体裁和媒介。异域主题在 17 世纪后期和 18 世纪的物质艺术中格外高产,而且世间的"愉悦"这种观念浮现于无以计数的"装饰"艺术的图案与点缀中。这特别适用于那些欧洲制造但包含异域出身的形式与材质(木材、贝壳、象牙,等等)的物体。受到亚洲启发的陶瓷与上漆家具、装饰用织物与镶嵌橱柜、有装裱的贝壳和切削的矿石、有着"奇异"形状的刻花玻璃和金属制品,它们全都能吸收异域图案,经常直接从此期流通极广的插图最丰富的地理书中采撷。此外,在设计来装饰这些物品的那种特别的图案书中,不管怎么缺少说明,都能看到一个堪称是重心的点落在异国图案的"讨人喜欢"的特质上和幻想出来的喧嚣异域世界的"乐趣"上。在标题恰当的《仕女娱乐》(约1760年)中,异域主题主要瞄准"取悦",此书改编并增补了斯托克和帕克的《论上漆和抛光》(1688年),是关于装饰陶瓷和给物品上漆的杰出手册。它们给自己的受众提供了世界的"宜
328 人"形象和"令人高兴的"布景。该书大体受到仿制的亚洲风物(即设计史上所称的中国风)启发,以200幅铜版雕刻图的形式呈现出"一个宜人的娱乐项目"。这些图展示出满目杂乱丰富性的地球那"重大且取悦人的多样性"。[3]就此而言,《仕女娱乐》令异国图案与对多样、跑题和"杂乱"的审美联系起来,这种审美在印本地理学中早就盛行,指引着异国物质品的呈现的是一种"宜人的混淆",趋向于"多样超过有序"。[4]异国格调审美的这番乐趣不管是见于印本地理学还是见于物质艺术,都存在于它跑题且无方向的风格,正如女学究伊丽莎白·蒙塔古(Elizabeth Montagu)在参观波特兰公爵夫人的藏品时所评论的(1742年),在它"巧妙的混淆、广阔的多样性和令人惊异的普遍性"中;又如孟德斯鸠异国气的讽刺文学《波斯人信札》(1721年)评论过的批评家所说,在它"杂乱无章"的描述模式及文学表现模式中;引用威廉·坦普尔对"中国"园林的评语,还在于它是一件sharawadgi("美丽……无秩序")的产品,该评语是南非殖民地的荷兰海外代理人发明的(1685年)。[5]在所有这些外观之下,异国格调暗示着一种货真价实的完美混乱——它是故意跑题的。

不过,异国格调在18世纪的崛起并非未遭遇挑战。不巧,"可能"会反对波特兰公爵夫人(由于缺乏"秩序和方法")的杂乱性的"博学人士"被证明远不止是"少数",而且"徇道宗信徒"倘若算不

得“多数”,也确实在18世纪文坛拥有可观的影响力。[6]就在波特兰藏品开始成形以及异域主题成为“仕女”“娱乐”的前几年,就有过一场对异域地理学的抵制,批评的主要火力恰恰瞄准了该体裁缺乏“秩序和方法”。杜赫德严厉地谴责了异域地理学品牌,这位耶稣会士历史学家勤勉地收集和整理了来自他会友们的传教报告,并从中生产出四卷本的关于中国的“地理、历史、编年、政治和自然描述”,这个标题恰就表明此书坚守一条“徇道宗信徒”的方法。杜赫德对呈现给市场的这种“伪造构图”和它们缺乏“确定性”,对满是“错误”和没完没了复制“差异性”(因为它们缺乏秩序和方法并且它们亟须他所说的“确切性”),也对(很重要的)“由无知之手或唯利是图之手”狡猾地制造出来而非由博学之士制作的地理学表达了分明的蔑视之情。[7]这些“博学”同道之一、瑞士学者约翰·加斯帕·硕伊希策在给他翻译的恩格尔贝特·凯姆普菲尔的《日本史》(*History of Japan*,1727年)写序言时,对同时代的地理学有着同样的挑剔批评,尤其对阿尔诺都思·蒙塔努斯的《日本图集》(范莫伊尔斯原始产品的英文版)猛烈抨击。硕伊希策担任英国著名殖民主义者汉斯 329
·斯隆的内部图书管理员,斯隆是活力充沛的博物学家、热带医师、牛奶巧克力的“发明者”及非凡的收藏家,他庞大的异国好奇柜构成大英博物馆的基础。硕伊希策嘲笑(这个例子中是)印本地理学的较早形式,因为它们在环球描述中近乎装饰性的方式。这些前身仅仅充作“点缀”而非可信赖的报告。硕伊希策抗议说,蒙塔努斯-范莫伊尔斯的书卷通篇“没有任何秩序”也“满是扯太远的跑题”,它那枝节蔓生的文本大体上“背离真实”。简而言之,它是异域地理学的一个经典例子。[8]

杜赫德与硕伊希策的谴责响应了文坛其他许多人,他们同样提出,在过去几十年里统治市场的那种地理学形式有重度缺陷。如《已知世界各民族的礼仪和宗教习俗》的编者所暗讽的,较早的异域地理学卷册没有被“有条理地消化”。[9]它们没能追随“严守真实的态度”，它们不是从“具有洞察力和判断力之人”那里发布，不是出自博学者和精英人士及其他恰当“使用自身理性”的人。从这个角度看，在最近这些年演变出的异域地理学这个种类太少给予“秩序”而太多给予“愉悦”，这些攻击之词或直接或间接地引述到，该种类多少都能回溯到范莫伊尔斯的毕生之作。它有趣，但不能启蒙。倘说“启蒙”一词没有被清晰调用（《已知世界各民族的礼仪和宗教习俗》的序言只是含蓄说到讲求“理由”的和“理性”的读者），那么它指明了这些批评之词的总体倾向。“具有洞察力的人”和“有真正品味和有恰当气质的人”再也不能容忍异域地理学的点缀和娱乐。他们要求一种对待外欧洲世界的更“启蒙的”或某种（有年代误植之嫌的）可称为“科学的”路径。确实，没有哪个权威人物会像林奈那样权衡他那个时代尚在流通的“奢华”地理学（18 世纪 30 年代，彼时林奈评论了他自己描述异域自然世界的计划），即那些充斥着供人消遣的图画和无关宏旨分岔的书籍。[10]

地理学就这样离开了一种自 17 世纪后期繁荣到 18 世纪前期的“宜人”且“杂乱”的世界视野，走向一种更加“有条理地消化”过的演绎（显然至晚从 18 世纪 30 年代开始）。它从一种外表上比较不正经的姿态转变成较为确切和较多说教的东西，从关于欧洲异域世界的随心所欲的“乐趣”和喧嚣的“愉悦”转变成杜赫德那种基于耶稣会士资料的“确定性”以及硕伊希策和斯隆那种系统化收集起来的“真实”。原因呢？在某种程度上，这个分叉点可能单纯反映了旅行文学和地理学历史上一种不断进行的辩证逻辑——此类资料常挂在嘴边的既教导人又让人高兴的意图。在这类体裁的历史上的大多时候，欧洲的旅行叙事和对世界的描述都对其读者许诺被
330 约翰·曼德维尔阁下机敏地称之为“欲望”和“知识”的东西，即愉快的消遣和道德教训（或者通常是借由愉快的消遣而给出的道德教

训),这两种特质结合起来就是中世纪大多数“异域”报告的标志。[11]但是,继1492年而来的关于“发现”的叙事中,道德教训常常屈服于更具有不成熟意识形态的东西(即帝国的规则,对殖民行动的召唤,有竞争的欧洲各国的传福音旗帜),于是旅行的“乐趣”在很大程度上被弃置一旁。然而到了17世纪中叶,值欧洲的殖民竞赛相对平息,“乐趣”东山再起。比如亚当·奥利里乌斯在他世纪中叶(经由莫斯科和波斯的)《航海和旅行》(*Voyages and Travels*)的序言中表明一种看法,赞同地理学“欢欣喜悦地(纵览)高尚自然的奇异循环”的能力,它提供的“娱乐”和“愉悦”,以及该体裁的诸多异国“魅力”。[12]此类评论在荷兰制造的资源中迅速增加,时间则从17世纪后30年持续到18世纪前期,该时期与荷兰共和国本身帝国冒险的收缩期一致,此点不无干系。而且到彼得·凡德尔哈启动他的旅行者“乐趣”系列和他宜人的全球图画画廊时,异域地理学中的“欲望”特质和该体裁对于奇异事物的“大杂烩”已经达到顶点。如凡德尔哈和凯姆普菲尔的寓言扉画中刻画的那样,欧洲人靠偏爱异国格调的“愉悦”而自娱自乐。

18世纪30年代左右的体裁的这一转向表明欧洲对世界的观念中有了一种崭新并具竞争性的推动力。一方面,一种“异国情调的美学”在书卷中(如彼得·凡德尔哈的那些书)、收藏品中(如波特兰公爵夫人的那些收藏品)和物质艺术中(如从《仕女娱乐》中挑来的设计图)盛极一时且经久不息。这些资料和物品把异域世界呈现为“愉悦”和“乐趣”的场所,它们强调了异国风物的“宜人”特质,这特质提供了一种“娱乐”方式。不过此种娱乐和乐趣带有一种与众不同的特质。它陈列了这世界上令人眼花缭乱的富足和乱作一团的小摆设,而且它规避了关于全球“秩序”的所有连贯感觉。它陶醉在“巧妙的混淆”的形式中,它也享受着被一本书有特色地定名的“取悦人的多样性”。[13]“异域地理学”这个品牌的消费者一如波特

兰博物馆的参观者，“热爱多样性远过于秩序”。[14]另一方面，18 世
纪前期浮现的地理学的竞争形式拥戴一种对世界更讲求“条理性
的”视角。它蔑视地理学较早作品的“大跑题”，并且它相应地追求
“秩序和方法”，方法在这些文本中作为一种操作手法定期出现。具
有此种出身的资料规定，全球事物应当被“有条理地消化”，这同异
域地理学先前那种模式形成对比——那种模式宣传自己的内容（例
331 如约尔格·朗弗安斯对热带自然物的描述）是“未经消化的”“不完
美的混乱”的形式。[15]不仅如此，与方法同样重要的是吹捧地理学这
一修正规矩的“徇道宗信徒”，他们是“具有洞察力和判断力之人”以
及其他那些看重“严守真实的态度”的人。这一新地理学被要求“严
格接受真实，且无点缀”，换而言之，即没有该体裁较早那些变体中
典型的装饰性插图和随心所欲的跑题。[16]

这些晚后资源中的“真实”咒语理应在几乎所有形式的地理学中都相当常规（更别提在历史学中，甚至小说中）。不过乞灵于一个特定的消费者阶层——“具有洞察力和判断力之人”——则标志着另一次意味深长的启程。新的地理学品牌被设计来契合有辨别力和良好判断力的“人士”“有真正品味和有恰当气质的人”，正如让-弗雷德里克·伯纳德和伯纳德·皮卡特《习俗》一书的编者所断言的。“真正品味”在此不必然指示精英读者群（尽管伯纳德和皮卡特的七卷本杰作的受众几乎肯定都来自欧洲巨大财富链的上游环节）。然而它确实指明了一定程度的区别和一定水平的辨别，这会凸显出此类全球计划的目标受众。类似地，其他资源也谨慎地定位于一个特定的消费者范畴。杜赫德在宣传自己这部中国地理新书的优越属性、严丝合缝的“确切性”和（一定会有的）不打折扣的真实时，是在奉承他的读者（与他自己）。然而尽管他用“它有公正客观的特质”这般措辞来描述那种真实，但是当他把据以建构此种推定的中立性的耶稣会士报告编入目录时，便与这番宣言相矛盾。

在那些精选出来的可能把耶稣会士证词算作无偏见报告的宗教圈子和政治圈子之外,杜赫德的《中华帝国全志》是给诸多欧洲读者一颗苦涩的药丸。它呈现了中国历史和地理的更新叙事,但却是基于显著的耶稣会士视角。按照一位新教徒批评者的话,它那可轻易感知的“宗教观念”派发了一剂“毒药”,而他许诺要给一剂抵消性的“解毒剂”。[17]硕伊希策呈现的凯姆普菲尔的日本地理书没有传达完全一样的偏见,然而这项由斯隆主持的计划是从这位经验丰富的殖民主义者搜罗并聚集全球的更大努力中涌现的,斯隆是在一点都不杂乱地聚集大英博物馆的基础并搜罗堪称不列颠帝国文化纪念品的东西。“真正品味”在这些语境中折射的是一位法国耶稣会士和一位英国帝国建造者(斯隆的搜罗在西印度群岛起步)的视角。在地理学最新的这轮循环中,“真实”获自伦敦和巴黎的都市中心,也获自如汉斯·斯隆和杜赫德这类有着帝国气质的人士,于是很难说是属于通指性“欧洲人”的单纯的“娱乐”和异国“愉悦”。

所有这些表明,异国乐趣以及存在于各类公式中的异域地理学 332
的确继续下去了。18 世纪中叶发展起来的新地理学模式寻求“秩序和方法”,一如它追求组织和划分非欧洲世界的空间。它被用来契合有真正品味、广博学识和启蒙视角的人士。然而它描绘的通常是法国人和英国人感兴趣的空间。或者不妨说,当帝国主义野心在巴 333
黎的沙龙和伦敦的商署冉冉升起之际,它描绘了一个在战略上顺应法国人和英国人全球利益的世界,这些利益的典型状态是非此即彼的,因为它们日益对抗。[18]与此同时,旧的地理学规矩在其他形式和场合持续下去。一种根深蒂固的异国格调审美继续为欧洲“仕女”提供“娱乐”并为物质艺术供应装饰主题。在这个分叉点上出现一定的性别变化,即是说,由此,一种地理学规矩契合“具有洞察力的认识”而另一种地理学规矩契合被“华美与幻想”所吸引的“仕女”(如《仕女娱乐》的措辞)。[19]无论如何,欧洲人的“多数”并非“徇道宗信徒”(如波特兰公爵夫人的目录所正确指出的),而且相当多的人倾向于消费异域风物。他们的确热爱“多样性远过于秩序”。他们也热爱高高堆放在时髦的“中国瓷器”店的世俗货品,这类商店最近才在伦敦突然出现,比如约翰·科特罗的“印第安女王”,消费者可以在那里购买“式样繁多”的异国物品,或者查理·维尔(Charles Vere)的“印第安国王”(Indian King),那里备有“各式”异域风物和“式样繁多”的亚洲、非洲与美洲小摆设。[20]而且他们成群结队去往巴黎的艺术品中间商和服饰用品商之处,比如埃德姆－弗朗索瓦·热尔桑(Edme－Francois Gersaint),他运营着著名的商店“在宝塔上”(A La Pagode),他的雕版图商业名片(弗朗索瓦·布歇[Francois Boucher]设计)上演异域多样性和全球丰沛性的方式一如冉·范凯瑟尔的寓言《大陆》,也如波特兰公爵夫人关于异国杂项物品的大杂烩(由爱德华·弗兰西斯·伯尼[Edward Francis Burney]在一幅雕版图中的描画),而且在其他几家消费性异域风物销售处也能见到。[21]因为正是在这些年里(仍是18世纪中间几十年),异国格调审美进一步波及其他文化形式和其他媒介——剧场和歌剧院、小说和诗歌、绘画和物质艺术以及其他更多。通过这些形式和这些(令杜赫德及其“徇道宗信徒”同道们如此恼怒的)“唯利是图之手”,一种异国格调审美蓬勃兴盛了几十年。[22]

最后一点,在批判的意义上,地理学的两种形式和它们各自的世界视野能够并存,甚至能互相供养。关于非欧洲世界的一种概念,即一个填满了异国愉悦和全球乐趣的无序的、凌乱的且令人愉快地杂乱着的空间,差一点就要求它所展望的“不完美的混乱”被清理整顿。与此同时,对世界的另一种视野,即一个描绘着不那么凌乱的“差异性”和更多政治“确定性”的有秩序的、“有条理地消化过的”且明确界划的地球,对异域地理学的含蓄挑战给出一个答复。确实,异域地理学以如此大手笔的跑题和如此充盈的无序“乐趣”来

渲染非欧洲世界,这会招致更严厉的反击。一个富含异国愉悦并盛
产可消费货品(盛在一只大盘子里递给寓言化的少女欧罗巴的那些 335
货品)的世界,是一个有着无边诱惑力的世界。欧洲的君王与商人,
那时的殖民战略家与帝国谋士们,都接受这个挑战并大事利用这些
诱惑。他们在整个18世纪及以降致力于把这个异域世界纳入自己
的秩序。

注　释

导　论

引言：

Rumphius, *Herbarium Amboinense*, Preface, n. p. (sig. **2v – ****r)（落款 1690，死后出版）。

Defoe, *Plan of the English Commerce*, 192.

Segalen, *Essay on Exoticism*, 13.

[1] Aa, *Galerie agreable*. 作为他每部作品的惯例，凡德尔哈从一部更早的印本中取用蚀刻扉画，这次是 Carel Allard, *Orbis habitabilis* 中的第一幅图。此画的原始设计出自洛迈恩·德霍格，凡德尔哈修订了该形象，并对它进行重新构建（他的"画廊"巨制中多幅插图都遵循该种惯例）。

[2] Aa, *Galerie agreable*，标题页。也见"L'imprimeur au Lecteur"（n. p.）。这位著名的出版商会在第三章和第四章详细讨论，也见 Hoftijzer, *Van der Aa*；关于他的印刷代表作，见 Krogt, *Koeman's Atlantes Neerlandici*, vol. 4。

[3] 德霍格和凡德尔哈早些年可能合作出版《东印度》（*Indes Orientales*），此书在 17 世纪末或 18 世纪初某个时间问世（日期不详）。德霍格 1708 年去世，因此《世界宜人画廊》中这幅重新设计的版画必定出自凡德尔哈的工作室，此图采用了最早由德霍格规划的元素。关于德霍格的非凡职业生涯，见 Nierop, *Romeyn de Hooghe*。

[4] 关于大陆数量的这一传统在 16 世纪初期复现，受到"发现"美洲的刺激，美洲被算作一块独立大陆，因此就是第四块；关于大陆的图像学大体上是因为 Cesare Ripa, *Iconologia*（1593；1603 年出插图版）的出版而得以巩固。对大陆主题的发展的更一般性讨论，见 Lewis and Wigen, *Myth of Continents*。更关注欧洲的作品见 Wintle,

Image of Europe 及经典研究 Hay, *Europe*。

[5]全球本身历来就有一些宗教性关联,尤其是在中世纪晚期的欧洲(比较《救世》的肖像),见 Cosgrove, "Christian Globe", in *Apollo's Eye*, 54 - 78。

[6]欧罗巴的神话,即一位出身高贵的腓尼基女子(欧罗巴)被化身白色公牛的宙斯引诱的神话可上溯至古代,而它也在文艺复兴时期重现,尤其在视觉艺术中。见 Wintle, *Image of Europe*, 102 - 110。

[7]荷兰国家博物馆藏的 *Allegory of the Abdication of Emperor Charles V*(ca. 1630; object no. SK - A - 112)传达出一则对照鲜明的信息——好斗且肌肉发达的哈布斯堡,此画为凡德尔哈的扉画问世约一个世纪前由弗朗斯·弗兰肯二世(Frans(II) Francken)绘制。弗兰肯塑造的形象是跟寓言式表现和大陆致敬模式对着干的模式。查理从美洲、亚洲和欧洲接受他的帝国世界的馈赠,他气象庄严地坐着登基,周围是他的基督徒领地的标志、帝国财产的标志旗帜(分别象征他的荷兰、西班牙和意大利领土)以及一块横幅,拼写着他强大的帝国格言"*Plus Ultra*"(永远更远)。

338 [8]关于自我通过他者来发声——借助他异性实现自我认同——的研究文献数量庞大。两部返回西方民族志奠基时刻的充满洞见的研究是 Hartog, *Mirror of Herodotus*; Hall, *Inventing the Barbarian*。这些主题中关于现代殖民地理学另一个重大时刻的令人兴奋的研究见 Wey Gómez, *Tropics of Empire*。

[9]这个措辞借自库珀和斯托莱(下文会讨论),见 Cooper and Stoler, *Tensions of Empire*, 3, 13。

[10]近代早期地理学的转向已经在首先关注文艺复兴时期(即较早的)和启蒙时代(即后来的)的研究中得到评论,但关于本书所突出的约 1670—1730 年年间这个过渡时期还很贫乏。关于较早的转变,见 Rubiés, *Travel and Ethnology*; Rubiés, "Travel Writing"; Brummett, "*Book*" *of Travels*; 还有依然有用的一份研究, Hodgen, *Early Anthropology*。关于随后的转变时刻,即约 1730 年,见 Daston & Park, *Wonders*。注意,1648 年后的欧洲无论如何也不和平——路易十四(Louis XIV)尤其好战,但与此前几十年反差明显的是,这时没有让欧洲人无暇他顾的、持久的、灾难性的、大陆范围的冲突。

[11]关于异域货品的贸易,尤其是在尼德兰的贸易,见 McCants, "Exotic Goods"。关于荷兰人作为异域物品供应者和生产者的角色,以及在更广泛的经济脉络下对这

个异国格调时代的作用,见 Vries & Woude, *First Modern Economy*, 尤见 429 – 448 和 464 – 481;Vries, "Luxury"。

[12]关于这个时期阿姆斯特丹的印刷业,见明晰的报告 Eeghen, *Amsterdamse Boekhandel*,及 Hoftijzer, "Metropolis"。关于近代早期荷兰印刷业的整体现象,见 Berkvens – Stevelinck, *Magasin de l'Univers*。关于出色的地图生产——尤其是专注于异域地方的地图,见 Zandvliet, *Mapping for Money*。

[13]Cook, *Matters of Exchange* 概论了围绕"科学性"异域风物的繁荣商业,Davids, "Amsterdam as a Center of Learning"则界定17 世纪60 年代到18 世纪30 年代是尼德兰生命科学(尤其是与异域自然物相关的)的高峰期。也见 Bergvelt and Kistemaker, *Wereld binnen handbereik* 及 Margócsy, *Commercial Visions*。

[14]明确的研究见 Aken – Fehmers, *Delfts aardewerk*;也见 Dam, *Delffse porceleyne*。

[15]关于波斯特这个被研究透彻的案例,见 Corrêa do Lago & Corrêa do Lago, *Frans Post*。其他诸多投身异域世界的艺术家见下文注释 51。

[16]Nieuhof, *L'Ambassade* 及 *Gezantschap*,1665 年在莱顿及阿姆斯特丹各自出版,随后以其他语言再版;Dapper, *Naukeurige beschrijvinge*,同样在阿姆斯特丹以多种语言出了多个版本(两书都会在第一章讨论)。

[17]Montanus, *Gedenkwaerdige gesantschappen*。关于此书复杂的创作过程,见 Hesselink, "Memorable Embassies";Eeghen, "Montanus's Book"。

[18]长久以来,哈克卢伊特就因为其地理学的爱国主义方式而被单独指出,如他自己骄傲地宣称的(*Principal Navigations*,题献给查尔斯·霍华德[Charles Howard], n. p. [1599 – 1600ed.]),他创作作品是"(因为)对我祖国炽热的爱"。而且他构成荷兰地理学方法一个既清晰又可想而知的对照,如文学批评家比克曼(E. M. Beekman)所评论的:"印本文字和操控一个民族意识间的重大关联,在英国得到承认比在荷兰要早得多。理查德·哈克卢伊特……出版了号称'帝国文件'的东西"(*Fugitive Dreams*,26)。但是比克曼没能把握住荷兰路径中的策略性目标,它恰恰就是避免地方性地理学并因此到达更大范围受众那里。

[19]Heylyn, *Cosmographie*, Preface("To the Reader"), n. p. (sig. [A4]r) 。关于海林及其"意气风发的"爱国主义,见 Markley, *Far East*, 57 – 59。

[20]Purchas, *Hakluytus posthumus*,并比较他针锋相对的文章"Note Touching the Dutch" (n. p.)。

[21]见 Latour,*Science in Action*,此书包含他关于知识通过“计算中心”机制而生产的经典报告(215 –257)。

339 [22]“exotic”(异域的/异国的)这个词在17世纪后期开始大量出现,此前几十年,它基本上排他性地用于描述非本地标本的自然史语境中,比如在 Clusius,*Exoticorum libri decem*。因此,对异域的学术研究到18世纪都是被歪曲的。见 Rousseau and Porter,*Exoticism in the Enlightenment*;Knellwolf and Maccubin,*Exoticism and the Culture of Exploration*;Knellwolf,“Exotic Frontier”;Eaton,“Nostalgia for the Exotic”。关于异域物种和欧洲人对其的兴趣如何激起了对“本土性”之关心的历程,见 Cooper,*Inventing the Indigenous*。

[23]Court,*Interest van Holland*,引自 Vries & Woude,*First Modern Economy*(675),两位作者也在此描述了荷兰大西洋帝国的兴衰(尤见396 –402 和464 –467)。更进一步可见 Vries,“Dutch Atlantic Economies”及 Emmer and Klooster,“Dutch Atlantic”,两篇文章把共和国的大西洋帝国的衰落时间确切地定在17世纪最后几十年。更广阔图景的勾勒见 Schmidt,“Dutch Atlantic”。

[24]冉·德福瑞斯(De Vries)①和凡德尔伍德(van der Woude)谈到17世纪50年左右的“巅峰”和此后的迅速衰落:“荷兰东印度公司一个伟大的繁荣时代在17世纪70年代和80年代走向终结,因为欧洲和亚洲的势力都瓦解了亚洲内部贸易的可行性……并通过强制低价而缩减了公司在欧洲的收益率”,Vries and Woude,*First Modern Economy*,436。也见 Bruijn and Gaastra,“Dutch East India Company's Shipping”,此文同样提供了一个荷兰在17世纪晚期的亚洲相对衰落的例子 。

[25]比较 Benton,*Search for Sovereignty*,它为近代早期各帝国未必都致力于领土占领提供了补充论据。

[26]Piso et al. ,*Historia naturalis Brasiliae* 及 *Indiae utriusque*。第二版的赞助人也发生了转变,1648年版本并不意外地题献给约翰·毛里茨,1658年版本则有一份给勃兰登堡选帝侯(Elector of Brandenburg)弗里德里希·威廉(Friedrich Wilhelm)的题献词。也见 Cook,*Matters of Exchange* 中更一般意义上关于皮索书1658年版本中“编者笨手笨脚的介入”(224),及 Freedberg,“Science,Commerce,and Art”,关

① 这是当代作者,与正文出现的西蒙·德弗瑞斯不是一人,因此译名用字略加区别。——译者注

于荷兰人对异域科学的“企业家”实践和意大利常见的更雅致模式的鲜明对比。

[27] Asad, “Muslims and European Identity”。阿萨德的要点之前就被弗朗茨·法农(Frantz Fanon)以更出名的方式表述过,虽然是在一个更具体的殖民语境下:“欧洲确实是第三世界的创造物”(*Wretched of the Earth*, 58)。它在更有后殖民意味的学术研究中得到响应,比如凯瑟琳·豪尔(Catherine Hall)说:“欧洲人通过成为殖民者而制造历史也制造自己”(*Cultures of Empire*, 13)。该主题在巨著 Donald Lach, *Asia in the Making of Europe* 中也居于核心,尽管该书对此有含蓄辩解。

[28] Schouten, *Oost – Indische voyagie*。这本书差不多有一打版本,有法文译本也有德文译本(一如往常,出自阿姆斯特丹的工作室)。

[29] Schouten, *Oost – Indische voyagie*, book Ⅰ, 44 – 47 (引文见 47 页)。舒腾也评论了日本对天主教徒“令人悲叹的”对待(26),也可比较 Montanus, *Japan* 中四处流露的类似评论——一位荷兰加尔文派教徒对从前的天主教徒竞争者展现出的同情。

[30] Pagden, *European Encounters*, 尤见 17 – 49; 也可比较 Findlen, *Possessing Nature*, 关于文艺复兴时期异域自然物收藏家们确立他们的标本的“无与伦比”品质的关注点。

[31] Greenblatt, *Marvelous Possessions*。和帕格登一样,格林布拉特描述了欧洲人渴望“抹去(新世界的)不可通约性”,也就是缩小异域美洲现象的深刻差异性并挑战该现象的“稀有性”(54)。

[32] Columbus, *Four Voyages*, 116, 209, 219; Columbus, *Diario*, 203; 也见 Hulme, “Tales of Distinction”。

[33] Cortés, *Letters from Mexico*, 102 – 104, 也见 Hartog, *Mirror of Herodotus*, 此书更广泛地评论了希罗多德原始民族志语境下这种关联性的描述形式。

[34] White [attrib.], *True pictures*; 这方面见 Mancall, *Envisioning America*, 102 – 103。

[35] Loomba, “Periodization”; 也见经典研究 Fabian, *Time and the Other*。

[36] “Historiae oculus geographia” (地理是历史之眼)。这条格言见于 Ortelius, *Parergon* (1592) 的标题页木刻图(始于 1579 年的早期版本没有木刻图),此书是《寰宇全图》(*Theatrum orbis terrarum*)的增补卷。奥特利乌斯是遵循早前的文艺复兴传统而调用这一格言的,该传统把地理学设想为世界上一只“眼”。比较 Apianus, *Cosmographicus liber*; Chytraeus, *Ratione discendi*。

[37] Montanus, *Nieuwe en onbekende weereld*; Montanus, *Japan*(这部书的英文版实际上与关于作者的"大西洋作品"的一份广告密切关联,见 Montanus, *Atlas Japannensis*, 488)

340 [38] Cooper & Stoler, *Tensions of Empire*,特别见 vii – ix,2 – 4 和 13。也见 Said, *Orientalism* 及其 *Culture and Imperialism*;及 Segalen, *Essay on Exoticism*。关于另一个角度的相反的方法,见 Barkey, *Empire of Difference*。

库珀和其他人对"殖民知识生产"的讨论基于过去几十年里生发出的一个广阔学术体,该学术体力图将殖民知识同帝国势力联系起来,萨义德借用米歇尔·福柯(Michel Foucault)作品的理论洞见而写成的作品是核心推力。本研究通过反思近代早期异域知识的生产过程而对这种学术提出重新评估,具体做法是聚焦于殖民行为人和大都市制造者间的调停模式,即海外旅行家、作者、工匠和收藏家一方,同异域书籍、地图、版画、绘画、物质艺术品,等等的企业化制造者一方的调停模式。强调了知识/权力的关系在近代早期欧洲发展的标志性研究见 Hulme, *Colonial Encounters*; Mignolo, *Darker Side of the Renaissance*; Pratt, *Imperial Eyes*; Fuller, *Voyages in Print*; Ogborn, *Indian Ink*,它们全都聚焦于书写和文献。更直接聚焦于地理学和制图学的有 Harley, *New Nature of Maps*; Winichakul, *Siam Mapped*; Hostetler, *Qing Colonial Enterprise*; Brückner, *Geographic Revolution*。关于自然史的材料,见 Schiebinger, *Plants and Empire*; Schiebinger & Swan, *Colonial Botany*; Miller & Reill, *Visions of Empire*。含艺术史焦点的研究见 Tobin, *Picturing Imperial Power*; Grigsby, *Extremities*。

[39] 库珀和斯托莱既用清晰的方式也用隐含的方式调用该公式,见 *Tensions of Empire*, 3, 13 及各处。

[40] 也没提到荷兰、阿姆斯特丹、莱顿——17 世纪以来重要的东方学研究中心及其他(暂时放下轻蔑的参考,简略地提及一位当代的荷兰学者,见 Said, *Orientalism*, 24, 210 及各处)。*Culture and Imperialism* 确实有对荷兰的分散并简短的引述,但这些是关于 19 世纪荷兰现代殖民主义的篇章,而非关生产原始殖民地理学的近代早期时刻。鉴于萨义德较早的设定议程的研究都恰恰着意于呈现现象的历史,则《东方主义》的忽视看上去更关键且关系更密切。

[41] Defoe, *Plan of the English commerce*, 192.

[42] Montesquieu, *Lettres persanes*,引文见 *Persian Letters*, 187(第 102 封信)。

[43]朗弗安斯暗示，读者会乐得“略读”他的作品，*Herbarium Amboinense*，sig. ＊＊v。与此同时，德兰格（de Lange）把他的全球奇观作为供读者品尝和品味的诸多“小份”奉上，*Wonderen des werelds*，“Aen de Leser”，sig. A2。

[44]Lange，*Wonderen des werelds*。也见为让·德·特夫诺的黎凡特描述而写的序言，编者在序言里解释了该书的策略是为“每个地方所有那些奇异事物”提供浮光掠影的散点式报告，而非大篇幅的详细叙述，“而且也不怎么会让读者因为重复而饱食生腻”，*Travels*，n. p。德布卢伊津在题名《古怪事物》（“Odd Matters”）的一章中将这种漫无目的的方式合理化，评论说关于异域的杂纂和小摆设中那种确然的多样性“会导致叙述变得复杂或有缺陷”，*Voyage to the Levant*，103 – 104。

[45]Montanus，*Atlas Japannensis*，“奇怪的”一词在此像交响乐主乐调般回荡着，见 119 – 120，154 – 156，324 – 325，394，412，488 及各处。

[46]Olearius，*Voyages & travels*，“To the Reader”（n. p.）；Rochefort，*History of the Caribby – Islands*，50（这两部作品的创作和传播都很大程度上依赖荷兰的书籍制作人，见第一章）。

[47]Bruijn，*Voyage au Levant*。德布卢伊津显然也印制了 1698 年的荷兰文彩图版（从法文译过来），但已无副本存世。四色法文版的唯一现存副本在阿姆斯特丹大学图书馆（Universiteitsbibliotheek Amsterdam）。见 Gnirrep，*Levant in kleur*。

[48]所涉内容见 Alpers，*Art of Describing*。

[49]关于这些产品的经济后果，见 McCants，“Exotic Goods”；关于更宽泛的异域物质艺术品的集合体，见 Jackson & Jaffer，*Encounters*。

[50]异域地理学的形式以这种方式帮助 18 世纪的“启蒙愉悦”引进和创立许多术语，见 Kavanagh，*Enlightened Pleasures*。

[51]专注异域主题的画家名录非常长，长得令人吃惊，令人吃惊是因为他们大多未被 341
艺术史学界所注意（然而有个例外，见 Westermann，*Worldly Art*）。连同弗兰斯·波斯特和阿尔伯特·艾克胡特（关于后者，见 Buvelot，*Eckhout* 及 Brienen，*Savage Paradise*；关于前者，见上文注释 15），这份花名册将包括各类画家，他们描绘大量异域场景，横跨数种体裁。画风景画和城市景观图的有德克·法尔肯堡、安德烈斯·比克曼（Andries Beeckman）、鲁道夫·白克胡伊曾（Ludolf Backhuyzen）、亚伯拉罕·德菲尔维（Abraham de Verwer）、海涅尔·努姆斯（Reinier [Zeeman] Nooms）、吉拉德·范艾德玛（Gerard van Edema）、亨德里克·雅各布

斯·杜贝尔斯(Hendrik Jacobsz Dubbels)、亨德里克·范舒伊棱堡(Hendrick van Schuylenburg)、亚当·维莱尔茨 (Adam Willaerts)、吉利斯·范申德尔(Jillis van Schendel),还有吉尔斯宾·彼得斯和伯纳文图拉·彼得斯(Gillis and Bonaventura Peeters)。还有一类艺术家专事"奇巧"绘画(如冉·凡德尔海登和冉·范凯瑟尔),这是一种风俗画,描绘奇巧物品交易商和他们的异域货物(柯奈利斯·德曼[Cornelis de Man])、异域人物肖像(柯奈利斯·德布卢伊津和让·巴蒂斯特·范莫尔[Jean Baptiste van Mour])、异域背景下的奇幻场景(威廉·申林克斯[Willem Schellinks],他画想象出来的关于莫卧儿朝廷的拼贴画)。还有很多画家的专长是异国物品的静物画(名单长得没法罗列)和被异国物品围绕着的收藏家的肖像画。后两类中有几个例子被重现,见 Bergvelt & Kistemaker, *Wereld binnen handbereik*, cats. 10 – 11, 23, 62, 66, 69, 84, 259, 270, 290 – 295 (最后这组由奥托·马秀斯·范施里克[Otto Marseus van Schrieck]、拉谢尔·卢伊施[Rachel Ruysch]和德克·法尔肯堡的作品组成,他们都专注于异域自然物)及 362。也见 Bok,"European Artists"及 Terwen – De Loos, *Nederlandse schilders*,两者都会扩充这份名录。

第一章

Boswell, *Life of Samuel Johnson*, 247.

[1] Nieuhof, *Gezantschap*。此书实际上有个法文版同时问世,也是范莫伊尔斯出版,同样有特许权(*L'Ambassade de la Compagnie Orientale*, 印着"Avec Privilege du Roy"[皇家特许]字样),也有拉丁文、德文和英文版(见下文讨论)。

[2] 部分名录可见 Ulrichs, *Nieuhofs Blick*;也见 Landwehr, *VOC*。

[3] 尼霍夫的最终命运不完全清楚。1672 年,他在马达加斯加岛海滨找水时消失。他生平些微可知的细节可以从对其中国书的研究中获得线索,见 Blussé & Falkenburg, *Nieuhofs beelden*; Ulrichs, *Nieuhofs Blick*; Rietbergen, "Zover de aarde reikt" 。

[4] 这些事件也在各种语境下被评论,见 Peters, "Nepotisme"。

[5] Linschoten, *Itinerario*, "Prohemio ofte Voorreden totten leser" (n. p.).

[6] 关于作者职能这个概念,见 Foucault, "What Is an Author?",以及 Chartier, *Order of Books*, 25 – 60 ("Figures of the Author") 的讨论。

[7] Thévenot, *Relations de divers voyages*, vol. 3 (“Avis”, n. p.), 也见 Blussé & Falkenburg, *Nieuhofs beelden*, 12 – 13。麦基洗德是知名旅行家让·德·特夫诺的叔叔,后者对亚洲尤其是中东的描述也有一个上乘阿姆斯特丹版本面世(1681—1682年),插图出自名望极高的蚀刻版画家冉·卢伊肯,该版本以翻译和重新发行的名义旗帜鲜明地取代了无插图的原始版本——1665 年的鲁昂(Rouen)版。

[8] Helgerson, *Forms of Nationhood*,讨论了新体裁发起意义的方式,尤其在与地理学相关的文学领域。

[9]不用吃惊,凡德尔哈的全套书目是庞然大物。最重要的是 *Galerie agreable*; *Naaukeurige versameling*; *Grand theatre historique*; *Nouveau theatre du monde*; *Atlas nouveau*; *Nouveau petit atlas*; *Atlas soulagé*。凡德尔哈的(众多)合作作品包括 Munting, *Naauwkeurige beschryving der aardgewassen* 和 Rumphius, *Thesaurus imaginum piscium*。更多的见 Hoftijzer, *Van der Aa*,内里有一篇书目概论。

[10]让松尼乌斯·范维斯贝尔格(与埃利策·维耶史特拉腾[Elizer Weyerstraten]一起)出版了《中国图志》的拉丁文版(*China monumentis*, 1667)和法文版(*La Chine*, 1670),以及基尔谢的其他一些书。

[11] Schouten, *Oost – Indische voyagie*; Struys, *Drie aanmerkelijke en seer rampspoedige reysen.*

[12]书目又是令人敬畏的。与东方有关的书卷见 Landwehr, *VOC*;锁定西方的书卷(主要是美洲,也有更广义的大西洋世界)见 Alden & Landis, *European Americana*。

[13]见 Forrer, *François Halma*。

[14]藤霍恩出版的十部书中有关于中国和美洲的畅销书,例如 Hennepin, *Description de la Louisiane*,荷兰文版的标题是 *Beschryving van Louisiana*;还有另一条脉络下的 Exquemelin, *Americaensche zee – roovers*,此书是一部真正开启 17 世纪后期与 18 世纪盗版文学狂潮的先驱出版物。

[15]凡德尔哈《世界宜人画廊》和布劳《大图集》的价格引自 Koeman, *Atlantes Neerlandici*。工资图的分析见 Vries & Woude, *First Modern Economy*, 611。

[16]对这种文献的研究尚少,不过可以参见 Roeper & Wildeman, *Reizen op papier*,它概述近代早期的旅行和印刷,类似地指出发生在荷兰书籍制作语境下的属类转移(有形式的也有书目的)。

[17]出色的例子见“多面写手”西蒙·德弗瑞斯那些卷帙繁多的书,包括 *Groote histo-* 342

rische rariteit – kamer；*Groot historisch magazijn*；*Groot historisch schouwtooneel*；*Curieuse aenmerckingen*，最后这部算起来有 3316 页。关于德弗瑞斯惊人的成果（及对一位“多面写手”的优秀个案研究），见 Baggerman，*Drukkend gewicht*。

[18] Freedberg，“Science，Commerce，and Art”，讨论 17 世纪后期的自然史作品，所论述诸人中包含玛丽亚·西比拉·梅瑞安、龙石庄园的亨德里克·范里德及格奥格·朗弗安斯。对荷兰自然史这个黄金时代更普遍地见 Jorink，*Reading the Book of Nature*，及 Davids，“Amsterdam as a Center of Learning”，后者把 17 世纪 60 年代到 18 世纪 30 年代定为自然史和生命科学的“巅峰”期。

[19] 与（上引）西蒙·德弗瑞斯的书一道，这个类别包含的畅销出版物还有格奥吉乌斯·霍尼乌斯（Georgius Hornius）的全球宗教书，伯纳德·皮卡特的全球宗教书，巴尔塔萨·贝克尔（Balthasar Bekker）的全球巫术书，洛迈恩·德霍格关于全球一切东西的书（约 1700 年由凡德尔哈出版的图画书）。

[20] Renard，*Poissons，ecrevisses et crabes*；van der Aa，*Galerie agreeable.*

[21] 汇集荷兰书籍产业数据的最重要作品见 Eeghen，*Amsterdamse boekhandel*，其中对阿姆斯特丹实践的分析得到一些相关个案研究的确认。这些个案研究可见 Gnirrep，“Intekenaren”（尤其也讨论了范莫伊尔斯的印刷流程）；Boogaart，“Books on Black Africa”。要注意，更一般意义上的（非荷兰人）欧洲书籍制作人的印数要比这低。拉赫（Lach）与范克雷（Van Kley）的详细研究提出印数是 250—1000（*Asia*，3：595）。

[22] 公开市场的销售会大量增加书的印刷总数，估计可以高达 3000 册到 4000 册，见 Drijvers，“Cornelis de Bruijn”。

[23] Hoftijzer，*Van der Aa*，87 及各处。

[24] Eeghen，“Montanus's Book”（关于嫁妆的数据见 264 页）。

[25] 诚然，应当注意到荷兰地理学出版人早在 17 世纪初期就在开创这种针对广义欧洲人的市场导向型书籍的业务中有重要作用。这一点见 Roeper & Wildeman，*Reizen op papier*，其中讨论了“荷兰旅行叙事之父”柯奈利斯·克莱茨（Cornelis Claesz）有革新性的职业生涯（138）和 1600 前后旅行文学出版领头人之一的巴伦特·朗吉内斯（Barent Langenes），也特别提到范莫伊尔斯约 1665 年引入的革新。

[26] 这一点不应掩盖荷兰出版商也以更节制的形式印制了大量出版物的事实，威廉·邦特库的东印度报告就是此类，它创下了 75 版的骇人纪录，弗朗索瓦·卡戎

(François Caron)与乔斯特·舒腾(Joost Schouten)对日本和暹罗的叙录也是极好的例子。见 Verhoeven & Verkruijsse, *Iovrnael*; 及 Caron & Schouten, *Rechte beschryvinge*。

[27]对这两位高产作者都没有真正意义上的文献资料(或生平资料)。关于达贝尔,见 Wills, "Author, Publisher"。关于蒙塔努斯(他关于日本的书获得很多学术关注),见 Eeghen, "Montanus's Book",与 Hesselink,"Memorable Embassies"。

[28]Vries & Woude, *First Modern Economy*, 311 – 314.

[29]范莫伊尔斯对其产品所施加的控制着实显著(与这时期其他书的盗版记录比较),还有他的翻译方法,通常由住在尼德兰的外国学者承担。至于常常在伦敦制作的荷兰书籍的英文版本,有两种具有显著益处的控制产品的方法。把已经有记号的纸张(即预先印好插图的纸张)装船运去,比如范莫伊尔斯对蒙塔努斯的《日本》所为,这为印刷者保留了根据市场需求制作后续版本的能力。相反的是,把图版运过去这种方法标志着书籍制作人参与特定一本书之况的终结,比如德布卢伊津对其黎凡特书所为,图版于1702年运给伦敦的出版商雅各布·佟森(Jacob Tonson)和汤玛斯·本内特(Thomas Bennet)。见 Eeghen, "Montanus's Book",及 Gnirrep, *Levant in kleur*。关于此期猖獗的盗版活动,尤其是伦敦市场的,见 Johns, *Piracy*。

达贝尔的 *Naukeurige beschryving der eilanden, in de Archipel der Middelantsche Zee* (1688)有一个非常出色的希腊文译本,1836年译(与现代希腊国家的建立同步),其部分用途是支持这个正在雅典聚结中的"想象的共同体"。见 *Αχριβης περιγραφη της Κρητης,μεταφρασθεισα άπο την φλαμαντιχην είς την γαλλιχην διαλεχτον*(*Athens*, 1836);关于通过印本地理学这种机制而建构国家认同,见 *Anderson, Imagined Communities*。

[30][Männling], *Dapperus exoticus curiosus*; [Männling], *Dapperi exotici curiosi continuatio*。注意,1717版完整标题中的"美洲"指阿尔诺都思·蒙塔努斯的作品,它也包含在这部摘要中。两位作者达贝尔和蒙塔努斯被合并的其他例子,比如在标题页上和权益分配上,再度指明这些作品中对著作权的理解是不固定的。 343

[31]其他显著畅销的产品包括 Caron, *Rechte beschryvinge*, 关于日本的部分包含 Schouten, *Notitie van de situatie*(关于暹罗即泰国的书)的一个版本。Schouten, *Oost – Indische voyagie* 是范索梅伦的产品,致力于亚洲的东端。Rochefort, *Histoire na-*

*turelle*描述加勒比海。Bontekoe,*Iovrnael* 对亚洲作总体描述。

[32]见 Hoftijzer,"Metropolis";Hoftijzer,"Dutch Printing and Bookselling"。

[33]格尼埃普认为小亚细亚这卷书是 17 世纪印制的插图"最丰富"的旅行描述(Gnirrep,"Intekenaren",59)。

[34]给印出来的书定价很难算是科学,也肯定比任何简单的尺寸成本或插图成本率所能显示的要复杂多。标准对开页的《小亚细亚》值 14 荷兰盾,而《莫斯科公国》卖 24 荷兰盾。如果印在"更大纸张"上,费率就是 18 比 30 荷兰盾,成本差异只是稍微增大。不过,这两本书的价格差异超过 50%,其实差在插图数量上。照此计算,德布卢伊津《莫斯科公国》的第二版也是插图更充裕的一版就有可能是更赚钱的。关于德布卢伊津、他的书籍及这些书的生产见 Drijvers, Hond & Sancisi - Weerdenburg,"*Ik hadde de nieusgierigheid*"。

[35]预订量的绝大多数(87%),不管是否批量购买,都来自非专业买家。很多预订者都在作者的人际圈子中,如赞助人、支持者、朋友、亲戚,其他许多人都可以归到收藏家这个广阔标题下。剩下的那些购买多个副本的,据推测是为了在二手市场重新卖出而买进的,很像书籍市场今天依旧运作的方式。见 Gnirrep,"Intekenaren"。注意,有些荷兰文的书籍就算没被翻译也会到达外国市场。瓦伦汀荷兰文的 *Oud en Nieuw Oost - Indiën*,不仅预订名单中有几个外国名字,该书还出现在尼德兰以外的图书馆,且标明其所有人是非荷兰人。汉斯·斯洛恩(Hans Sloane)的藏书票出现在瓦伦汀这部大型出版物的一册副本上,而约瑟夫·班克斯(Joseph Banks)的藏书票出现在另一册上(两个例子都为不列颠图书馆的刊本增添魅力,图书编号分别是 L. R. 265. C. 7 和 455. g. 3),这都表明该书扩及英国市场,且在更一般意义上,表明英国人普遍有购买荷兰地理学书籍的习惯。

[36]Uffenbach,*Merkwürdige Reisen*, 3: 674 - 677.

[37]这是 van Eeghen,*Amsterdamse boekhandel* 这部鸿篇巨制的宏大主题,也见 Kolfin & Veen,*Gedrukt tot Amsterdam*,该书也关注这时期图形出版物的显著成功。

[38]经济背景(和数据)的概述见 Vries & Woude,*First Modern Economy*, 311 - 318。也见 Frijhoff & Spies,*Dutch Culture*, 257 - 279("Books, Printers, Publishers, and Booksellers")。

[39]Hoftijzer,"Metropolis";Eeghen,*Amsterdamse boekhandel*,尤见 vol. 5.

[40]大体而言,书籍制作是个男性主导的行业,被作为出版商列入标题页的女人只有

些许几个。她们通常是出版商的遗孀或女儿,保有了已故丈夫或父亲的权利、特许权和图版,并能继续维持一间工作室数年的运转,通常到特许权过期或图版磨损。见 Goinga, "Schaduwbeelden"; Vries, "Vrouw en boek "; Zech, " IndeWerelt von Drucks"。

[41] Chartier, "Genre Between Literature and History".

[42] McKenzie, *Bibliography and the Sociology of Texts*, 13; 也见 Chartier, "Crossing Borders"。夏蒂埃也在其关于文本声明的开创性研究(*Forms and Meanings*, 1)中探讨过该议题,并在其中提出基础性问题:"令一篇文本传递到读者或听者那里的形式对意义之生产的束缚方式,我们该如何理解?"

[43] Chartier, *Forms and Meanings*, 尤见最后一篇"Popular Appropriations: The Readers and Their Books"(83 – 97)。

[44] 夏蒂埃有数篇文论讨论编辑实践和出版策略,包括"Genre Between Literature and History"。也见 Verhoeven, "Brought Together at Great Effort",此文强调出版人在制作/撰写书籍时的关键角色;还有 Vries, "Published... and Exploited"。

[45] Eeghen, *Amsterdamse boekhandel*, 3:247。相反的是,注意伦敦出版人约翰·奥吉尔比的专业地位,他从尼霍夫中国书的英文版中收获了程度不等的信誉,然而最终他的角色含糊不清。奥吉尔比声称自己负有译者职责("由约翰·奥吉尔比……英译"),但这只是可能;负有雕刻师职责("由约翰·奥吉尔比完成一些雕刻"),但这很可疑;负有编辑职责("由奥吉尔比……发起"),这至多算牵强;甚至负有作者职责("为作者而印刷")。此书实际由约翰·麦考克(John Macock)印刷,反映出英国的习惯是把卖书和印书的任务分割开,因此,对奥吉尔比的最佳描述最后恐怕是"前台的人",他信誉有要求很大程度上是因为他的皇家地理学家这一地位。 344

[46] 见 Eeghen, *Amsterdamse boekhandel*, 4:157 – 163,文件在这里引述了一个可以不准确地译为"公司"的近代早期荷兰术语。

[47] 该术语出现在 Rochefort, *Histoire naturelle* 一书未标页码的序言中;也见 Wilkie, "Authorship and Purpose",此文讨论了地理学作品被集体创作的可能性,比如罗切福的书(此外也讨论了编辑角色发挥的积极作用)。

[48] Nieuhof, *Gedenkwaerdige zee en lantreize*, 23。冉·胡伊根·范林肖腾(1563—1611)的名字令16世纪后期恐为最重要的地理学卷册的标题页生辉,他的写作也

面临类似压力，让他不吐不快，他回忆道："每天都没完没了，他们催我出版关于我旅行的回忆和想法。"见 Linschoten, *Itinerario*（1596），"Prohemio ofte Voorreden totten leser"（n. p.）。也见 Schmidt, *Innocence Abroad*, 158 – 164，此书讨论了"加工"地理学这个较早的阶段，特别提到范林肖腾和他的出版人柯奈利斯·克莱茨。

[49]见 Eeghen，"Montanus's Book"，此文讨论了关于旅行家手稿的战斗；也见 Nieuhof, *Gezantschap*，在书的题献词中引述"这些宝贵财富"（n. p.）。

[50]对尼霍夫手稿的详细讨论见 Blussé & Falkenburg, *Nieuhofs beelden*；也见 Dew，"Reading Travels"，此文审视了巴黎的游记出版人麦基洗德·特夫诺的案例。

[51]Roeper，Walraven & Buys, *Hamel's World*；Boterbloem, *Fiction and Reality*；Boterbloem，"Met een beschaafder Penne".

[52]奥尔菲特·达贝尔的中国地理书也吸收了耶稣会士的内容，荷兰"公使"（这称号是种讽刺）菲利普·巴尔岱乌斯的南印度地理学也这么做。关于中国资料，见 Standaert，"European Images of China"；关于巴尔岱乌斯的借取，见 Stolte，*Angel's Deex – Autaers.*

[53]Roeper，Walraven & Buys, *Hamel's World*, 11，95 – 97。也见 Roeper & Wildeman, *Reizen op papier*, 47；Landwehr，*VOC*（有塞格曼的书目）；关于被印上去的大象，见 Hoetink，*Verhaal*, 142 – 143。

[54]事实上这并非不普遍，而且此种实践直到 18 世纪都被当作一种可行的印刷策略而继续进行。见 Darnton, *Business of Enlightenment*；Turnovsky，*Literary Market*。

[55]奥吉尔比的学识要赶上范莫伊尔斯还差得远，试比较 Van Eerde, *Ogilby*，此书完全漏了阿姆斯特丹的联系。Blom，"Picturing New Netherland"分析了《美洲》一书的建构性质。

[56]Dapper，*Gedenkwaerdig bedryf*，n. p.（sig. ＊3 – [＊4]），给约翰·德维特（Johan de Witt）的题献词。是对归到达贝尔名下的关于非洲、美洲和亚洲等其他地理学作品的简短推销（他的《非洲》当年出版）。关于美洲的书应当是蒙塔努斯的 *Nieuwe en onbekende weereld*，准备在 1670 年印行；关于亚洲的书像是蒙塔努斯的 *Gedenkwaerdige gesantschappen* [...] *Japan*（因为达贝尔直到 1672 年出版一本关于印度的书之前，都没有其他出版物），但也可能是尼霍夫的中国书（1665）。这种慷慨的冠名模式暗示出，至少在异域地理学语境下，作者的权威地位让位于出版人范莫伊尔斯，后者才被算作这些书卷的最终制作人。

[57] Kolfin & Veen, *Gedrukt tot Amsterdam.*

[58] Roeper & Wildeman, *Reizen op papier*,讨论了该体裁更新也更倚重插图的形式的出现,也突出了范莫伊尔斯的角色。

[59]其中一些地方也出现在 Schouten, *Oost – Indische voyagie* 的各个版本中。

[60] Clunas, *Pictures and Visuality*,谈到"再现经济"(46),也提及金茨伯格对色情意象的讨论(金茨伯格明确区分在私人领域和公共领域这两个不同领域所流通的不同的形象), Ginzburg, "Sixteenth – Century Codes for Erotic Illustration"。柯律格的"图像巡回"(iconic circuits)理论将在第四章更详细地讨论。

[61]对丢勒所绘犀牛的讨论见 Dackerman, "Dürer's Indexical Fantasy";也见 Clarke, 345 *Rhinoceros*。关于尼霍夫书中的变体,见 *Gezantschap* 中的图版"Reinoceros of Neus – horn"。注意,尼霍夫书中的形象在装饰艺术中的流通令人印象深刻,比如一只约 1695—1700 年的橱柜,由亨德里克・范索斯特(Hendrik van Soest)工作室为纪念收回那慕尔省(Namur)而制。见 Toussaint & Verbrugge, *Un cabinet*, 10, 73。

[62] Ridley, *Clara's Grand Tour*。克拉拉在其 1747 年的旅行中被用蚀刻版画印在几幅纪念版画中,然后由冉・王德拉尔(Jan Wandelaar)制成雕版图,收在 Bernhard Siegfried Albinus, *Tabulae sceleti et musculorum corporis humani* (London, 1749)。

[63]关于伯纳德与皮卡特的产品以及他们诸多形象的由来,见 Wyss – Giacosa, *Religionsbilder*;关于这部作品的来世,见 Hunt, Jacob & Mijnhardt, *Book That Changed Europe*。注意,皮卡特的大量雕刻图有数种来源,亚洲形象主要借自范莫伊尔斯,有 Nieuhof, *Gezantschap*; Dapper, *Gedenkwaerdig bedryf*; Montanus, *Japan*,等等。皮卡特也随意使用其他荷兰资料,如 Linschoten, *Itinerario*; de Bry, *Americae*,等等,这暗示出,范莫伊尔斯固然是异域地理学的一个重要调停人,但他无论如何也不是皮卡特或其他人的唯一资料。关于这些形象进入装饰艺术的讨论,见第四章。

[64] Baldaeus, *Naauwkeurige beschryvinge*; Heiden, *Vervarelijke schip – breuk* (有经过扩充的第二版,也是 1675 年制作,由范莫伊尔斯和范索梅伦出品: Heiden, *Vervarelyke schip – breuk*); Schouten, *Oost – Indische voyagie*。这三部出版物的更多书目详情可见 Landwehr, *VOC*。范索梅伦也与范莫伊尔斯合作出版冉・斯特卢伊斯的游记,不过这次定位于囊中较羞涩的买家: Struys, *Drie aanmerkelijke en seer rampspoedige reysen*。颁给斯特卢伊斯书的特许状中提到舒腾、凡德尔海登和斯特卢伊斯三人的叙述,这就为书籍制作人如何通盘构思他们的出版计划提供了更多证据。

[65]这些对应于 Dapper, *Naukeurige beschrijvinge der Afrikaensche gewesten* (1668); Montanus, *De nieuwe en onbekende weereld, of, Beschryving van America en't zuid - land* (1671); Dapper, *Asia: of Naukeurige beschryving van het rijk des Grooten Mogols, en een groote gedeelte van Indiën*(1672)。注意,奥吉尔比如何通过简化原来更具描述性的标题而把世界同质化。

[66]见 Van Eerde, *Ogilby*,该书作者把最后一部图集(第五部,本是描绘欧洲的)的缺失看作奥吉尔比精力分散的例子。然而这更可能反映出范莫伊尔斯的出版策略,他从不在欧洲地理学上费心或聚焦于此,因此从未把一部准备好的欧洲地理学提供给能力不足的奥吉尔比以供他实现出版承诺。

[67]*Atlas Chinensis*,分两部分出版,由尼霍夫和达贝尔各自的中国书组成,后者错误地归到蒙塔努斯名下。*Atlas Japannensis* 呈现出蒙塔努斯《日本》的一个版本。关于"地方化"或"普遍化"知识形式,见 Latour, *Science in Action*, 215 - 257 ("Centers of Calculation")。

[68]Genette, *Paratexts*.

[69]Lange, *Wonderen*, "Aen de Leser", sig. A2.

[70]Duran, *Sefer ha - Tashbets*,引自 Berger, "Invitation to Buy and Read"(译文略加改动)。

[71]Kaempfer, *History of Japan*, xliij - xliv。引语似乎是指范莫伊尔斯的作品,尤其是他为蒙塔努斯的《日本》制作的海量插图的版本。

[72]扉画备受仰慕。这方面佩普斯(Pepys)是个范例,见他的扉画收藏及对之的赞美,Pepys, "My Collection of Frontispieces"。也见 Remmert, "Docet parva pictura"。

[73]Churchill & Churchill, *Collection*, 1: iv.

[74]增加版画的实践在地理学出版业的语境下足够普通,这不能与从(不准确编订的)版画杂纂中汇集图册的实践混淆,后者制造出所谓"油膏"(*factice*)图集,见 Schmidt, "Atlas Van der Hem"。关于版画上色,见 Goedings, "Kaartkleurders"; Goedings, "Kunst - en kaarrafzetters"。

[75]关于信用,见经典报告 Shapin, *Social History of Truth*;若考虑印刷视角的事务,见 Johns, *Nature of the Book*。

[76]比较 Johan Nieuhof, "Voyage des ambassadeurs de la Compagnie Hollandoise des Indes Orientales, envoyés l'an 1656 en la Chine", in Thévenot, *Relations de divers voyages*,

vol. 3,与 Nieuhof, *L'Ambassade*。对这些版本的讨论也见 Blussé & Falkenburg, *Nieuhofs beelden*,16 – 17, 89 – 91。

[77]关于舆图知识的贸易,特别是那些着意要成为最有价值并因此被看守最严格的地理学知识的形式,相关概述见 Zandvliet,*Mapping for Money*。王室对地理知识管控最成功的恐怕要属葡萄牙和西班牙,即如里斯本的几内亚与印度部同塞维利亚的商业部所为。不过伦敦皇家学会 1660 年成立(就在查理二世复辟后几个月)和巴黎皇家科学院 1666 年成立(在科尔伯[Colbert]和路易十四的鼓吹下),刻画出在英国和法国这类计划日趋集中化。也见 Freedberg, "Science, Commerce, and Art",此文对比了荷兰与意大利的情况,前者以企业化、商业化和殖民化为特征,后者在灵采科学院的赞助下,具有贵族化特征,且"有时自由放纵"(394)。 346

[78]维特森将他可观的藏书向达贝尔这个完全依赖荷兰的作家开放;他为德布卢伊津写了"推荐信",也收藏了这位旅行家的一些外国手工制品;他还同朗弗安斯和凯姆普菲尔定期通信,这两人是维特森学术"密友"(liefhebbers)圈的成员。关于其他互动及通信,见 Peters, "Witsen and Gijsbert Cuper",及 Peters, *Wijze koopman*。

[79]Cook,*Matters of Exchange* 强调荷兰商业同科学间的关联。对类似主题的探索见 Margócsy,*Commercial Visions*,及 Freedberg, "Science, Commerce, and Art"。

[80]这个短语出自詹姆斯·安东尼·弗劳德(James Anthony Froude),并位居英国国内被引用最频繁的套话之列。原始引用可见"England's Forgotten Worthies", 1: 446 – 447,其中重刊了一篇 1852 年首见于 *Westminster Review* 的文章。见 Sacks, "Hakluyt's Navigations in Time"中对哈克卢伊特和英伦属性的讨论。

[81]对内容的一份细致回顾可见 Quinn,*Hakluyt Handbook*,尤见 2: 338 – 460。关于哈克卢伊特及其政治背景,见 Mancall,*Hakluyt's Promise*,及 Fuller, *Remembering the Early Modern Voyage*,两书都指出哈克卢伊特地理学事业中固有的英伦属性。

[82]关于泰韦的计划,见 Lestringant,*Thevet*。

[83]Carrillo Castillo, "World Is Only One. "

[84]洛佩兹·德·戈玛拉的帝国议程,见 Roa – de – la – Carrera,*Histories of Infamy*。关于更一般意义上的哈布斯堡地理学家和编年史家的帝国议程,见 Kagan,*Clio and the Crown*。

[85]更多例子不一而足,包括手稿资料,比如 Battista Agnese, "Charles V Atlas",扉画是一幅帝国圣像;出版资料如 Herrera, *Historia general*,由(菲利普二世任命的)西

印度群岛首席官方历史编纂学家编定。值得一提的是,赫雷拉的作品约 1622 年在阿姆斯特丹以拉丁文(荷兰人文主义者加斯帕·巴廖乌斯[Caspar Barleaus]译)和法文重新印行,而且这个版本在 18 世纪凭借荷兰出版商的挪用、重构和重塑版本而死灰复燃。

适用于 1650 年之前具有地方性和直白帝国性的地理学的这条通用规则也有例外,即汇编之著 Giovanni Battista Ramusio, *Navigationi et viaggi* (1550 – 1559),及 Theodor de Bry, *Collectiones peregrinatiorum in Indiam orientalem et Indiam occidentalem*,从 1590 年起到 1634 年以多卷本和多个版本面世(也在作者儿子们的指导下)。不过这两部出版物多少都是提供此前已出版作品的选集,而非新的旅行文学,这构成有些区别的印刷现象(荷兰的异域地理学有时也包含已出版材料的选集,但更多见的是突出原创性的作品)。拉姆西奥和德·布吕的汇编作品也重视单一作者的作品,他们收集这些并重版,这一点再度表明同异域地理学的细微但重要的区别,异域地理学更偏爱将关于世界各地区的作品熔冶一炉,而非汇集来自这个或那个航海家的报告。不论从哪方面而论,德·布吕插图丰富的汇编都提供了一个前所未有的类别,尽管与 17 世纪最后几十年充斥地理书市场的诸多出版物相比,此书以相对孤立的方式面世。

[86]第一版由让松尼乌斯·范维斯贝尔格与埃利策·维耶史特拉腾印制。第二版(盗版)由范莫伊尔斯印制,并引发法律诉讼,事后范莫伊尔斯同意不印更多副本(但要以此交换一大笔钱)。

347 [87]假冒旅行家的约翰·曼德维尔阁下也宣称见过异域奇观,当然也亲自体验过他所描述的全球奇观,而且直到文艺复兴时期,他都持续被解读为权威人士,比如被沃尔特·雷利阁下(Sir Walter Raleigh)。不过,他作品的寓言特质让它足以从各种旅行汇报中脱颖而出。17 世纪的众多旅行叙述在简单地做天气报告,在某些方面,例常性、平凡性和基本性(关于天气和水文状况以及船只供给情况的日常汇报)定义了这种体裁的真实性,乏味的白话构成真实的散文。

[88]关于哥伦布,见 *Select Documents*,尤其是他 1493 书信中有议程背景的开场白,傲慢地公布了这位舰队司令的成就。维斯普西的文本刊印于 *Letters from a New World*。关于维斯普西及其"旅行"的修辞建构,见 Fernández – Armesto, *Amerigo*。

[89]见 Rennie, *Far – Fetched Facts*,概述了旅行文学中捏造事实这一现象的历史,也见 Mason, "Ethnographic Portraiture",此文探究的是乔治·普萨尔玛纳策(George

Psalmanazar)大摇大摆骗人这个事件中的著作权和权威性谜题。

[90]比较 Cohen,"Pilgrimages";Brummett,"*Book*" *of Travels*;Rubiés,"Travel Writing"。

[91]这一发展在斯派瑞(Spary)关于插图自然史书籍的研究中也有评论,斯派瑞特选17世纪后期(即异域地理学的时期)富含雕版图的荷兰书籍来研究,评论这些书的著作权是"去中心化的"和"被否认的",见 Spary,"Scientific Symmetries"(引语见8-9页)。

[92]瓦伦汀的作品是一部精细而老练的编辑作品。一方面,它的序言中有一段为作者确立凭据的声明,证明此书以他长年的海外经历、对亚洲语言的熟稔(因此也熟悉亚洲地理学)及严整的散文体(结果证明这很难说是公允评论)为基础。就此而言,作者确实在场。然而另一方面,在这部浩浩五卷本作品(用亨利·裕尔[Henry Yule]的评价是"作品的大陆")的其余部分,作者大多数情况下不在场。这有充足理由,因为文本中有很多都是派生物——窃取自朗弗安斯和其他人——且此书遭受全方位包装,是一部综合性"描述",而不是一个人的特定叙述。比克曼在他相当刺耳的批评中说瓦伦汀的任务就是"不加说明地借取"和"粗劣的作品"。比克曼以几乎不加掩饰的鄙视之情说这文本"完全漠视叙事后果和地理学后果",此评论大体上准确,但忽视了荷兰地理学出版物的语境,在这种语境下,此类叙事策略是题中之意。Beekman,*Fugitive Dreams*,55-80。

[93]Schouten,*Oost-Indische voyagie*(1676)有过大量版本(至少11个),有荷兰文的、德文的和法文的,见 Landwehr,*VOC*,144-147。Valentyn,*Oud en Nieuw Oost-Indiën*(1724-1726)因为价格高得离谱而不值得再版,不过此书确实在国际市场流通(见注释35)。

[94]"The Translator to the Reader," in Bernard & Picart,*Ceremonies and religious customs*,4:i-ix(引文见 ii,viii)。八卷本法文版的最早日期是1723—1743年,六卷本的荷兰文译本于1727—1728年问世。

[95]Thévenot,"Avis",in *Relations de divers voyages*,vol. 3。对近代早期目录中真实、旅行文学和奇异性的揭示,见 Evans & Marr,*Curiosity and Wonder*。

[96]关于此书不同凡响的结构,见 Hesselink,"Memorable Embassies"。

[97]雅各布·范莫伊尔斯为 Montanus,*Japan* 写的题献词(无页码)。

[98]比较 Shapiro,*Culture of Fact*。

[99] Stagl and Pinney, "Travel Writing to Ethnography"。

[100] 荷兰东印度公司不仅要求职员记录船只前进和船上商人获利的数据,还要求荷兰东印度公司航行产生的日志要通过公司出版。他们对于借由荷兰东印度公司提供的赞助而努力希望保持原貌。这被证明既行不通又不可能,因为有太多手稿在共和国流通,不过这仍然表明了对地理学价值的觉知。注意,荷兰东印度公司也要求有海外地点、建筑甚至风光的写生图。见 Zandvliet, *Groote waereld*, 85 - 86,书中收录了发布这类指令的文本,也见 Roeper & Wildeman, *Reizen op papier*, 46,书中讨论了荷兰出版商对这些日志的处置。

[101] 荷兰在这方面的情况是 Zandvliet, *Mapping for Money* 的一个要点。伊比利亚的情况可以从出版物的简单事实来刻画:Van Linschoten, *Itinerario* 传播了葡萄牙海外帝国的消息(以葡萄牙资料为基础),而 López de Gómara, *La istoria de las Indias* (1552)描述西属美洲,顶着查理五世的审查制度而大范围出版(埃尔南·科尔特斯的著名书信也是这种情况)。

[102] 见 Rubiés, "Instructions for Travellers";也见 Pagden, *European Encounters*, 书中在对"现场验证的想象"(the autoptic imagination)的更广阔讨论中分析了旅行者"特权眼光下的话语"(51 - 88,引语见 67 页,帕格登在此引用了克利福德·格尔茨[Clifford Geertz]对该议题的开创性作品)。

348 [103] 关于达贝尔,见 Jones, "Decompiling Dapper";并比较 Cortes, *Voyage en Chine*,其中包含许多被吸收到达贝尔中国书中的材料(尤其是视觉材料)。关于蒙塔努斯,见 Hesselink, "Memorable Embassies"。

[104] Hesselink, "Memorable Embassies",文中也评论了这部书枝节横生的情况:"虽然……有一部原创日志(或至少是充满原创小片段的那种)藏在头 283 页中,但它几乎被作者关于当时的世界地理学与民族志的沉思所覆盖,以致几乎不复存在。"(101)。

[105] 关于巴尔代乌斯明显的剽窃之举——一位加尔文派牧师从耶稣会士作者那里借用材料以伪造一篇关于异域宗教的叙述,见 Stolte, *Angel's Deex - Autaers*, 84 - 92; Bergvelt & Kistemaker, *Wereld binnen handbereik*, 186 - 187; Lach & Van Kley, *Asia*, 3: 494 - 495。

[106] Roeper & Wildeman 评论了受荷兰东印度公司指示的作者们如何讲述一套规定好的主题,包括"敌对势力(葡萄牙人或其他欧洲人)在场"。看起来很有意味的

是,在这些作者日志的印刷版本中,这种形式的敌情报告被摘除了。见 *Reizen op papier*,48。

[107] Hazart,*Kerckelycke historie*,它的完整标题是"Kerckelycke historie van de gheheele wereldt, namelyck van de voorgaende ende teghenwoordighe eevwe, inde welcke verhaelt worden de ghelegentheden der landen, manieren, ceremonien, ende religien der inwoonderen,*maer namelycke de verbreydinghe des H. gheloofs*, *martelaren*, *ende andere cloecke Roomsche Catholycke daeden*, inde vier ghewesten des wereldts, met over de veertigh copere platen verçiert. Beschreven door den Eerw. P. Cornelius Hazart, priester der Societeyt Iesu. Het eerste deel. vervattende de rycken en landen van Japonien. China. Brasilien. Mogor. Florida. Bisnagar. Canada. Peru. Paraquarien. Mexico. Maragnan"(斜体着重为笔者加)。哈萨尔特也撰写了反蒙塔努斯的小册子 *Sots - caproen*。

[108] Eeghen, "Montanus's Book"详细讨论了在神圣罗马帝国如何获得出版特许权。也评论了 1666 年署名"Michel Cnobbert"①(哈萨尔特的安特卫普合作者)出版的尼霍夫中国书荷兰文版的盗版实际上是个被改变的文本。出版人剥除了所有对耶稣会士不够同情的段落。见 Blussé & Falkenburg,*Nieuhofs beelden*, 16,及 Meersbergen,"Uitgeversstrategie",此文辩称,"Cnobbert"版本实际是范莫伊尔斯所为(把它做成一个伪装的盗版)。

[109] Du Halde,*Description geographique.*

[110] Du Halde,*Description of the Empire*, 2: ii。这条评论的作者很可能就是译者伊曼纽尔·鲍恩(Emanuel Bowen)。

[111] 引自 McLuhan,*Understanding Media*。

[112] Boswell,*Life of Samuel Johnson*, 247(引文略加改动)。

第二章

引言:

Johnson,*Vanity of Human Wishes*,ll. 1 – 2.

Bruijn,*Reizen over Moskovie*,210,这段话最终扩充了眼界/视力的比喻,此书各译本也有

---

① 名字拼写与正文不同——译者注

这段(引自英文版,*Travels into Muscovy*,2: 11)。

[1]参照 Mitchell, "Pictorial Turn", in *Picture Theory*, 11 – 35(最初发表于 *Artforum* 30 [1992 年 3 月]: 89 – 94)。也见 Curtis, " 'As If' ",与其他供稿人作品一起刊于 *Culture, Theory and Critique* 50 (2009) (特别刊"The Pictorial Turn"),及 Curtis, *Pictorial Turn*。关于聚焦于近代早期的一种富有洞察力又吸引人的小说路径,见 Clark, *Vanities of the Eye*。

[2]关于看见/启示的讨论及其与"发现"和"尸体解剖的想象"的关系讨论,见 Pagden, *European Encounters*, 5 – 7, 51 – 87。*Oxford English Dictionary*(*OED*)的"发现"条目内容广泛,但能视为第一个不陈腐的词条(no. 3a):"(任何被遮盖的、隐藏的或此前看不见的)公开或暴露供观看、揭示和展示"。

[3]约翰逊的诗(见引言)在 18 世纪和 19 世纪被常规性引用和反复使用,比如奥利佛·歌德斯密(Oliver Goldsmith),他把约翰逊的观察行为灵活解释并以三联体表达(当然是挖苦地):"让我们用观察者的眼光观察,观察从中国到秘鲁的人类。"关于约翰逊文中看见的隐喻,见 Donaldson, "Samuel Johnson and the Art of Observation"。

[4]Thévenot, *Travels*(引文见第 1 页,标点有改动)。此书原始法文版是三卷,1663 年、1674 年和 1684 年出版。一个视觉上更华丽的荷兰文版本在 1681 年问世,图版出自著名的雕版师冉·卢伊肯,这个版本成为更多其他荷兰文、法文和德文版本的基础。

349 [5]对此,参见开创性作品, Law, "Long Distance Control"与"Social Explanation of Technical Change"。切题的还有拉图尔对"隔着距离行动"的讨论,刊 *Science in Action*, 215 – 257 (论"Centers of Calculation"); Rennie, *Far – Fetched Facts*; Bourguet, Licoppe & Sibum, *Instruments*。

[6]Ortelius, *Parergon*。比较若安·布劳约一个世纪后(1663)在 *Atlas major* 导论中的类似评论:"地理学是历史的眼与光……地图让我们能在家沉思,并让遥远的东西正好在我们眼前"(引自 Alpers, "Mapping Impulse")。

[7]关于地理学与历史学关系的这种观念——地理学是对历史学的视觉化——是这时期人文主义者的一种老生常谈,奥特利乌斯调用他的格言时遵循的是更早的文艺复兴传统。比较 Apianus, *Cosmographicus liber*,其中对历史的"脸"(宇宙志)和

"眼"(地方志)做了区分。在与奥特利乌斯相近的时期也有类似的评论,见 Chytraeus,*Ratione discendi*, sig. 2f。

[8] Kaempfer,*Amoenitatum exoticarum*, n. p. , 也见 Kaempfer,*Exotic Pleasures*, xix 中的英译(笔者略加改动)。

[9] Churchill & Churchill,*Collection*, 1: iv。

[10] "Introduction by the Translator", Kaempfer,*History of Japan*, sig. xliii – xliv.

[11] "Avis", Thévenot,*Relations de divers voyages*, n. p. (也被 Blussé & Falkenburg,*Nieuhofs beelden*, 13 引用)。

[12] 这些书与 1652 年的 Peter Heylyn,*Cosmographie* 一同在导论和上一章讨论过。完整书目见 Alden & Landis,*European Americana*。关于德·布吕这位给即将到来之事提供良好预见的人,见 Groesen,*Representations*。

[13] 见 Remmert, " 'Docet parva pictura' "(241):"作为(耶稣会士)关切视觉化的一个结果,17 世纪 20 年代兴起一种扉画和雕版标题页的密集文化"。也见 Remmert,*Picturing the Scientific Revolution*;关于耶稣会士"风格"及其对视觉装置的密集使用,见 Bailey, " 'Le style jésuite' "。

[14] Ortelius,*Theatrum orbis terrarum*,其扉画是有辨识度的舞台前部装置。也(在异域地理学语境下)参照在阿姆斯特丹为 Kircher,*China monumentis* 制作并明显有剧场效果的扉画,讨论见 Reed & Demattè,*China on Paper*, 150。

[15] Bruijn,*Reizen van Cornelis de Bruyn.*

[16] 给海外的、给荷兰东印度公司官员,特别给那些带领使团之人的指示,清楚表达了对于"城市、市镇、河流、堡垒和其他(他们)可能经过的重要建筑物"的描述和图画(包括地图)的渴求。例如,给 1655—1657 年赴中国使团的指示(上面的引文出自这里),明确要招一位"熟练制图员","Bataviaes Uitgaand Briefboek", 1655, Instruction f. 366 – 398(引自 Blussé & Falkenburg,*Nieuhofs beelden*, 13 – 14)。

[17] 成堆例子中仅举一例:尼古拉斯·维特森为 1696 年的澳大利亚西海岸远征雇用了一位名叫维克多·维克托斯(Victor Victorsz)的制图员,以保证"他们遇到的不管什么奇异或罕见的东西能被准确刻画"。见 Venbrux, " 'Wild and barbaric manners' " (引文见 167 页)。关于维特森作为收藏家和异域物质品赞助人的广泛活动,见 Peters,*Wijze koopman*;关于约翰·毛里茨的收藏家—赞助人身份,见 Boogaart et al. ,*Johan Maurits*。更一般的讨论见 Waals, "Exotische rariteiten"。

[18]对此见 Bergvelt & Kistemaker, *Wereld binnen handbereik*,尤见 Noordegraaf & Wijsenbeek – Olthuis,“Wereld ontsloten”;Veen,“Met grote moeite”;Waals,“Exotische rariteiten”。伟大的收藏家劳伦斯·凡德尔海姆也因向作家和出版商开放他的藏品而知名,见 Schmidt,“Atlas Van der Hem”。

[19]关于尼德兰的自然史实践,见 Jorink, *Reading the Book of Nature*。

[20]关于图画的重新配置,尤其是在异域地理学领域,见 Mason,“Ethnographic Portraiture”;更一般性的讨论见 Mason, *Lives of Images*。对凡德尔哈实践的研究见 Hoftijzer, *Van der Aa*。

[21]奥吉尔比要求范莫伊尔斯按下述流程支持生产蒙塔努斯的《日本》(仅举一例):当此书的荷兰文本和德文本完成时,范莫伊尔斯把较小插图(一页内有图有文的)的图版卖给奥吉尔比;同时,较大的插图(全页)在范莫伊尔斯的阿姆斯特丹工作室准备和印制,然后把印好的册页(不再需要更多文本)船运到奥吉尔比的伦敦商铺。

350 [22]Eeghen,“Montanus's Book”, 250.

[23]82 幅素描图和 149 幅印刷雕版图的顺序有些问题,不过前者数量不如后者确定,因为它依据未署名的手稿。对这些形象及其产品的综述,见 Blussé & Falkenburg, *Nieuhofs beelden*,61 – 91。

[24]Blussé & Falkenburg, *Nieuhofs beelden*, folio 27 (32 页后), pages 69 – 71.

[25]我们不知道这些艺术家的名字,不过为此书工作的雕版师有记录,亚伯拉罕·科恩拉杜斯(Abraham Coenradus)、克里斯托弗·布卢伊津(Cristoffel Bruijn)、梅尔吉特·柯奈利斯(Melchert Cornelis)、亚德里安·海尔维希(Adriaen Haelwech),见 Ulrichs, *Nieuhofs Blick*, 28。

[26]丢勒的异域兽在这时期实际上仍旧流行和受欢迎,出现在一系列版画、书籍、物质艺术中,并横贯异域地理学的全波段——从极“大众”的尼霍夫报告到医生威廉·皮索的博学卷册中都能见到,皮索的书覆盖印度群岛的自然史(最初也更全面地聚焦于巴西,但后来纳入东方的材料)。见 Piso et al., *Indiae utriusque* 中奇怪地安排在扉画正中心的犀牛。

[27]与此处复制的形象一起,分别比较 Blussé & Falkenburg, *Nieuhofs beelden*, folios 37 (32 页后) 和 167 (48 页后);以及 Sun, *Wandlungen*, 228 (fig. 113), 252

(fig. 160)。法尔肯伯格(Falkenburg)①提出,明代瓷器可能被作为这类装饰性饰品的一个来源而使用,这能表明一个引人入胜的借取过程——欧洲的版画制作人将明代的设计纳入推定为目击的中国报告里,以此生产的形象(范莫伊尔斯的版画)后来将成为欧洲装饰艺术的主要来源(第四章会详细讨论)。

[28]引自 Blussé & Falkenburg, *Nieuhofs beelden*, 89。

[29]达贝尔的书包括对巴尔塔萨·博特(Balthasar Bort)1663—1664 年年间远征福建海岸的报告,与对北京使团的报告一样,这份报道来自远征军的成员,但未必是高级官员。关于这些荷兰航行,见 Wills, *Pepper, Guns, and Parleys*, 及 *Embassies and Illusions*。

[30]不过有些形象明显基于彼得·范多尔尼克(Pieter van Doornik)的绘画,见 Ulrichs, *Nieuhofs Blick*, 108 - 115。注意此书的文本也是类似衍生物。达贝尔应该是结合使用荷兰东印度公司出身的日志和非荷兰人的素材,尤其是卫匡国的作品,达贝尔在他的文献目录里公开著录了后者。

[31]部分书目见 Landwehr, *VOC*, 326 - 330,其中 1670—1676 年的版本列了九个。

[32]其他例外(不总是列在标题页上,但通过署名插图或易于辨识的风格而明显)包括冉·卢伊肯,(例如)他的确为斯彭和惠勒(《纪行》[*Voyage*])制于荷兰的版本、为特夫诺(《旅行》)及为彼得·凡德尔哈工作;孜孜不倦的洛迈恩·德霍格,他为西蒙·德弗瑞斯蚀刻了一些扉画,也为凡德尔哈工作。

[33]Dapper, *Naukeurige beschrijvinge* [Africa], 标题页; Montanus, *Nieuwe en onbekende weereld*[America], 标题页。

[34]这也是琼斯(Jones)的结论,他在其他方面解构了达贝尔的整部书,"Decompiling Dapper"。

[35]Baldaeus, *True and exact description*, 标题页;并参照 *Naauwkeurige beschryvinge*, 标题页。关于巴尔岱乌斯书复杂的生产情况,见 Schmidt, "Accumulating the World";关于安吉尔的诸多形象,见 Stolte, *Angel's Deex - Autaers*。Lach & Van Kley, *Asia*, 3: 874 - 876, 911 - 912 也有帮助。

[36]Struys, *Drie aanmerkelijke en seer rampspoedige reysen*, 标题页说明,并参照英文版 *Perillous and most unhappy voyages*, 标题页说明("有多幅奇异图版阐明,由作者本

① 是现代学者,不是 17 世纪的画家法尔肯堡,所以用字有区别。——译者注

人初步设计并写实绘制”)。更多讨论见 Boterbloem, *Fiction and Reality*, 该作者推测(后来搬去伦敦的)约翰尼斯·基普(Johannes Kip)和科恩雷特·戴克为这些形象负主要责任。

[37] 特许状出现在 Struys, *Drie aanmerkelijke en seer rampspoedige reysen*; Schouten, *Oost – Indische voyagie*; Heiden, *Vervarelyke schip – breuk* 的头几页。

[38] Shapin, “Invisible Technician”; Shapin, *Social History of Truth*, 355 – 408.

[39] 对文件与争议的讨论见 Eeghen, “Montanus's Book”。

351 [40] Roeper, Walraven & Buys, *Hamel's World*, 评论了该日志的各种出版形式,并给出一个现代版本。也见 Landwehr, *VOC*, 218 – 221。注意,17 世纪最受欢迎的版本出自德高望重的旅行文学出版人吉利斯·乔斯滕·塞格曼工作室,这个版本完全依赖库存形象。

[41] Hennepin, *New discovery* (London, 1698, 以乌特勒支 1697 年出版的 *Nouvelle decouverte* 为基础), 引自 Dickenson, *Drawn from Life*, 107。

[42] “Avis au Lecteur”, in Hennepin, *Nouvelle decouverte* (Leiden: Pieter van der Aa, 1704), n. p. , 引自 Dickenson, *Drawn from Life*, 106。

[43] Aa, *Gedenkwaardige West – Indise voyagien.*

[44] Montanus, *Gedenkwaerdige gesantschappen*; Schouten, *Oost – Indische voyagie.*

[45] Fabian, *Time and the Other.*

[46] Du Halde, *Description of the Empire of China*, 1: iv.

[47] Braun and Hogenberg, *Civitates orbis terrarum.*

[48] Romeyn de Hooghe, *Indes Orientales.*

[49] Hung①, *Double Screen*, 尤见 183 页和 246 – 259 页。也见 Mitchell, *Picture Theory*, 35 – 82:“元图画的使用原则显然是为解释,什么图画要像这般作为图画的‘自我知识’而登台”(57)。

[50] Vries, *Curieuse aenmerckingen*。每卷都有单独的扉画,皆为德霍格的蚀刻画(他也为此书制作了一些插图)。

[51] Hooghe, *Indes Orientales*, plate 23.

---

① 应当是 Wu,作者显然弄错了 Wu Hung 这个名字何为姓,何为名。参考文献和索引中亦然,彼处不再纠正。——译者注

[52] Nieuhof, *Embassy*, 244.

[53] Nieuhof, *Gedenkwaerdige zee en lantreize*, 198 – 199 (plate 30/1: "Clove Tree").

[54] Ogilby [Dapper], *Atlas Chinensis*, 680 – 681 (大黄), 691 – 692 (菠萝)。注意,这两例中,范莫伊尔斯可能借用了卜弥格《中国植物》的图,大黄借用了版式,菠萝则版式与形状都借用了,范莫伊尔斯的插图同卜弥格的范本十分近似。

[55] Witsen, *Noord en Oost Tartarye*, 1705 年版本 748 页后的插图;并参照 *Peter the Great*, 192 – 203,此书图绘了一套来自彼得沙皇藏品的显著相似的物品(现藏于国立埃尔米塔热博物馆)。这些呈现中当然也有分类学的一面,不过对待异域风物的商业路径和科学路径并不互相排斥,因为自然史的分类学方法也具有商业因素。关于此点,见 Cook, *Matters of Exchange* 及 Margócsy, *Commercial Visions*。

[56] Kaempfer, *History of Japan*, plate 9,其中有两只麒麟,还有其他一些神兽。

[57] Bruijn, *Reizen van Cornelis de Bruyn*; Willughby & Ray, *Ornithologia*。注意,德布卢伊津书的英文版 *Voyage to the Levant* 于 1702 年问世,接续 1700 年的法文版(*Voyage au Levant*)和 1698 年的原始荷兰文版。

[58] 当在近代早期的实践中调用"科学"这个现代术语及概念时,长期以来就加引号。见 Shapin, *Scientific Revolution* 的简洁回顾。

[59] 关于德布卢伊津、他的书和他的画,见 Hond, "Cornelis de Bruijn"这篇小传。

[60] Bruijn, *Reizen over Moskovie*, 209,作者在此许诺"展示可以展示的",这样便双倍强调了他的可视化图形操演。也见 Sancisi – Weerdenburg, "'Yver, aendacht en naerstigheit'"。

[61] *Reizen van Cornelis de Bruyn*。关于此书的出版(和流行度),见 Drijvers, "Cornelis de Bruijn"; Gnirrep, "Intekenaren"。

[62] Hannema, "'Groot gelt gespilt'"。也值得注意的是德布卢伊津许多形象的持久影响力。比如"Filander"将启发乔治·斯塔布斯(George Stubbs)对一只袋鼠的关注,这只袋鼠 1773 年在伦敦展览,不仅例证了这个异域物种,也例证了库克时代复制异域自然物的更大计划。

[63] 对这段插曲的叙述见 Raven, *John Ray*。注意,"异国"一词在此只体现技术含义,如 17 世纪许多人所理解的,是一种指明非本土物种的方式(因此从雷和威洛比的角度来看,所有非英国的植物和动物都是异国的)。

[64] Willughby and Ray, *Ornithologia*.

[65] Willughby and Ray, *Historia piscium*，有独立标题页，上写“Francisci Willoughby, *Icthyographia* ... Sumptibus Societatis Regalis Londinensis, 1685”（弗兰西斯·威洛比，《鱼类学》……伦敦皇家学会出版，1685）。关于此书的出版，见 Kusukawa, “‘Historia Piscium’”；关于雷的图画思想，见 Ray, *Further Correspondence*, 99。注意，佩皮斯看似支付了 60 帧，但他的名字列在买了 80 本书的人下面，这更清晰地凸显了此书的销量有限。

[66] 见 Kusukawa，“‘Historia Piscium’”，书中描述这本鱼类书是个“败笔”，比较 Bruijn, *Reizen over Moskovie*。

[67] Freedberg, “Science, Commerce, and Art.”

352 [68] 值得指出的是，梅里安和朗弗安斯都面临着让他们的书出版的挑战，前者是位女性，这在近代早期书籍制作的业务中是个显著障碍，而后者的手稿在到达出版人之前已被数度粗暴对待。不过有条不紊的体制——出版商和雕版师、制图员和译者——使得他们最终成功地印制出一个远比在尼德兰以外的欧洲任何地方都更为可行的主题。

[69] Spary, “Scientific Symmetries”，特别拿出荷兰制作的列维努斯·文森特（Levinus Vincent）①的书作为著作权“边缘化”和“被否认”的例子(8 – 9)。

[70] 关于近代早期自然史的属类模式，见 Ogilvie, *Science of Describing*（很遗憾，该书没分析 17 世纪晚期的书）。

[71] Beverley, *History*；关于“宗教人类学”，见 Gaudio, “Space of Idolatry”。

[72] Wyss – Giacosa, *Religionsbilder*；并参照 Hunt, Jacob & Mijnhardt, *Book That Changed Europe*。

[73] Beverley, *History*, 1：252（也见 1：200 “figures”一节，增补在“suppl[y] the Defect of Words”一节）。Gaudio, “Space of Idolatry” 讨论了贝弗利《辩解书》（*apologia*）的认信背景。

[74] “The Translator to the Reader”, in Bernard & Picart, *Ceremonies and religious customs*, 4：viii.

[75] Remmert, “‘Docet parva pictura’”；Bailey, “‘Le style jésuite’”。注意，无论如何图画在耶稣会士地理学中都相对缺乏，见 Guy, “‘*Ad Majorem Societatis*

① 他是一位奢侈型织物的设计师兼商人。——译者注

Gloriam'"。

[76]例如可见 Benjamin, "Work of Art";不过,Clunas,*Pictures and Visuality* 比较过重要的相反论据,同时也考虑传统编年学和具现代性的地理学。

[77]Jay,*Downcast Eyes*;也见 Schwartz,*Spectacular Realities*。

[78]Daston & Park,*Wonders*,329 – 331 及各处。

[79]Hond, "'Vermaarden Cornelis de Bruyn'"。关于凡德尔海姆的收藏,见 Groot, *Seventeenth – Century Collector*。

[80]Tobin,*Picturing Imperial Power*, 277(在马丁·杰伊和布鲁诺·拉图尔的一场讨论中)。

[81]Leonhart Fuchs 写的序言,*De historia stirpium comentarii insignes*(Paris, 1543), x – xi;引自 Ackerman, "Early Renaissance 'Naturalism'", 17。也见 Kusukawa, "Fuchs"(411 页引用福赫斯时译文略有不同);更一般性的讨论见 Swan, "Uses of Realism"。值得注意的是,这种图画观念持续了多久。比较两个世纪之后伟大英国博物学家马克·凯茨比(Mark Catesby)(与福赫斯评论)惊人相似的评论:"(对)自然史的图解对于完好理解它而言格外具有本质性,我可以断言,从着色恰当的动物和植物的形象能比从对它们最确切的描述之词中构想出更清楚的概念。因此,我在描述方面不怎么啰嗦,我认为用描述每片羽毛来令作者厌烦是不必要的,我只希望能足够让人区别它们而无混淆"(Catesby,*Natural History*, 1: xi – xii)。

[82]Renard,*Poissons*, *ecrevisses et crabes*, 标题页和"Avertissement"(sig. A2r)。

[83]"Temoignages et Certificats", in Renard,*Poissons*, *ecrevisses et crabes*(sig. A2r)。不过要注意瓦伦汀证言中的讽刺(此书众多讽刺之一),后来他本人被控剽窃,详情见 Beekman,*Fugitive Dreams*, 55 – 95。

[84]Shapin & Schaffer,*Leviathan and the Air – Pump*;也见夏宾较早的论文"Pump and Circumstance"。

[85]Smith, "Science in Motion";也见上文注释 58。

[86]Findlen,*Possessing Nature*,201, 208.

[87]关于演绎的重要例子可能包含了异域物品和人民的展示,地理学装置——舆图式的绘画、织毯、壁画、马赛克——则可在印刷背景下展示。关于后者,见 Kagan & Schmidt, "Maps and the Early Modern State"。

[88]说的是 Bruijn, *Reizen over Moskovie*, 210；也见把尸体解剖术同异域地理学之父希罗多德以及历史学实践联系起来的论据，Spiegel，“Task of the Historian”。

[89]Vesalius, *De humani corporis fabrica*。尸体解剖术、图画和印本书籍当然也蔚为大观地共同出现在伦勃朗的画作 *Anatomy Lesson of Doctor Nicolaes Tulp*(1632；Mauritshuis, The Hague)中，画中发生了一场壮观的肢解，同时也展现一本书(位于右下角)，此书被认为是 *De humani corporis fabrica* 的一个版本。

[90]Kusukawa，“Uses of Pictures”(引文见 77 页)；更宽泛论述见 Kusukawa, *Picturing the Book of Nature*。

[91]Kusukawa，“Fuchs”，411。

[92]Francis Bacon, *Great instauration*(序言)，引自 Alpers, *Art of Describing*, 100。

[93]Comenius, *Orbis sensualium pictus.*

353 [94]Evelyn, *Sculptura*, 122；也见 Alpers, *Art of Describing*, 91 – 99 对柯奈利斯和视觉化的讨论(也引用了 Evelyn)。

[95]于是普雷托里乌斯评价布卢伊津的图画“比其他任何我所看过的故事都更值得博学之士和古物爱好者注意并赞许”，图画在此胜过故事叙述；萨尔蒙(Salmon)则描述了他决定增加“一些铜版图，以便让读者更好地理解那些仅凭言辞无法清晰传达其意旨的东西”。见“Remarks of Cornelius Le Bruyn, on the Plates of the Antient Palace of Persepolis Published by Sir John Chardin and Mr. Kempfer”，in *Travels into Muscovy*, 2:215；Salmon, *Hedendaegsche historie*, sig. ＊3v。

[96]在凡德尔哈和其他一些人那里普遍可见的这种方式能解释荷兰视觉素材的显著流动性，它们有时可以用作泛国民产品。盖瑞·施瓦茨(Gary Schwartz)在批评荷兰“国民”艺术时提出一个相关论点，他主张，荷兰画家们帮助创建波兰、丹麦和欧洲其他地方的“国民”形象；而“荷兰”风格从他处广泛借取(也习惯性地借给他处)。在此意义上，营销形象的技巧延伸到了地理学领域和异国格调风尚之外。见 Schwartz，“International Identity”。关于荷兰艺术的地理学，详细讨论见 Kaufmann, *Toward a Geography of Art*；Kaufmann，“Independent Dutch Art?”

[97]Dickenson, *Drawn from Life*；Kusukawa, *Picturing the Book of Nature.*

[98]Renard, *Poissons, ecrevisses et crabes*(可以见最写真的带注解版本 *Fishes, Crayfishes and Crabs*)；也见 Pietsch，“Renard's Fanciful Fishes”(引文在 60 页和 63 页)。

[99]Reede tot Drakenstein, *Hortus Indicus Malabaricus*。这部作品的多数版本都有数量

庞大的794幅图版。

[100]事实上，在拉丁文版本的标题页，范里德声称自己的角色是准备图像（"Adornatus van Rheede . . . "），"Adornatus"的意思可以指准备或准备好，也可以指装饰或润色；而1689年的荷兰文版本中，他只承认"收集"，亦即编辑和整理这些图像。

[101]包括 *Hortus Indicus Malabaricus* 的开场白素材一起见 Heniger, *Van Reede tot Drakenstein*。

[102]这意思是，《宝藏》一书无疑以其插图所声称的忠实于自然为基础。内容说明书直率的告知此点，许诺"每一点……（在内容说明书中所描述）的奇异性以及其他大量无法于此尽言之点，都是由作者依据自然而绘并刻诸铜版。这些版画如此写实，以至于莱顿大学的著名教授赫尔曼·波尔哈弗（Herman Boerhaave）公开宣布，此书举世无双"。见 Landwehr, *Dutch Books with Coloured Plates*, 69。

[103]Seba, *Locupletissimi rerum naturalium thesauri*, 1：tabula 102（九头蛇）。进而还能看到许多各式各样怪诞的龙（主要在卷1）；巨大的双头非洲鹿（1：tabula 45），很可能以送给塞巴的一张素描图为基础；库拉索岛（Curaçao）的畸形山羊，（作为与非洲鹿对照）两个身躯共享一个头（1：tabula 46）。

[104]Pietsch, "Samuel Fallours"（注意，瓦伦汀在他的 *Oud en Nieuw Oost - Indiën* 也收录了一幅美人鱼的形象）。关于林奈对塞巴藏品的兴趣（他在1735年至少参观了两次），见 Verkruijsse and Kwa, *Aap*, *vis*, *boek*。

[105]比较书里面画的盘旋并加美化的古蛇形象和扉画所刻绘的，能表明塞巴有一条塞在罐子里保存的蛇，罐子的背景是排列着罐装标本的一堵墙。也值得将塞巴监制生产的头两卷（由风格化的蛇和关于自然的叙述组成的书卷）中的各形象同第二轮出版物（卷3、卷4）中的形象对比一下，后者是在超过20年之后（1758—1765）作为遗著问世的，并体现截然不同的风格，更多克制，较少润色，没有早前图版所具有的"活跃"安排，受到林奈自然史"科学"风格的大力影响。

[106]但就连梅里安著名的热带昆虫加植物也不是尽数写实，见 Reitsma, *Maria Sibylla Merian*（182, 186，及各处），书中详细介绍了在南美和阿姆斯特丹都在进行建构过程，在南美，梅里安获本地助手帮助在田野采集标本，在阿姆斯特丹，她有时要用"一团乱麻的"笔记和干燥的——因此很难说是"现场的"——标本工作。

[107]见 Ulrichs, *Nieuhofs Blick*, figs. 60（"Cinnamonium"），61（"Caneel Boom"）；并 354
比较 Sun, *Wandlungen*，此书全面列出卜弥格和尼霍夫（figs. 43 - 58，186 - 203）有

关系的雕版图。注意,尼霍夫的手稿只有一张对植物(棉花)和一张对动物(中国鸬鹚)的清晰描画,这两张图分别被复制到 Blussé & Falkenburg, *Nieuhofs beelden*, folio 139 (46 页后), folio 124 (44 页后)。

[108]尼霍夫书的这番改编包含多重讽刺,其中特别显而易见的发生在塞恩雷丹根据一位在场艺术家的写生素描制作的原始版画身上——范莫伊尔斯在他的异域风物重刻图中忽略了一个关键性细节。

[109]这也是 Clark, *Vanities of the Eye* 的核心见解。

[110]Rumphius, *Ambonese Curiosity Cabinet*, lxviii.

[111]Rumphius, *Amboinsche rariteitkamer*; Rumphius, *Herbarium Amboinense*; 关于该作者自己对写实绘制的承诺(在一封给荷兰东印度公司董事会的信里)也见 Rumphius, *Ambonese Curiosity Cabinet*, lxvi。

[112]Rumphius, *Ambonese Curiosity Cabinet*, lxviii; Rumphius, *Thesaurus imaginum piscium testaceorum*, 标题页("in locis reperta")。

[113]这幅以复杂方式绘制和着色的扉画被明确归给失明的朗弗安斯,这是一个书目著录的悖论。要注意的是 *Amboinsche rariteitkamer* 和 *Herbarium Amboinense* 的印本都是作为遗著面世,且出版时朗弗安斯作为博物学家的名声已经有效树立,于是两书中的作者肖像表现朗弗安斯在书桌边而非在田野中,将其表现为一个握着标本的学者,如果说不可否认他被赋予了内在智慧,那么显然他没有明显的机体视力。

[114]关于 *Amboinsche rariteitkamer* 中的一个样本,见借自代尔夫特收藏家亨德里克·达奎埃(Hendrik D'Acquet)的各种蟹的形象,也被复制在 Bergvelt & Kistemaker, *Wereld binnen handbereik*, 132 (cat. 263)。比较 *Wereld binnen handbereik*, 125 (cat. 260),证明达奎埃自己的"写实"绘画藏品本身通常是复制的。同样,塞巴复制了大量标本,他们据称是写实绘制的并立足于他本人的藏品,但实际上得自他人的《多宝阁》,他们把插图寄给他(后来又抱怨他声称拥有他们的珍奇物品)。见 Müsch, "Seba's Collection", 11。

[115]Kolb, *Naaukeurige en uitvoerige beschryving*; 并参照 Kolb, *Caput Bonae Spei hodiernum*。荷兰文版本通常"比原始本有更多地图和插图,制作方式也比原始本更具技术复杂性"。它也构成大多数后续版本的基础,包括法文版(1741,1742,1743)和第二个德文版(1745)。见 Good, "Construction of an Authoritative Text" (引文

见 90 页)。

[116]见该文本的三卷本扩充版,Senebier,*Essai sur l'art d'observer*, 1: 117;也参照 1: 122,塞内皮埃在此称于伯的作品是“逻辑和观察的杰作”。关于于伯和观察,见 Singy, “Huber's Eyes”(笔者沿用了此文中的法文译文)。

[117]Schouten,*Oost – Indische voyagie*, 标题页;例如也见对印度/孟加拉的“魔术师”的报告,作者把他们描述为“verschrickelijcke te *sien*(看上去很可怕)”(book 3, 115)。

[118]Schouten,*Oost – Indische voyagie*, book 2, 225,此话暗示了目睹或提供证词的行为。这句告白出现在有启示性的另外一段中,作者在那里承认他所提供的比全面报告要少,他表示理解,这样的描述会让人乏味,读者肯定喜欢更轻松和更活泼的什物,这样他便在详细的、可信的、现场报告方面豁免了自己。

[119]例如副本可见于罗伯特 · E. 格罗斯(Robert E. Gross)珍稀商业与经济书籍藏品,存于加利福尼亚大学洛杉矶分校罗森菲尔德图书馆(Rosenfeld Library of University of California, Los Angeles,DS 411. 1 S3760)。

[120]Montanus,*Gedenkwaerdige gesantschappen*,英文版标题是 *Atlas Japannensis*(这个标题是 19 世纪和 20 世纪收藏家所熟知的标题);并比较 Kaempfer,*History of Japan*。蒙塔努斯的《日本》也有德文和法文版,最靠后的一版是 1722 年阿姆斯特丹版。

[121]“Introduction by the Translator”, in Kaempfer,*History of Japan*, sig. xliij – xliv(着重号为笔者加)。硕伊希策担任斯隆的图书管理员,着笔时强调学问之士的角度,他在 *History of Japan* 出版一年后被正式提名为皇家学会成员。

[122]Eeghen, “Montanus's Book”, 257;也见标题页的声明。注意范莫伊尔斯在这本书的其他地方给蒙塔努斯因为距离而具备的客观性制造了悖论——他不曾到过日本(*Gedenkwaerdige gesantschappen*, Dedication [n. p.])。但假定仍然是,插图来自现场写生,不管是出自作者之手还是他人。

[123]Geerts,*Catologue des livres japonais*,也被引于 Eeghen, “Montanus's Book”, 257。 355

[124]Hazart,*Sots – caproen*,引述可见 Eeghen, “Montanus's Book”:“那么为什么要如实复制这些? 如果她们确实裸体游荡,为什么要费劲给我们画一幅事实? 口头说明难道不够吗?”(255 – 256)。

[125]Bosman,*Nauwkeurige beschryving*,见英文版 *New and accurate description* 的序言,sig. A2r – v。关于博斯曼书的复杂建构,见 Dantzig, “Bosman's ‘New and Accurate

Description' "。

针对荷兰地理学,尤其是它对图画的运用的这段背景故事还有其他一些例子。例如,林奈18世纪30年代在尼德兰,对荷兰人生产的"奢华的"异域自然史书籍提出问题,见Heller,"Linnaeus on Sumptuous Books"。而且随着18世纪日益推进,这类尖刻话语变得多少有些司空见惯,有一位约翰·斯普林特·斯塔佛瑞努斯(Johan Splinter Stavorinus)——像博斯曼一样有着荷兰背景并且撰写了非洲报告,他有些夸张地指责荷兰书籍制作人惯于在他们的书卷中塞满经常是重复使用的、与在议主题不相关的图画,见Stavorinus,*Reize van Zeeland*;也见Beekman,*Fugitive Dreams*, 18的简要讨论。

[126]Kaempfer,"Author's Preface", in *History of Japan*(n. p.),作者在此声称"虽然可能不尽雅致和完善,(再现图)毕竟严格符合真实,也没有润色"。也见Bodart - Bailey,*Kaempfer's Japan*,书中描述了手稿通往出版路上的转变。

[127]传记细节采自Drijvers, Hond & Sancisi - Weerdenburg,"*Ik hadde de nieusgierigheid*"及Hond,"Cornelis de Bruijn"。

[128]Bruijn,*Voyage to the Levant*, 1.

[129]德布卢伊津继续前往阿巴斯港(Bandar Abbas),又从那里航行到巴达维亚,途经科钦和斯里兰卡(Sri Lanka)。第二段旅程持续了七年,从1701年到1708年。

[130]对出版史的回顾见Hannema,"'Groot gelt gespilt'",文中也讨论了对德布卢伊津书籍的及时又正面的评论,发表在*Bibliotheca librorum novorum*, *De boekzaal van Europe*和*Journal des sçavans*。

[131]Cox,*Reference Guide* , 1:218.

[132]关于这些工作方法,见Drijvers,"Cornelis de Bruijn", 95,其中也引了扎卡赖亚斯·康拉德·冯·乌芬巴赫的描述,他是位知名藏书家,在阿姆斯特丹访问过德布卢伊津,并仰慕在恰当地方(乌芬巴赫如此断言)制作的细节丰富的水彩画。

[133]Bruijn,*Travels into Muscovy*, plate 100(描述见1:226)。也见"Backer - Kara"(pl. 93, 1:224),此画是德布卢伊津阴影法的出色例子,鸟儿被以比拼到底的样子表现,正如弗兰斯·斯奈德(Frans Snyder)的典型静物画可能刻画的那样;还可见"Fruits Singuliers"(pl. 198, 2:91),此画与"小柑橘"雕版图都酷肖阿尔伯特·艾克胡特的静物绘画风格。

[134]Bruijn,*Travels into Muscovy*, plates 7 - 8;也见一组可爱又充满动感的一个鞑靼人

家庭的肖像画(plate 100),有两个生气勃勃的男孩拽着妈妈的手,其中一个还同时拉扯爸爸外套上的毛皮翻领。

[135]Bruijn, “The Author's Preface”, in *Travels into Muscovy*, (n. p.).

[136]Bruijn, *Voyage to the Levant*, 114 – 115.

[137]Bruijn, “The Author's Preface”, in *Travels into Muscovy*(n. p.).

[138]Bogaert, *Historische reizen*,尤见“Voorreden aan den lezer” (n . p.);也见 Hannema, “ ‘Groot gelt gespilt’ ”, 27 – 29。注意,博加尔特指涉的是德国学者兼德布卢伊津的朋友普雷托里乌斯,他确实对此书有所贡献(下文会讨论)。

[139]关于库伯,见 Chen, “Digging for Antiquities”;关于他同德布卢伊津的辩论,见 Drijvers, “Cornelis de Bruijn”。

[140]Chardin, *Voyages*;对此也见 Ferrier, *Journey to Persia*。

[141]Bruijn, *Aanmerkingen*(描绘三个聊天者的画是“Boekzaal”)。

[142]Sancisi – Weerdenburg, “Through Travellers' Eyes”。

[143]Cornelis de Bruijn, “Remarks of Cornelius Le Bruyn, on the Plates of the Antient Palace of Persepolis Published by Sir John Chardin and Mr. Kempfer”, in *Travels into Muscovy* [. . .] *together with remarks on the travels of Sir John Chardin, and Mr. Kempfer, and a letter written to the author on that subject*, 2: 198 – 223(引文见199 页)。

[144]Bruijn, *Reizen over Moskovie*, 210.

[145]Drijvers, “Cornelis de Bruijn”, 92(引用乌芬巴赫对“普雷托里乌斯先生”的描述)。

[146]见 Drijvers, Hond & Sancisi – Weerdenburg, “*Ik hadde de nieusgierigheid*”, 179 – 180 (“附录二”也列了更多版本)。

[147]*Persepolis Illustrata*。Vickers, “Views of Persepolis”,讨论了替代插图的糟糕状 356
况。注意来自《黎凡特纪行》一书的图画和(图版)也同样地迅速普及,来自 1702 年一位英国书商的销售状况早就提供证据,暗示对德布卢伊津的插图有着更普遍的强劲需求。

[148]Hannema, “ ‘Groot gelt gespilt’ ”, 38 – 40,引了其他一些也同样积极的评论。所说的是凯姆普菲尔的 *Amoenitatum exoticarum*,此书也包含波斯波利斯的图画。

[149]这是 Daston & Park, *Wonders* 的中心论据,此书讨论 18 世纪“科学”的内容和学

术路径(尤见第九章“The Enlightenment and the Anti - Marvelous”, 329 - 363)。不过我所强调的转变也关乎科学的形式,即传送知识(此处指地理学和自然史)的文本和图画的方式(尾声会讨论)。

[150] Emerson, “Sir John Chardin”;也见 Ferrier, *Journey to Persia*。

第三章

引言

Behn, *Oroonoko*, 40.

[1] Gibbon, *Decline and fall*, book 1, chapter 6:“严肃的元老们叹息着承认,长期经历了本国严酷暴君之后,罗马最终轻松败于东方专制主义那让男人变柔弱的奢靡之风”(ed. J. B. Bury, 7 vols. [London: Methuen, 1897], 1: 144)。比较魏特夫的经典研究:Wittfogel, *Oriental Despotism*。

[2] Verhoeven & Verkruijsse, *Iovrnael.*

[3] Struys, *Drie aanmerkelijke en seer rampspoedige reysen*;也见 Boterbloem, *Fiction and Reality.*

[4] Nierop, *Treason*,书中复现了折磨一位天主教徒律师冉·耶罗恩松(Jan Jeroenszoon)的骇人图像,律师来自距离沃尔默兰(Wormerland)① 不远的荷恩(Hoorn)。

[5] 在近代早期的奴隶制实践中,这种控制采用了最令人厌恶的形式,对此主题有庞大的历史编纂学,比如见 Blackburn, *New World Slavery*; Emmer, *Dutch Slave Trade*; Welie, “Patterns of Slave Trading”。本章不可避免会触及奴隶制,该种实践和制度在这些年里日益重要,但本章的首要焦点是同在本研究其他地方一样被广泛引用的地理学资料(而非对奴隶制的更直接报告)。

[6] Said, *Orientalism*,尤见 186 - 190。

[7] Bruijn, *Voyage to the Levant*, 102, 123 - 124.

[8] Kaempfer, *History of Japan*, 439,作者在此明确挑战了弗朗索瓦·卡戎的报告(*Rechte beschryvinge*),卡戎声称在日本遇到的妓院相当少。

---

① 正文出现的 Wormer 隶属于 Wormerland。——译者注

[9] Bruijn, *Voyage to the Levant*, 101 – 102, 136.

[10] Nieuhof, *Gedenkwaerdige zee en lantreize*, 2: 36;并参照 Nieuhof, *Voyages and travels*, 2:202。这则轶事般的评论可能来源于亚美利哥·维斯普西众所周知的《书信》,它包含一则对阿拉瓦克(Arawak)女性性欲及男性相应性无能的接近厌女性质的报告。见 Vespucci, *Letters*,尤见致洛伦佐·迪·皮尔弗兰西斯科·德·美第奇(Lorenzo di Pierfrancesco de' Medici)书信(45 – 56)。

[11] Bruijn, *Voyage to the Levant*, 96; Schouten, *Oost – Indische voyagie*, book 3, 23, 45, 83; book 2, 103。也见此书开头几页,作者在那里类似地评论了自己对旅行的"欲望"(book 1, 1 – 2)。

[12] Bruijn, *Voyage to the Levant*, 39 – 40, plates 34, 35, 37.

[13] Allard, *Orbis habitabilis*, plates 38, 43, 46, 57, 59, 60。这些所谓的服饰图版也刊印于凡德尔哈的《世界宜人画廊》。

[14] 关于凯姆普菲尔,见 *History of Japan*, plate 43;关于艾克胡特,见 Buvelot, *Eckhout*, 此书复制了这些绘画和一些衍生图像,比如印本地理学中的(45)和挂毯中的(39)。法尔肯堡的绘画目前保存在哥本哈根国立文化艺术博物馆(Statens Museum for Kunst, Copenhagen),并被冠名为《苏里南一所甘蔗种植园的"奴隶嬉戏"》("*Slave Play*" *on a Sugar Plantation in Surinam*,引号可能强调了博物馆自己的模棱两可)。

[15] Dapper, *Naukeurige beschryving van gantsch Syrie*, 49 – 56(对内衣裤的评论在 54 页); Ogilby [Dapper], *Atlas Chinensis*, 16 – 17。

[16] Bruijn, *Voyage to the Levant*, 92,并参照 94 页。

[17] Hazart, *Sots – caproen.*

[18] Kaempfer, *Amoenitatum exoticarum*,对着 582 页的图("针刺")和对着 600 页的图("艾灸");并参照 Kaempfer, *History of Japan*, "Appendix"(单独计页码)及 plates 43, 44。

[19] Kaempfer, *Amoenitatum exoticarum*;并参照不完整的英译本 *Exotic Pleasures*(引文在此版本 186 页)。也见 Bowers & Carrubba, "Drug Abuse",这是篇引人入胜的研究。

[20] Dapper, *Asia*, 具体版本是 Ogilby [Dapper], *Asia*, n. p. (sig. Av), 49。Behn, *Oroonoko*, 40;也见 Chi – ming Yang, "Asia Out of Place"。

357 [21] Struys, *Drie aanmerkelijke en seer rampspoedige reysen*, 286 – 287;引文来自英文版 *Perillous*, 270 – 271。

[22] Wolff, *Inventing Eastern Europe.*

[23]斯特卢伊斯的叙事把近代早期近东观念的几条线索糅合在一起。除了广为人知的圣巴塞洛缪被剥皮的故事(亚美尼亚传统和阿塞拜疆传统都声称有此故事),还有"西桑尼被剥皮"的故事(及"逮捕西桑尼"的故事)通过吉拉德·大卫(Gerard David)1498年为布鲁日(Bruges)市政厅绘的大受好评的画而为人所知,而且大卫的画可能令该故事的图像在北欧受众中流传。希罗多德也讲过西桑尼的故事,读者可以在达贝尔翻译、1665年付印的一个版本中看到这一段。

[24] Struys, *Perillous*, 270 – 271;并参照 *Drie aanmerkelijke en seer rampspoedige reysen*, 286 – 287。

[25] Franits, *Paragons of Virtue*; Franits, *Dutch Seventeenth – Century Genre Painting.*

[26] Struys, *Perillous*, 272.

[27]凌虐波兰人妻子的景象,亦即对沙马基绯闻的可怕图形雕刻,就算对一些观者来说也太过分了。亨廷顿图书馆(Huntington Library)藏的一份英译本(1684)副本中,这幅雕刻图不见了,不是被过分正经又愤愤不平的书的主人撕掉,就可能是被小心翼翼移除的,好用于其他一些恐属私人的目的。不过前一种情况更可能,因为这本书上还有当时的手写记号,其中包括列于"装订指示"页上的这幅雕版图的标题("被活活剥皮的女人")下划了一条粗线。这表明,该图显然是被书的主人取出并删除(标题页上有同样字迹的签名"J. H. Middleton")。见 *The voiages and travels of John Struys through Itay, Greece, Muscovy, Tartary, Media, Persia, East – India, Japan, and other countries in Europe, Africa and Asia: containing remarks and observations upon the manners, religion, polities, customs and laws of the inhabitants* (London: Abel Swalle and Samuel Crowch, 1684) [HEH shelf mark 71373]。

[28] Hennepin, *Nouvelle decouverte* (1697)。此书有法文、荷兰文、德文、西班牙文和英文的更多版本问世,大多基于乌特勒支的原版。注意扉画上画的印第安人大致是要代表伊诺卡(Inoka)或伊利诺斯联盟(Illinois Confederation)的一位成员。

[29]"反常"一词当然是在有限制的意义上使用,见 Bleys, *Geography of Perversion*。关于近代早期同性恋的文献近些年不断涌现,除了布雷斯的书,也见 Betteridge, *Sodomy*; Borris & Rousseau, *Sciences of Homosexuality*。

[30]布雷斯定义了一种“描述模式……把关于性欲的话语同对文化差异和族群差异的表现联系起来”,Bleys,*Geography of Perversion*, 18。

[31]Bleys,*Geography of Perversion*, 35。也见 Bernand & Gruzinski,“Redécouverte”, 尤见 13 - 15 页。

[32] Schouten, *Notitie*, 引自现代版本: Caron & Schouten, *True Description*, 107; Schouten, *Oost - Indische voyagie*, book 3, 45。关于处死,见 Caron & Schouten, *True Description*, 142(略有改动),此书引了报告该事件的原始宣传册:*Extract, ofte cort verhael van 't schip Nieu Delft* (1648)。

[33] Montanus, *Atlas Japannensis*, 316; Caron, *Rechte beschryvinge*, 具体见 Caron & Schouten, *True Description*, 23 - 24(谈幕府将军), 43(谈佛僧):“他们的僧人,还有许多上流人士,很热衷于鸡奸,那种不自然的激情不被认为是罪过,在他们之中也不是可耻的事”。

[34]Montanus,*Nieuwe en onbekende weereld*。关于第三性,见 Trexler,“Making the American Berdache”;更广泛的讨论见 Trexler,*Sex and Conquest*。

[35]Dapper,*Naukeurige beschrijvinge*, 617。也见 Sweet,“Mutual Misunderstandings”。布雷斯也提到安娜·宁佳女王(Queen Anna Xinga[Nzinga])的异装后宫,养着一群年轻男嫔妃,穿着女装,好让穿着男装的女王在维护皇家权威的同时能保有她的(男性)后宫,Bleys,*Geograpy of Perversion*, 33。

[36]Hennepin,*Nouvelle decouverte*, 219 - 220;也见 Bleys,*Geography of Perversion*, 42,笔者照录了他的译文。

[37]Morgan,“‘Some Could Suckle’”;并参照 Dapper,*Naukeurige beschrijvinge* 的扉画,画中有对非洲女性身体的相当典型的刻画。对霍屯督人生殖器的评论来自 Nieuhof,*Gedenkwaerdige zee en lantreize*, 2: 10 - 12。英译本传达出这一段十足的色情意味:“男人们有非常棒的腿,且小腿纤细,非常灵敏,所以能跑过一头强壮公牛,还能在它全速猛冲时拦住它。……这些男人的私处或阴茎非常大,但只有一个核;因为当一个男孩一出生,母亲就割掉右边的核好让它(即这男婴)更适合跑动,手术完毕敷一些海水和烟叶。”Nieuhof, *Voyages and travels*, 2:188。

[38]Nieuhof,*Voyages and travels*, 2: 230. 358

[39]Dapper,*Naukeurige beschryving van gantsch Syrie*, 260.

[40]Nieuhof,*Voyages and travels*, 2:218;并参照荷兰文原版,原版阐明了这些铃铛的

位置（*Gedenkwaerdige zee en lantreize*, 2:63）。注意，刺穿男性阴茎或包皮也是为了加强性快感。

[41] Nieuhof, *Voyages and travels*, 2: 219.

[42] Nieuhof, *Gedenkwaerdige zee en lantreize*, 2: 82.

[43] Montanus, *Atlas Japannensis*, 154 – 156："希罗多德也提到，孟迭司的女人让自己与山羊相通，这样她们可能服从①它们，然后变大，从它们的神圣种子怀上孩子"（154）。在接下来一段，蒙塔努斯讨论日本"可耻的猿猴崇拜"。达贝尔如上文所注，大约在这时期（1665）翻译了希罗多德的书，这个译本可能令蒙塔努斯容易获得这段记载。

[44] Struys, *Drie aanmerkelijke en seer rampspoedige reysen*, 176；也见 Boterbloem, *Fiction and Reality*, 85 的讨论，其中引亚当・奥利里乌斯为该故事的可能来源，也描述了出自他处的同类报告，来自荷兰东印度公司生成的异域地理学资料。

[45] 见 Bindman & Gates, *Image of the Black*; Earle & Lowe, *Black Africans*; Kolfin & Schreuder, *Black Is Beautiful*, 书中讨论鲁本斯和其他人的图像（pp. 76, 77, 175［鲁本斯］;82, 242, 251［伦勃朗］;90［丢勒］;255［莫斯塔特］）。

[46] 关于这幅画和它的各种脉络，见 Buvelot, *Eckhout*, 76 – 78; Kolfin & Schreuder, *Black Is Beautiful*, 234 – 235, 237; Brienen, *Visions of Savage Paradise*, 144 – 154。《非洲女人》的各种变体被刻入印本作品中，有 Caspar Barleaus, *Rerum in Brasilia et alibi gestarum*（1647）, Willem Piso, *Historia naturalis Brasiliae*（1648）, Montanus, *Nieuwe en onbekende weereld*（1671）及 Nieuhof, *Gedenkwaerdige zee en lantreize*（1682）；还被织入哥白林工厂（Gobelins Manufactory）（和其他工厂）的挂毯中；并被绘入油画布、陶瓷和更多东西。Whitehead & Boeseman, *Portrait of Dutch Seventeenth – Century Brazil* 追溯了这些形式中的许多。

[47] Gaskell, "Tobacco".

[48] Behn, *Oroonoko*, 14。维纳斯毕竟是爱神，关于《非洲女人》形象中能感知到的性欲和生殖力，见 Nederveen Pieterse, *White on Black*; Brienen, *Visions of Savage Paradise*。值得注意的是一幅可能是坠饰的画，艾克胡特的《非洲男人》（*African Man*），特点是一棵像阴茎像到令人震惊的硕大枣椰树。

---

① 原文是 obliege，也括注了"sic"（原文如此），可能是 oblige。——译者注

[49] Whitehead & Boeseman, *Portrait of Dutch Seventeenth – Century Brazil*, 74 – 75; Buvelot, *Eckhout*, 78; Brienen, *Visions of Savage Paradise*, 147 – 149, 256 – 257.

[50]在荷兰人于1630年前后获得他们的巴西殖民地这段时间,仅伯南布格省(Pernambuco,荷兰殖民地的行政中心所在)就早已有大约40000名奴隶,据估算,另有26000名奴隶将在荷兰人的殖民保护之下被进口。见 Postma, *Atlantic Slave Trade*(尤见21页的表格)。

[51]关于瓦格奈尔,引自"*Thierbuch*", 174 – 175,这本书聚焦于作者的水彩画,他"最珍贵的遗产"(如 Whitehead & Boeseman, *Portrait of Dutch Seventeenth – Century Brazil*, 48 的评语)。也见 Pfaff, *Wagener*,提供了生平细节。注意这时期还有其他殖民地画作在流传,瓦格奈尔的图像可能是:艾克胡特草稿的副本;对出自另一人之早期副本的临摹;或者如通常所争论的,是原创作品,在艾克胡特作画的时期和语境下完成(对这些画绘制的时间和地点也有争论,见 Mason & Egmond, "Albert E(e)ckhout")。不管哪种情况,这些画都记录了模特是一位被打了标记的奴隶这一无可争辩的实况。

[52]例如可见关于苏里南一个奴隶家庭的经典形象,主角是一位在田间纺着棉花的吸烟女人,最早印于(在威廉·布莱克[William Blake]之后)John Gabriel Stedman, *Narrative of a Five Years Expedition against the Revolted Negroes of Surinam*(并在 Kolfin & Schreuder, *Black Is Beautiful*, 222, 238 – 239 中有讨论)。

[53] Dapper, *Gedenkwaerdig bedryf*, 480。"torture"(折磨/酷刑/拷问)和"torment"(痛 359
苦/煎熬/作弄)两个词在这节的使用比较松散,前者大多(且常是技术性地)涉及司法程序,指被列为劝说或榨取有罪坦白的方式的过程,后者通常用于描述巨大的苦难或痛苦(有时是身体上的,但不尽然)。近代早期地理学资料在命名法上倾向于不确切,不过它们有时确实会直言相告一个事件或一幅插图表现的是"torture"(比如下面要讨论的几幅图像的例子)。对这些区别和用法的有益讨论,尤其是涉及西方人对"亚洲(或中国)酷刑"的观念的,见 Brook, Bourgon & Blue, *Death by a Thousand Cuts*, 9, 43, 46;也见 Foucault, *Discipline and Punish*, 34 的经典讨论。

[54] Schouten, *Oost – Indische voyagie*, 各处。

[55] Schouten, *Oost – Indische voyagie*, book 3, 114(114页和115页间有插图)。

[56]舒腾的《东印度航行》有荷兰文、德文和法文本,有多个版本并多次重印,有选集

版和摘录版,等等。它由活力十足的出版二人组范莫伊尔斯和范索梅伦在他们的事业高峰期出版,也恰是他们印制有同等程度插图的斯特卢伊斯游记的同一年(1676)。借助这些措施,舒腾的书肯定可以归入“畅销”类,而且它的印刷环境迅速扩充,囊括了其他一些全球叙录和地理学资源。

[57]比较 Wu Hung, *Double Screen*, 246 – 259 的讨论,其中描述了一个在“元图画”语境下绘画、制框和令(也是关于身体的)意象倍增的类似过程。

[58]Thévenot, *Reizen*。注意原始法文本(*Relation d'un voyage fait au Levant*, 1664)是个完全不同的东西,没有巴洛克式的扉画(1681—1682 的布曼[Bouman]版有三幅,每卷一幅),没有丰富的图版(一些图版有卢伊肯的签名),也没有荷兰制造地理学的其他装置。

[59]Nieuhof, *Gezantschap*,扉画及各处;Bruijn, *Travels into Muscovy*, 43;(关于亚齐见)Nieuhof, *Gedenkwaerdige zee en lantreize*, 2:74 – 76,具体参见英文版 Nieuhof, *Voyages and travels*, 2: 227(注意,荷兰文原版中,他们给身体同时洒盐和胡椒)。

[60]Dapper, *Asia*,具体参见英文版 Ogilby [Dapper], *Asia*, 74 – 75。

[61]Ogilby [Dapper], *Asia*, 75(这里还有热心描画出的更多酷刑:“作奸犯科者”,特别是女人,可以被从清真寺的塔上丢下来;公路上的抢劫犯被半截埋进土里,“他们身体的上半截用柱子围拢”,就这样被饿死;诸如此类);Ogilby [Dapper], *Atlas Chinensis*, 430。

[62]“Cruautéz in – oüies des Sauvages Iroquois”, in Hennepin, *Nouveau voyage*。

[63]Hooghe, *Indes Orientales*.

[64]Hooghe, *Les Indes*, figs. 7(刑罚), 25(法庭),及各处。

[65]Hooghe, *Les Indes*, fig. 22。关于作者、他的表现范围和他的生产模式,见 Nierop, *Romeyn de Hooghe*。

[66]Nierop, *Romeyn de Hooghe*, 275 页的传记条目含糊不清(“17XX. 02”),且不管怎样都基于对一部旧二手文献的整理。《东西印度》的各个副本在插图的顺序和数量上会略有不同,指向各个日期:盖提(Getty)藏品(排架号 92 – B13189)约 1685 年,海牙皇家图书馆(Royal Library at The Hague)藏品约 1710 年(131 C 52),纽贝里(Newberry)藏品约 1700 年(Ayer 135. H72 1700),等等。这些蚀刻画肯定到 1682 年就流通了,那时出现在 Vries, *Curieuse aenmerckingen*。

[67]Schouten, *Oost – Indische voyagie*。所讨论的这个版本/副本属于加州大学洛杉矶

分校罗森菲尔德图书馆格罗斯藏品(the Gross Collection of the Rosenfeld Library, University of California, Los Angeles,排架号 DS 411. 1 S3760)。由于舒腾的书写着 1676 年,这或者意味着德霍格那时已经完成(部分)蚀刻画,或者更可能的是后来的一位出版商或书籍制作人决定将这些插图收入此书的一个后出版本。关于凡德尔哈挪用较早的图形素材(这对他是惯常行为),见 Hoftijzer, *Van der Aa*,讨论见第四章。

[68] Linschoten, *Itinerario*, 58/59. 这形象被定期在印刷品中复活并改动,直到 18 世纪,它也塑造出绘画和物质艺术品中大量关于殉死的表现(例如在 Jan van Kessel, *Americque* [1666],这部作品将在第四章讨论)。

[69] Bry, *Collectiones*;中国素材出现在卷 8(*Pars Octava*),1607 年刊印。德・布吕的中国插图注定要去润色门多萨的《大中华帝国志》(Juan Gonzáles de Mendoza, *Historia de las cosas más notables, ritos y costumbres, del gran reyno de la China*, Rome, 1585)及其他文本,门多萨的书描述了各种"残酷折磨",包括挤压受害人的手指和脚的技术。关于德・布吕出版物的视觉风格,见 Groesen, *Representations*。范林肖腾的原始中国图像的讨论见 Boogaart, *Verheven en Verdorven Azië*,这些图像最可能来自德克・吉尔里松・庞普(Dirck Gerritszoon Pomp),也号称中国德克,他在果阿服务,后来旅行到日本和中国,最终定居恩克赫伊森(Enkhuizen),显然在那里认识范林肖腾并与之为友(冉・胡伊根本人从未抵达中国)。

[70] Meserve, *Empires of Islam*; Bisaha, *Creating East and West.* 360

[71] Verstegen, *Theatrum*,也以法文发行:*Theatre des cruautez des hereticques de nostre temps* (Antwerp: Adrien Hubert, 1588)。关于(新教徒)宣传画的一个上好例子,见 François Dubois, *Le massacre de la Saint - Barthélemy*(ca. 1572 – 1584; Musée Cantonal des Beaux - Arts, Lausanne);关于荷兰人(叛乱的)宣传,见有插图的 *Tweede deel van de Spieghel der Spaensche tyrannye gheschiet in Nederlandt* (Amsterdam: Jan Evertsz. Cloppenburg, 1620)。雅克・卡洛表现三十年战争的蚀刻画印成 *Les misères et les malheurs de la guerre*(1633).

[72] Hooghe, *Schouburgh der Nederlandse veranderingen*;也见版画"Spiegel [Mirror] der France tirannye gepleecht op de Hollantsche dorpen"中关于身体的不和谐音。也可比较同时期德霍格蚀刻的关于身体凌虐的可怕图像,蚀刻图的范本被认为是 Jan de Baen, *The Corpses of the Brothers De Witt, on the Groene Zoodje at the Lange Vijver-*

berg in The Hague, 20 *August* 1672(ca. 1672 – 1675;布面油画;Rijksmuseum , Amsterdam)。

[73]Schmidt,*Innocence Abroad*, 68 – 122.

[74]关于德拉斯・卡萨斯,见 Pagden,*European Encounters*, 51 – 87。

[75]欧戴尔(Odell)指出荷兰人报告和耶稣会士报告在这方面的区别,评论说,哪怕荷兰制作的书籍重度依赖耶稣会士手稿(及刊印资料),但它们仍借助图画方式加载更多东西, Odell, "Clothing, Customs, and Mercantilism"。

[76]Hazart,*Kerckelycke historie*,可见前文引过的描述性且肯定性的完整标题(第一章注释 107)。

[77]Montanus,*Gedenkwaerdige gesantschappen*,具体见 *Atlas Japannensis*, 262 – 269(268 页有一份国际受害人名录)。蒙塔努斯的描述也包含一段受难史,这可以说是该作者典型的跑题风格,但具有扩展其历史书范围的效果,从明确的天主教徒叙事扩展为通指性基督徒叙事。

[78]Montanus,*Atlas Japannensis*, 265,262 页有另外一套相当可怕的折磨(对碰巧是日本人的"基督徒"和"殉道者"所为)。

[79]Montanus,*Atlas Japannensis*, 266。"Singok"这个词基本是二手文献中的普遍指称,比如"Singok 神秘的沸水",这可能指云仙岳(距长崎不远)的系列温泉,当地人称之为"地狱谷",日语发音是"*onsengoku*",会被欧洲人近似地读为"Sengok"或"Singok"。这个词也可以是日语表示地狱的"Jigoku"的属类化形式(感谢大卫・斯帕福德[David Spafford]帮忙解开这道谜题)。

[80]Montanus,*Atlas Japannensis*, 268.

[81]雕版图" 't Ziedende Water van Singock"(插在荷兰文原版的 240 页和 241 页之间,英文版的 266 页和 267 页之间)可谓提供了一幅疼痛集锦画。最搞不清的是受害人是日本人还是欧洲人(例如耶稣会士),不过那些井井有条的迫害者们显然是日本人。图上无签名,但可能要归于范莫伊尔斯本人,他在标题页上特意特别注意把自己列为"雕版师和书商"。应当注意,蒙塔努斯也清晰地叙述了台湾地区的暴力和身体疼痛,当地人砍掉敌人的头并以之为"胜利装饰品"加以炫耀(*Atlas Japannensis*, 48),并在其他地方对切腹自尽(112 – 114)和堕胎(51, 70)给以大力关注。

[82]在金尼阁(Nicolas Trigault)报告利玛窦(Matteo Ricci)远征的《基督教中国远征

记》(*De Christiana expeditione apud Sinas*)1615 年刊印和杜赫德宏大的地理书(《中华帝国全志》)1735 年出版之间的时期里,耶稣会士的专门书籍相对很少问世。并非无足轻重的几个例外是卫匡国(《中国新地图集》[*Novus atlas Sinensis*],1655)和基尔谢(《中国图志》,1667),这两部书初次亮相时都是阿姆斯特丹设计的版本。关于耶稣会士在中国、他们的传教使命和他们发往欧洲的报告,见 Brockey,*Journey to the East*;Mungello,*Curious Land*;Spence,*Chan's Great Continent*。

[83] Ogilby [Dapper],*Atlas Chinensis*, 435(“酷刑”见 436 页)。

[84] Wolfthal,*Images of Rape*.

[85] Herodotus,*Persian Wars*, 6 (1.4).

[86]关于荷兰人叛乱语境下的强奸,见 Pipkin,“Every Woman's Fear”,及“‘They Were Not Humans’”。关于叛乱头些年的暴力,见 Nierop,*Treason*,此书提供了一部关于“恐怖”(terror,是书作者这么命名)的地方史。关于其他时期,见 Schama,*Embarrassment of Riches*, 270 – 282;关于德霍格的蚀刻画见 Nierop,*Romeyn de Hooghe*, 87 – 90。 361

[87] John Dryden,*Amboyna*, *or the Cruelties of the Dutch to the English Merchants* (London, 1673);重印于 *Works*, 12: 1 – 77。关于该剧在英荷政治语境下的意义,见 Markley,“Violence and Profits”;关于它戏剧化的暴力这一惯用主题,见 Schmidt,*Innocence Abroad*, 296 – 297。

[88] Niekerk,“Man and Orangutan”。这个比喻最常与非洲和黑色联系在一起,见 Morgan,“‘Some Could Suckle’”,及 Nederveen Pieterse,*White on Black*, 30 – 51 (“Savages, Animals, Heathens, Races”)。关于欧洲人对猿猴及其与人类(尤其是女性)性欲联系的辩论,见 Schiebinger,*Nature's Body*, 75 – 114。

[89] Nieuhof,*Voyages and travels*, 2:269.

[90] Ogilby [Dapper],*Atlas Chinensis*, 696.

[91] Montanus,*Atlas Japannensis*, 160,作者把他的报告归到一份目击报告头上,尽管是三手材料(直接来自可敬的医师兼阿姆斯特丹摄政尼古拉斯·图尔普[Nicolaes Tulp],图尔普通过老到的商人兼荷兰西印度公司主管萨缪尔·布罗麦特[Samuel Blommaert]得来,后者声称是从桑巴斯[Sambaces]的国王那里获悉献殷勤的猿猴)。

[92] Struys, *Perillous*, 16; 并参照 Struys, *Drie aanmerkelijke en seer rampspoedige*

reysen, 17.

[93]这则叙事很快就在19世纪,甚至20世纪初期大量"启蒙"旅行文学书中被法典化。可以引一些例子,不过最早也最常被引用的见 Atkins, *Voyage to Guinea* (1735),阿特金斯写道:"在有些地方,黑人被疑与它们(即"好色的"猿与猴)人兽交合。而且在有些情况下,它们公然向我们的女性表达冒失和爱意;指引或指挥欲望的是另一方(非洲女人)的无知和愚蠢;但更因为有时候对人类而言的接近相似,诱使人会怀疑这一事实"(108)。关于该主题的现代变体也进入美术,比如画风纯真的后印象派画家亨利·卢梭(Henri Rousseau)关于一个美洲印第安人与大猩猩搏斗的画,这幅布面油画显然基于19世纪后期一尊猿猴强暴女人的雕像。见 Morris & Green, *Henri Rousseau*, 29 – 47(试比较 fig. 26,埃曼努埃尔·弗莱米[Emmanuel Frémiet]1887年创作的令人不安的 *Gorilla*; fig. 35,卢梭关于人猿遭遇的绘画)。

[94]Bernier, "Nouvelle division de la terre"(这篇文章一个稍后的版本标题略有不同)。贝尼埃的作品后来被多方研究。关于他1684年的文章,见 Stuurman, "François Bernier"; Boulle, "François Bernier"。关于更一般意义上的近代早期种族辩论,见 Livingstone, *Adam's Ancestor*; Bernasconi & Lott, *Idea of Race*。

[95]Bernier, "Nouvelle division de la terre",引自 Bernasconi & Lott, *Idea of Race*, 1 – 2;也见 Stuurman , "François Bernier", 4。

[96]Stuurman, "François Bernier", 2;也见 Hock & Mackenthun, *Entangled Knowledge* (对贝尼埃的引用在119页)。

[97]Greenblatt, *Renaissance Self – fashioning*。也见 Lestringant, *Mapping the Renaissance World*;及 Mullaney, "Strange Things"。

[98]Kaempfer, *History of Japan*, 19。尼霍夫的评论出自对一位婆罗门女子的讨论,她被描述为浅色皮肤,"不逊于葡萄牙人或棕色荷兰女人的肤色"。他就这样把异国身体、克里奥尔人(creole)身体和南欧人身体合并了(后者在西北欧洲人的视角下不断被边缘化)。Nieuhof, *Voyages and travels*, 2: 271;试比较 *Gedenkwaerdige zee en lantreize*, 2: 144。

[99]"Translator to the Reader", in Bernard, *Ceremonies and religious customs*, n. p.(注意,这篇前言出现在第三卷第二部分的开头,令人困惑的是,它属于六本装订册中的第四册)。对伯纳德这套说辞的启蒙性质的充满仰慕之情的评论出自 Israel,

Radical Enlightenment, 135。它们得到 Hunt, Jacob & Mijnhardt, *Book That Changed Europe* 的响应(矛盾的是,出于支持关于启蒙运动的一个有对照性的叙事);也见 Hunt , Jacob & Mijnhardt, *Bernard Picart*。

[100] Behn, *Oroonoko*(引文在 13 页,拼写有修正)。

[101] 见"Nieuwe Pascaert van Oost Indien"及"Paskaerte vande archipel en de eylanden 362
daer omtrent gelegen", in Keulen, *Groote nieuwe vermeerde zee – atlas*(地图未标页且各卷册的地点各异)。暴力以多种方式渗透这类装饰性舆图。在"Oost Indien"一图涡卷饰的前景上,一条蛇和一只猫鼬纠缠在一起,暗示着异域世界天然暴力(有人类也有动物的)的相互关联。异域场景中的天然暴力,此种意味在其他媒介中也普遍可见。有敌意的(有时是嗜血的)野生动物的场景坐落在画家弗兰斯·波斯特大量巴西风景画的前景,带插图的异域自然史书卷中也有异国动物的暴力例子(例如第二章讨论过的塞巴的《宝藏》中)。这些形象暗示,就连非欧洲的自然物也提供异域暴力的叙事。

[102] 这些"装饰性"区别在这段时期荷兰人设计的许多图集中都可以看到,比如可见彼得·凡德尔哈的 *Nouvel atlas*。一般而言,献给欧洲土地的涡卷饰把欧洲表现为一块有历史(皇室人物)、有军事功勋(武器)、有神话事件(寓言式人物)和技术进步(对地图制作人、航海家和他们仪器的刻画)的土地,而异域世界被刻画为充满自然奇观(植物和动物)、民族志珍品(全球的人民和"习俗",包括暴力的图像)以及很重要的商业交换(异国产品)。对舆图设计中这种"异域"模式的对照,见 Covens & Mortier, *Atlas nouveau* 中各个涡卷饰,这些虽然是荷兰生产的,但源自法国人设计的地图,有着明显的严肃感,也就是说,一点也不是异域式的涡卷饰。

[103] 这条论据采用了 Lisa Silverman, *Tortured Subjects* 中分析"疼痛认知论"时的一些洞见。西尔弗曼揭示出近代早期法国法律体系中折磨的历史和意涵,并描述了类似的疼痛和折磨的"去神圣化"。她观察到一个转变,受苦越来越不被看作是"基督教的",她评论,"近代早期是……身体和疼痛都被有自我意识地重新概念化的时代",并补充说法国人的这场转变发生的时间"不晚于 17 世纪 80 年代"(引文见 9 – 10 页),这样就与地理学资料的转变相伴随。

[104] 近代早期欧洲对身体类型的修辞性界划——异域的和非异域的——可能有古代世界为先例,古代就在希腊公民和奴隶之间划清界限。如佩吉·杜布瓦(Page DuBois)所力主的,折磨"对古典社会是基本的,因为它不仅帮助界划一个社会,还

界划奴隶与公民之间的认识论边界:奴隶被假定只有在折磨之下才讲真话,因为他们缺乏理性的能力,他们缺乏他们的公民主人可以有的那种掩饰的能力”。见 DuBois, *Torture and Truth*, 19 及 DuBois, *Slaves and Other Objects*。

[105] 试比较 Silverman, *Tortured Subjects*, 5;以及 Myers, *Death and a Maiden*,此书讲了从17世纪中叶起折磨在神圣罗马帝国的“衰落”,尽管对此转变的目的和意义有所争辩(5)。

[106] Brancaforte, *Visions of Persia* 描述了欧洲旅行文学中调用基督教主题的旧传统,它具有朝圣的性质。Merback, *Thief, the Cross, and the Wheel* 分析基督教描摹身体疼痛时的转变,从发自肺腑并栩栩如生的表现形式(前宗教改革时期)转变为更多以比喻性质渲染(例如)受折磨的人物——他/她加入了基督受难的场景。

[107] Asad, “On Torture”.

[108] 见 Brook, Bourgon & Blue, *Death by a Thousand Cuts*,尤见第一章(引文见22页)和第六章。布鲁克(Brook)等人力主:“随着关于司法酷刑的景象从欧洲公共领域退却,对于遭毁伤身体的景象的视觉欲望仍继续,还转移到其他资源上,且发生在欧洲以外世界的形象开始在欧洲内部流通之际”(24)。也见 Bourgon, “Chinese Executions”,文章追踪这些主题直到20世纪。

[109] 如布鲁克等人指出的,西方可获得的关于中国人“残酷刑罚”的形象相对不足,结果限制了标准图库的发展。这意味着流通中的少量形象被没完没了复制并且影响力极大,于是(用他们的措辞)成为一种“虚构出的似曾相识”,见 Brook, Bourgon & Blue, *Death by a Thousand Cuts*, 23, 30。

[110] Brook, Bourgon & Blue, *Death by a Thousand Cuts*, 164,作者在此引了孟德斯鸠对“暴虐的”清朝的蔑视评论,这评论被进一步推广成对中国人(和鞑靼人)专制主义统治的总括:“亚洲的人民称为‘惩罚’的东西,欧洲人视之为最粗暴的凌虐”。

[111] [Mason], *Punishments of China*。文本既有英文也有法文,加22幅全页雕版图,此书以广大欧洲受众为目标,且是关于“中国的”酷刑文化的专门文学的精华标志。

第四章

363 引言

Du Halde, *Description geographique*。引文出自英文版 *Description of the Empire*, 1: iv 的“译者前言”(因此约1738年)。这篇前言未署名,但目录学家们的典型做

法是归给伊曼纽尔·鲍恩，他为此书的地图署名（前言中原就对此多次小题大做）。

Ladies amusement, 4。第一个版本正好在1760年2月前夕出版，当时 *Gentleman's Magazine* 上登了此书的一则广告。

[1] 见《牛津英语词典》中汇集的引证（*Oxford English Dictionary* 在线版，"china"，2013年4月23日访问），其中例举了从17世纪30年代以来的中国瓷器（*china ware*）和17世纪中后期的瓷器（*china*）。并参照 Yang, *Peforming* China, 3–6。

[2] Gordon–Smith, "Influence of Jean Pillement".

[3] 见 *Oxford English Dictionary* 在线版（2013年4月23日访问）"ottoman""Java"和"mocha"；关于 India，见 *Oxford English Dictionary* 硬拷贝版（1933, Oxford: Oxford University Press, 1970重印），vol. 5, 204。注意，*ottomane* 一词是1729年最早在法文中这么用，此后该用法迅速扩散到其他欧洲语言中。*India* 作为一个地理学术语于1493年被众所周知地附加给美洲，但它依旧保留同南亚和东南亚有关的意义，而历经17世纪这一点被坐实了，此后 India 一词开始更多用于指一种纺织品。*Java* 从18世纪后期开始被婉转地使用，然而此后变成常规使用，*Mocha* 从1762年就开始用作咖啡的术语。

[4] 这时期对奢侈商品的新生兴趣见 Berg & Eger, *Luxury*; Berg, "Pursuit of Luxury"; McCants, "Exotic Goods"; Vries, "Luxury in the Dutch Golden Age"，此文指出这类消费超出所谓欧洲精英层的范围。

[5] 这并非暗示此类地名用法全都是新的，比较 *damask* 指隶属于大马士革的一种织物的用法，早在14世纪就开始了。不过近代早期此种用法的幅度和频率暗示着用法的一种新规则。除了已经引过的例子，还有 *Muslin* 指来自摩苏尔（Mosul）的织物，17世纪早期到中期使用；*Persian* 指羊毛地毯，但也（且更频繁地）指丝衬垫，两个含义都始于约1700年；*Morocco* 指皮绳，从18世纪早期到中期；*Trinidado* 指烟草，从17世纪伊始；*Coromandel* 指一种19世纪开始使用的上漆家具。这类"地理—语言"转变中最直接最即刻的例子恐属 *Siamoise*，它在17世纪后期用来指1684年一支暹罗使团访问法国宫廷后"模仿大使们的袍子生产的……一种新布料"，见 Jacobson, *Chinoiserie*, 38。

[6] 试比较 Brown, "Thing Theory"。

[7]"Translator's Preface", in Du Halde, *Description of the Empire*, 1: iv; *Ladies amusement*, 4。注意"装饰"(*decorative*)这个现代术语用于物质艺术仅始于19世纪,《牛津英语词典》引了1855年Alexander Bain, *Senses and the Intellect* 中的用法:"在对装饰艺术的狂热爱好中,自然几无立锥之地"(ii. iv. 607),这强调了将该术语用在繁荣于前启蒙时代欧洲的系列艺术既困难也不准确。关于"分类时代",见Farr, *Sex, Botany and Empire*, 20。

[8]"Du Halde's Preface", in *Description of the Empire*, n. p.;"Translator's Preface", in *Description of the Empire*, 1: iv; *Ladies amusement*, 4及各处。关于装饰艺术的"女性"特质,见Sloboda, "Porcelain Bodies"; Kowaleski – Wallace, "Women"。

[9]Smith, *Imagining the Pacific*, 1 – 39(引文出自22页)。

[10]见Harley et al., *History of Cartography*, 尤见vol. 1 (*Cartograpy in Prehistoric, Ancient, and Medieval Europe and the Mediterranean*)。关于荷兰地图制作人的崛起,尤其是在外欧洲舆图领域,见Zandvliet, *Mapping for Money*。

[11]对这些变体中一部分的讨论见Zandvliet, *Mapping for Money*, 他在书中注意到地图的目录经常与绘画和物质艺术列在一起(210 – 212页及各处)。也见Barber & Harper, *Magnificent Maps*; Kagan & Schmidt, "Maps and the Early Modern State", 其中讨论地图陈列的世俗、民族和王室语境。

[12]Heijbroek & Schapelhouman, *Kunst in kaart.*

[13]Baldaeus, *Naauwkeurige beschryvinge*; Hendrick Doncker, *Peninsula India citra Gangem* (ca. 1680)。这幅南亚地图在奥腾斯(R. and J. Ottens)的图集(如*Atlas maior*, ca. 1730)中定期重印,也被当时德国领军地图制作人约翰·巴普蒂斯特·霍曼(Johann Baptise Homann)定期重印,他的商号让这幅地图挂着"霍曼·埃尔本(继承人)"(Homann Erben①[Heirs])的名号一直流通到18世纪(例如在1733年版和1745年版中那样)。

364 [14]这不是暗示其他地理学作品的扉画就不宣传异域世界的财富。但荷兰产品和其他同时代作品间的反差是令人震撼的,试比较Du Halde, *Description geographique*, 它缺少一幅恰当的扉画且它的标题页只提供了对此书标题的相当单调的文本声明,也加了一幅不起眼的小小中国风插图。

---

① 原文此处写作"Erban",根据索引改。——译者注

[15]尼古拉斯·维舍尔《最新与最准确的美洲全图》于17世纪中期问世(首版的日期约为1658),并且在维舍尔商号的所有后续图集中都露面。然后(只引几个知名例子)这幅地图以格里特·拉卡茨·范沙根(Gerrit Lacasz. van Schagen)雕刻的一个版本出现,印在极其畅销(也被广泛翻译)的蒙塔努斯的美洲历史书 *Nieuwe en onbekende weereld*(Amsterdam, 1671)中,还出现了另一个1671年版本,这次是约翰·奥吉尔比在伦敦生产的,他把题献词抠出来改编了,还出现了1680年尤斯图斯·丹克柯尔茨在阿姆斯特丹印制的一个畅销变体,它把下涡卷饰反转并且抹去上涡卷饰,以适合比例调整过的页面。对这幅地图的更详细讨论见 Schmidt, "Impulse of Mapping"。

[16]Honour, *European Vision*, 157 – 158.

[17]Francis Lamb(依据 N. Visscher), *Novissima et Accuratissima Totius Americae Descriptio per Johanem Ogiluium Cosmographum Regium*(London, [1671])。奥吉尔比有几处制图上的轻微改动,大湖被稍加调整,但大多变化涉及命名法(英文化了)和写题献词的涡卷饰(献给温伯恩男爵安东尼·阿希礼[Anthony Ashley, Baron of Wimburne])。

[18]这幅地图最初露面是1683年的一个巴黎版本,题名"Carte de la Nouvelle France et de la Louisiane Nouvellement decouverte"(尼古拉·居拉德[Nicholas Guerard]雕刻),然后出现了修订过的1697年第二版,"Carte d'un Nouveau Monde entre le Nouveau Mexique et la Mer Glaciallein",这次在乌德勒支印刷并由加斯帕尔·布塔茨(Gaspar Bouttats)雕刻。贝尔切姆的上涡卷饰下文要讨论。

[19]"Ameriki opisanie"(美洲描述), in Hübner, *Zemnovodnago kruga kratkoe opisanie*。

[20]"America", in Blaeu, *Atlas major*,此图集中美洲卷的位置及其扉画因版本的语种而异;比较 Nicolaes Berchem, "Allegory of America"(黑色与褐色墨水加上黑色垩粉冲刷后的黑色与灰色;有转手时留下的锯齿痕),藏大都会艺术博物馆(Metropolitan Museum of Art,登记号 no. 59. 208. 90)。注意,贝尔切姆的绘图和布劳的印本澄清了寓言的性别,她无疑是个女性,这在维舍尔地图上不怎么明显,那里该人物是奇怪的阴阳人。

[21]Hendrick Doncker, *Pas – caert van Guinea, vertoonende de Tand – kust, Qua Qua – Kust en de Goudkust van C. das Palmas tot R. da Volta*(Amsterdam, ca. 1665),有几个后出版本。

[22] Montanus, *Nieuwe en onbekende weereld*, 144; Montanus, *Gedenkwaerdige gesantschappen*, 296; Dapper, *Gedenkwaerdig bedryf*, 405, 463; Dapper, *Asia*, facing 202.

[23] John Smith 依据 William Vincent, *The Indian Queen*[安妮·布雷斯格德尔饰塞莫妮娅](London, ca. 1690)。

[24] Behn, *Widdow ranter*, 约 1688—1689 年写作, 1689 年(作为遗作)首演, 1690 年出版。试比较 John Dryden & Sir Robert Howard, *The Indian Queen*(1664)。

[25] 最早的印本约 1689 年出版, 有题图。国家艺术画廊(National Portrait Gallery)收有另一个版本(NPG D788), 未印题图, 日期标为"18 世纪初", 还收有爱德华·库珀(Edward Cooper)出版的另一个变体(NPG D19499), 日期约 1700—1725 年。

[26] 对西里西亚玻璃杯和范硕尔挂毯的讨论见 Honour, *European Vision*, 148 - 149。注意, 雕花玻璃人物的头饰肖似印第安女王的另一个变体——约 1700 年出版的布雷斯格德尔印本(国家艺术画廊收有一个副本, 见 NPG D790)。根据华盛顿特区国家艺术画廊藏品(存货号 no. 1950. 6. 1)的题图, 挂毯是路德维克·范硕尔约 1700 年依据范硕尔(人物)和彼得·斯皮林克斯(Pieter Spierincx)(背景)的一组连环画设计的, 由布鲁塞尔一家"不确定的作坊"纺织。

[27] 见 *John Cotterell China - Man & Glass - seller: At the Indian Queen & Canister against the Mansion House*(ca. 1750)。那里也有一家"Indian King", 同样卖"全套精美中国瓷器"和各式异国风物: *Charles Vere At the Indian King*(ca. 1772.), 相关讨论也见 Eaton, "Nostalgia for the Exotic"。

365 [28] 聊举一例, 见"King Ashurnasirpal II, King of Assyria (883 - 859 B. C.), Review of Prisoners", 这是一套出自尼姆鲁德(Nimrud)西北宫殿的浅浮雕, 约西元前 865—860 年(大英博物馆, 物品编号 WA 124537, 124549, 124552)。阳伞也出现在希腊花瓶和罗马文献中, 比如 Ovid, *Art Amatoria*, 此处的阳伞意在体现绅士风度: "你须得为她打着遮阳伞; 假如她挤在人群中, 你便为她开路; 你要匆匆地走到踏脚板边去扶她上舁床; 将鞋儿脱下或者穿上她的双足。"(*Ars Amatoria*, II, 209 - 212)。

[29] Doncker, *Pas - caert van Guinea, vertoonende de Tand - kust, Qua Qua - Kust en de Goud - kust van C. das Palmas tot R. da Volta*。"Qua Qua"指位于象牙和黄金海岸之间的地区。

[30] 试比较 Eco, "Innovation and Repetition"。

[31]Johannes van Keulen,*Pas – kaart vande zee kusten inde boght van Niew[sic] Engeland tusschen de Staaten Hoek en C. de Sable*(即从科德角[Cape Cod]直至加拿大),此地图单独印行,也出现在 Van Keulen,*Groote nieuwe vermeerde zee – atlas*(1688),一部用法文、英文、意大利文、荷兰文分别出版的海图图集,因此就让该地图(以及新英格兰的棕榈树)广泛流通。它也被其他图集收录,比如 Gerard van Keulen,*De groote nieuwe vermeerde zee – atlas*(Amsterdam: Van Keulen, 1709)。

[32]Bartholomew Gosnold,*'t Noorder Gecleelte van Virginie*(日期不详);也印于 Aa,*Naaukeurige versameling*。凡德尔哈很可能是原始地图的出版商(可能也是它的设计师)。这幅小插图被推测描绘戈斯诺德与皮纳布斯高人在缅因的伊丽莎白角(Cape Elizabeth)地区的一场相遇。也见 Egmond & Mason,"'People Who Eat Raw Fish'",提供了同属这个地理学契机的一幅北冰洋棕榈树插图(作为因纽特人[Inuit]的背景风光)。

[33]见 Blussé & Falkenburg,*Nieuhofs beelden* 中的手绘插图,(在法尔肯伯格的文章中)提出范莫伊尔斯版画中的棕榈树受到明代瓷器启发,并可能从中撷取图案。他们这样就证明了一种原型中国风的风格——异国主题——如何令人目不暇接地从中国资料移入欧洲资料又用于仿制中国器物(从明代瓷器进入范莫伊尔斯的雕版图,又进入 17 世纪后来时期的复制范莫伊尔斯中国场景的代尔夫特陶瓷)。

[34]试比较 Cañizares – Esguerra,*Puritan Conquistadors*,此书总结也认可了传统论据,即地图构成一种反天主教辩论。

[35]Maanen de Vos,*America*(*Vier Werelddelen*)(ca. 1595):"Europa machte mich der Welt, Godt mir bekandt / Gold, das sonst Heeren macht, liess mich zur Sclavin werden / Ich ben bey Reichtum arm in meinem eigen Land / Weil meine Eide wird geführt auf andre Erden"(欧洲让我显露于世,上帝是我所信仰/ 黄金虽能造就主人,但却让我变奴隶/ 我在自己的土地上因财富而贫穷/ 因为我的誓言引领我到另一个世界去)①。对这首诗和这幅寓言版画的讨论见 Schmidt,*Innocence Abroad*,135 – 136;也见 Vandenbroeck,*Beeld van de andere*,其中复制了该版画的德文版并讨论了 16 世纪后期出现的其他版画。Honour,*European Vision*, 117 讨论了维罗

① 此处根据德文原文粗译,正文里根据作者译的英文翻译,两者的字面意思略有不同。——译者注

纳(Verona)艺术家保罗·法里纳蒂(Paolo Farinati)素描和彩绘的该寓言主题的一个意大利变体。

[36]Udemans, *Geestelyck roer*, 96 –97, 122 – 123, 也见 101 –105。

[37]Jacob Cats, "Op den handel die met Indiaen of ander vergelegen volck gedreven wert", in *Invallende gedachten*, 79.

[38]Pietz, "Problem of the Fetish [I – III]".

[39]Pietz, "Problem of the Fetish, II", 尤见 40 –41。

[40]Pietz, "Problem of the Fetish, II", 24.

[41]比如,皮茨讨论了一位在黄金海岸活跃的荷兰商人威廉·博斯曼的作品: Bosman, *Nauwkeurige beschryving*。

[42]还有一个在其他方向有意义的讽刺,即欧洲人从非洲和美洲获得的物质品(这些物品在那里大量出现,可能确实只被作为鸡毛蒜皮的东西对待)作为它们欧洲新主人的恋物癖而发挥作用,这些欧洲人把它们装在昂贵的好奇柜里,其他时候还给予它们异域精英物种的地位。试比较 Freedberg, "Science, Commerce, and Art"中关于"异域进口品转化为恋物癖或必然遭偶像化的事物"的讨论(引文见 415 页)。

[43]Jan van Kessel, *Europe, Asie, Africque, and Americque*, 铜版油画, 巴伐利亚国立美术馆(Bayerische Staatsgemäldesammlungen)。四幅中央镶板的尺寸约为 48.5cm × 67.5 cm, 每幅构图的 16 幅小镶板(因此总计 64 块)各自尺寸约为 14.5cm × 21cm。这些绘画的总体日期是 1664—1666 年, 但其中两幅中央镶板有更确切的落款, *Europe* 的日期是 1664 年, *America* 的日期是 1666 年, 这两个年份划定了全套的生产区间。关于这些绘画及其生产, 见 Krempel, *Jan van Kessel*; Schneider, *Still Life Painting*, 156 –169; Teixeira, *Allegory of the Continents*; Baadj, "World of Materials"。关于大陆概念在这些年里的发展, 见 Lewis & Wigen, *Myth of Continents*。

366 [44]关于美洲的绘画在这个系列的整体设计中有一点点例外,因为其中的寓言人物不是非常明显,可以被设想成是第三个主要人物,即在画面后部与一个男孩跳舞的那个女人。此外,几个"活的"人物不那么鲜明,着装也不完整,尽管后一种情况即半裸可以算是构图逻辑的一部分。只穿着一条稀疏的短裙坐在左侧的女人,看上去在担任主要寓言角色——她与欧洲都坐在舞台左侧,而非洲与亚洲占据舞台右侧。范凯瑟尔可能是考虑到她不庄重的衣着而在构图中把她安排得更加谨慎。更基本的考虑也可能是他希望在各镶板的构图中有所变化。美洲在各种情况下都可能因为缺少宗教配备而被挑出来。不过这仍是构图逻辑的一部分,一种指明新世界缺乏宗教理解力(或说把它解释成缺乏宗教理解力)的方式。

[45]关于范凯瑟尔的文献很贫乏。除了上引资料,见 Baadj,"Monstrous Creatures",文中格外注意这位艺术家的工作方法。范凯瑟尔不仅从其他视觉艺术家处汲取灵感,也在整个职业生涯中同他们中的几位合作。这个团队中有伊拉斯谟斯·奎里努斯(Erasmus Quellinus),他有时被列入慕尼黑所藏系列的联合画家。此论基于 1681 年一份为安特卫普银匠冉·吉利斯(Jan Gillis)制作的清单,吉利斯拥有一套据称是范凯瑟尔与奎里努斯绘的《大陆》。由于范凯瑟尔在自行复制并允许他人复制自己的画作方面很出名(我们知道至少一个《大陆》的变体,找到更多也不会太惊奇),因此这条档案注记不能确定地隶属于慕尼黑绘画(它们至少从 18 世纪早期就成为德国藏品了)。无论怎样,奎里努斯肯定与范凯瑟尔合作过其他计划,并且也因为绘制人物形象而对慕尼黑所藏镶板做出重要贡献。

[46]布劳的这些地图有编目,而且它们的一个版本复制于 Schilder, *Monumenta Cartographica Neerlandica*, vol. 5。这些地图以几种状态和几种版本面世(1608 年、1612 年、1624 年),而且这些图版最终落入尼古拉斯·维舍尔之手,他把它们用于自己在该世纪中叶的产品。这些地图的广泛触角在荷兰地理学中很典型,它们在威尼斯以轻微改动的形式被进一步印刷。注意,布劳也用同样形式出版过一幅不朽的世界地图。

[47]这些也同装饰艺术有瓜葛,装饰艺术中可谓一种材料或形式对另一种发表评论,见 Hellman,"Nature of Artifice"。

[48]Nieuhof, *Gezantschap*。鉴于此书 1665 年问世,因此说关于亚洲的中央镶板(通常日期定为 1664—1666 年)绘于 1665 年或 1666 年是可靠的。

[49]立于基座上的佛像是以 Nieuhof, *Gezantschap*(2:86)中的一幅"Ninifo"雕版图为蓝本,站在中央偏右的龛室中的人物则是尼霍夫—范莫伊尔斯书扉画中大汗的变体。

[50]许多这类借取都在 Teixeira, *Allegory of the Continents* 中总结了,所引述的例子见此书 101 页和 126 页。关于装饰艺术,可见 Grigsby,"Nieuhoff's Embassy";Odell,"Porcelain"。

[51]这即是说,范凯瑟尔可能是一位"伟大的"自然史画家,但这要求对我们如何理

解和评断 17 世纪的自然史艺术进行概念重建，显然，那段艺术史是剽窃过程的成分多过是写实性“描绘艺术”的成分。关于传统观点，试比较 Alpers，*Art of Describing*。

[52]Jan Brueghel the Elder，*The Temptation in the Garden of Eden*（约 1600，面板油画，53cm×84cm，维多利亚和阿尔伯特博物馆[Victoria and Albert Museum]）。这幅画有数个版本，大多接近一样，有些有细微变动，有些把构图反转了。“伦敦”马同卡门·蒂森－博涅米萨藏品（Carmen Thyssen－Bornemisza Collection）的一个变体（Jan Brueghel the Elder，*The Garden of Eden*，约 1610—1612 年，面板油画，59.4cm×95.6 cm，藏蒂森－博涅米萨博物馆[Museo Tyssen－Bornemisza]）中左侧的马是一样的（虽然秧鸡和企鹅不一样）。

[53]Teixeira，*Allegory of the Continents*，107－108，115－116（不过要注意特谢拉在犰狳归属上犯了错，这是借自克鲁西乌斯[Clusius，*Exoticorum*，109]而非格斯纳）。这幅构图中“引用”最多的文本恐怕是 Piso et al.，*Historia naturalis Brasiliae*，此书为范凯瑟尔提供了大量范本——美洲的动物被分配到全球的各个大陆，范凯瑟尔也开发新近出版的自然史著作：Francisco Hernández de Toledo，*Nova plantarum，animalium et mineralium Mexicanorum historia*（Rome，1651）。这些素材的范围恰恰证明了范凯瑟尔借取的幅度，从南北尼德兰的资源中借取，从西班牙和意大利博物学家处借取，等等，而且这也提供了同异域地理学生产技术的又一例有启发的比较。

367 [54]有一些物质品也源自二手视觉材料，正如自然物。*Africa* 中一位女性骑鹿人物的精致雕像来自彼得·伯尔（Pieter Boel）1663 年的一幅虚空派绘画，在那幅画中用来代表此世的财富，肯定与“非洲”事物没关系。对非洲大陆的特别讨论、对环绕她的一堆各式各样装饰的讨论，见 Massing，*Image of the Black*，349－352（也讨论了 *America*）。

[55]Barthes，“Monde－objet”.

[56]Schama，*Embarrassment of Riches*（引文见 160 页）；Schama，“Perishable Commodities”。

[57]Hochstrasser，*Still Life and Trade*.

[58]这当然是对荷兰静物画的过分简单化，荷兰静物画也能把不同形式、质地、介质和诸如此类的东西结合起来。要点仍然是突出范凯瑟尔《大陆》中自发的出处混

合物,这一点属于这整套绘画以及它所例证的异域地理学模式的主要信息。

[59]佛像提取自范莫伊尔斯的一幅版画"Ninifo afgod der wellust"(Nieuhof, *Gezantschap*, 2: 86),可能是弥勒佛与笑佛①的结合体,见 Lach & Van Kley, *Asia*, vol. 3, book 4, figure 335(及注解)。将在18世纪成为装饰艺术固定装置的宝塔也取自范莫伊尔斯-尼霍夫的一幅雕版图"Porcellyne Tooren"(Nieuhof, *Gezantschap*, 1: 108-109)。

[60]对同类相食的视觉指涉既微妙又不微妙,源自艾克胡特的塔普亚女人形象以一尊雕像的形式加以复制(后方中央偏右的龛室里),她的一只手中和草编背包中都有人类肢体。与此同时,恐怖的人肉宴在画中画里被描绘,暗示性地"挂在"沙丽场景的上方。

[61]圣经是安特卫普版本,号称鲁汶圣经的那部,1547年初次印刷,后来由普兰汀(Plantin)重印,见 Teixeira, *Allegory of the Continents*, 15。

[62]Schneider, *Still Life Painting*, 159-162.

[63]Vries and Woude, *First Modern Economy*, 309-311.

[64]舞者与婆罗门都来自范林肖腾的一幅版画,见 Teixeira, *Allegory of the Continents*, 100。

[65]对这些"美洲"混合物的更全面讨论见 Schmidt, "Mapping an Exotic World"。

[66]关于这只刻入雕版的雕花贝壳(夜光蝾螺),见 Bergvelt, *Wereld binnen handbereik*, 47(cat. 64);关于这只瓷茶壶,见 Honour, *European Vision*, 165(cat. 140)。

[67]Behn, *Oroonoko*, 40;并比较 Thomas Harriot, *A Briefe and true report of the new found land of Virginia*(1588),此书1590年于美茵河畔法兰克福(Frankfurt am Main)重版时有布吕工作室根据约翰·怀特(John White)的画制作的雕版图。关于贝恩的地理敏感性问题(她在描述非洲公主伊莫丁达时调用了位于亚洲的"土耳其后宫"一词,*Oroonoko*, 18),见 Yang, "Asia Out of Place"。关于哈利奥特的图像及其生产,见 Gaudio, *Engraving the Savage*,其中强调了这些雕版图的物体性,这个读物为贝恩的描述增添了另一个可触特质。关于一个可资比较的上了漆的异域身体例子(这回不是虚构的),见对迈(Mai)的描述,他是被詹姆斯·库克用船带到伦敦的瑞亚堤亚人(Ra'iatean),被约瑟夫·班克斯引荐给英国社交界,并被一位同

---

① 笑佛与弥勒佛实为一体。——译者注

时代的英国观察家描述,所用词句让人立刻想到贝恩笔下的奥鲁诺克形象——“会移动的暗淡的桃花心木的一个样本,有亮漆光泽;其实不仅有漆光,还有奇怪的纹饰”(引自 Fara, *Sex, Botany and Empire*, 122 – 123)。

[68] Rumphius, *Herbarium Amboinense*, Preface (n. p. [sig. * * * r]).

[69] Temple, “Upon the Gardens of Epicurus”, in *Miscellanea. The Second Part* (London, 1690), 57 – 58;对此见 Temple, *Gardens of Epicurus*, 53 – 54。

[70] Temple, *Miscellanea*, 58 – 59 (*Gardens of Epicurus*, 54 – 55)。关于这座在荷兰东印度公司赞助下培育并以“公司的花园”知名的好望角殖民地花园,见 Fleischer, “Company's Garden”。

[71] *Sharawadgi*(或 *sharawaggi*)一词一直存在于近代早期印刷业中,被一些 18 世纪作家弄得流行起来——《牛津英语词典》列举了亚历山大·蒲伯(Alexander Pope)与何瑞思·沃尔波尔(Horace Walpole)的用法,又在 20 世纪复活,这次出现在关于建筑和园林史的学术文献中。至于该词语源,它与哪个真正的汉语词汇都不匹配,可能与一个日语词有关,是凯姆普菲尔引述的,“17 世纪后期,当荷兰人在德国人恩格尔波特·凯姆普菲尔(1651—1761 年)的陪同下参观京都的花园时,他们评论了‘模仿自然而施以艺术化加工’的‘不规则但宜人的’特征,而且日语词汇 sorowaji 或 shorowaji 暗示不对称。Sharawadji 看起来是这个日语词经荷兰语影响后的变体,可能被 17 世纪京都那群日本花园的参观者听岔了,坦普尔大概是从参观过日本花园的荷兰人那里获得这个词”。见 Curl, “Sharawadgi”(与其他参考书中的定义类似)。

368 [72] Smith, *Imagining the Pacific*, 22.

[73] Smith, *Imagining the Pacific*, 23,(完全赞同地)引用了 Joppien, “Dutch Vision of Brazil”,该文讨论了“古代印度”挂毯以及毛里茨全集的其他成分。

[74] Smith, *Imagining the Pacific*, 1 – 39 及各处。史密斯的论据在马丁·肯普(Martin Kemp)一篇内容广泛的论文中引起回响,肯普提出,异国手工制品因其内在的混合性质而不会引起“历史性的元现实”(historical meta – realities),即历史叙事,这种理论对肯普意味着缺乏殖民意识形态和帝国主义意识形态(或至少是后殖民批评家归之于此类物品的那种意识形态),Kemp, “‘Wrought by No Artist's Hand’”。

[75] Hooghe, *Indes Orientales*, Introduction (n. p.)。关于上漆家具及其叙事潜力,见

Lasser,“Reading Japanned Furniture”。

[76] Findlen, *Possessing Nature*,其中的讨论主要关乎意大利的巴洛克风(因此忽视了尼德兰的发展和来自尼德兰的资料)。

[77] 事实上,版型工艺在17世纪发展起来且最初用于印刷。不过它背后的用途、动机和概念可以扩展到更早的工作室惯例——为了找到最划算的方法从最少的劳动与材料中提取利润,因此就在环境许可的任何时候都复制和翻印。印制异域形象时,涉及的是欧洲人经常所知寥寥的事物与空间,就使它成为更加可行的策略。关于此种复制的实践及效果,见Eco,“Innovation and Repetition”。

[78] 见Piso et al. ,*Historia naturalis Brasiliae*, 270, 280,其中分别描绘了图皮南巴和塔普亚夫妇每一个人的形象。这些插图与艾克胡特的绘画非常相似,据推测是根据作为绘画底稿的原始素描而制。这些如今已丢失的素描画很可能是扎卡赖亚斯·瓦格奈尔(为雕版图所绘之)类似素描图的基础。复制品见Whitehead & Boeseman, *Portrait of Dutch Seventeenth Century Brazil*, 235(皮索与马克格拉夫雕版图), 269–272(艾克胡特绘画), 257–258(瓦格奈尔水彩画)。范莫伊尔斯的材料见Montanus, *Nieuwe en onbekende weereld*(1671), 359(雕版插图依据非洲女人或“Molher Negra”和塔普亚男人[瓦格奈尔的“Omem Tapuya”])和363(雕版插图依据塔普亚女人或“Molher Tapuya”和[很宽泛地依据]塔普亚男人),也见Nieuhof, *Gedenkwaerdige zee en lantreize*(1682), 218(雕版插图依据图皮南巴夫妇[瓦格奈尔的“Molher Brasilianae”和“Omem Brasiliano”])和224(雕版插图依据塔普亚夫妇)。注意,范莫伊尔斯插图的例子中,形象有时更接近加斯帕·施马尔卡尔登(Caspar Schmalkalden)日志中的绘画(这是另一套推测来自已丢失原作的复制品),对此见Whitehead & Boeseman, *Portrait of Dutch Seventeenth Century Brazil*, 267–268。不管怎样,范莫伊尔斯通过修订、润色和结合原始图画中的多种元素而把这些雕版图变成他自己的。波斯特的插图被用于Barlaeus, *Rerum per octennium in Brasilia*中的版画,他这些插图成为17世纪50年代到17世纪70年代几百幅绘画的源泉。

[79] Baldaeus, *Naauwkeurige heschryvinge*; Dapper, *Asia*。关于安吉尔充当原始图画的供应渠道的角色,见Stolte, *Angel's Deex - Autaers*,尤见68–101;及Bergvelt, *Wereld binnen handbereik*, 186–187 (cat. 413)。巴尔岱乌斯书的版画被归于科恩雷特·戴克,达贝尔书的版画应当是范莫伊尔斯工作室的作品。

[80]*Athanasii Kircheri e Soc. Jesu China monumentis*(Amsterdam: Johannes Janssonius van Waesberge & Elizer Weyerstraten, 1667);*Athanasii Kircheri e Soc. Jesu China monumentis*(Amsterdam: Jacob van Meurs, 1667),后者是盗版。

[81]Bernard,*Ceremonies et coutumes*(亚洲卷约1729年印制);Aa,*Galerie agreable*。对这些形象的印刷史(比这个简要总结所能传达的要复杂得多)的部分勾勒见 Veldman, "Familiar Customs";Wyss - Giacosa,*Religionsbilder*, 228 -252。

[82]Kusukawa, "Uses of Pictures"。也见 Kusukawa, "Leonhart Fuchs"及 Kusukawa, *Picturing the Book of Nature*。

[83]试比较 Baldaeus,*Naauwkeurige beschryvinge*(1672.),扉画,及 Hendrick Doncker, *Peninsula India citra Gangem hoc est Orae celeberrimae Malabar & Coromandel cum adjacente insula non minus celebratissima Ceylon*(ca. 1680)。这幅地图的原始版本极度罕见,但这图案被后来的出版商和图集制作人复制过,比如约翰·巴普蒂斯特·霍曼及其继承人(有个1733年版本归于法国舆图制作人纪尧姆·德·利勒[Guillaume de L'Isle]),还有海涅尔和约祖亚·奥腾斯(Josua Ottens)的 *Atlas maior* (ca. 1740)。

369 [84]坎德勒图案由其助手约翰·弗里德里希·埃贝兰(Johann Friedrich Eberlein)和彼得·海因克(Peter Reinke)执行,被证明广受欢迎,并生产了一套更大的形式和一套更小的形式。它也激发其他建模师为别的瓷器厂(及迈森)生产了几种变体,见 Honour,*European Vision*, 169 (cat. 142)。值得注意的是,用于瓷器的所有寓言人物都是特地为一顿丰盛晚餐的甜品用具设计的,代替不那么耐用的用翻糖或蜡制的模具。不过后两种形式在图案和制造方面可以更有弹性,瓷器显然更耐用,因此到了18世纪中叶,它们将一些特定的异域形象和信息固定到精英宴席的方案中。

[85]Vries,*Curieuse aenmerckingen*;对此见 Roeper & Wildeman,*Reizen op papier*, 48,其中描述了这位作者大量且"异国气"的出产。

[86]Veldman, "Familiar Customs", 104.

[87]Hooghe,*Indes Orientales*;Aa,*Galerie agreable.*

[88]关于这只橱柜(2008年6月24日一场拍卖会上卖出,佳士得第2811场拍卖会,标的273),见 Bergvelt, *Wereld binnen handbereik*(essays), 86, cat. 83。注意,右前镶板上有德霍格的制漆图("Lakwerken"),左边的则展示他的制糖图("Sucreries du

Bresil / Brasilise Suykerwerken"),这两幅画本身就是依据弗兰斯·波斯特巴西插图的复制品。这两例中,橱柜镶板都能为艺术家提供一种完美的、版画状的矩形供工作,很难说是史密斯所设想的"装饰"艺术难于处理的空间。

[89] Stalker and Parker, *Treatise of japaning*, 标题页; *Ladies amusement*。注意,魏格尔和申克都同舆图制作人和地理学家有密切联系,比如分别同约翰·巴普蒂斯特·霍曼和吉拉德·瓦尔克(Gerard Valck)有过联系,他们也都生产过自己书籍的几种变体,也是由他们大家庭的成员印制的。

[90] 复制样品见 Rudi, *Exotische Welten*。

[91] Hoftijzer, *Van der Aa*, 其中评论了这位出版商的遗孀"是莱顿最富有的女人之一",而他的女儿与继承人身价超过 100,000 荷兰盾(87)。

[92] Aa, *Nouvel atlas*。如标题页所声明的:"Suivant les nouvelles observations de Mrs. de l'Academie Royale des Sciences, & rectifié sur les relations les plus recentes des plus fidéles voyageurs"(法文,意为,根据来自皇家科学院的夫人的最新观察,并根据最可靠的旅行者最新的报告修订)。

[93] Aa, *Naaukeurige versameling*, 标题页。新瓶装旧酒的策略在荷兰出版业有着丰富的既往史,比较柯奈利斯·克莱茨和巴伦特·朗吉内斯的先例,见 Roeper & Wildeman, *Reizen op papier*, 138。

[94] Aa, *Galerie agreable*, 这位出版商称他的产品是"一件快乐而实用的作品"(前言,无页码)。

[95] 对此图集逐页包括每页的照片(也有数码复制品)的详尽描述,见 Krogt, *Koeman's Atlantes Neerlandici*, vol. 4A: 1。

[96] Clunas, *Pictures and Visuality*, 46; 并参照金茨伯格对色情意象的讨论,他区分了在有区别的各领域(比如私人领域和公共领域)流通的各套形象,("两种图像巡回"[姑且这么称呼它们]), Ginzburg, "Titian"(引文见 79 页)。

[97] Nieuhof, *Gezantschap*。这幅无落款扉画一般被归于雅各布·范莫伊尔斯,是为当年出版的法文版印的扉画的同一版本,也被用于德文版、拉丁文版和英文版。

[98] 见 Blussé & Falkenburg, *Nieuhofs beelden*, fol. 23 (p. 32 后),并参照第 30 页后面的手绘扉画,它的图案全然不同。注意一下并非无关紧要的事实——尼霍夫从未见过皇帝。

[99] 尼霍夫书各版本的详情见 Landwehr, *VOC*, 539 – 544。也见 Sun, *Wandlungen*,

316 (ill. 268), 336 (ill. 300), 394 (ill. 400,描绘"总督"), 422 (ill. 433),所有这些都在 17 世纪结束前夕问世。

[100] Du Haldle, *Ausführliche Beschreibung*, 扉画;参见 Sun, *Wandlungen*, 482. (ill. 520),试比较 ills. 416, ills. 468。

[101] Pelka, *Ostasiatische Reisebilder*, plate 77 – 86,复制了这只橱柜在第二次世界大战期间遭到毁坏之前的形象(较矮的部分战争期间遗失了,不怎么像原始图案中的那部分)。一只设计类似的写字桌也被归于范索斯特工作室(约 1705 年),现藏于慕尼黑的巴伐利亚国立博物馆,也采纳了范莫伊尔斯 – 尼霍夫的扉画作为中央镶板图案,见 Eikelmann, *Wittelsbacher*, 259 – 263。

370 [102] Bremer – David, "Six Tapestries".

[103] *The Emperor on a Journey*,博韦,约 1690—1705 年。挂毯的不同版本尺寸各异,例如盖提博物馆的挂毯便同佳士得拍卖行最近卖出的一幅长宽不同,见 Bremer – David, "Six Tapestries",并比较伦敦佳士得 2011 年 7 月 7 日第 8033 场拍卖会标的 13, http://www. christies. com/ Lot Finder / LotDetailsPrintable. aspx? intObjectlD =5461626(2013 年 5 月 7 日访问)。

[104] 也可以这么说,格拉西博物馆(Grassi Museum)的镶嵌橱柜和巴伐利亚国立博物馆的写字桌,两者都同样算作奢侈品。

[105] 该主题在此时期也获得跨越其他媒介和体裁的推力,这很难说是巧合。恰恰在这些年里,孟德斯鸠开始提出,法国国王属意一种与波斯和土耳其、苏丹相近的政府形式,换而言之即东方专制主义。可见《波斯人信札》第 37 封信,1721 年阿姆斯特丹首版(Montesquieu, *Persian Letters*, 91)。

[106] Nieuhof, *Gezantschap*; Aa, *Galarie agreable*; 并比较 Thévenot, *Relations* (见 Sun, *Wandlungen*, 401 [ills. 407]) 及(晚至 1810 年的) Eberhard August Wilhelm von Zimmermann, *Taschenbuch der Reisen*, 12 Jahrgänge (Leipzig: G. Fleischer, 1802 – 1813), Jahrg. 9 (1810) (见 Sun, *Wandlungen*, 596 [ill. 685])。

[107] 尼霍夫手稿中对这位砸石头乞丐的描述见 Blussé & Falkenburg, *Nieuhofs beelden*, 44,作者评论了该场景的宗教语境。饰板(一块大得惊人的蓝白釉陶板)上的其他人物都不是出自手稿图画,但它们肯定同范莫伊尔斯工作室设计的其他版画有关联(见下文讨论)。锡釉陶潘趣酒碗(菲茨威廉博物馆[Fitzwilliam Museum],登记号 no. C. 2415 – 1928)上有纹织字母 SVE,即 Samuel van Eenhoorn,他在 1678—

1686 年间活跃于希腊 A 工厂。

[108]大英博物馆给这只圆柱体瓶子(登记号 AN358086001)定的日期是约 1710—1720 年,尽管根据魏格尔图案书的出版日期(约 1720 年),后面这个年份更合理。海伦·埃斯皮尔(Helen Espir)将这花瓶上的图画归给普莱斯勒(Preissler),他那时在布雷斯劳(Breslau)工作,大英博物馆还把伊格纳齐乌斯·波腾格鲁伯(Ignatius Bottengruber,也在布雷斯劳工作)列为可能画师,见 Espir, *European Decoration*, 136 - 137。关于尼霍夫对跪拜人物的描述,见 Blussé & Falkenburg, *Nieuhofs beelden*, 44;关于行者,见 Dapper, *Syrie*, 260。

[109]Kiby, *Exotismen*, 79 - 80, 274 - 275;也见 Eikelmann, *Wittelsbacher*, 298 - 301。这位苦行僧被画入门房厨房的装饰图中,厨房里也有瓷砖,瓷砖是相当普通的厨房特征。这些瓷砖除了其他异域主题,还画着庄重的圣经场景和宗教场景(比如耶稣受难像),这些理应提醒我们别对这些室内装饰太掉以轻心。

[110]Whitehead & Boeseman, *Portrait of Dutch Seventeenth Century Brazil*;也见 Freedberg, "Science, Commerce, and Art",弗里德贝格把这些荷兰出身的异域素材同它们的灵采对应物——来自罗马灵采科学院的作品——做了对照,把前者的特征定为企业家型、商业化和殖民化的,把后者的特征定为贵族气的,"有时是随性的"(394)。

[111]Whitehead & Boeseman, *Portrait of Dutch Seventeenth Century Brazil*, 107 - 140,两位作者也描述了荷兰的挂毯系列(没有已知的样品);Buvelor, *Eckhout*, 35 - 36, 146 (n. 140)。

[112]两个都有狩猎场景的样品复制于 Bergvelt, *Wereld binnen handbereik*, 158 (cats. 328 - 329)。海牙市立博物馆的贝壳(cat. 329)是 1660 年由艾利阿斯·凡德菲尔德(Elias van de Velde)装裱,纳入一位持弓箭的"印第安"人物和两位非印第安猎人,由此清楚地表现了全球性狩猎的汇聚。有些贝壳也有着源出波斯特的场景,见 Corrêa do Lago, *Frans Post*(2003), 86 - 87。

[113]这只杯子现藏卑尔根大学历史博物馆(Historisk Museum at the University of Bergen),有刻入椰壳的日期,1653 年;但装裱很可能是 19 世纪早期所为(如其登记文本所言,物品编号 BY 00513)。这个女性人物把艾克胡特三个不同肖像结合为一体,这三个肖像各自占据一幅宏大的布面油画——被称为 *Tapuya Woman* 的那幅,画中人背着一只塔姆普兰(tumplined)草编袋子(与椰壳上的布袋相对),袋子

里装着人类肢体;*Tupinambá Woman*,右臂抱着孩子,类似地靠近胸前;*African Woman*,左手牵着一个小男孩。这三幅画都是1641年在巴西绘制,但椰壳的雕刻者很可能依据1647年以后某个时间制作的这些肖像画的素描副本或印本变体而工作。

371 [114]关于这时期椰壳杯的相对价值,见对一只藏于维多利亚和阿尔伯特博物馆的标注约1630年的类似椰壳杯的策展描述(物品编号M. 39 - 1970):“在16世纪中叶,(椰壳)的受欢迎度衰落了,因为更多不寻常的材料可以在西欧获得。这时期对椰壳杯的装裱通常比以前要简单得多……从13世纪起,椰壳和其他有机材料比如贝壳与鸵鸟蛋在西欧价值高企,因为它们罕见又具有异国情调……椰壳杯在17世纪继续生产,但它们不再被视为‘奇巧品’,除非它们有复杂雕刻”,http://collections.vam.ac.uk/item/078573/cup/(2011年7月1日访问)。也见Spiess,“Asian Objects”。

[115]凡德尔哈的版画在关于中国的三卷中的第二卷(第57卷)出现,标题是“Les mendians Chinois se font des blessures pour avoir l'aumone”(中国托钵僧为得到布施而自残)。也见凡德尔哈-达贝尔关于非洲的书(扉画上有个戴手铐的人物)、关于波斯和莫卧儿帝国的书(有个被绑住的人物脖子上套着绳索),Dapper,*Naukeurige beschrijvinge* 及 *Asia*。注意,木颈枷形象也进入Bernard,*Ceremonies et coutumes*,在这里重获较早的宗教读数。

[116]见Dapper,*Gedenckwaerdig bedryf*, 477,并比较Cortes,*Voyage en Chine*, 443, 456(fol. 166r, 169v)。德拉斯·科尔特斯似乎使用了一部中国百科全书,这会让这些形象的起源(至少)多一次流转。

[117]这只药罐在格罗宁根博物馆(Groninger Museum, inv. NAP 96)的目录标注它是17世纪晚期日本素胎瓷,在代尔夫特加绘。反面刻画一位中国官员骑在马背上,带随从,它来自Petrus II Schenk,*Nieuwe geinventeerde Sineesen*(Amsterdam, ca. 1700 - 1725)中一幅完全不同的雕版图,见Jörg,“Some Items”。

[118]这是一只被改换用途的没有把手的药罐,但这形式也与啤酒杯有关,可能是一只烈性酒酒杯,或是德国锥脚球形酒杯。关于它被用作饮器,特别是用于喝酒,见Jörg,“Some Items”。关于一只尺寸相近的也有着源自尼霍夫之场景的大啤酒杯,见Eikelmann,*Wittelsbacher*, 399。

[119]达贝尔的木颈枷场景也出现在一套刺绣丝绸墙帷上,现存慕尼黑,下文会讨论。

[120]见Jörg,"Some Items",列出了格罗宁根博物馆藏(Groninger Museum, inv. NAP 97)17世纪后期在代尔夫特加绘的日本产素胎瓷药罐。

[121]Johannes van Keulen, *Nieuwe Pascaert van Oost Indien*(ca. 1680 – 1689);并参照van Keulen, *Paskaerte van de archipel en de eylanden daer omtrent gelegen*(ca. 1680),表现一位被绑住的囚犯面对他的行刑官时哀求怜悯(尽管这次是在黎凡特)。

[122]其实这个主题恐怕当真很普通,它在大卫·米切尔(David Mitchell)关于荷兰商业之异域世界的想象性重构中偶然露了一面:"弗斯滕博施(Vorstenbosch)从他脚边的毛毡旅行袋里制作了两个依据东方模特的瓷人。一个是行刑官,举着斧子要砍第二个瓷人的头;后者是个跪倒的囚犯,手绑着,眼神游离在世界之外"(Mitchell, *Thousand Autumns*, II)。

[123]茶碗和茶碟(直径6.9cm)是硬质瓷,虽然是迈森制造,但在别处由不知名的艺术家劳谢(Lauche,背面签名"Lauche fecit")绘饰。大英博物馆的该套藏品档案(存货号AN 237672001)列了一个在拍卖会上出售的(佳士得,1984年7月2日,标的215)。

[124]Cortes, *Voyage en Chine*, 455 (fol. 169r) 并比较456 (fol. 169v)。这个主题和图案以及它对帝制中国"分等级之惩罚体系"表达出的坦率仰慕之情,在晚于德拉斯·科尔特斯一个世纪的耶稣会会友杜赫德的报告中得到响应。相反的是,孟德斯鸠谴责清政权对"贵族"的严峻处置,见Brook, Bourgon, & Blue, *Death by a Thousand Cuts*, 162 – 166。

[125]Aa, *Galerie agreable*,版画在此书中出现在三卷中国书的第三卷(第58卷),被挠痒痒折磨的女人的形象也出现在达贝尔–范莫伊尔斯的中国书中,但看起来它没出现在物质艺术中(不像下文要讨论的木颈枷场景),怕是因为这个形象太伤风败俗。

[126]Stalker & Parker, *Treatise of japaning*, plate 18。此书包含其他一些基于印本地理学,尤其是雅各布·范莫伊尔斯书籍的设计图。尼霍夫–范莫伊尔斯木颈枷人物(出现在*Gezantschap*的扉画上以及诸苦行僧版画的一幅中)的一个版本构成"一只也可充当梳妆匣的纸笔墨水台"(plate 7)设计图的一部分。从范莫伊尔斯关于中国宗教实践的零散雕版图中取来的形象用在"印度的宝塔崇拜"(plate 17)中,这个题图描述的与其说是图案的可能用途(比如用于橱柜),不如说就是异国宗教本身。一般而言,斯托克与帕克的书在单纯的"装饰性"图案(以各种花卉、鸟 372

类、昆虫和其他被视作典型中国风的什物为特征)之外,还展示了大量此类描述性小插图——描画异国社会习俗、宗教实践和诸如此类事务的图版。

[127] Stalker & Parker, *Treatise of japaning*, 标题页。尽管标题号称"上漆"(试比较《仕女娱乐;或令上漆容易的全套艺术》这个标题),但像斯托克和帕克的这类书卷的目标是对一系列领域发话,它们作为物质艺术手册更恰当。

[128] 两个人物的外表都不怎么像"中国人",但斯托克和帕克的雕版图相当粗糙,以致其他明确且有意塑造为"东方"人物的那些(站在宝塔前,穿着清朝官服,把玩着清朝风格的髭须,等等),无论如何都缺少范莫伊尔斯版画中那类更仔细的细节刻画和更精致的形态塑造。

[129] 见 Eikelmann, *Wittelsbacher*, 264 – 269; Pelka, *Ostasiatische Reisebilder*, 52 – 53, plates 71 – 76。墙帷在第二次世界大战期间遭到损坏,且随后被移出早前的布置,不过档案材料肯定了它们从前在更为居家的环境下(与正式场合相反)的用途。织物浓重的黑色质地暗示它是一个旨在模仿漆器的设计——深黑加红、绿、金。带有两个笞刑主题的这幅墙帷也包含木颈枷小插图中的一幅,肯定了设计师是故意展现异国暴力的场景。

[130] 不消说,卧室设计和与酒精有关的用具在前近代欧洲有着差异广阔的语境和含义。安放墙帷的王宫房间比一间现代卧室有更公开的角色,保留了一些发挥政治功能的方式。这就是说,它在王宫较小的房间里并被设计来提供一定程度上逃离政府事务的庇护。饮酒器具长期以来就同丰富的礼仪史有联系,其中一些可能与暴力有关(例如狩猎)。仍然重要的是,要注意这些特定暴力场景的形式——独特的异国主题。

[131] 关于近代早期的"大众"消费,尤其是关乎全球物品的,见 Bermingham, "Consumption of Culture"; Vries, "Luxury"; Vries, *Industrious Revolution*; McCants, "Exotic Goods"。

[132] Kaempfer, *Amoenitatum exoticarum*; van der Aa, *Galerie agreable.*

尾 声

引言:

Catalogue of the Portland Museum, iv。注意,那些偏爱"秩序和方法"的人也属于"科学的真正爱好者"这个大标题,于是就有了热爱异国多样性的多数和少数博学人士

(即懂“科学”的启蒙人士)之间的分野。

译者前言,in Bernard,*Ceremonies and religious customs*, 4:ii。这位匿名译者只把自己等同于“牛津圣约翰学院(St. John's College in Oxford)成立以来的一位绅士”,也就是一个让自己同有学问之人同侪的人,换而言之,就是波特兰博物馆目录的作者会称之为“博学人士”的一个人。

[1]Kaempfer,*Amoenitatum exoticarum politico - physico - medicarum fasciculi V*[涉及政治、自然和医药的异国愉悦五册];Johnson,*Prefaces*, 4: 4(写给约翰·休斯[John Hughes]的“序言”)。也见 Knellwolf, “Exotic Frontier”, 10,评论了“异国格调如何同对远方(主要是热带,只限 18 世纪的风土)的感官诉求相联系”。

[2]查理·德·勒克鲁斯(Charles de l'Écluse,拉丁名字克鲁西乌斯更出名)出版的拉丁文全集的完整标题指明该书全面的自然史兴趣:*Exoticorum libri decem, quibus animalium,plantarum, aromatum, aliorumque peregrinorum fructuum historiae describuntur*[异国风物十书,遥远土地出产的动物、植物、香料和其他自然产品的历史与用途]。此书 1605 年在莱顿由拉菲兰吉乌斯(Raphelengius,弗兰斯·范拉维林根[Frans van Ravelingen]的继承人)工作室印制。详情见 Egmond,*World of Carolus Clusius*;Ommen,*Exotic World of Carolus Clusius*。

[3]*Ladies Amusement*, 3 -4 及各处。值得注意的是,“中国风”一词的变体也正进入当时的设计词库,一份 1715 年的详细目录说到一张“bureau de marquetterie les figures ala [*sic*] chinoises”(中国风人物的镶嵌细工办公桌),见 Eikelmann,*Wittelsbacher*, 259。

[4]*Catalogue of the Portland Museum*, iii - iv,这既是说异国物品也是说它们的陈设,也见参观过波特兰藏品的玛丽·德拉尼(Mary Delany)的评论(“宜人的混淆”),Delany,*Autobiography and Correspondence*, 4: 238(也见 Sloboda, “Displaying Materials”的引用)。注意,波特兰公爵夫人收藏的物品主要是有着异国气息的物质艺术品和源自异域世界的自然物。

[5]蒙塔古(仍以伊丽莎白·罗宾逊[Elizabeth Robinson]知名,但这时已嫁给爱德华·蒙塔古[Edward Montagu]数月)的话,引自 Sloboda, “Displaying Materials”, 463;Montesquieu,*Persian Letters*, 20;William Temple, “Upon the Gardens of Epicurus”, in *Miscellanea. The Second Part*(London, 1690), 58。也见法国耶稣会士神父兼画家王致诚(Attiret)的评论,他描述过他在中国见过的大花园(1743 年)是 373

"美丽的无序",Baltrušaitis,*Jardins en France*, 23。并比较该世纪稍晚布干维尔伯爵路易 - 安托瓦内(Louis - Antoine, Comte de Bougainville)对他在太平洋热带岛屿目睹(1760 年)的"美丽的无序"的评论,Bougainville,*Voyage*, 244 - 245。

[6] *Catalogue of the Portland Museum*, iv。注意,"徇道宗信徒"至少有两重含义关乎其在波特兰目录中的用法。一方面,该词用在自然史中,指那些(如该词字面所暗示的)热衷于按照特定的架构或方法整理标本的人;另一方面,暗示在整理和设计事务方面一种讲求方法的路径,甚或较宽泛而言的精确主义者路径。

[7] Du Halde,*Description geographique*, "Preface" (n. p.);也见"Translator's Preface", in Du Halde,*Description of the Empire*。

[8] Johann Gaspar Scheuchzer, "Introduction by the Translator", in Kaempfer,*History of Japan*, (n. p.);也见"Author's Preface" (n. p.),该序言传达了类似情绪。关于出自一个勤勉博学的苏黎世家族的硕伊希策,见 Beer, "Johann Gaspar Scheuchzer"。

[9] *Ceremonies and religious customs*, ii.

[10] Heller, "Linnaeus on Sumptuous Books".

[11] Mandeville,*Travels*, 14 及各处。

[12] "To the Reader", in Olearius,*Voyages & travels*,奥利里乌斯在此也评论了地理学如何"卓有成效地……指导"。比较约翰 · 洛克(John Locke)在一则评论中对地理学双重议程的完美提纯,他在阅读荷兰制造之资源的情况下评论说,该体裁包含了"乐趣和效用的极好混合",Locke,*Thoughts Concerning Education*, Appendix, 324(引自 Carey, "Travel")。

[13] Rochefort,*History of the Caribby - Islands*, 50;("巧妙的混淆")也见 Sloboda, "Displaying Materials", 463。

[14] *Catalogue of the Portland Museum* , iv.

[15] Rumphius,*Herbarium Amboinense*, Preface (n. p.)。荷兰文版本提到"onvolmaakte *Chaos*",即不完善或不完美的混乱。注意,虽然它们的出版日期已经深入 18 世纪,但朗弗安斯写下评论的时间不晚于 17 世纪 90 年代。见 Rumphius,*Ambonese Curiosity Cabinet*, lxxx - lxxxi,其中详细记录了这些书卷的准备,尤其还讨论了朗弗安斯对异域风物的"消化"。("跑题")也见 Scheuchzer, "Introduction by the Translator",in Kaempfer,*History of Japan* (n. p.);Bernard,*Ceremonies and religious customs*, 4: ii,其中澄清了对文本化异域风物的恰当即"有条理地"消化。

[16] Kaempfer，"Author's Preface，" in *History of Japan*，ii.

[17] "Translator's Preface，" in *Description of the Empire*，1：ii.

[18] 这个时刻当然是《东方主义》中所描述的、本书导论也讨论过的萨特所说的时刻。萨特尽管有很多批评者，但他谈及意识形态性的"东方主义"的发展，尤其是在18世纪中叶以降的英文和法文文本中的发展，这肯定是正确的。不过他缺失了约1670—1730年间的异域地理学资源所确立的该时刻的既往史。聚焦于帝国主义异国格调丰富产品的研究，尤其是1750年以后这个时刻的，(算上萨特的《东方主义》，还)包括 Ogborn，*Indian Ink*(关于英国与印刷业)；Grigsby，*Extremities*(关于法国与绘画)；Brückner，*Geographic Revolution*(关于美国与地图)。

[19] *Ladies amusement*，4.

[20] *Charles Vere At the Indian King*，*The Corner of Salisbury Court*，*Fleetstreet No.* 81，*London*(1772)，具体参见 Eaton，"Nostalgia for the Exotic"。

[21] McClellan，"Watteau's Dealer"；Glorieux，*À l'Enseigne de Gersaint*，其中指出热尔桑的库存中有多少包含"异域风味"的物品(既指材质也指主题)。

[22] 异国格调审美和愉悦审美当然也能与启蒙审美相糅合，见 Kavanagh，*Enlightened Pleasures*。

参考资料

Aa, Pieter van der. *Atlas nouveau et curieux des plus celebres itineraires.* 2 vols. Leiden: Pieter van der Aa, ca. 1714.

——. *L'atlas soulagé de son gros & pesant fardeau.* Leiden: Pieter van der Aa, ca. 1700.

——. *La galerie agreable du monde.* 66 parts. Leiden: Pieter van der Aa, ca. 1729.

——. *De gedenkwaardige West – Indise voyagien, gedaan door Christoffel Columbus, Americus Vesputius, en Lodewijck Hennepin.* Leiden: Pieter van der Aa, 1704.

——. *Grand theatre historique, ou Nouuelle histoire universelle tant sacrée que profane.* 5 vols. Leiden: Pieter van der Aa, ca. 1703.

——. *Naaukeurige versameling der gedenk – waardigste zee en land reysen na Oost en West – Indien.* 28 vols. Leiden: Pieter van der Aa, 1707 – 1708.

——. *Nouveau petit atlas, ou Nouvelles cartes géographiques.* 3 parts Leiden: Pieter van der Aa, ca. 1710.

——. *Le nouveau theatre du monde, ou La geographie royale.* Leiden: Pieter van der Aa, 1713.

——. *Nouvel atlas, très – exact et fort commode pour toutes sortes de personnes, contenant les principales cartes geographiques.* Leiden: Pieter van der Aa, 1714.

Ackerman, James S. "Early Renaissance 'Naturalism' and Scientific Illustration". In *The Natural Sciences and the Arts: Aspects of Interaction from the Renaissance to the Twentieth Century*, ed. Allan Ellenius. Stockholm: Almqvist and Wiksell International, 1985.

Aken – Fehmers, Marion S. van, et al. *Delfts aardewerk: Geschiedenis van een nationaal product.* 4 vols. Zwolle: Waanders; The Hague: Gemeentemuseum Den Haag, 1999 – 2007.

Alden, John, and Dennis Landis, eds. *European Americana: A Chronological Guide to Works Printed in Europe Relating to the Americas*, 1493 – 1776. 6 vols. Providence:

John Carter Brown Library; New York: Readex Books, 1980 – 1997.

Allard, Carel. *Orbis habitabilis oppida et vestitus, centenario numero complexa* [...] *Des bewoonden waerelds steden en dragten, in een honderd – getal begreepen.* Amsterdam: Carel Allard, ca. 1685.

Alpers, Svetlana. *The Art of Describing: Dutch Art in the Seventeenth Century.* Chicago: University of Chicago Press, 1983.

——. "The Mapping Impulse in Dutch Art". In *Art and Cartography: Six Historical Essays*, ed. David Woodward, 51 – 96. Chicago: University of Chicago Press, 1987.

Anderson, Benedict. *Imagined Communities: Reflections on the Origin and Spread of Nationalism.* Rev. ed. London: Verso, 2006.

Apianus, Petrus. *Cosmographicus liber* (1524). Rev. ed. Antwerp: Arnold Birckman, 1533.

Asad, Talal. "Muslims and European Identity: Can Europe Represent Islam?" In *The idea of Europe: From Antiquity to the European Union*, ed. Anthony Pagden, 209 – 227. Cambridge: Cambridge University Press, 2002.

——. "On Torture, or Cruel, Inhuman, and Degrading Treatment". *Social Research* 63, no. 4 (1996): 1081 – 1109.

Atkins, John. *A Voyage to Guinea, Brazil, and the West – Indies.* London: Caesar Ward and Richard Chandler, 1735.

Baadj, Nadia Sera. " 'Monstrous Creatures and Diverse Strange Things': The Curious Art of Jan van Kessel the Elder (1626 – 1679)". Ph. D. dissertation, University of Michigan, 2012.

——. "A World of Materials in a Cabinet Without Drawers: Re – framing Jan van Kessel's *The Four Parts of the World*". In *Meaning in Materials: Netherlandish Art, 1400 – 1800*, ed. H. Perry Chapman, Ann – Sophie Lehmann, and Fries Scholten, 202 – 237. Nederlands Kunsthistorisch Jaarboek, 62. Leiden: Brill, 2013.

Baggerman, Arianne. *Een drukkend gewicht: Leven en werk van de zeventiende – eeuwse veelschrijver Simon de Vries.* Amsterdam: Rodopi, 1993.

Bailey, Gauvin Alexander. " 'Le style jésuite n'existe pas': Jesuit Corporate Culture and the Visual Arts". In *The Jesuits: Cultures, Sciences, and the Arts, 1540 – 1773*, ed.

John O'Malley et al. , 38 – 89. Toronto: University of Toronto Press, 1999.

Baldaeus, Philip. *Naauwkeurige beschryvinge van Malabar en Choromandel, der zelver aangrenzende ryken, en het machtige eyland Ceylon: nevens een omstandige en grondigh doorzochte ontdekking en wederlegginge van de afgoderye der Oost – Indische heydenen.* Amsterdam: Johannes van Someren and Johannes Janssonius van Waesberge, 1672.

——. *A true and exact description of the most celebrated East – India coasts of Malabar and Coromandel; as also of the Isle of Ceylon.* In Churchill, *Collection of voyages*, 3: 563 – 901.

Baltrušairis, Jurgis. *Jardins en France, 1760 – 1820.* Paris: Caisse National des Monuments Historiques et des Sites, 1978.

Barber, Peter, and Tom Harper. *Magnifcent Maps: Power, Propaganda and Art.* London: British Library Publishing, 2010.

Baikey, Karen. *Empire of Difference: The Ottomans in Comparative Perspective.* Cambridge: Cambridge University Press, 2008.

Barlaeus, Caspar. *Rerum per octennium in Brasilia et alibi nuper gestarum, sub prafectura illustrissimi Comitis I. Mauritii, Nassoviae, &c.* Amsterdam: Ioannis Blaeu, 1647.

Barthes, Roland. "Le monde – objet". In *Essais critiques*, 19 – 28. Paris: Seuil, 1964.

Beekman, E. M. , ed. and trans. *Fugitive Dreams: An Anthology of Dutch Colonial Literature.* Amherst: University of Massachusetts Press, 1988.

Beer, G. R. de. "Johann Gaspar Scheuchzer, F. R. S. , 1702 – 1729". *Notes and Records of the Royal Society of London* 6 (Dec. 1948): 56 – 66.

Behn, Aphra. *Oroonoko* (1688). Ed. Joanna Lipking. New York: W. W. Norton, 1997.

——. *The Widdow Ranter or, The history of Bacon in Virginia.* London: James Knapton, 1690.

Bekker, Balthasar. *De betoverde weereld.* 4 vols. Amsterdam: Daniel van den Dalen, 1691 – 1693.

Benjamin, Walter. "The Work of Art in the Age of Mechanical Reproduction". In *Illuminations: Essays and Rflections*, ed. Hannah Arendt, trans. Harry Zohn. New York: Schocken, 1968.

Benton, Lauren. *A Search for Sovereignty: Law and Geography in European Empires, 1400 – 1900.* New York: Cambridge University Press, 2010.

Berg, Maxine. "In Pursuit of Luxury: Global History and British Consumer Goods in the Eighteenth Century". *Past and Present* 182 (Feb. 2004): 85 – 142.

Berg, Maxine, and Elizabeth Eger, eds. *Luxury in the Eighteenth Century: Debates, Desires and Delectable Goods.* Basingstoke: Palgrave Macmillan, 2002.

Berger, Shlomo. "An Invitation to Buy and Read: Paratexts of Yiddish Books in Amsterdam, 1650 – 1800". *Book History* 7 (2004): 31 – 61.

Bergvelt, Ellinoor, and Renée Kistemaker, eds. *De wereld binnen handbereik: Nederlandse kunst – en rariteitenverzamelingen*, 1585 – 1735. 2 vols. Zwolle: Waanders, 1992.

Berkvens – Stevelinck, C. M. G., et al. *Le Magasin de l'Univers: The Dutch Republic as the Centre of the European Book Trade.* Leiden: E. J. Brill, 1992.

Bermingham, Anne. "The Consumption of Culture: Image, Object, Text." In *The Consumption of Culture, 1600 – 1800: Image, Object, Text*, ed. Anne Bermingham and John Brewer, 1 – 20. London: Routledge, 1995.

Bernand, Carmen, and Serge Gruzinski. "La redécouverte de l'Armérique". *L'homme* 32, nos. 122 – 124 (April – Dec. 1992): 7 – 35.

Bernard, Jean – Frédéric, and Bernard Picart. *The ceremonies and religious customs of the various nations of the known world.* 6 vols. London: William Jackson and Claude Dubosc, 1733 – 1737.

——. *Ceremonies et coutumes religieuses des tous les peuples du monde.* 8 vols. Amsterdam: J. F. Bernard, 1723 – 1743.

Bernasconi, Robert, and Tommy Lee Lott, eds. *The Idea of Race.* Indianapolis, IN: Hackett, 2000.

Bernier, François. "Nouvelle division de la terre, par les différentes espèces ou races d'hommes qu habitent, envoyée par un fameux voyageur à M. l'Abbé de la * * * * * à peu prés en ces termes." *Journal des Sçavans* 12 (24 April 1684): 133 – 140.

Betteridge, Tom. *Sodomy in Early Modern Europe.* Manchester: Manchester University Press, 2002.

Beverley, Robert. *The history and present state of Virginia, in four parts* (1705). 2nd ed., rev. and enl. London: B. and S. Tooke, 1722.

Bindman, David, and Henry Louis Gates, Jr., eds. *The Image of the Black in Western Art: From the "Age of Discovery" to the Age of Abolition.* Part 1: Artists of the Renaissance and Baroque. Cambridge, MA: Harvard University Press, 2010.

Bisaha, Nancy. *Creating East and West: Renaissance Humanists and the Ottoman Turks.* Philadelphia: University of Pennsylvania Press, 2004.

Blackburn, Robin. *The Making of New World Slavery: From the Baroque to the Modern, 1492 – 1800.* London: Verso, *1997.*

Blaeu, Joan. *Atlas major.* Amsterdam: Joan Blaeu, *1662 – 1672.*

Bleys, Rudi. *The Geography of Perversion: Male – to – Male Sexual Behavior Outside the West and the Ethnographic Imagination, 1750 – 1918.* New York: New York University Press, 1995.

Blom, Frans. "Picturing New Netherland and New York: Dutch – Anglo Transfer of New World Information". In *The Dutch Trading Companies as Knowledge Networks*, ed. Siegfried Huigen, Jan L. de Jong, and Elmer Kolfin, 103 – 126. Leiden: Brill, 2010.

Blussé, Leonard, and R. Falkenburg, eds. *Johan Nieuhofs beelden van een Chinareis, 1655 – 1657.* Middelburg: Stichting VOC, 1987.

Bodart – Bailey, Beatrice M., ed. and trans. *Kaempfer's Japan: Tokugawa Culture Observed.* Honolulu: University of Hawaii Press, 1999.

Bogaert, Abraham. *Historische reizen door d'oostersche deelen van Asia.* Amsterdam: Nicolaas ten Hoorn, 1711.

Bok, Marten Jan. "European Artists in the Service of the Dutch East India Company". In *Mediating Netherlandish Art and Material Culture in Asia*, ed. Thomas DaCosta Kaufmann and Michael North. Amsterdam: Amsterdam University Press, 2014.

Boogaart, Ernst van den. "Books on Black Africa: The Dutch Publications and Their Owners in the Seventeenth and Eighteenth Centuries". *Paideuma: Mitteilungen zur Kulturkunde* 33 (1987): 115 – 126.

——. *Het verheven en verdorven Azië: Woord en beeld in het* Itinerario *en de* Icones *van Jan Huygen van Linschoten.* Amsterdam: Het Spinhuis, 2000.

Boogaart, Ernst van den, Hendrik Richard Hoetink, and Peter James Palmer Whitehead.

Johan Maurits van Nassau – Siegen, 1604 – 1679: A Humanist Prince in Europe and Brazil. The Hague: Johan Maurits van Nassau Stichting, 1979.

Borris, Kenneth, and G. S. Rousseau, eds. *The Sciences of Homosexuality in Early Modern Europe.* New York: Routledge, 2007.

Bosman, Willem. *Nauwkeurige beschryving van de Guinese Goud – Tand – en Slave – Kust: nevens alle desselfs landen, koningryken, en gemenebesten, van de zeeden der inwoonders, hun godsdienst, regeering, regtspleeging, oorlogen, trouwen, begraven, enz.* Utrecht: Anthony Schouten, 1704.

——. *A new and accurate description of the coast of Guinea, divided into the Gold, the Slave, and the Ivory Coasts.* London: James Knapton et alia, 1705.

Boswell, James. *The Life of Samuel Johnson* (1768). 2 vols. New York: George Dearborn, 1837.

Boterbloem, Kees. *The Fiction and Reality of Jan Struys: A Seventeenth – Century Dutch Globetrotter.* Basingstoke: Palgrave Macmillan, 2008.

——. " 'Met een beschaafder Penne... ': The Making of *Drie aanmerkelijke en seer rampspoedige reysen*: A Case of Early – Modern Ghostwriting. " *Jaarboek voor Nederlandse Boekgeschiedenis* 15 (2008): 34 – 50.

Bougainville, Louis – Antoine, Comte de. *A voyage round the world.* Trans. John Reinhold Forster. London: J. Nourse, 1772.

Boulle, Pierre H. "François Bernier and the Origins of the Modern Concept of Race. " In *The Color of Liberty: Histories of Race in France*, ed. Sue Peabody and Tyler Stovall, 11 – 27. Durham, NC: Duke University Press, 2003.

Bourgon, Jérôme. "Chinese Executions: Visualising Their Differences with European Supplices". *European Journal of East Asian Studies* 2, no. 1 (2003): 153 – 184.

Bourguet, Marie – Noëlle, Christian Licoppe, and Heinz Otto Sibum, eds. *Instruments, Travel and Science: Itineraries of Precision from the Seventeenth to the Twentieth Century.* London: Routledge, 2002.

Bowers, J. Z., and R. W. Carrubba. "Drug Abuse and Sexual Binding Spells in Seventeenth – Century Asia: Essays from the *Amoenitatum Exoticarum* of Engelbert Kaempfer. " *Journal of the History of Medicine and Allied Sciences* 33 (July 1978): 318 – 343.

Boym, Michael. *Flora Sinensis*. Vienna: M. Rictius,1656.

Brancaforte, Elio Christoph. *Visions of Persia: Mapping the Travels of Adam Olearius*. Cambridge, MA: Harvard University Press, 2003.

Braun, Georg, and Frans Hogenberg. *Civitates orbis terrarum*. 6 vols. Cologne: Apud P. Gallaeum, 1572 – 1617.

Bremer – David, Charissa. "Six Tapestries from *L'histoire de l'empereur de la Chine*." In *French Tapestries and Textiles in the J. Paul Getty Museum*, 80 – 97. Los Angeles: J. Paul Getty Museum, 1997.

Brienen, Rebecca Parker. *Visions of Savage Paradise: Albert Eckhout, Court Painter in Colonial Dutch Brazil*. Amsterdam: Amsterdam University Press, 2006.

Brockey, Liam Matthew. *Journey to the East: The Jesuit Mission to China, 1579 – 1724*. Cambridge, MA: Harvard University Press, 2007.

Brook, Timothy, Jérôme Bourgon, and Gregory Blue. *Death by a Thousand Cuts*. Cambridge, MA: Harvard University Press, 2008.

Brown, Bill. "Thing Theory." *Critical Inquiry* 28 (2001): 1 – 22.

Brückner, Martin. *The Geographic Revolution in Early America: Maps, Literacy, and National Identity*. Chapel Hill: University of North Carolina Press, 2006.

Bruijn, Cornelis de. *Aanmerkingen over de printverbeeldingen van de overblyfzelen van het oude Persepolis, onlangs uitgegeven door de Heeren Chardin en Kempfer, waer in derzelver mistekeningen en gebreken klaer worden aengewezen*. Amsterdam: R. and G. Werstein, J. Oosterwyk, and H. van de Gaate, 1714.

——. *Cornelis de Bruins Reizen over Moskovie, door Persie en Indie: verrykt met driehondert konstplaten, vertoonende de beroemste lanttschappen en steden, ook de byzondere dragten, beesten, gewassen en planten, die daer gevonden worden: voor al derzelver oudheden, en wel voornamentlyk heel vitvoerig die van het heerlyke en van oudts geheele werrelt door befaemde Hof van Persepolis, by de Persianen Tilulminar genaemt*. Amsterdam: Willem and David Goeree, 1711.

——. *Reizen van Cornelis de Bruyn, door de vermaardste deelen van Klein Asia, de eylanden Scio, Rhodus, Cyprus, Metelino, Stanchio, &tc mitsgaders de voornaamste steden van Egypten, Syrien en Palestina, verrijkt met meer als* 200. *kopere konstplaaten, vertoonende de beroemdste landschappen, steden, &tc.* Delft: H. van Krooneveld, 1698.

——. *Travels into Muscovy, Persia, and part of the East - Indies.* 2 vols. London: A. Bettesworch et al. ,1737.

——. *Voyge au Levant, c'est à dire dans les principaux endroits de l'Asie Mineure, dans les isles de Chio, de Rhodes, de Chypre &c. De même que dans les plus considerables villes d'Egypte, de Syrie, et de la Terre Sainte; enrichi de plus de deux cens taillesdouces.* Delft: Henri de Kroonevelt, 1700.

——. *A Voyage to the Levant: or, Travels in the principal parts of Asia Minor, the islands of Scio, Rhodes, Cyprus, &tc.* London: Jacob Tonson and Thomas Bennet, 1702.

Bruijn, Jaap R. , and Femme S. Gaastra. "The Dutch East India Company's Shipping, 1602 - 1795, in a Comparative Perspective". In *Ships, Sailors and Spices: East India Companies and their Shipping in the 16th, 17th and 18th Century*, ed. Jaap R. Bruijn and Femme S. Gaastra, 177 - 208. NEHA - Series III, no. 20. Amsterdam: NEHA, 1993.

Brummett, Palmira, ed. *The "Book" of Travels: Genre, Ethnology, and Pilgrimage, 1250 - 1700.* Leiden: Brill, 2009.

Bry, Theodor de. *Collectiones peregrinationum in Indiam Occidentalem et Indiam Orientalem, XXV partibus comprehensa.* Frankfurt am Main: De Bry, 1590 - 1629.

Buvelot, Quentin, ed. *Albert Eckhout: A Dutch Artist in Brazil.* The Hague: Royal Cabinet of Paintings Mauritshuis, 2004.

Cañizares - Esguerra, Jorge. *Puritan Conquistadors: Iberianizing the Atlantic, 1550 - 1700.* Stanford, CA: Stanford University Press, 2006.

Carey, Daniel. "Travel, Geography, and the Problem of Belief: Locke as a Reader of Travel Literature". In *History and Nation*, ed. Julia Rudolph, 97 - 136. Lewisburg, PA: Bucknell University Press, 2006.

Caron, François. *Rechte beschryvinge van het machtigh Koninghrijck van Iappan, bestaende in verscheyde vragen, betreffende des selfs regiering, coophandel, maniere van leven, strenge justitie &c.* The Hague: Johannes Tongerloo, 1661.

Caron, François, and Joost Schouten. *A True Description of the Mighty Kingdoms of Japan and Siam*(1663). Ed. C. R. Boxer. London: Argonaut Press, 1935.

Carrillo Castillo, Jesús. " 'The World Is Only One and Not Many': Representations of the Natural World in Imperial Spain". In *Spain in the Age of Exploration, 1492 – 1819*, ed. Chiyo Ishikawa, 139 – 157. Seattle: Seattle Art Museum, 2004.

A catalogue of the Portland Museum, lately the property of the Duchess Dowager of Portland, deceased: Which will be sold by auction, by Mr. Skinner and Co. on Monday the 24th of April, 1786... [London, 1786].

Catesby, Mark. *The natural history of Carolina, Florida, and the Bahama Islands. Containing the figures of birds, beasts, fishes serpents, insects, and plants.* 2 vols. London: M. Catesby, 1731 – 1743.

Cats, Jacob. *Invallende gedachten op voorvallenden gelegentheden.* Amsterdam: J. J. Schipper, 1655.

Cavanaugh, Alden, and Michael Yonan, eds. *The Cultural Aesthetics of Eighteenth – Century Porcelain.* Farnham, Surrey: Ashgate, 2010.

Chardin, John [Jean]. *Voyages de Monsieur le Chevalier Chardin, en Perse, et autres lieux de l'Orient.* 3 vols. Amsterdam: Jean Louis de Lorme, 1711.

Chartier, Roger. "Crossing Borders in Early Modern Europe: Sociology of Texts and Literature". *Book History* 8 (2005): 37 – 50.

——. *Forms and Meanings: Texts, Performances, and Audiences from the Codex to the Computer.* Philadelphia: University of Pennsylvania Press, 1995.

——. "Genre Between Literature and History". *Modern Language Quarterly* 67 (March 2006): 129 – 139.

——. *The Order of Books: Readers, Authors, and Libraries in Europe Between the Fourteenth and Eighteenth Centuries.* Trans. Lydia G. Cochrane. Stanford, CA: Stanford University Press, 1994.

Chen, Bianca. "Digging for Antiquities with Diplomats: Gisbert Cuper (1644 – 1716) and his Social Capital". *Republics of Letters: A Journal for the Study of Knowledge, Politics, and the Arts* 1, no. 1 (1 May 2009). Available at http://rofl.stanford.edu/node/36.

Churchill, Awnsham, and John Churchill, eds. *A collection of voyages and travels.* 6 vols. London: Awnsham and John Churchill, 1704 [vols. 1 – 4] and 1732 [vols. 5 – 6].

Chytraeus, David. *De ratione discendi, et ordine studiorum in singulis artibus recte instituen-*

do. Wittenberg [s. n.], 1564.

Clark, Stuart. *Vanities of the Eye: Vision in Early Modern European Culture.* Oxford: Oxford University Press, 2007.

Clarke. T. H. *The Rhinoceros from Dürer to Stubbs, 1515 – 1799.* London: Sotheby's Publications, 1986.

Clunas, Craig. *Pictures and Visuality in Early Modern China.* London: Reaktion, 1997.

Clusius, Carolus. *Exoticorum libri decem, quibus animalium, plantarum, aromatum, aliorumque peregrinorum fructuum historiae describuntur.* [Leiden]: Raphelengius, 1605.

Cohen, Jeffrey Jerome. "Pilgrimages, Travel Writing, and the Medieval Exotic." In *The Oxford Handbook of Medieval Literature in English*, ed. Elaine Treharne and Greg Walker, 611 – 628. Oxford: Oxford University Press, 2010.

Columbus, Christopher. *The Diario of Christopher Columbus's First Voyage to America, 1492 – 1493.* Trans. and ed. Oliver Dunn and James E. Kelley, Jr. Norman: University of Oklahoma Press, 1989.

——. *The Four Voyages: Being His Own Log – Book, Letters and Dispatches with Connecting Narratives.* Ed. J. M. Cohen. Harmondsworth: Penguin, 1969; reprint ed., 1992.

——. *Select Documents Illustrating the Four Voyages of Columbus.* Trans. and ed. Cecil Jane, Works issued by the Hakluyt Society, 2nd ser., no. 65 and 70. London: Hakluyt Society, 1930 – 1933.

Comenius, Johann Amos. *Orbis sensualium pictus, hoc est Omnium fundamentalium in mundo rerum, et in vita actionum, pictura et nomenclatura.* Nuremberg: Michael Endter, 1658.

Cook, Harold J. *Matters of Exchange: Commerce, Medicine, and Science in the Dutch Golden Age.* New Haven, CT: Yale University Press, 2007.

Cooper, Alix. *Inventing the Indigenous: Local Knowledge and Natural History in Early Modern Europe.* New York: Cambridge University Press, 2007.

Cooper, Frederick, and Ann Laura Stoler, eds. *Tensions of Empire: Colonial Cultures in a Bourgeois World.* Berkeley: University of California Press, 1997.

Corrêa do Lago, Bia. *Frans Post e o Brasil Holandês na coleção do Instituto Ricardo Bren-*

nand = Frans Post and Dutch Brazil in the collection of Instituto Ricardo Brennand. Recife: Instituto Ricardo Brennand, 2003.

Corrêa do Lago, Pedro, and Bia Corrêa do Lago. *Frans Post, 1612 – 1680: Catalogue Raisonné.* Milan: 5 Continents, 2007.

Cortes, Adriano de las. *Le voyage en Chine d'Adriano de las Cortes s. j. (1625).* Ed. Pascale Girard, trans. Pascale Girard and Juliette Monbeig. Paris: Chandeigne, 2001.

Cortés, Hernán. *Letters from Mexico.* Trans. and ed. Anthony Pagden. New Haven, CT: Yale University Press, 2001.

Cosgrove, Denis. *Apollo's Eye: A Cartographic Genealogy of the Earth in the Western Imagination.* Baltimore: John Hopkins University Press, 2001.

Court, Pieter de la. *Interest van Holland, ofte Gronden van Hollands – welvaren.* Amsterdam: Joan. Cyprianus vander Gracht, 1662. Rev. ed. [*Aanwysing der heilsame politike gronden en maximen van de republike van Holland*]. Leiden: Hakkens, 1669.

Covens, Johannes, and Cornelis Mortier. *Atlas nouveau, contenants toutes les parties du monde.* Amsterdam: Covens and Mortier, 1730.

Cox, Edward Godfrey. *A Reference Guide to the Literature of Travel: Including Voyages, Geographical Descriptions, Adventures, Shipwrecks and Expeditions.* 4 vols. Seattle: University of Washington Press, 1935.

Curl, James Stevens. "Sharawadgi". In *A Dictionary of Architecture and Landscape Architecture.* 2000(accessed online at Encyclopedia. com, 11 January 2011).

Curtis, Neal. "'As If': Situating the Pictorial Turn." *Culture, Theory and Critique* 50 (2009): 95 – 101.

——. ed. *The Pictorial Turn.* New York: Roudedge, 2010.

Dackerman, Susan. "Dürer's Indexical Fantasy: The Rhinoceros and Printmaking". In *Prints and the Pursuit of Knowledge in Early Modern Europe*, ed. Susan Dackerman, 164 – 171. Cambridge, MA: Harvard Art Museums; New Haven, CT: Yale University Press, 2011.

Dam, Jan Daniël van. *Delffse porceleyne: Dutch delftware, 1620 – 1850.* Trans. Lynne Richards. Zwolle: Waanders; Amsterdam: Rijksmuseum, 2004.

Dantzig, Albert van. "Willem Bosman's 'New and Accurate Description of the Coast of

Guinea': How Accurate Is It?" *History in Africa* 1 (1974): 101 – 108.

Dapper, Olfert. *Asia: of Naukeurige beschryving van het rijk des Grooten Mogols, en een groote gedeelte van Indiën [...] beneffens een volkome beschryving van geheel Persie, Georgie, Mengrelie en andere gebuur – gewesten.* Amsterdam: Jacob van Meurs, 1672.

——. *Gedenkwaerdig bedryf der Nederlandsche Oost – Indische Maetschappye, op de kuste en in het keizerrijk van Taising of Sina.* Amsterdam: Jacob van Meurs, 1670.

——. *Naukeurige beschryvinge der Afrikaensche gewesten, van Egypten, Barbaryen, Libyen, Biledulgerid, Negroslant, Guinea, Ethiopien, Abyssinie getrokken uit verscheyde hedendaegse lantbeschyvers en geschriften van bereidse onderzoekers dier landen.* Amsterdam: Jacob van Meurs, 1668.

——. *Naukeurige beschryving der eilanden, in de Archipel der Middelantsche Zee.* Amsterdam: Wolfgang, Waesberge, Boom, Someren and Goethals, 1688.

——. *Naukeurige beschyving van gantsch Syrie, en Palestyn of Heilige Lant.* Amsterdam: Jacob van Meurs, 1677.

Darnton, Robert. *The Business of Enlightenment: A Publishing History of the Encyclopédie, 1775 – 1800.* Cambridge, MA: Harvard University Press, 1979.

Daston, Lorraine, and Katharine Park. *Wonders and the Order of Nature, 1150 – 1750.* New York: Zone Books, 1998.

Davids, Karel. "Amsterdam as a Center of Learning in the Dutch Golden Age, c. 1580 – 1700". In O'Brien et al., *Urban Achievement*, 305 – 323.

Defoe, Daniel. *A plan of the English commerce: Being a compleat prospect of the trade of this nation, as well the home trade as the foreign.* London: Charles Rivington, 1728.

Delany, Mary Granville Pendarves. *The Autobiography and Correspondence of Mary Granville, Mrs. Delany.* Ed. Augusta Waddington Hall, Lady Llanover, 6 vols. (1861 – 1862). Repr., New York: AMS Press, 1974,

Dew, Nicholas. "Reading Travels in the Culture of Curiosity: Thévenot's Collection of Voyages". *Journal of Early Modern History* 10 (2006): 39 – 59.

Dickenson, Victoria. *Drawn from life: Science, and Art in the Portrayal of the New World.* Toronto: Universirv of Toronto Press, 1998.

Donaldson, Ian. "Samuel Johnson and the Art of Observation". *ELH [English Literary*

History] 53 (1986): 779 - 799.

Drijvers, Jan Willem. "Cornelis de Bruijn and Gijsbert Cuper: A Skilled Artist and a Learned Discussion". In Sancisi - Weerdenburg and Drijvers, *Through Travellers' Eyes*, 89 - 107.

Drijvers, Jan Willem, Jan de Hond, and Heleen Sancisi - Weerdenburg, eds. *"Ik hadde de nieusgierigheid": De reizen door het Nabije Oosten van Cornelis de Bruijn (ca. 1652 - 1727)*. Mededelingen en Verhandelingen Ex Oriente Lux, vol. 31. Leuven: Peeters, 1997.

Dryden, John. *The Works of John Dryden.* Vol. 12, ed. Vinton A. Dearing. Berkeley: University of California Press, 1994.

Du Halde, Jean - Baptiste. *Auführliche Beschreibung des Chinesischen Reiches und der großen Tartarey.* 4 vols. Rostock: Johann Christian Koppe, 1747 - 1756.

——. *Description geographique, historique, chronologique, politique, et physique de l'empire de la Chine et de la Tartarie Chinoise.* 4 vols. Paris: P. G. Le Mercier, 1735.

——. *A description of the Empire of China and Chinese - Tartary, together with the Kingdoms of Korea and Tibet: Containing the geography and history (natural as well as civil) of those countries.* 2 vols. London: T. Gardner for Edward Cave, 1738 - 1741.

DuBois, Page. *Slaves and Other Objects.* Chicago: University of Chicago Press, 2003.

——. *Torture and Truth.* New York: Routledge, 1991.

Duran, Shimon ben Temach. *Sefer ha - Tashbets* [The Book of Tashbets]. Ed. Rabbi Meir Crescas. 3 parts. Amsterdam: Jochanan Levi Rofe, 1738 - 1741.

Earle, T. F., and K. J. P. Lowe, eds. *Black Africans in Rennaissance Europe.* Cambridge: Cambridge University Press, 2005.

Eaton, Natasha. "Nostalgia for the Exotic: Creating an Imperial Art in London, 1750 - 1793". *Eighteenth - Century Studies* 39 (2006): 227 - 250.

Eco, Umberto. "Innovation and Repetition: Between Modern and Post - Modern Aesthetics". Special issue: The Moving Image, *Daedalus* 114 (Fall 1985): 161 - 184.

Eeghen, Isabella H. van. *De Amsterdamse boekhandel, 1680 - 1725. 5* vols. Amsterdam: Scheltema & Holkema, *1960 - 1978.*

——. "Arnoldus Montanus's Book on Japan". *Quaerendo 2 (1972): 250 - 272.*

Egmond, Florike. *The World of Carolus Clusius: Natural History in the Making, 1550 – 1610*. Perspectives in Economic and Social History, vol. 6. London: Pickering and Chatto, 2010.

Egmond, Florike, and Peter Mason. "'These are People Who Eat Raw Fish': Contours of the Ethnographic Imagination in the Sixteenth Century." *Viator: Medieval and Renaissance Studies* 31 (2000): 311 – 360.

Eikelmann, Renate. *Die Wittelsbacher und das Reich der Mitte*: 400 *Jahre China und Bayern*. Munich: Hirmer, 2009.

Emerson, John. "Sir John Chardin". In *Encyclopaedia Iranica*, vol. 5 (1991 – 1992), 369 – 377.

Emmer, Pieter. *The Dutch Slave Trade, 1500 – 1850*. New York: Berghahn, 2006.

Emmer, Pieter, and Wim Klooster. "The Dutch Atlantic, *1600 – 1800*: Expansion Without Empire".

Itinerario 23, no. 2 (1999): 48 – 69.

Espir, Helen. *European Decoration on Oriental Porcelain, 1700 – 1830*. London: Jorge Welsh Books, 2005.

Evans, R. J. W., and Alexander Marr, eds. *Curiosity and Wonder from the Renaissance to the Enlightenment*. Aldershot: Ashgate, 2006.

Evelyn, John. *Sculptura: or, The history and art of chalcography, and engraving in copper* (1662). 2nd and rev. ed. London: J. Murray, 1769.

Exquemelin, Alexander. *De Americaensche zee – roovers*. Amsterdam: Jan ten Hoorn, 1678.

Fabian, Johannes. *Time and the Other: How Anthropology Makes Its Object*. New York: Columbia University Press, 1983.

Fanon, Frantz. *The Wretched of the Earth*. Trans. Richard Philcox. New York: Grove Press, 2004.

Farr, Patricia. *Sex, Botany, and Empire: The Story of Carl Linnaeus and Joseph Banks*. New York: Columbia University Press, 2003.

Fernández – Armesto, Felipe. *Amerigo: The Man Who Gave His Name to America*. New York: Random House, 2007.

Ferrier, Ronald W., ed. *A journey to Persia: Jean Chardin's Portrait of a Seventeenth - Century Empire.* London: I. B. Tauris, 1996.

Findlen, Paula. *Possessing Nature: Museums, Collecting, and Scientific Culture in Early Modern Italy.* Berkeley: University of California Press, 1994.

Fleischer, Alette. "The Company's Garden and the (Ex)change of Nature and Knowledge at Cape of Good Hope (1652 - 1700)". In Roberts, *Centres and Cycles*, 101 - 128.

Forrer, Kuniko. *François Halma (1653 - 1722): Een bio - bibliografisch onderzoek naar een boekverkoper tijdens de overgang van de zeventiende naar de achttiende eeuw.* Doctoraalscriptie [M. A. thesis], University of Amsterdam, 2005.

Foucault, Michel. *Discipline and Punish: The Birth of the Prison.* Trans. Alan Sheridan. New York: Pantheon, 1977.

——. "What Is an Author?" In Foucault, *Language, Counter - Memory, Practice: Selected Essays and Interviews*, ed. Donald F. Bouchard, 113 - 138. Ithaca, NY: Cornell University Press, 1977.

Franits, Wayne E. *Dutch Seventeenth - Century Genre Painting: Its Stylistic and Thematic Evolution.* New Haven, CT: Yale University Press, 2008.

——. *Paragons of Virtue: Women and Domesticity in Seventeenth - Century Dutch Art.* Cambridge: Cambridge University Press, 1995.

Freedberg, David. "Science, Commerce, and Art: Neglected Topics at the Junction of History and Art History". In *Art in History/History in Art: Studies in Seventeenth - Century Dutch Culture*, ed. David Freedberg and Jan de Vries, 376 - 428. Santa Monica, CA: Getty Publications, 1991.

Frijhoff, Willem, and Marijke Spies. *Dutch Culture in a European Perspective*, vol. 1: *1650: Hard - Won Unity.* New York: Palgrave Macmillan, 2004.

Froude, James Anthony. "England's Forgotten Worthies". In *Short Studies on Great Subjects*, rev. ed., 4 vols. London: Longmans, Green, 1886 - 1888.

Fuller, Mary C. *Remembering the Early Modern Voyage: English Narratives in the Age of European Expansion.* New York: Palgrave Macmillan, 2008.

——. *Voyages in Print: English Travel to America, 1576 - 1624.* Cambridge: Cambridge University Press, 1995.

Gaskell, Ivan. "Tobacco, Social Deviance, and Dutch Art in the Seventeenth Century." In *Looking at Seventeenth – Century Dutch Art: Realism Reconsidered*, ed. Wayne Franits, 68 – 77. Cambridge: Cambridge University Press, 1997.

Gaudio, Michael. *Engraving the Savage: The New World and Techniques of Civilization.* Minneapolis: University of Minnesota Press, 2008.

——. "The Space of Idolatry: Reformation, Incarnation, and the Ethnographic Image." *Res* 41 (Spring 2002): 72 – 91.

Geerts, A. J. C. *Catalogue des livres japonais de feu M. Le docteur A. J. C. Geerts.* Leiden: Brill, 1887.

Geerts, Gérard. *Paratexts: Thresholds of lnterpretation.* Trans. Jane E. Lewin. Cambridge: Cambridge University Press, 1997.

Gibbon, Edward. *The History of the Decline and Fall of the Roman Empire.* 6 vols. London: Strahan and Cadell, 1776 – 1789.

Ginzburg, Carlo. "Titian, Ovid, and Sixteenth – Cenrury Codes for Erotic Illustration." In *Clues, Myths, and the Historical Method*, trans. John and Anne Tedeschi, 77 – 95. Baltimore: Johns Hopkins University Press, 1989.

Glorieux, Guillaume. *À l'Enseigne de Gersaint: Edme – François Gersaint, marchand d'art sur le Pont Notre – Dame (1694 – 1750)*. Paris: Editions Champ Vallon, 2002.

Gnirrep, Kees. "De intekenaren op de *Reizen door Klein Asia* van Cornelis de Bruijn (1698)". *Jaarboek voor Nederlandse Boekgeschiedenis* 8 (2001): 59 – 72.

——. *De Levant in kleur: Cornelis de Bruijn, Voyage au Levant (1700), een experimentele kleurendruk.* Amsterdam: Universiteitsbibliotheek, 1997.

Goedings, Truusje. "Kaartkleurders en de technische aspecten van het kleuren in de zestiende en zeventiende eeuw". In Heijbroek, *Kunst in kaart*, 95 – 129.

——. "Kunst-en kaartafzetters: Gekleurde prenten en kaarten". In Nierop, *Romeyn de Hooghe*, 204 – 221.

Goinga, Hannie van. "Schaduwbeelden: Vrouwen in het boekenvak in de vroegmoderne tijd: een nieuw terrein van onderzoek." *Jaarboek voor Nederlandse Boekgeschiedenis* 12 (2005): 13 – 28.

Good, Anne. "The Construction of an Authoritative Text: Peter Kolb's Description of the

Khoikhoi at the Cape of Good Hope in the Eighteenth Century". *Journal of Early Modern History* 10 (2006): 61 – 94.

Gordon – Smith, Maria. "The Influence of Jean Pillement on French and English Decorative Arts Part Two: Representative Fields of Influence". *Artibus et Historiae* 21, no. 42 (2000): 119 – 163.

Greenblatt, Stephen J. *Marvelous Possessions: The Wonder of the New World.* Chicago: University of Chicago Press, 1991.

——. *Renaissance Self Fashioning: From More to Shakespeare.* Chicago: University of Chicago Press, 1980.

Grigsby, Darcy Grimaldo. *Extremities: Painting Empire in Post – Revolutionary France.* New Haven, CT: Yale University Press, 2002.

Grigsby, Leslie. "Johan Nieuhoff's *Embassy*: An Inspiration for Relief Decoration on English Stoneware and Earthenware". *The Magazine Antiques* 143 (1993): 172 – 183.

Groesen, Michiel van. *The Representations of the Overseas World in the De Bry Collection of Voyages (1590 – 1634).* Library of the Written Word, vol. 2. Leiden: Brill, 2008.

Groot, Erlend de. *The World of a Seventeenth – Century Collector: The Atlas Blaeu – Van der Hem.* 't Goy – Houten: HES & De Graaf, 2006.

Guy, Basil. " '*Ad Majorem Societatis Gloriam*': Jesuit Perspectives on Chinese Mores in the Seventeenth and Eighteenth Centuries." In Porter and Rousseau, *Exoticism in the Enlightenment*, 66 – 85.

Hakluyt, Richard. *The principal navigations, voiages, traffiques and discoueries of the English nation, made by sea or overland... at any time within the compasse of these 1500 yeares.* 3 vols. London: G. Bishop, R. Newberie and R. Barker, 1598 – 1600.

Hall, Catherine, ed. *Cultures of Empire: Colonizers in Britain and the Empire in the Nineteenth and Twentieth Centuries.* Manchester: Manchester University Press, 2000.

Hall, Edith. *Inventing the Barbarian: Greek Self-Definition Through Tragedy.* Oxford: Clarendon Press, 1989.

[Hamel, Hendrik]. *'t Oprechte journael, van de ongeluckige reyse van't jacht de Sperwer: Varende van Batavia na Tyowan en Fermosa, in 't jaer 1653[,] en van daer na Japan, daer schipper op was Reynier Egbertsz. van Amsterdam.* Amsterdam: Gillis Joosten Saagman, ca. 1670.

Hannema, Kiki. " 'Groot gelt gespilt': De boekuitgaven van de Bruijn". In Drijvers, Hond, and Sancisi – Weerdenburg, "*Ik hadde de nieusgierigheid*", 21 – 42.

Harley, J. B. *The New Nature of Maps: Essays in the History of Cartograpy.* Ed. Paul Laxton. Baltimore: Johns Hopkins University Press, 2001.

Harley, J. B., et al., eds. *The History of Cartography.* 6 vols. Chicago: University of Chicago Press, 1987.

Hartog, François. *The Mirror of Herodotus: The Representation of the Other in the Writing of History.* Trans. Janet Lloyd. Berkeley: University of California Press, 1988.

Hay, Denys. *Europe: The Emergence of an Idea.* Edinburgh University Publications: History, Philosophy and Economics, vol. 7. Edinburgh: Edinburgh University Press, 1957.

Hazart, Cornelius. *Kerckelycke historie van de gheheele wereldt.* Antwerp: Michiel Cnobbaert, 1667 – 1671.

——. *Sots – caproen met verscheyden bellen behanghen ende gheschoncken voor een nieuw iaer aen Arent Montanvs ghevschen woorden – dienaer tot Schoonhoven.* Antwerp: Michiel Cnobbaert, 1669.

Heiden, Frans Jansz. van der. *Verrvarelijke schip – breuk van't Oost – Indisch jacht Ter Schelling, onder het landt van Bengale.* Amsterdam: Johannes van Someren, 1675.

——. *Vervarelyke schip – breuk van't Oost – Indisch jacht Ter Schelling, onder het landt van Bengale.* Amsterdam: Jacob van Meurs and Johannes van Someren, 1675.

Heijbroek, J. F., and M. Schapelhouman, eds. *Kunst in kaart: Decoratieve aspecten van de cartografie.* Utrecht: HES, 1989.

Helgerson, Richard. *Forms of Nationhood: The Elizabethan Writing of England.* Chicago: University of Chicago Press, 1992.

Heller, John L. "Linnaeus on Sumptuous Books." *Taxon* 25 (1976): 33 – 52.

Hellman, Mimi. "The Nature of Artifice: French Porcelain Flowers and the Rhetoric of the Garnish". In Cavanaugh and Yonan, *Cultural Aesthetics*, 39 – 64.

Heniger, J. *Hendrik Adriaan van Reede tot Drakenstein (1636 – 1691) and Hortus Malabaricus: A Contribution to the History of Dutch Colonial Botany.* Rotterdam: A. A. Balkema, 1986.

Hennepin, Louis. *Beschryving van Louisiana, nieuwelijks ontdekt ten zuid – westen van Nieuw – Vrankryk.* Amsterdam: Jan ten Hoorn, 1688.

——. *Description de la Louisiane.* Paris: Sebastien Hure, 1683.

——. *A new discovery of a vast country in America.* London: M. Bentley et al., 1698.

——. *Nouveau voyage d'un pais plus grand que l'Europe avec les reflections des enterprises du Sieur de la Salle, sur les mines de St. Barbe, &c.* Utrecht: Antoine Schouten, 1698.

——. *Nouvelle decouverte d'un tres grand pays situé dans l'Amerique.* Utrecht: Guillaume Broedelet, 1697.

——. *Nouvelle decouverte d'un tres grand pays situé dans l'Amerique.* Leiden: Pieter van der Aa, 1704.

Herodotus. *The Persian Wars.* Vol. 1: Books 1 – 2, trans. A. D. Godley. Cambridge, MA: Harvard University Press [Loeb Classical Library], 1920.

Herrera, Antonio de. *Historia general de los hechos de los Castellanos en las islas y tierra firme del Mar Oceano.* 4 vols. Madrid: Emplenta Real [Juan Flamenco and Juan de la Cuesta], 1601 – 1615.

Hesselink, Reinier H. "Memorable Embassies: The Secret History of Arnoldus Montanus' *Gedenk waerdige Gesantschappen.*" *Quaerendo* 32, nos. 1 – 2. (2002): 99 – 123.

Heylyn, Peter. *Cosmographie in four bookes. Containing the chorographie and historie of the whole world, and the principall kingdomes, provinces, seas, and isles thereof.* 4 vols. London: W. W. for Henry Seile, 1652.

Hochstrasser, Julie. *Still Life and Trade in the Dutch Golden Age.* New Haven, CT: Yale University Press, 2007.

Hock, Klaus, and Gesa Mackenthun. *Entangled Knowledge: Scientific Discourses and Cultural Difference.* Münster: Waxmann, 2012.

Hodgen, Margaret T. *Early Anthropology in the Sixteenth and Seventeenth Centuries.* Philadelphia: University of Pennsylvania Press, 1964.

Hoetink, B., ed. *Verhaal van het vergaan van het jacht de Sperwer en van het wedervaren der schipbreukelingen op het eiland Quelpaert en het vasteland van Korea (1653 – 1666) met eene beschrijving van dat rijk door Hendrik Hamel witgegeven.* Werken Uitgegeven door de Linschoten – Vereeniging, vol. 18. The Hague: Martinus Nijhoff, 1920.

Hoftijzer, Paul. "Dutch Printing and Bookselling in the Golden Age". In *Two Faces of the Early Modern World: The Netherlands and Japan in the 17th and 18th Centuries*, ed. W. J. Boot and Yozaburo Shirahata, 59 – 67. Kyoto: International Research Center for Japanese Studies, 2001.

——. "Metropolis of Print: The Amsterdam Book Trade in the Seventeenth Century." In O'Brien et al., *Urban Achievement*, 249 – 363.

——. *Pieter van der Aa (1659 – 1733): Leids drukker en boekverkoper.* Hilversum: Verloren, 1999.

Hond, Jan de. "Cornelis de Bruijn (1652 – 1726/7): A Dutch Painter in the East." In *Eastward Bound: Dutch Ventures, and Adventures in the Middle East*, ed. Geert Jan van Gelder and Ed de Moor, 51 – 80. Amsterdam: Rodopi, 1994.

——. " 'Den Vermaarden Cornelis de Bruyn': Een Korte Biografie". In Drijvers, Hond, and Sancisi – Weerdenburg, "*Ik hadde de nieusgiergheid*", 9 – 20.

Honour, Hugh. *The European Vision of America.* Cleveland: Cleveland Museum of Art, 1975.

Hooghe, Romeyn de. *Les Indes Orienttales et Occidentales et autres lieux.* Leiden: Pieter van der Aa, ca. 1700 (facsimile ed., Amsterdam: Van Hoeve, 1979).

——. *Schouburgh der Nederlandse veranderingen, geopent in ses tooneelen, waer op de wisselbeurten des Vereenigde Staets door den Fransen oorlog gebrouwen, in historiele sinnebeelden, vertoont en beschreven zijn.* Amsterdam: Romey de Hooghe, 1674.

Hornius, Georgius. *Georgi Horni orbis politicus, imperiorum, regnorum, principatuum, rerum publicarum.* Leiden: Cornelius Driehuysen, 1668.

Hostetler, Laura. *Qing Colonial Enterprise: Ethnography and Cartography in Early Modern China.* Chicago: University of Chicago Press, 2001.

Hübner, Johann. *Zemnovodnago kruga kratkoe opisanie. Iz staryia i novyia gegrafii po voprosam i otvietam chrez Iagana Gibnera sobranoe* [A brief description of the terraqueous globe. Collected by Johann Hübner from ancient and modern geography by way of questions and answers]. Moscow [s. n.], 1719.

Hulme, Peter. *Colonial Encounters: Europe and the Native Caribbean, 1492 – 1797.* London: Routledge Kegan & Paul, 1987.

——. "Tales of Distinction: European Ethnography and the Caribbean." In *Implicit Understandings: Observing, Reporting, and Reflecting on the Encounters Between Europeans and Other Peoples in the Early Modern Era*, ed. Stuart B. Schwartz, 157 – 197. Cambridge: Cambridge University Press, 1994.

Hung, Wu. *The Double Screen: Medium and Representation in Chinese Painting*. London: Reaktion, 1996.

Hunt, Lynn, Margaret Jacob, and Wijnand Mijnhardt, eds. *Bernard Picart and the First Global Vision of Religion*. Los Angeles: Getty Research Institute, 2009.

——. *The Book of that Changed Europe: Picart and Bernard's Religious Ceremonies of the World*. Cambridge, MA: Harvard University Press, 2010.

Israel, Jonathan I. *Radical Enlightenment: Philosophy and the Making of Modernity, 1650 – 1750*. Oxford: Oxford University Press, 2001.

Jackson, Anna M. F., and Amin Jaffer, ed. *Encounters: The Meeting of Asia and Europe, 1500 – 1800*. London: Victoria and Albert Museum, 2004.

Jacobson, Dawn. *Chinoiserie*. London: Phaidon, 1993.

Jay, Martin. *Downcast Eyes: The Denigration of Vision in Twentieth – Century French Thought*. Berkeley: University of California Press, 1993.

Johns, Adrian. *The Nature of the Book: Print and Knowledge in the Making*. Chicago: University of Chicago Press, 1998.

——. *Piracy: The Intellectual Property Wars from Gutenberg to Gates*. Chicago: University of Chicago Press, 2009.

Johnson, Samuel. *Prefaces, biographical and critical, to the works of the English poet*. 10 vols. London: J. Nichols et al., 1779 – 1781.

——. *The vanity of human wishes: The tenth satire of Juvenal imitated*. London: R. Dodsley, 1749.

Jones, Adam. "Decompiling Dapper: A Preliminary Search for Evidence". *History in Africa* 17 (1990), 171 – 209.

Jong, Jan de, et al., eds. *Het exotische verbeeld, 1550 – 1950: Boeren en verre volken in de Nederlandse kunst*. Nederlands Kunsthistorisch Jaarboek, 53. Zwolle: Waanders, 2003.

Joppien, Rüdiger. "The Dutch Vision of Brazil: Johan Maurits and His Artists." In Boogaart et al. , *Johan Maurits van Nassau Siegen*, 296 – 376.

Jörg, Christiaan. "Some Items of Dutch – Decorated Oriental Porcelain". *Transactions of the Oriental Ceramics Society* 65 (2000 – 2001): 143 – 148.

Jorink, Eric. *Reading the Book of Nature in the Dutch Golden Age, 1575 – 1715.* Trans. Peter Mason. Brill Studies in Intellectual History 191. Leiden: Brill, 2010.

Kaempfer, Engelbert. *Amoenitatum exoticarum politico – physico – medicarum fasciculi V, quibus continentur variae relationes, observationes & descriptiones rerum Persicarum & Ulterioris Asiae.* Lemgo: Henrici Wilhelmi Meyeri, 1712.

——. *De beschryving van Japan, behelsende een verhaal van den ouden en tegenwoordigen staat en regeering van dat ryk.* The Hague: P. Gosse and J. Neaulme, and Amsterdam: Balchasar Lakeman, 1729.

——. *Exotic Pleasures: Fascicle III, Curious Scientific and Medical Observations.* Trans. Robert W. Carrubba, Library of Renaissance Humanism. Carbondale, IL: Southern Illinois University Press, 1996.

——. *The history of Japan.* Trans. J[ohann] G[aspar] Scheuchzer. London: J. G. Scheuchzer, 1727.

Kagan, Richard. *Clio and the Crown: The Politics of History in Medieval and Early Modern Spain.* Baltimore: Johns Hopkins University Press, 2009.

Kagan, Richard, and Benjamin Schmidt. "Maps and the Early Modern State: Official Cartography". In *History of Cartography*, vol. 3: *Cartography in the European Renaissance*, ed. David Woodward, 661 – 680. Chicago: University of Chicago Press, 2007.

Kaufmann, Thomas DaCosta. "An lndependent Dutch Art? A View from Central Europe." *De zeventiende eeuw* 13 (1997): 359 – 369.

——. *Toward a Geography of Art.* Chicago: University of Chicago Press, 2004.

Kavanagh, Thomas M. *Enlightened Pleasures: Eighteenth – Century France and the New Epicureanism.* New Haven, CT: Yale University Press, 2010.

Kemp, Martin. " 'Wrought by No Artist's Hand': The Natural, the Artificial, the Exotic, and the Scientific in Some Artifacts from the Renaissance." In *Reframing the Renaissance: Visual Culture in Europe and Latin America, 1450 – 1650*, ed. Claire Farago,

177 - 196. New Haven, CT: Yale University Press, 1995.

Keulen, Johannes van. *De groote nieuwe vermeerde zee - atlas ofte water werelt.* 2 vols. Amsterdam: Van Keulen, 1688.

Kiby, Ulrika. *Die Exotismen des Kurfürsten Max Emanuel in Nymphenburg: Eine kunst - und kulturhistorische Studie zum Phänomen von Chinoiserie und Orientalismus im Bayern und Europa des 16. bis 18. Jahrhunderts; seine politische Relevanz.* Studien zur Kunstgeschichte, vol. 53. Hildesheim: Georg Olms, 1990.

Kircher, Athanasius. *China monumentis, qua sacris quà profanis, nec non variis naturae & artis spectaculis, aliarumque rerum memorabilium argumentis illustrata.* Amsterdam: Johannes Janssonius van Waesberge and Elizer Weyerstraten, 1667.

——. *La Chine d'Athanase Kirchere de la Compagnie de Jesus, illustrée de plusieurs monuments tant sacrés que profanes, et de quantité de recherchés de la nature & de l'art.* Amsterdam: Johannes Janssonius van Waesberge and Elizer Weyerstraten, 1670.

Knellwolf, Christa. "The Exotic Frontier of the Imperial Imagination." *Eighteenth - Century Life* 26 (2002): 10 - 30.

Knellwolf, Christa, and Robert P. Maccubin, eds. *Exoticism and the Culture of Exploration*, Special Issue of *Eighteenth - Century Life.* Durham, NC: Duke University Press, 2002.

Koerman, Cornelis. *Atlantes Neerlandici: Bibliography of Terrestrial, Maritime and Celestial Atlases and Pilot Books, Published in the Netherlands Up to 1880.* 6 vols. Amsterdam: Theatrum Orbis Terrarum, 1967 - 1985.

Kolb, Peter. *Caput Bonae Spei hodiernum, das ist: Vollständige Beschreibung des Africanischen Vorgebürges der Guten Hofnung.* Nürnberg: Peter Conrad Monath, 1719.

——. *Naaukeurige en uitvoerige beschryving van de Kaap de Goede Hoop... na waarheit beschreven.* Amsterdam: Balthazar Lakeman, 1727.

Kolfin, Elmer, and Escher Schreuder, eds. *Black Is Beautiful: Rubens to Dumas.* Zwolle: Waanders, 2008.

Kolfin, Elmer, and Jaap van Veen, eds. *Gedrukt tot Amsterdam: Amsterdamse prentmakers en - uitgevers in de Gouden Eeuw.* Zwolle: Waanders, 2011.

Kowaleski - Wallace, Elizabeth. "Women, China, and Consumer Culture in Eighteenth -

Century England." *Eighteenth - Century Studies* 29 (1995 - 1996): 153 - 167.

Krempel, Ulla. *Jan van Kessel d. Ä., 1626 - 1679: die vier Erdteile.* Munich: Alte Pinakothek, *1973.*

Krogt, Peter van der. *Koeman's Atlantes Neerlandici.* Vol. *4*A: *1*, "*The Galérie agréable du monde* by Pieter van de Aa." Houten: HES & De Graaf, *2012.*

Kusukawa, Sachiko. "The 'Historia Piscium' (*1686*)." *Notes and Records of the Royal Society of London 54* (May *2000*): *179 - 197.*

——. "Leonhart Fuchs on the Importance of Pictures". *Journal of the History of Ideas 58* (*1997*): *403 - 427.*

——. *Picturing the Book of Nature: Image, Text, and Argument in Sixteenth - Century Human Anatomy and Medical Botany.* Chicago: University of Chicago Press, *2012.*

——. "The Uses of Pictures in the Formation of Learned Knowledge: The Cases of Leonhard Fuchs and Andreas Vesalius." In Kusukawa and Maclean, *Transmitting Knowledge*, *73 - 96.*

Kusukawa, Sachiko, and Ian Maclean, eds. *Transmitting Knowledge: Words, Images, and Instruments in Early Modern Europe.* Oxford: Oxford University Press, *2006.*

Lach, Donald, and Edwin J. Van Kley. *Asia in the Making of Europe. 3* vols. Chicago: University of Chicago Press, *1965 - 1993.*

The ladies amusement; or, Whole art of japanning made easy (ca. *1760*). 2nd ed. London: Robert Sayer, ca. *1762.*

Landwehr, John. *Studies in Dutch Books with Coloured Plates Published 1662 - 1875: Natural History, Topograpy and Travel Costumes and Uniforms.* The Hague: Junk, *1976.*

——. *VOC: A Bibliography of Publications Relating to the Dutch East India Company, 1602 - 1800.* Ed. Peter van der Krogt. Utrecht: HES Publishers, 1991.

Lange, Petrus de. *Wonderen des werelds.* Amsterdam: M. W. Doornick, 1671.

Lasser, Ethan. "Reading Japanned Furniture." In *American Furniture*, ed. Luke Beckerdite, 169 - 190. Milwaukee: Chipstone Foundation, 2007.

Latour, Bruno. *Science in Action: How to Follow Scientists and Engineers Through Sociey.* Cambridge, MA: Harvard University Press, 1987.

Law, John. "On the Methods of Long Distance Control: Vessels, Navigation and the Portuguese Route to India." In *Power Action and Belief: A New Sociology of Knowledge?* ed. John Law, Sociological Review Monograph 32, 231 – 260. London: Routledge and Kegan Paul, 1986.

——. "On the Social Explanation of Technical Change: The Case of the Portuguese Maritime Expansion". *Technology and Culture* 28 (1987): 227 – 252.

Lestringant, Frank. *André Thevet: Cosmographe des derniers Valois.* Geneva: Librairie Droz, 1991.

——. *Mapping the Renaissance World: The Geographical Imagination in the Age of Discovery.* Trans. D. Fausset, intro. Stephen Greenblatt. Cambridge, MA: Polity, 1994.

Lewis, Martin W., and Kären Wigen. *The Myth of Continents: A Critique of Metageography.* Berkeley: University of California Press, 1997.

Linschoten, Jan Huygen van. *Itinerario: Voyage ofte schipvaert, van Ian Huygen van Linschoten naer Oost ofte Portugaels Indien.* Amsterdam: Cornelis Claesz, 1596.

Livingstone, David N. *Adam's Ancestor: Race, Religion, and the Politics of Human Origins.* Baltimore: Johns Hopkins University Press, 2008.

Locke, John. *Some Thoughts Concerning Education.* Ed. John W. and Jean S. Yolton. Oxford: Clarendon Press, 1989.

Loomba, Ania. "Periodization, Race, and Global Contact". *Journal of Medieval and Early Modern Studies* 37 (Fall 2007): 595 – 620.

Mancall, Peter. *Envisioning America: English Plans for the Colonization of North America, 1580 – 1640.* Boston: Bedford/St. Martin's, 1995.

——. *Hakluyt's Promise: An Elizabethan's Obsession for an English America.* New Haven, CT: Yale University Press, 2007.

Mandeville, John. *The Travels of Sir John Mandeville.* Trans. and ed. C. W. R. D. Moseley. London: Penguin, 1983.

[Männling, Johann Christoph, ed.]. *Dapperi exotici curiosi continuatio.* Frankfurt and Leipzig: Michael Rohrlach, 1718.

——. *Dapperus exoticus curiosus: Das ist des vielbelesenen Hn. Odoardi Dapperi Africa – America – und Asiatische Curiositäten.* Frankfurt: Michael Rohrlach, 1717.

Margócsy, Dániel. *Commercial Visions: Science, Trade, and Visual Culture in the Dutch*

Golden Age. Chicago: University of Chicago Press, 2014.

——. "A Museum of Wonders or a Cemetery of Corpses? The Commercial Exchange of Anatomical Collections in Early Modern Netherlands." In *Silent Messengers: The Circulation of Material Objects of Knowledge in the Early Modern Low Countries*, ed. Sven Dupré and Christoph Lüthy, 185 – 215. Berlin: LIT Verlag, 2011.

——. " 'Refer to Folio and Number': Encyclopedias, the Exchange of Curiosities, and Practices of Identification Before Linnaeus." *Journal of the History of Ideas* 71 (2010): 63 – 89.

Markley, Robert. *The Far East and the English Imagination, 1600 – 1730*. Cambridge: Cambridge University Press, 2006.

——. "Violence and Profits on the Restoration Stage: Trade, Nationalism, and Insecurity in Dryden's *Amboyna*." *Eighteenth – Century Life* 22 (1998): 2 – 17.

[Mason, George Henry]. *The Punishments of China*. London: William Miller, 1801.

Mason, Peter. "Ethnographic Portraiture in the Eighteenth Century: George Psalmanaazaar's Drawings of Formosans." *Eighteenth – Century Life* 23, no. 3 (1999): 58 – 76.

——. *The Lives of Images*. London: Reaktion, 2001.

Mason, Peter, and Florike Egmond. "Albert E(e)ckhout, Court Painter". In Buvelot, *Albert Eckhout*, 109 – 127.

Massing, Jean Michel. *The Image of the Black in Western Art*. Vol. 3, part 2: "From the Age of Discovery to the Age of Abolition: Europe and the World Beyond". Ed. David Bindman and Henry Louis Gates, Jr. Cambridge, MA: Harvard University Press, 2011.

McCants, Anne E. C. "Exotic Goods, Popular Consumption, and the Standard of Living: Thinking About Globalization in the Early Modern World." *Journal of World History* 18 (2007): 433 – 462.

McClellan, Andrew. "Watteau's Dealer: Gersaint and the Marketing of Art in Eighteenth – Century Paris." *Art Bulletin* 78 (1996): 439 – 453.

McKenzie, D. F. *Bibliography and the Sociology of Texts*. Cambridge: Cambridge University Press, 1999.

McLuhan, Marshall. *Understanding Media: The Extensions of Man.* New York: McGraw - Hill, 1964.

Meersbergen, Guido van. "De uitgeversstrategie van Jacob van Meurs belicht: De Amsterdamse en 'Antwerpse' edities van Johan Nieuhofs *Gezantschap* (1665 - 1666)." *De zeventiende eeuw* 26 (2010): 73 -90.

Merback, Mitchell B. *The Thief, the Cross, and the Wheel: Pain and the Spectacle of Punishment in Medieval and Renaissance Europe.* Chicago: University of Chicago Press, 1999.

Merian, Maria Sibylla. *Metamorphosis insectorum Surinamensium, ofte Verandering der Surinaamsche insecten.* Amsterdam: For the Author and Gerard Valck, [1705].

Meserve, Margaret. *Empires of Islam in Renaissance Historical Thought.* Harvard Historical Studies 158. Cambridge, MA: Harvard University Press, 2008.

Mignolo, Walter D. *The Darker Side of the Renaissance: Literacy, Territoriality, and Colonization.* 2nd ed. Ann Arbor: Universiry of Michigan Press, 2003.

Miller, David Philip, and Peter Hanns Reill, eds. *Visions of Empire: Voyages, Botany, and Representations of Nature.* New York: Cambridge University Press, 1996.

Mitchell, David. *The Thousand Autumns of Jacob de Zoet.* New York: Random House, 2011.

Mitchell, W. J. T. *Picture Theory: Essays on Verbal and Visual Representation.* Chicago: University of Chicago Press, 1994.

Montanus, Arnoldus. *Atlas Japannensis: being remarkable addresses by way of embassy from the East India Company of the United Provinces to the Emperor of Japan.* London: John Ogilby, 1670.

——. *Gedenkwaerdige gesantschappen der Oost - Indische Maetschappy in 't Vereenigde Nederland, aen de Kaisaren van Japan.* Amsterdam: Jacob van Meurs, 1669.

——. *De nieuwe en onbekende weereld, of, Beschryving van America en 't Zuid - land.* Amsterdam: Jacob Meurs, 1671.

Montesquieu, Charles - Louis de Secondat, Baron de. *Lettres persanes.* Cologne [Amsterdam): Pierre Marteau [Jacques Desbordes], 1721.

——. *Persian Letters.* Trans. and ed. C. J. Betts. Rev. ed. Harmondsworth:

Penguin, 2004.

Morgan, Jennifer L. " 'Some Could Suckle over Their Shoulder': Male Travelers, Female Bodies, and the Gendering of Racial Ideology, 1500 – 1770. " *William and Mary Quarterly*, 3rd series, 54 (1997): 167 – 192.

Morris, Frances, and Christopher Green, eds. *Henri Rousseau: Jungles in Paris.* London: Tate Publishing, 2005.

Mullaney, Steven. "Strange Things, Gross Terms, Curious Customs: The Rehearsal of Cultures in the Late Renaissance". *Representations* 3 (1983): 40 – 67.

Mungello, David E. *Curious Land: Jesuit Accommodation and the Origins of Sinology.* Honolulu: University of Hawaii Press, 1989.

Munting, Abraham. *Naauwkeurige beschryving der aardgewassen.* Utrecht: Frarnçois Halma and Leiden: Pieter van der Aa, 1696.

Müsch, Irmgard. "Albertus Seba's Collection of Natural Specimens and its Pictorial Inventory". In Albertus Seba, *Cabinet of Natural Curiosities*, 7 – 12. Cologne: Taschen, 2005.

Myers, William David. *Death and a Maiden: Infanticide and the Tragical History of Grethe Schmidt.* DeKalb: Northern Illinois University Press, 2011.

Nederveen Pieterse, Jan. *White on Black: Images of Africa and Blacks in Western Popular Culture.* New Haven, CT: Yale University Press, 1992.

Niekerk, Carl. "Man and Orangutan in Eighteenth – Century Thinking: Retracing the Early History of Dutch and German Anthropology. " *Monatshefte* 96 (2004): 477 – 502.

Nierop, Henk van. *Treason in the Northern Quarter: War, Terror and the Rule of Law in the Dutch Revolt.* Trans. J. C. Grayson. Princeton, NJ: Princeton University Press, 2009.

Nierop, Henk van, et al. , eds. *Romeyn de Hooghe: De verbeelding van de late Gouden Eeuw.* Zwolle: Waanders, 2008.

Nieuhof, Johan. *L'Ambassade de La Compagnie Orientale des Provinces Unies vers L'Emperour de la Chine, ou Grand Cam de Tartarie.* Leiden: Jacob van Meurs, 1665.

——. *An embasy from the East – India Company of the United Provinces, to the Grand Tar-*

tar Cham Emperour of China. London: John Macock, 1669.

——. *Gedenkwaerdige zee en lantreize door de voornaemste landschappen van West en Oostindien.* Amsterdam: Widow of Jacob van Meurs, 1682.

——. *Het gezantschap der Neêrlandtsche Oost – Indische Compagnie, aan den grooten Tartarischen Cham, den tegenwoordigen keizer van China.* Amsterdam: Jacob van Meurs, 1665.

——. *Voyages and travels into Brasil and the East – Indies: Containing an exact description of the Dutch Brasil, and divers parts of the East – Indies.* In Churchill, *Collection of Voyages*, 2:1 – 369.

Noordegraaf, Leo, and Thera Wijsenbeek – Olthuis. "De wereld ontsloten: Aanvoer van rariteiten naar Nederland." In Bergvelt and Kistemaker, *Wereld binnen handbereik*, 39 – 50 [essays].

O'Brien, Patrick, et al., eds. *Urban Achievement in Early Modern Europe: Golden Ages in Antwerp, Amsterdam and London.* Cambridge: Cambridge University Press, 2001.

Odell, Dawn. "Clothing, Customs, and Mercantilism: Dutch and Chinese Ethnographies in the Seventeenth Century". In Jong et al., *Exotische verbeeld*, 139 – 159.

——. "Porcelain, Print Culture and Mercantile Aesthetics." In Cavanaugh and Yonan, *Cultural Aesthetics*, 141 – 158.

Ogborn, Miles. *Indian Ink: Script and Print in the Making of the English East India Company.* Chicago: University of Chicago Press, 2007.

Ogilby, John [Olfert Dapper]. *Asia, the first part. Being an accurate description of Persia, and the several provinces thereof, the vast empire of the Great Mogol, and other parts of India, and their several kingdoms and regions.* London: John Ogilby, 1673.

——. *Atlas Chinensis: Being a second part of a relation of remarkable passages in two embassies from the East – India Company of the United Provinces, to the vice-roy Singlamong and general Taising Lipovi, and to Konchi, emperor of China and East Tartary.* London: Thomas Johnson, 1671.

Ogilvie, Brian W. *The Science of Describing: Natural History in Renaissance Europe.* Chicago: University of Chicago Press, 2006.

Olearius, Adam. *The voyages & travels of the amhassadors sent by Frederick Duke of Hol-*

stein, to the Great Duke of Muscovy, and the King of Persia (1647). Trans. John Davies. London: Thomas Dring and John Starkey, 1662.

Ommen, K. van, ed. *The Exotic World of Carolus Clusius, 1526 – 1609*. Leiden: Leiden University Library, 2009.

Ortelius, Abraham. *Parergon, sive Veteris geographiae aliquot tabulae* (1579). Rev. ed. Antwerp: Officina Plantiniana, 1592.

——. *Theatrum orbis terrarum*. Antwerp: Gilles Coppens de Diest, 1570.

Pagden, Anthony. *European Encounters with the New World: From Renaissance to Romanticism*. New Haven, CT: Yale University Press, 1993.

Pelka, Otto. *Ostasiatische Reisebilder im Kunstgewerbe des 18. Jahrhunderts*. Leipzig: Hiersemann, 1924.

Pepys, Samuel. "My Collection of Frontispieces." In *Catalogue of the Pepys Library at Magdalene College, Cambridge*, ed. Robert Latham, vol. 3: *Prints and Drawings*, part 1: General, 87 – 175. Cambridge: Boydell and Brewer, 1980.

Persepopis illustrata, or, The ancient and royal palace of Persepolis in Persia. London: S. Harding, on the Pavement in St. Martin's Lane, 1739.

Peter the Great: An Inspired Tsar. Amsterdam: Hermitage, 2013.

Peters, Marion. "Nepotisme, patronage en boekopdrachten bij Nicolaes Witsen (1641 – 1717), burgemeester van Amsterdam." *Lias: Sources and Documents Relating to the Early History of Ideas* 25 (1998): 83 – 134.

——. "Nicolaes Witsen and Gijsbert Cuper: Two Seventeenth – Century Dutch Burgomasters and Their Gordian Knot." *Lias: Sources and Documents Relating to the Early History of Ideas* 16 (1989): 111 – 151.

——. *De wijze koopman: Het wereldwijde onderzoek van Nicolaes Witsen (1641 – 1717), burgemeester en VOC – bewindhebber van Amsterdam*. Amsterdam: Bert Bakker, 2010.

Pfaff, Sybille. *Zacharias Wagener, 1614 – 1668*. Hassfurt [s. n.], 2001.

Pietsch, Theodore W. "Louis Renard's Fanciful Fishes." *Natural History* 98 (1984): 58 – 67.

——. "Samuel Fallours and His 'Sirenne' from the Province of Ambon." *Archives of Natural History* 18 (1991): 1 – 25.

Pietz, William. "The Problem of the Fetish, I." *Res* 9 (Spring 1985): 5 – 17.

——. "The Problem of the Fetish, II." *Res* 13 (Spring 1987): 23 – 45.

——. "The Problem of rhe Fetish, III." *Res* 16 (Autumn 1988): 105 – 123.

Pipkin, Amanda. "Every Woman's Fear: Stories of Rape and Dutch Identity in the Golden Age." *Tijdschrijft voor Geschiedenis* 122., no. 3 (2009), 290 – 305.

——. " 'They Were Not Humans, but Devils in Human Bodies': Depictions of Sexual Violence and Spanish Tyranny as a Means of Fostering Identity in the Dutch Republic." *Journal of Early Modern History* 13 (2009): 229 – 264.

Piso, Willem, et al. *Historia naturalis Brasiliae.* Leiden: F. Hackius and Amsterdam: Lodewijk Elzevier, 1648.

——. *De Indiae utriusque re naturali et medica libri quatuordecim.* Amsterdam: Lodewijk and Daniel Elzevier, 1658.

Porter, Roy, and G. S. Rousseau, eds. *Exoticism in the Enlightenment.* Manchester: Manchester University Press, 1989.

Postma, Johannes. *The Dutch in the Atlantic Slave Trade, 1600 – 1815.* Cambridge: Cambridge University Press, 1990.

Pratt, Mary Louise. *Imperial Eyes: Travel Writing and Transculturation.* London: Routledge, 1992.

Purchas, Samuel. *Hakluytus posthumus, or Purchas his pilgrimes.* 4 vols. London: William Stansby, 1624 – 1625.

Quinn, David B., ed. *The Hakluyt Handbook.* 2 vols. Works issued by the Hakluyt Society, 2nd ser., no. 144 – 145. London: Hakluyt Society, 1974.

Raven, Charles E. *John Ray: Naturalist.* 2nd ed. Cambridge: Cambridge University Press, 1950; reissued 1986.

Ray, John. *Further Correspondence of John Ray*, ed. Robert W. T. Gunther. London: Ray Society, 1928.

Reed, Marcia, and Paola Demattè. *China on Paper: European and Chinese Works from the Late Sixteenth to Early Nineteenth Century.* Los Angeles, CA: Getty Publications, 2011.

Reede tot Drakenstein, Hendrik Adriaan van. *Hortus Indicus Malabaricus.* 12 vols. Amsterdam: Joannis van Someren and Joannis van Dyck [final vols. Widow of Johannes van Someren, Heirs of Jan van Dyck, Hendrik Boom, and Widow of Dirk Boom], 1678 - 1693.

Reitsma, Ella. *Maria Sibylla Merian and Daughters: Women of Art and Science*. Amsterdam: Rembrandt House Museum; Los Angeles: J. Paul Getty Museum; Zwolle: Waanders, 2008.

Remmen, Volker R. " 'Docet parva pictura, quod multae scripturae non dicunt': Frontispieces, Their Functions, and Their Audiences in Sevenreenth - Century Mathematical Sciences." In Kusukawa and Maclean, *Transmitting Knowledge*, 239 - 270.

——. *Picturing the Scientific Revolution: Title Engravings in Early Modern Scientific Publications*. Early Modern Catholicism and the Visual Arts Series, vol. 4. Philadelphia: Saint Joseph's University Press, 2011.

Renard, Louis. *Fishes, Crayfishes and Crabs: Louis Renard's Natural History of the Rarest Curiosities of the Seas of the Indies*. Ed. Theodore W. Pietsch, 2 vols. Baltimore: Johns Hopkins University Press.

——. *Poissons, ecrevisses et crabs de diverses couleurs et figures extraordinaires, que l'on trouve autour des Isles Moluques, et sur les cotes des Terres Australes*. 2 vols. Amsterdam: Louis Renard, 1718.

Rennie, Neil. *Far - Fetched Facts: The Literature of Travel and the Idea of the South Seas*. Oxford: Oxford University Press, 1995.

Ridley, Glynis. *Clara's Grand Tour: Travels with a Rhinoceros in Eighteenth - Century Europe*. London: Atlantic, 2004.

Rietbergen, P. J. A. N. "Zover de aarde reikt: De werken van Johan Nieuhof (1618 - 1672) als illustratie van het probleem der cultuur - en mentaliteitsgeschiedenis tussen specialisatie en inregratie." *De zeventiende eeuw* 17 (1986): 17 - 40.

Roa - de - la - Carrera, Cristián A. *Histories of Infamy: Francisco López de Gómara and the Ethics of Spanish Imperialism*. Trans. Scott Sessions, foreword by David Carrasco. Boulder: University Press of Colorado, 2005.

Roberts, Lissa. *Centres and Cycles of Accumulation in and Around the Netherlands During the Early Modern Period*. Berlin: LIT, 2011.

Rochefort, Charles de. *Histoire naturelle et morale des iles Antilles de l'Amerique.* Rotterdam: Arnout Leers, 1658.

——. *The history of the Caribby – Islands, viz. Barbados, St. Christophers , St. Vincents, Martinico, Dominico, Barbouthos, Monserrat, Mevis, Antego, &c. in all XXVIII.* Trans. John Davies. London: Thomas Dring and John Starkey, 1666.

Roeper, V. D. , Boudewijn Walraven, and Jean – Paul Buys, eds. *Hamel's World: A Dutch – Korean Encounter in the Seventeenth Century.* Amsterdam: SUN, 2003.

Roeper, V. D. , and G. J. D. Wildeman. *Reizen op papier: Journalen en reisverslagen van Nederlandse ontdekkingsreizigers, kooplieden en avonturiers.* Jaarboek van het Nederlands Scheepvaart Museum Amsterdam. Zutphen: Walburg, 1996.

Rubiés, Joan – Pau. "Instructions for Travellers: Teaching the Eye to See. " *History and Anthropology* 9 (1996): 139 – 190.

——. *Travel and Ethnology in the Renaissance: South India Through European Eyes, 1250 – 1625.* Cambridge: Cambridge University Press, 2000.

——. "Travel Writing as a Genre: Facts, Fictions and the Invention of a Scientific Discourse in Early Modern Europe. " *International Journal of Travel and Travel Writings* (2000): 5 – 33.

Rudi, Thomas. *Exotische Welten: Der Schulz – Codex und das frühe Meissener Porzellan.* Munich: Hirmer, 2010.

Rumphius, Georgius Everhardus. *D'Amboinsche rariteitkamer.* Amsterdam: François Halma, 1705.

——. *The Ambonese Curiosity Cabinet.* Trans. and ed. E. M. Beekman. New Haven, CT: Yale University Press, 1999.

——. *Herharium Amboinense/ Het Amboinsche kruid – boek.* Ed. Joannes Burmannus. 6 vols. Amsterdam: François Changuin, Jan Catuffe, Hermanus Uytwerf: The Hague: Pieter Gosse, Jan Neaulme, Adriaan Moetjens, Athony van Dole; Utrecht: Steven Neaulme,1741 – 1750.

——. *Thesaurus imaginum piscium testaceorum.* Leiden: Pieter van der Aa, 1711.

Sacks, David Harris. "Richard Hakluyt's Navigations in Time: History, Epic, and Empire. " *Modern Language Quarterly* 67 (March 2006): 31 – 62.

Said, Edward W. *Culture and Imperialism.* New York: Knopf, 1993.

——. *Orientalism.* New York: Random House, 1978.

Salmon, Thomas. *Hedendaegsche historie, of tegenwoordige staet van alle volkeren.* Trans. M. van Goch, 3 vols. Amsterdam: Isaak Tirion, 1729 – 1731.

Sancisi – Weerdenburg, Heleen. "Through Travellers 'Eyes: The Persian Monuments as Seen by European Travellers." In Sancisi – Weerdenburg and Drijvers, *Through Travellers' Eyes*, 1 – 35.

——. " 'Yver, aendacht en naerstigheit': Verblijf in Persepolis". In Drijvers, Hond, and Sancisi – Weerdenburg, "*Ik hadde de nieusgierigheid.*" 129 – 142.

Sancisi – Weerdenburg, Heleen, and Jan Willem Drijvers, eds. *Through Travellers' Eyes: European Travellers on the Iranian Monuments.* Achaemenid History, vol. 7. Leiden: Nederlands Instituut voor het Nabije Oosten, 1991.

Schama, Simon. *The Embarrassment of Riches: An Interpretation of Dutch Culture in the Golden Age.* New York: Knopf, 1987.

——. "Perishable Commodities: Dutch Still – Life Painting and the 'Empire of Things'." In *Consumption and the World of Goods*, ed. John Brewer and Roy Porter, 478 – 488. London: Routledge, 1993.

Schiebinger, Londa. *Nature's Body: Gender in the Making of Modern Science.* Boston: Beacon, 1993.

——. *Plants and Empire: Colonial Bioprospecting in the Atlantic World.* Cambridge, MA: Harvard University Press, 2004.

Schiebinger, Londa, and Claudia Swan, eds. *Colonial Botany: Science, Commerce, and Politics.* Philadelphia: University of Pennsylvania Press, 2004.

Schilder, Günter. *Monumenta Cartographica Neerlandica*, vol. 5: *Tien wandkaarten van Blaeu en Visscher = Ten Wall Maps by Blaeu and Visscher.* Alphen aan den Rijn: Canaletto, 1996.

Schmidt, Benjamin. "Accumulating the World: Collecting and Commodifying 'Globalism' in Early Modern Europe." In Roberts, *Centres and Cycles*, 128 – 154.

——. "The Atlas Van der Hem and the Culture of Print Geography." In *The Atlas Blaeu – Van der Hem*, ed. Günter Schilder et al., vol. 8: *History of the Atlas and the*

Making of the Facsimile, 190 – 202. Houten: HES & De Graaf, 2011.

——. "The Dutch Atlantic: From Provincialism to Globalism." In *Atlantic History: A Critical Appraisal*, ed. Jack P. Greene and Philip D. Morgan, 163 – 187. Oxford: Oxford University Press, 2009.

——. *Innocence Abroad: The Dutch Imagination and the New World, 1570 – 1670*. Cambridge: Cambridge University Press, 2001.

——. "Mapping an Exotic World: The Global Project of Dutch Geography Circa 1700." In *The Global Eighteenth Century*, ed. Felicity Nussbaum, 19 – 37. Baltimore: Johns Hopkins University Press, 2003.

——. "On the Impulse of Mapping, or How a Flat Earth Theory of Dutch Maps Distorts the Thickness and Pictorial Proclivities of Early Modern Cartography (and Misses Its Picturing Impulse)." *Art History* 35 (2012): 1036 – 1050.

Schneider, Norbert. *Still Life Painting in the Early Modern Period*. Trans. Hugh Beyer. Cologne: Benedikt Taschen, 1990.

Schouten, Joost. *Notitie van de situatie, regeeringe, macht, religie, costuymen, traffijcquen, ende andere remercquable saecken des Coninghrijcks Siam*. The Hague: Aert Meuris, 1638.

Schouten, Wouter. *Oost – Indische voyagie, vervattende veel voorname voorvallen en ongemeene vreemde geschiedenissen, bloedige zee – en landt – gevechten tegen de Portugeesen en Makassaren; belegering en verovering van veel voorname steden en kasteelen*. Amsterdam: Jacob van Meurs and Johannes van Someren, 1676.

Schwartz, Gary. "The International Identity of the Netherlands." *Schwartzlist*, no. 212. (also published in *Het Financieele Dagblad*, 19 June 2004, p. 25).

Schwartz, Vanessa. *Spectacular Realities: Early Mass Culture in Fin – de – siècle Paris*. Berkeley: University of California Press, 1998.

Seba, Albertus. *Locupletissimi rerum naturalium thesauri accurata descriptio, et iconibus artificiosissimis expressio, per universam physices historiam*. 4 vols. Amsterdam: J. Wetstein, W. Smith, and J. Janssonius van Waesberge, 1734 – 1735 and 1758 – 1765.

Segalen, Victor. *Essay on Exoticism: An Aesthetics of Diversity*. Trans. and ed. Yaël Rachel Schlick. Durham, NC: Duke University Press, 2002.

Senebier, Jean. *Essai sur l'art d'observer et de faire des experiences.* 3 vols. Geneva: J. J. Paschoud, 1802.

Shapin, Steven. "The Invisible Technician." *American Scientist* 77 (1989):554 – 563.

——. "Pump and Circumstance: Robert Boyle's Literary Technology." *Social Studies of Science* 14, no. 4 (1984): 481 – 520.

——. *The Scientific Revolution.* Chicago: University of Chicago Press, 1996.

——. *A Social History of Truth: Civility and Science in Seventeenth – Century England.* Chicago: University of Chicago Press, 1994.

Shapin, Steven, and Simon Schaffer. *Leviathan and the Air – Pump: Hobbes, Boyle, and the Experimental Life.* Princeton, NJ: Princeton University Press, 1985.

Shapiro, Barbara J. *A Culture of Fact: England, 1550 – 1720.* Ithaca, NY: Cornell University Press, 2003.

Silverman, Lisa. *Tortured Sujects: Pain, Truth, and the Body in Early Modern France.* Chicago: University of Chicago Press, 2001.

Singy, Patrick. "Huber's Eyes: The Art of Scientific Observation Before the Emergence of Positivism." *Representations* 95 (2006): 54 – 75.

Sloboda, Stacey. "Displaying Materials: Porcelain and Natural History in the Duchess of Portland's Museum." *Eighteenth – Century Studies* 43 (2010): 455 – 472.

——. "Porcelain Bodies: Gender, Acquisitiveness, and Taste in Eighteenth – Century England." In *Material Cultures, 1740 – 1920: The Meanings and Pleasures of Collecting*, ed. Alla Myzelev and John Potvin, 19 – 36. Burlington, VT: Ashgate, 2009.

Smith, Bernard. *Imagining the Pacific: In the Wake of the Cook Voyages.* New Haven, CT: Yale University Press, 1992.

Smith, Pamela H. "Science in Motion: Recent Trends in the History of Early Modern Science." *Renaissance Quarterly* 62 (2009): 345 – 375.

Spary, Emma C. "Scientific Symmetries." *History of Science* 43 (2004): 1 – 46.

Spence, Jonathan. *The Chan's Great Continent: China in Western Minds.* New York: W. W. Norton, 1998.

Spiegel, Gabrielle. "The Task of the Historian." *American Historical Review* 114 (2009): 1 – 14.

Spiess, Karl – Heinz. "Asian Objects and Western European Court Culture in the Middle Ages". In *Artistic and Cultural Exchanges Between Europe and Asia, 1400 – 1900: Rethinking Markets, Workshops and Collections*, ed. Michael North, 9 – 28. Farnham, Surrey: Ashgate, 2010.

Spon, Jacob, and George Wheler. *Voyage d'Italie, de Dalmatie, de Grece, et du Levant, fait aux années 1675 & 1676.* 2 vols. Amsterdam: Henry and Theodore Boom, 1679.

Stagl, Justin, and Christopher Pinney. "From Travel Writing co Ethnography." *History and Anthropology* 9 (1996): 121 – 124.

Stalker, John, and George Parker. *A treatise of Japaning and varnishing, being a compleat discovery of those arts.* Oxford: John Stalker and George Parker, 1688.

Standaert, Nicolas. "Sevenceenth – Cencury European Images of China." *China Review International* 12. (Spring 2005): 254 – 259.

Stavorinus, J. S. *Reize van Zeeland over de Kaap de Goede Hoop, naar Batavia, Bantam, Bengalen, enz.* 2 vols. Leiden: A. and J. Honkoop, 1793.

Stolte, Carolien. *Philip Angel's Deex – Autaers: Vaisnava Mythology from Manuscript to Book Market in the Context of the Dutch East India Company, c. 1600 – 1672.* New Delhi: Manohar, 2012.

Struys, Jan Jansz. *Drie aanmerkelijke en seer rampspoedige reysen, door Italien, Griekenlandt, Lijflandt, Moscovien, Tartarijen, Meden, Persien, Oost – Indien, Japan, en verscheyden andere gewesten.* Amsterdam: Jacob van Meurs and Johannes van Someren, 1676.

——. *The perillous and most unhappy voyages of John Struys, through Italy Greece, Lifeland, Moscovia, Tartary, Media, Persia, East India, Japan, and other places in Europe, Afrifa, and Asia.* Trans. John Morrison. London: Samuel Smith, 1683.

Stuurman, Siep. "François Bernier and the Invention of Racial Classification." *History Workshop Journal* 50 (Autumn 2000): 1 – 21.

Sun, Ying. *Wandlungen des europäischen Chinabildes in illustrierten Reiseberichten des 17. und 18. Jahrhunderts.* Frankfurt am Main: Peter Lang, 1996.

Swan, Claudia. "The Uses of Realism in Early Modern Illustrated Botany". In *Visualizing Medieval Medicine and Natural History, 1200 – 1550*, ed. Jean Givens, Karen M.

Reeds, and Alain Touwaide, 239 - 249. Aldershot: Ashgate, 2006.

Sweet, James H. "Mutual Misunderstandings: Gesture, Gender and Healing in the African Portuguese World." *Past and Present* 203 (2009, Supplement 4):128 - 143.

Teixeira, Dante Martins. *The "Allegory of the Continents" by Jan van Kessel "The Elder" (1626 - 1679): A Seventeenth - Centuy View of the Fauna in the Four Corners of the Earth.* [Petrópolis]: Index, [2002].

Temple, William. *Upon the Gardens of Epicurus, with other Seventeenth - Century Garden Essays*, ed. Albert Forbes Sieveking. London: Chatto and Windus, 1908.

Terwen - De Loos, J. *Nederlandse schilders en tekenaars in de Oost: 17de - 20ste eeuw.* Amsterdam: Rijksmuseum, 1972.

Thévenot, Jean de. *Gedenkwaardige en zeer naauwkeurige reizen van den Heere de Thevenot.* Trans. G. v. Broekhuizen. 3 vols. Amsterdam: Jan Bouman, 1681 - 1682.

——. *The Travels of Monsieur de Thevenot into the Levant.* Trans. Archibald Lovell. London: Henry Clark, 1687.

Thévenot, Melchisédech. *Relations de divers voyages curieux qui n'ont point esté publiées et qu'on a traduit ou tiré des originaux des voyageurs françois, espagnols, allemands, portugais, anglois, hollandois, persans, arabes & autres orientaux.* 4 vols. Paris, 1663 - 1696.

Tobin, Beth Fowkes. *Picturing Imperial Power: Colonial Subjects in Eighteenth - Century British Painting.* Durham, NC: Duke University Press, 1999.

Toussaint, Jacques, and Anne Verbrugge. *Un cabinet, un roi, une ville / Een kunstkast voor Willem III.* Namur: Société Archéologique de Namur, 2004.

Trexler, Richard C. "Making the American Berdache: Choice or Constraint?" *Journal of Social History* 35 (2002): 613 - 636.

——. *Sex and Conquest: Gendered Violence, Political Order, and the European Conquest of the Americas.* Ithaca, NY: Cornell University Press, 1995.

Turnovsky, Geoffrey. *The Literary Market: Authorship and Modernity in the Old Regime.* Philadelphia: University of Pennsylvania Press, 2010.

Udemans, Godefridus. *'t Geestelyck roer van 't coopmans schip, dat is: Trouw bericht, hoe dat een coopman, en coopvaerder, hem selven dragen moet in syne handelinge, in pays ende in oorloge, voor Godt, ende de menschen, te water ende te lande, insonderheyt onder de heydenen in Oost – ende West – Indien.* Dordrecht: Fransoys Boels, 1638.

Uffenbach, Zacharias Conrad von. *Merkwürdige Reisen durch Niedersachsen Holland und Engelland.* 3 vols. Ulm: Johann Friedrich Gaum, 1753 – 1754.

Ulrichs, Friederike. *Johan Nieuhofs Blick auf China(1655 – 1657):Die Kupferstiche in seinem Chinabuch und ihre Wirkung auf den Verleger Jacob van Meurs*, Sinologica Coloniensia, vol. 21. Wiesbaden: Harrassowitz, 2003.

Valentyn, François. *Oud en Nieuw Oost – Indiën.* 5 vols. Amsterdam: Gerard Onder de Linden and Dordrecht: Joannes van Braam, 1724 – 1726.

Vandenbroeck, Paul. *Beeld van de andere, vertoog over het zelf: Over wilden en narren, boeren en bedelaars.* Antwerp: Koninklijk Museum voor Schone Kunsten, 1987.

Van Eerde, Katherine S. *John Ogilby and the Taste of His Times.* Folkestone: Dawson and Sons, 1976.

Veen, Jaap van der. "Met grote moeite en kosten: De totstandkoming van zeventiende – eeuwse verzamelingen." In Bergvelt and Kistemaker, *Wereld binnen handbereik*, 51 – 69 [essays].

Veldman, Ilja M. "Familiar Customs and Exotic Rituals: Picart's Illustrations for *Cérémonies et coutumes religieuses de tous les peuples.*" *Simiolus: Netherlands Quarterly for the History of Art* 33 (2007/2008): 94 – 111.

Venbrux, Eric. "'Wild and Barbaric Manners': The Exotic Encountered in a Dutch Account of Australian Aborigines in 1705." In Jong et al., *Exotische verbeeld*, 160 – 181.

Verhoeven, Garrelt, and Piet Verkruijsse, eds. *Iovrnael ofte gedenkwaerdige beschrijvinghe vande Oost – Indishe reyse van Willem Ysbrantsz. Bontekoe van Hoorn: Descriptieve bibliographie, 1646 – 1996.* Zutphen: Walburg, 1996.

Verhoeven, Gerrit. "'Brought Together at Grear Effort': The Place of Author, Publisher, and Reader in the Genesis of the Early Modern Travel Guide." *Quaerendo* 34 (2004): 240 – 253.

Verkruijsse, Piet, and Chunglin Kwa, eds. *Aap, vis, boek: Linnaeus in Amsterdam.* Zwolle: Waanders, 2007.

Verstegen, Richard. *Theatrum crudelitatum haereticorum nostri temporis.* Antwerp: Adrien

Hubert, 1587.

Vesalius, Andreas. *De humani corporis fabrica.* Basel: Ex officina Joannis Oporini, 1543.

Vespucci, Amerigo. *Letters from a New World: Amerigo Vespucci's Discovery of America.* Ed. Luciano Formisano, trans. David Jacobson, foreword by Garry Wills. New York: Marsilio, 1992.

Vickers, Michael. "The Views of Persepolis by William Marshall and Wenceslaus Hollar in Sir Thomas Herbert's *Travels.*" In Sancisi - Weerdenburg and Drijvers, *Through Travellers' Eyes*, 59 - 69.

Vries, Boudien de. "Vrouw en boek: Een speurtoch naar de 'onzichtbare' vrouw in de boekenwereld." *Jaarboek voor Nederlandse boekgeschiedenis* 12 (2005): 7 - 12.

Vries, Jan de. "The Dutch Atlantic Economies." In *The Atlantic Economy During the Seventeenth and Eighteenth Centuries: Organization, Operation, Practice, and Personnel*, ed. Peter Coclanis, 1 - 29. Columbia: University of South Carolina Press, 2005.

——. *The Industrious Revolution: Consumer Behavior and the Household Economy, 1650 to the Present.* New York: Cambridge University Press, 2008.

——. "Luxury in the Dutch Golden Age in Theory and Practice." In Berg and Eger, *Luxury in the Eighteenth Century*, 41 - 56.

Vries, Jan de, and Ad van der Woude. *The First Modern Economy: Success, Failure, and Perseverance of the Dutch Economy, 1500 - 1815.* Cambridge: Cambridge University Press, 1997.

Vries, Marleen de. "Published... and Exploited: On Eighteenth - Century Best - Seller Authors, Lying Publishers, Sneaky Privileges and Shared Authorship." *De achttiende eeuw* 37 (2005): 36 - 52.

Vries, Simon de. *Curieuse aenmerckingen der bysonderste Oost en West - Indische verwonderens - waerdige dingen.* 4 vols. Utrecht: Johannes Ribbius, 1682.

——. *Groot historisch magazijn.* Amsterdam: Aert Dircksz. Ooszaen, 1688.

——. *Groot historisch schouwtooneel.* 3 vols. Amsterdam: Jan Bouman, 1680 - 1682.

——. *Groote historische rariteit - kamer.* 3 vols. Amsterdam: Jan Bouman, 1682 - 1684.

Waals, Jan van der. "Exotische rariteiten: Afbeeldingen en voorwerpen van vreemde volkeren. " In Bergvelt and Kistemaker, *Wereld binnen handbereik*, 153 – 168[essays].

Wagenaer, Zacharias. *The "Thierbuch" and "Autobiography" of Zacharias Wagener.* Ed. Christina Ferrão and José Paulo Monteiro Soares, trans. David H. Treece and Richard Trewinnard. Dutch Brazil, vol. 2. Rio de Janeiro: Editura Index, 1997.

Welie, Rik van. "Patterns of Slave Trading and Slavery in the Dutch Colonial World, 1596 – 1863. " In *Dutch Colonialism, Migration and Cultural Heritage*, ed. Gert Oostindie. Leiden: KITLV Press, 2008.

Westermann, Mariët. *A Worldly Art: The Dutch Republic*, 1585 – 1718. 2nd ed. New Haven, CT: Yale University Press, 2005.

Wey Gómez, Nicolás. *The Tropics of Empire: Why Columbus Sailed South to the Indies.* Cambridge, MA: MIT Press, 2008.

White, John. *The true pictures and fashions of the people in that parte of America now called Virginia, discowred by Englishmen.* In Thomas Harriot, *A briefe and true report of the new found land of Virginia*, plates 1 – 23. Frankfurt am Main: Theodor de Bry, 1590.

Whitehead, Peter, and Marinus Boeseman. *A Portrait of Dutch Seventeenth – Century Brazil: Animals, Plants and People by the Artists of Johan Maurits of Nassau.* Amsterdam: North – Holland, 1989.

Wilkie, Everett C. , Jr. "The Authorship and Purpose of the *Histoire naturelle et morale des iles Antilles*, an Early Huguenot Emigration Guide. " *Harvard Library Bulletin*, 2nd ser. , 2, no. 3 (1991): 26 – 84.

Wills, John E. , Jr. "Author, Publisher, Patron, World: A Case Study of Old Books and Global Consciousness. "*Journal of Early Modern History* 13 (2009):375 – 433.

——. *Embassies and Illusions: Dutch and Portuguese Envoys to K' ang – hsi, 1666 – 1687.* Cambridge, MA: Harvard University Press, 1984.

——. *Pepper, Guns, and Parleys: The Dutch East India Company and China, 1662 – 1681.* Cambridge, MA: Harvard University Press, 1974.

Willughby, Francis, and John Ray. *De historia piscium libri quatuor.* Oxford: [University Press at the] Sheldonian Theatre for the Royal Society, 1686.

——. *Ornithologia libri tres.* London: John Martyn, 1676.

Winichakul, Thongchai. *Siam Mapped:A History of the Geo – body of a Nation.* Honolulu:

University of Hawaii Press, 1994.

Wintle, Michael. *The Image of Europe: Visualizing Europe in Cartography and Iconograpy throughout the Ages.* Cambridge: Cambridge University Press, 2009.

Witsen, Nicolaes. *Noord en Oost Tartarye, ofte bondig ontwerp van eenige dier landen en volken, welke voormaels bekent zijn geweest* (1692). 2nd ed. 2 vols. Amsterdam: François Halma, 1705.

Wittfogel, Karl August. *Oriental Despotism: A Comparative Study of Total Power.* New Haven, CT: Yale University Press, 1957.

Wolff, Larry. *Inventing Eastern Europe: The Map of Civilization on the Mind of the Englightenment.* Stanford, CA: Stanford University Press, 1994.

Wolfthal, Diane. *Images of Rape: The "Heroic" Tradition and its Alternatives.* Cambridge: Cambridge University Press, 1999.

Wyss – Giacosa, Paola von. *Religionsbilder der frühen Aufklärung. Bernard Picarts Tafeln für die "Cérémonies et Coutumes religieuses de tous les Peuples du Monde."* Wabern bei Bern: Benteli, 2006.

Yang, Chi – ming. "Asia Out of Place: The Aesthetics of Incorruptibility in Behn's *Oroonoko.*" *Eighteenth – Century Studies* 42 (2008): 235 – 253.

——. *Performing China: Virtue, Commerce, and Orientalism in Eighteenth – Century England*, 1660 – 1760. Baltimore: Johns Hopkins University Press, 2011.

Zandvliet, Kees. *Degroote waereld in't kleen geschildert: Nederlandse kartografie tussen de middeleeuwen en de industriële revolutie.* Alphen aan den Rijn: Canaletto, 1985.

——. *Mapping for Money: Maps, Plans, and Topographic Paintings and Their Role in Dutch Overseas Expansion During the Sixteenth and Seventeenth Centuries.* Amsterdam: Batavian Lion lnternational, 1998.

Zech, Maricke. " 'Inde Werelt vol Drucks': Vrouwen in de boekhandel." *Historica* 23, no. 1 (2000): 22 – 24.

索　引（词条后页码为原书页码，即本书页边码）